U0165354

考前充分準備 臨場沉穩作答

 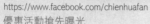 **千華公職證照粉絲團**
https://www.facebook.com/chienhuafan
優惠活動搶先曝光

千華公職資訊網
http://www.chienhua.com.tw
每日即時考情資訊 網路書店購書不出門

 千華 Line 生活圈 @
https://line.me/R/ti/p/%40cus3586l
即時提供最新考訊、新品出版、活動優惠等資訊

千華數位文化
Chien Hua Learning Resources Network

112年起 高普考等各類考試刪除列考公文

考試院院會於**110年**通過，高普考等各類考試國文**刪除列考公文**。**自112年考試開始適用**。

考試院說明，高普考試普通科目國文原列考公文，考量現行初任公務人員基礎訓練已有安排公文寫作課程，各機關實務訓練階段，亦會配合業務辦理公文實作訓練，故不再列考。

等別	類組	變動	新規定	原規定
高考三級、地方特考三等	各類組	科目刪減、配分修改	各類科普通科目均為：國文（作文與測驗）。其占分比重，分別為**作文占80%，測驗占20%**，考試時間二小時。	各類科普通科目均為：國文（作文與測驗）。其占分比重，分別為作文占60%，公文20%，測驗占20%，考試時間二小時。
普考、地方特考四等				
初等考試、地方特考五等		科目刪減	各類科普通科目均為：**國文刪除公文格式用語**，考試時間一小時。	各類科普通科目均為：國文（包括公文格式用語），採測驗式試題，考試時間一小時。

參考資料來源：考選部

~以上資訊請以正式簡章公告為準~

千華數位文化股份有限公司
新北市中和區中山路三段136巷10弄17號
TEL: 02-22289070　FAX: 02-22289076

公務人員
「高等考試三級」應試類科及科目表

高普考專業輔考小組◎整理

完整考試資訊

http://goo.gl/LaOCq4

★普通科目

1.國文◎（作文60%、公文20%與測驗20%）
2.法學知識與英文※（中華民國憲法30%、法學緒論30%、英文40%）

★專業科目

類科	科目		
一般行政	一、行政法◎	二、行政學◎	三、政治學
	四、公共政策	五、民法總則與刑法總則	六、公共管理
一般民政	一、行政法◎	二、行政學◎	三、政治學
	四、公共政策	五、民法總則與刑法總則	六、地方政府與政治
社會行政	一、行政法◎	二、社會福利服務	三、社會學
	四、社會政策與社會立法	五、社會研究法	六、社會工作
人事行政	一、行政法◎	二、行政學◎	三、各國人事制度
	四、現行考銓制度	五、民法總則與刑法總則	
	六、心理學（包括諮商與輔導）		
勞工行政	一、行政法◎	二、經濟學◎	三、勞資關係
	四、就業安全制度	五、勞工行政與勞工立法	六、社會學
戶　政	一、行政法◎		
	二、國籍與戶政法規（包括國籍法、戶籍法、姓名條例及涉外民事法律適用法）		
	三、移民政策與法規（包括入出國及移民法、臺灣地區與大陸地區人民關係條例、香港澳門關係條例、護照條例及外國護照簽證條例）		
	四、民法總則、親屬與繼承編		
	五、人口政策與人口統計	六、地方政府與政治	
公職社會工作師	一、行政法◎　二、社會福利政策與法規　三、社會工作實務		
教育行政	一、行政法◎	二、教育行政學	三、教育心理學
	四、教育哲學	五、比較教育	六、教育測驗與統計
財稅行政	一、財政學◎	二、經濟學◎	三、民法◎
	四、會計學◎	五、租稅各論◎	六、稅務法規◎
商業行政	一、民法◎	二、行政法◎	三、貨幣銀行學
	四、經濟學◎	五、證券交易法	六、公司法
經建行政	一、統計學	二、經濟學◎	三、國際經濟學
	四、公共經濟學	五、貨幣銀行學	六、商事法

金融保險	一、會計學◎　　　　二、經濟學◎　　　　三、金融保險法規 四、貨幣銀行學　　　五、保險學　　　　　六、財務管理與投資
統　計	一、統計學　　　二、經濟學◎　　　　　　三、資料處理 四、統計實務（以實例命題）　五、抽樣方法　六、迴歸分析
會　計	一、財政學◎　　　二、審計學◎　　　　　三、中級會計學◎ 四、成本與管理會計◎　　　　　　　　五、政府會計◎ 六、會計審計法規（包括預算法、會計法、決算法與審計法）◎
財務審計	一、審計學（包括政府審計）◎ 二、內部控制之理論與實務 三、審計應用法規（包括預算法、會計法、決算法、審計法及政府採購法） 四、財報分析　　　五、政府會計◎　　　　　六、管理會計
法　制	一、行政法◎　　　二、立法程序與技術　　　三、民法◎ 四、刑法　　　　　五、民事訴訟法與刑事訴訟法　六、商事法
土木工程	一、結構學　　　二、測量學　　三、鋼筋混凝土學與設計 四、營建管理與工程材料　　　　五、土壤力學（包括基礎工程） 六、工程力學（包括流體力學與材料力學）
水利工程	一、水文學　　　二、流體力學　　　　三、渠道水力學 四、水資源工程學五、營建管理與工程材料 六、土壤力學（包括基礎工程）
文化行政	一、世界文化史　二、本國文學概論　　　三、藝術概論 四、文化人類學　五、文化行政與政策分析 六、文化資產概論與法規
電力工程	一、工程數學◎　二、電路學　　　　　三、電子學 四、電機機械　　五、電力系統 六、計算機概論
法律廉政	一、行政法◎　　　二、行政學◎　　　　三、社會學 四、刑法　　　　　五、刑事訴訟法 六、公務員法（包括任用、服務、保障、考績、懲戒、行政中立、利益衝突迴避、財產申報與交代）
財經廉政	一、行政法◎　　　二、行政學◎　　　　三、社會學 四、公務員法（包括任用、服務、保障、考績、懲戒、行政中立、利益衝突迴避、財產申報與交代） 五、心理學　　　六、財政學概論與經濟學概論◎
機械工程	一、熱力學　　　二、機械設計　　　　三、流體力學 四、自動控制　　五、機械製造學（包括機械材料） 六、工程力學（包括靜力學、動力學與材料力學）

註：應試科目後加註◎者採申論式與測驗式之混合式試題(占分比重各占50%)，應試
　　科目後加註※者採測驗式試題，其餘採申論式試題。

各項考試資訊，以考選部正式公告為準。

 千華數位文化股份有限公司

新北市中和區中山路三段136巷10弄17號

TEL: 02-22289070　FAX: 02-22289076

公務人員
「普通考試」應試類科及科目表

高普考專業輔考小組◎整理

完整考試資訊

http://goo.gl/7X4ebR

✪普通科目

1. 國文◎（作文60%、公文20%與測驗20%）
2. 法學知識與英文※（中華民國憲法30%、法學緒論30%、英文40%）

✪專業科目

類科	科目	
一般行政	一、行政法概要※ 三、政治學概要◎	二、行政學概要※ 四、公共管理概要◎
一般民政	一、行政法概要※ 三、政治學概要◎	二、行政學概要※ 四、地方自治概要◎
教育行政	一、行政法概要※ 三、心理學概要	二、教育概要 四、教育測驗與統計概要
社會行政	一、行政法概要※ 三、社會研究法概要	二、社會工作概要◎ 四、社會政策與社會立法概要◎
人事行政	一、行政法概要※ 三、現行考銓制度概要	二、行政學概要※ 四、心理學（包括諮商與輔導）概要
戶　政	一、行政法概要※ 二、國籍與戶政法規概要（包括國籍法、戶籍法、姓名條例及涉外民事法律適用法）◎ 三、民法總則、親屬與繼承編概要 四、移民法規概要（包括入出國及移民法、臺灣地區與大陸地區人民關係條例、香港澳門關係條例、護照條例及外國護照簽證條例)※	
財稅行政	一、財政學概要◎ 三、會計學概要◎	二、稅務法規概要◎ 四、民法概要◎
商業行政	一、經濟學概要※ 三、商業概論	二、行政法概要※ 四、民法概要◎
經建行政	一、統計學概要 三、國際經濟學概要	二、經濟學概要※ 四、貨幣銀行學概要
金融保險	一、會計學概要◎ 三、貨幣銀行學概要	二、經濟學概要※ 四、保險學概要

統 計	一、統計學概要 二、經濟學概要※ 三、統計實務概要（以實例命題） 四、資料處理概要
會 計	一、會計學概要◎ 二、成本與管理會計概要◎ 三、審計學概要◎ 四、政府會計概要◎
地 政	一、土地法規概要 二、土地利用概要 三、民法物權編概要 四、土地登記概要
公產管理	一、土地法規概要 二、土地利用概要 三、民法物權編概要 四、公產管理法規概要
土木工程	一、測量學概要 二、工程力學概要 三、土木施工學概要 四、結構學概要與鋼筋混凝土學概要
水利工程	一、水文學概要 二、流體力學概要 三、土壤力學概要 四、水資源工程概要
文化行政	一、本國文學概論 二、世界文化史概要 三、藝術概要 四、文化行政概要
機械工程	一、機械力學概要 二、機械原理概要 三、機械製造學概要 四、機械設計概要
法律廉政	一、行政法概要※ 二、公務員法（包括任用、服務、保障、考績、懲戒、行政中立、利益衝突迴避、財產申報與交代）概要 三、刑法概要 四、刑事訴訟法概要
財經廉政	一、行政法概要※ 二、公務員法（包括任用、服務、保障、考績、懲戒、行政中立、利益衝突迴避、財產申報與交代）概要 三、心理學概要 四、財政學概要與經濟學概要※

註：應試科目後加註◎者採申論式與測驗式之混合式試題(占分比重各占50%)，
　　應試科目後加註※者採測驗式試題，其餘採申論式試題。

各項考試資訊，以考選部正式公告為準。

千華數位文化股份有限公司
新北市中和區中山路三段136巷10弄17號
TEL: 02-22289070　FAX: 02-22289076

原來這樣會違規!

適用於考選部舉辦之考試

試場規則

扣考

若發生以下情形,應考人不得繼續應考,其已考之各科成績不予計分。

- 把小抄藏在身上或在附發之參考法條中夾帶標註法條條次或其他相關文字之紙張。

- 考試試題註明不可以使用電子計算器時,使用電子計算器(不論是否為合格型號)。

- 在桌子上、椅子、墊板、原子筆、橡皮擦、修正帶、尺、手上、腿上、或入場證背面等刻寫小抄。

- 電腦化測驗時,因為題目不會寫,憤而破壞電腦設備。

依試場規則第4條第1項第5、7、10款;第5條第1項第1、5款規定處理。

不予計分

- 混合式試題考試結束時誤將試卷或試卡夾在試題上攜出試場。

- 非外國文科目,使用外國文作答。(外國文科目、專有名詞及有特別規定者,不在此限)。

依試場規則第4條第2項、第10條規定處理。

-20分

- 考試開始45分鐘內或規定不得離場時間內,就繳交試卷或試卡,未經監場人員同意,強行離開試場。

- 電腦化測驗僅能用滑鼠作答,自行使用鍵盤作答。

依試場規則第5條第1項第1、6款規定處理。

-5分
視以下情節輕重，扣除該科目成績5分至20分。

■ 坐錯座位因而誤用別人的試卷或試卡作答。

■ 裁割或污損試卷（卡）。

■ 在試卷或試卡上書寫姓名、座號或不應有文字。

■ 考試時用自己準備的紙張打草稿。

■ 考試前沒有把書籍、筆記、資料等文件收好，並放在抽屜或桌子或椅子或座位旁。

■ 考試時，行動電話放在衣服口袋中隨身攜帶，或放在抽屜或桌子或椅子或座位旁。

■ 考試開始鈴響前在試卷或試卡上書寫文字。

■ 考試結束鈴聲響畢，仍繼續作答。

■ 使用只有加減乘除、沒有記憶功能的陽春型計算器，但不是考選部公告核定的電子計算器品牌及型號。

依試場規則第6條第1、2、4、6、7、8、9款。

-3分
視以下情節輕重，扣除該科目成績3分至5分。

■ 攜帶非透明之鉛筆盒或非必要之物品，經監場人員制止而再犯。

■ 考試時間結束前，把試題、答案寫在入場證上，經監場人員制止，仍強行帶離試場。

依試場規則第6條第1、2、4、6、7、8、9款。

 千華數位文化股份有限公司
新北市中和區中山路三段136巷10弄17號
TEL: 02-22289070　FAX: 02-22289076

目　次

最新試題及解析

111年公共管理趨勢分析與準備要領

探究近十年來的公共管理申論題的命題方向，經整理分析後可歸納出以下重點：

一、治理議題

此部分在行政類科屬熱門的議題，亦即行政學、公共政策也會考，舉凡傳統治理（彼得斯的四種治理模式）、向上治理的全球治理、平行治理的電子化治理（E治理）、向下治理的跨域治理、網絡治理、公共治理或公私協力關係。相關試題：跨域治理特質（101地三）、跨域治理的環境驅力因素（103高三）、政府如何因應全球化的經濟與環保議題（103身四）、跨域治理中的府際關係（104普考）、機關採行「治理網絡」公務人員所應配合的改變（105普考）、跨域協調合作模式（107高考）、跨域治理概念層次與跨區合作類型（108普考）、公共治理的三種層次統治（109高考）、統治與治理及跨域治理概念上的差異（110普考）。

二、政府公關與行銷議題

民主國家強調政策如何獲得人民支持，亦即取的民意，所以此部份也是行政類科關注焦點。相關試題：政府公關與行銷和公共管理者應具備技能（102高考）、政策行銷類別（103普考）、政府公關與行銷觀點下政策要獲議會支持的作為（104地三）、政府公關與行銷的關鍵目標公眾（106普考）、政策溝通的外部溝通策略（107高考）、社會行銷的意涵及任務內容（108高考）、政府行銷管理的作用與原則並舉實例（109高考）。公共關係在組織功能及政府推動公共關係應遵循原則（109地特四等）。

三、電子化政府與資訊科技應用議題

電子化政府已成為世界各國爭相發展的管理工具，並且成為近年熱門考題，其所帶來的衝擊或效益等，政府部門尤為關注。相關試題：資

訊科技對官僚體制的衝擊（101地四）、資訊與通訊科技運用帶來效益（103高三）、政府機關透過電腦網路服務民眾時應考量的因素及效能提升（105普考）、電腦網路運用下行政機關課責機制（105高考）、上級機關如何評估所屬機關對電子化政府政策推展成效（105高考）。

四、傳統與新公共管理理論、管理技能運用

公共管理基礎理論、管理工具篇舉凡公共管理發展、企業型政府、政府再造、民營化、全面品質管理、目標管理、策略管理、績效管理、危機管理、知識管理、學習型組織等。相關試題：新公共管理的內涵（107普考）、公共管理的3P原則（108高考）、企業型政府內涵與特質（102普考）、「民營化」和「促進民間參與」的比較（108高考）、民營化意涵及實施成功要件（109普考）、民營化與公司化差異及造成民營化延宕原因（110高考）、全面品質管理實施與限制（101地三）、全面品質管理的意涵與優缺點（103高考）、推動全面品質管理應重視要素（106高考）、目標管理的核心意涵與主要特色、推動障礙（105地三）、危機管理目的與面臨問題（101地三）、危機爆發前後運作（102高考）、危機事件特質與類型（109普考）、標竿學習流程（104地三）、知識管理的定義及核心意涵（105地三）、知識管理與實現知識型組織策略（102普考）、績效指標的四E（101地四）、我國考績制度考核項目不適當問題與再改善建議（105地三）、績效管理的內涵與具體作為（107高考）、「績效管理」與「公共課責性」間相互關係（109高考）、組織學習或學習型組織在公務機關執行與異於企業的思維（105高考）、策略規劃的特色與層次（105地三）、策略規劃模式SWOT分析內涵與行動計畫（106高考、105地三）、策略管理的意涵及特性　（107普考）、從策略規劃與管理角度分析縣市政府各局（處）業務應如何整合（107地三）、公共管理特徵與發展趨勢（109地三）。

五、非營利組織議題

非營利組織是公共管理的核心議題，舉凡非營利組織的理論基礎、特徵、角色、功能、挑戰等非常夯，幾乎每年必考，應詳加熟讀。但能考的都已經被拿來命題，所以有關新的論述，如公共管理學者的著作或專論，仍請都加留意。相關試題：非營利組織的功能與市場失靈（102地三）、非營利組織面臨的經營壓力與因應（102高考）、非營利組織與營利組織在行銷上的差異（104普考）、非營利組織的社會事業化及正負面（104地三）、社會企業和傳統的非營利組織的差異（108高考）、志願失靈的意涵與現象（108普考）。

六、其他跨領域議題

行政類科互有關聯，所以相關理論都會拿來考，閱讀時都必須融會貫通。相關試題：專業民調與審議式民調比較（102地三）、工作賦閒原因與改善策略（102地三）、民意調查的功能與限制（103身四）、「POSDCORB」的內涵與所應的管理議題（104）、置入性行銷與應注意事項（104地四）、政策網絡意涵與特徵（104地四）、公共治理觀點下公民參與落實應考量因素及影響（105高考）、羅迪斯的政策網絡概念（107高考）、公共服務動機意涵特徵（110高考）、機械與有機式組織差異及影響組織結構選擇權變因素（110普考）。

七、學者期刊、論文相關試題

電子民主參與的三個層次（106高考）、「社會企業」的理念、特色與類型（105地四）、社會創新崛起背景概念及發展與運作模式（109高考）、參與式預算意涵及核心理念與辦理原則（109地三）。

由以上詳細的整理分析，可看出有一些重要的議題不斷出現在試題中。但從109年開始有幾個命題趨勢改變值得注意，那就是時事結合理論、理論要求搭配實例說明、跨領域的命題比重正逐漸增加中，例如考行政學的機械與有機組織比較，或考公共政策的內容。不過基本上，《公共管理》學科仍是《行政學》的延伸，若能建立良好《行政學》概念與基礎，當能駕輕就熟，功力倍增。

針對上述的趨勢分析，準備方略如下：

一、**選擇題部份**：大部分都屬考古題，只要將公共管理內容讀熟，並勤作題目練習尤其是考古題，要拿高分並不難。近年則加入林淑馨、丘昌泰教授《公共管理》內容的新議題。

二、**申論題部份**：除掌握答題技巧與控制時間外，對趨勢的掌握仍極為重要。最後在上考場前，應熟記重要理論外，也須注意時事的應用，及專家學者的評論，例如：臺鐵意外事故、「新冠肺炎（COVID-19）」疫情衝擊與影響等，都可以被用來考實例題。平時尤應自行練習答題，建議最佳答題方式為「三段論法」。

三、閱讀公共管理時應學以致用，盡量思考到實務面如何應用。有關公共管理學者的期刊或論文，也應蒐集以厚植實力。

四、最後仍須強調的是：行政類科中行政學、公共管理、公共政策三科可相互為用、相輔相成。經常是行政學出過考題會在公共管理重複出題，公共管理考題也會出現在行政學考題；不過公共管理的題目比較不會出現在公共政策，但公共政策題目卻會出現在公共管理中，如政策行銷、輿論媒體與政策運作等。概因公共組織在推動行政運作過程所牽涉層面甚廣，故對相關理論閱讀都須融會貫通。

編者謹識

第一章　公共管理概說

壹、申論題

一、何謂公共管理改革運動？其特性與目標為何？及目前各國推動的模式為何？

答：　自1980年代以來，全球各國政府興起一股改革的風潮，若干學者認為目前世界各國正進行著一場全球性的公共管理革命。

(一)**意涵：**公共管理改革係就公共部門的運作過程及組織結構進行改造，以期能更有效率地回應人民的需求。

(二)**目標與特性：**其改革的目標是多元的，並可區分為：

1.追求效率（Efficiency）、效能（Effectiveness）與經濟（Economy）三E目標。

2.追求品質、回應與滿意度的目標，由社會層面，提高民眾對政府的信任。

3.透過改革運動以確立公共管理者的政治責任或行政責任，藉以建立責任目標。

而這一場改革運動根據胡德（Hood）的觀察具有以下五項特性：

1.許多國家開始嘗試檢驗政府成長的問題。

2.公共行政國際化問題。　　　　3.公共行政的自動化問題。

4.公共行政民營化問題。　　　　5.新公共管理的興起。

(三)**目前各國推動的模式：**根據公共管理學者魏利珍（Verheijen）之研究發現，目前公共管理改革運動，通常採取以下模式進行：

1.**漸進式的改革：**又稱以傳統公共行政為基礎的改革模式，主要以德、法為主，所強調的理念是公部門絕對不同於私部門，因此須採循序漸進式的溫和改革模式，僅在技術層面進行，如解除政治人物對行政的干預、加強行政體系的自主性、採績效導向的升遷系統等。

2.**激進式的改革**：又稱新公共管理的模式，以美、加為主的美洲式改革模式或英國、紐西蘭為主的西敏寺模式，所強調的理念是「私人就是好，公共就是壞」，其改革重點為：以民營化重組公共部門、將中央集權式文官體系予以分權化、透過內部市場與簽約外包引進公部門、透過績效審核與測量等。

3.**綜合式的改革**：認為不管是採漸進式的改革模式或採激進式的改革模式，均是採極端的信念所進行，應同時吸收兩種制度之優點而進行。主要以荷蘭、愛爾蘭等國家為主的改革模式，主張一方面採取新公共管理激進策略方式，另一方面則不否認傳統公共行政的價值模式，兼納兩者優點，可謂具備漸進與激進雙重精神。如強調維持層級節制的官僚體系，但在員工管理層面，則採類似私部門的契約關係方式進行。（丘昌泰，公共管理-理論與實務手冊）

二、何謂「公共管理」？試從各國學者的看法說明之。

【說明】公共管理的主要系絡雖以政府部門為主，但亦將具與私部門的互動關係包含在內。公共管理與公共政策是兩個相互重疊的研究領域，兩者同時也是公共行政的部分領域。

答：學者Whitaker將現階段公共管理研究領域比喻為「變形蟲」（Amoeba），以隱喻其研究重點和範圍尚處於不斷變化中。

(一)**Perry與Kraemer的見解**：公共管理是一種新的途徑，**是傳統公共行政規範取向（Normative Orientation）及一般管理之工具取向的結合體**。前者所關切的重點在於民主與行政間的關係，諸如公正、公平等價值的實現；而後者則是偏重於機關內部的結構安排、人員的激勵及資源的分配等管理面向。

(二)Garson和Overman的見解：提出下列幾點主張：

1.當代的公共管理強力地結合科學管理的傳統。

2.公共管理依附著公共行政學的理性與技術性解釋。

3.在評估標準相當狹隘的組合之中，公共管理反映出行政的古典原則。

4.公共管理是在政治系絡中的行政研究。

5.公共管理研究與政策分析方法和技術的應用緊密地結合。

6.公共管理是一種應用的社會科學，反映著學科之間整合的傳統。

　　Overman認為公共管理雖然一直深受科學管理與行政科學所影響，但它並不等於就是科學管理與行政科學，亦不等同於政策分析。**公共管理是公共行政一般性的學科之間整合的研究。**

(三)Shafritz的見解：認為公共行政的意涵比公共管理更為寬廣，因為公共行政並未將其自限於「管理」之上，而是將所有足以影響公共機構管理的政治、社會、文化及法律等環境合併考慮在內。而公共管理則是強調組織如何去執行公共政策，公經理人的首要之務即在於運用規劃、組織、控制等方法來提高政府的服務品質；故公共管理的重心顯然較偏向於管理工具、技術、知識及技能等的運用，並將有關的理念及政策轉化成具體的行動方案。

(四)Ott、Hyde與Shafritz之見解：認為公共管理是公共行政或公共事務廣大領域中的一部分，包括了公共行政的方案設計與組織重建、政策與管理規劃、經由預算制度進行資源分配、財務管理、人力資源管理，以及方案評估與審核等之應用方法的科學與藝術。

(五)Bozeman之見解：認為公共管理之所以成為新的研究領域與教育的題材，可追溯至1970年代後期及1980年代初期之間，由企業管理及公共政策兩學派所共同發展出來。後者對公共管理的演進貢獻較多，而前者則是將公共管理初期的內容予以充實。他發現十幾年來公共管理在研究的取向上具有以下特性：

1.同時重視策略與過程，但仍注意到外部性取向。

2.對「硬性面」（政策科學）有更多的強調，並且持續將重點置於「軟性面」（管理藝術）。

3.研究分析之對象朝向高階的公經理人。

4.公共管理的「公共」賦與更寬廣的定義，包含非營利組織、私人企業之公共面向和混合型組織。

5.重視理論，特別是規範性理論。

　　Bozeman與Straussman亦指出：「公共管理即是政治權威的管理。」而Lynn則界定「公共管理即是政策管理」，他認為公經理人在執行公共政策時，經常是在行政責任、組織能量、個人技巧和行政能力等的限制下進行，公經理人必須成為政策管理者。

(六)孫本初教授的見解：

1. 公共管理繼承科學管理的傳統，作為一種應用性的社會科學，它反映出科際整合的取向；其雖自公共政策與企業管理知識領域中獲取養分，但卻未自限於政策執行的技術性質，以及企業管理追求營利之偏狹目標。

2. 公共管理雖然是公共行政或公共事務廣大領域的一部分，卻具有獨立成為新興研究領域之企圖。公共管理的重點是將公共行政視為一種專業，將公經理人視為專業的執行者；它不僅重視組織內部運作程序的精進有效，同時也重視組織與外部環境的關係；它是在民主過程、公共責任及政治系絡下運作。因此強調策略與領導之藝術，並擴大公共領域，將非營利組織納入，強化管理能力，來達成降低施政成本、提昇工作生活品質以及提高政府之績效與服務品質的目標。（孫本初，公共管理，頁1-21）

三、企業管理途徑的公共管理學與公共政策途徑的公共管理學具有何差異？整合公共政策途徑與企業管理途徑後的公共管理學具有何特徵？

答： (一)企業管理途徑的公共管理學與公共政策途徑的公共管理學的差異：

1. 不同於公共政策途徑的公共管理學者一心一意想撇清與傳統公共行政的關係，企業管理途徑的公共管理學者與認同「公共行政即管理學」的學者，有較密切的關係與相似的理念。

2. 不同於公共政策途徑的公共管理學者認為公私部門管理有別，企業管理途徑的公共管理學者不認為公私部門的管理有什麼太大的差異。

3. 不同於公共政策途徑的公共管理學者幾乎完全仰賴個案研究為獲取知識的方法，企業管理途徑為教學研究的方法。

4. 不同於公共政策途徑的公共管理學者長於務實個案的編纂與羅列，企業管理途徑的公共管理學者比較重視學術的研究與理論的建構，長於從不同的學術領域中汲取有用的方法、技術與理論。

5. 不同於公共政策途徑的公共管理學者以高階管理者（特別是政治性任命人員）為主要教學研究對象，企業管理途徑的公共管理學者以具備文官資格的公共管理者為主要教學研究對象。

(二)整合公共政策途徑與企業管理途徑後的公共管理學特徵：

　　包茲曼認為整合後的公共管理，具有下列特徵：

1.以公共管理者為教學對象與研究重心，重視實務經驗，從成功的管理經驗與個案中粹取出管理的妙法良方。

2.重視公共組織與公共管理的公共特性，特別關切外部政治因素對公共管理的衝擊與影響，以及兩者間的互動與關聯。

3.不僅是關切管理過程的研究與設計，更重視管理策略的擬訂與執行。換言之，公共管理者不應只是埋首於組織內的經營管理，更要重視組織外部的問題。（余致力，公共管理之詮釋，黃榮護主編，公共管理，頁4-38）

四、 英國公共管理學界有所謂的「新右派」。試問，何謂「新右派」？新右派的興起背景為何？新右派公共管理的主要論點為何？

【說明】這股自1980年代以來，即盛行於各國的管理風潮，已使各國政府的行政管理文化產生「轉移」的現象，從公共行政轉變為公共管理。雖然這股潮流被賦與不同的稱號，如新右派、新治理、管理主義、企業型政府、以市場為基礎的公共行政等，但卻可被統稱為「新公共管理」（New Public Management，NPM）。

答：(一) 英國新右派：英國一直給予世人一種傳統、保守的印象，連帶地也認為其政府運作仍維持韋伯式的傳統行政模式。事實上，英國歷經戰後福利擴張下的財政危機，在新右派（New Right）的主導下，已經完成一場「行政文化的革命」。

　1.早在1960年代末期，英國左派（費邊社會主義）與右派（保守黨）為了克服財政危機和提供更好的公共服務而取得妥協，英國人稱之為「折衷主義的年代」。左、右兩派合作進行改革的具體代表，即是1968年成立的「富爾頓委員會」，該委員會強調負責的管理，主張公共支出應被有效率地計劃與管理，以確保既定政策目標的達成。但是，當時的改革成效並不理想。

　2.1979年保守黨執政，柴契爾夫人上任後強力鼓吹新右派的政治理念，強調個人權利與選擇的價值，鼓吹建立新自由主義的政體，因而主張「小而美的政府」。她上任後，立即成立「效率團隊」，1982年5月17日「財務管理改革方案」的頒行，更是柴契爾政府管理革命的揭幕。

3.1990年代後，梅傑政府繼承此一管理文化，諸如「公民憲章計畫」、「續階計畫」、「服務品質競賽」及「解除管制方案」等，都是延續新右派的改革路線。

(二)興起背景：1970年代，英國人普遍稱二次戰後的時代為「戰後社會福利的年代」。這個年代隨著政府背負龐大的預算赤字、公共組織規模龐大卻運作失靈，以及人民對公共服務的需求急速擴張下徹底崩潰。因此，行政革新、提振政府績效、加強公共服務品質的呼聲震耳欲聾。1980至1990年代，新右派、管理主義或新公共管理迅速竄起，成為各國政府從事行政革新或政府再造的主要基礎。

(三)新右派公共管理的主要論點包括：

1.視人民如顧客，並強調顧客的選擇權。人民可以在市場機制下，選擇公部門或私部門來提供公共服務。

2.創造市場或準市場的競爭機制。以眾多的公共服務供給者取代單一獨占的供給者，故而須將私部門納入以提供競爭的機制。

3.擴大個人及私部門的自理範圍，使個人更能夠自力更生，志願性的團體（Voluntary Associations）可扮演更積極的角色；增加私部門提供公共服務的機會，政府機關應該專注在那些原先被視為不必要，但卻是人民真正需要的服務上。

4.購買者的角色須從供給者的角色中分離出來。在所有的公共服務範圍內，購買者與供給者的角色均須被完全分開，以避免球員兼裁判問題的發生。

5.契約或半契約（Contractual or Semi-Contractual）配置的增加。傳統公部門組織是藉由層級節制及專業主義作為指揮控制的依據，新右派運動則強調購買者與供給者的關係是由契約來加以控制。

6.由市場來檢測績效目標。在部門內，管理者對資源的支配運用必須與目標相結合，管理者的責任即在於績效的達成；對外，部門績效的良窳則是決定於顧客的滿意度。

7.彈性給薪。由實際市場條件及績效情形彈性地來決定薪給，使薪資待遇成為一項激勵的工具。

新右派的公共管理實務，有新古典經濟學和公共選擇理論的強烈色彩。本質上，新右派界定「國家」為鼓勵獨占、壓抑企業精神、限制選擇、強調過度生產，和鼓勵浪費及無效率；而界定「市場」為鼓勵

競爭、引進企業精神、重視自由、強調擴大選擇和增進效率。因此，新右派的公共管理在實務上，便經常顯露出對市場和企業管理的偏好。（孫本初，公共管理，頁1-21）

五、 公共管理的發展因各國的不同發展而與時俱進有不同的發展名詞。美國有所謂的「新治理」（New Governance）。試說明它的內涵？

【說明】新治理典範雖然提倡市場導向的企業政府，卻仍然深信政府的價值，也一再強調並非企圖以市場來取代政府的角色，並深信可從制度而來重建政府治理的能力。

答：(一) 美國前總統柯林頓於1993年3月3日成立「全國績效評鑑委員會」（the National Performance Review，NPR），任命前副總統高爾主持該委員會，並要求於六個月內提出一份完整的聯邦政府改革計畫。同年9月7日，這份重建政府的計畫出爐，名為「從官樣文章到實際結果：建立一個運作更好和花費較少的政府」。此份報告的主要理念和理論基礎是源自Osborne與Gaebler兩人所著的「新政府運動」一書，企圖以企業型政府的理念，重建聯邦政府的職能。由於整個改革計畫與美國過去的行政管理典範不同，因此被稱為「新治理」（New Governance）或「企業型管理典範」。

(二)這份強調解除過度管制、引進市場機制、顧客至上、充分授能、企業再造工程等概念的改革方案，處處顯示新公共管理的特徵，為1990 年代以來的聯邦政府管理文化帶來巨大的改變，同時也衝擊了包括我國在內的許多國家地區的行政改革。

(三)1993年NPR再造政府的計畫包括四大部分：
　1.清除官樣文章。
　2.顧客至上。
　3.充分授能以獲致實際成果。
　4.回歸基本目標建立花費較少而運作更好的政府。
　並且在名為「政府的優勢祕訣」的報告中，提出政府四大優勢的祕訣是：
　1.聯邦政府成為全民政府的時代已經來臨。
　2.政府將持續提供更好的服務。
　3.政府與企業將結盟為協力合作關係。
　4.政府與社區形成同盟協力關係。

(四)Kettl等學者稱其為新的治理典範，其特質如下：

1. 強調與非營利組織建立聯盟關係，與以公、私部門合作生產的方式來提供公共服務，以取代過去支離破碎的公共服務體系。

2. 鼓勵民間部門參與公共服務生產，吸引並授權公民團體直接參與公共方案計畫的設計，且強調決策過程的分權化。

3. 公共行動的重點在於任務而非方案，在於實際的績效成果而非預算的盲目投入，在於投資而非花費，在於認知顧客的需要更勝於機關本身的觀點。

4. 在手段上運用企業管理、授能、建立工作團隊、市場機能、資訊技術等新的管理方法，並且強調重視品質勝於只重視效率。（孫本初，公共管理，頁1-21）

六、何謂「新公共管理」（New Public Management，NPM）？新公共管理具有何優點？

【說明】自1980年代以來，公共行政學浮現新理論研究途徑，稱為新公共管理學派，此一學派實為各國「政府改造」之理論基礎。

答：(一) 新公共管理之定義：

1. 面對傳統以來「官僚化」積弊之挑戰，新公共管理提出推行政府組織管理的結構性、功能性與體制性等層面之鉅大改革。主要係強調政府組織應予精簡，縮減政府職能，建立「績效基礎」的組織、「資訊基礎」的組織。

2. 政府管理層面謀求授能化、分權化、民營化、企業化、績效化與品質化；政府機關應引進此等「企業精神」而使行政管理更具效能化，以回應民意需求。

3. 建立「代表型」政府與「企業型政府」原理：「代表型」政府指政府施政積極回應民意需求，以強化政府之責任與能力；「企業型政府」則指企業創新、競爭、彈性、權變、績效、成果、任務與便民服務（顧客至上）精神融鑄於政府組織管理之中。

4. 新公共管理融合公共管理與管理主義（後官僚典範）而應用之於「政府改造」之革新變遷。

5. 就行政學而言，「新公共管理」（NPM）研究途徑或典範，可說是1990年代最為新穎而普及的管理學派。此一研究與改革途徑對傳統組織管理的衝擊與革新內容為：

(1)強調破除「官僚化」，且偏重績效成果。

(2)行政學應凸顯「市場競爭」機制與「民營化」問題的探討。

(3)確立「顧客導向」之管理形態（如單一窗口服務）。

(4)建立「催化型」政府－以政策導航為主，執行細務則採授能化、分權化原則。

(5)政府行政程序與管理法規力求簡化，節省成本而提升效能。

(6)法規鬆綁而配合以員工授能，以確立「顧客取向」之機制。

(7)重塑行政文化，使組織管理更具彈性、創新。（許南雄，行政學術語）

〔註〕Hood特別歸納並指出新公共管理的七項要點：

1.專業管理公部門，亦即讓公經理人管理並承擔責任。

2.目標必須明確，績效必須能夠被加以測量。

3.特別強調產出控制（Output Controls），亦即重視實際的成果（Results）甚於程序（Procedures）。

4.打破公部門中的本位主義，破除單位與單位之間的藩籬，建構網絡型組織。

5.引進市場競爭機制、降低施政成本及提高服務品質。

6.強調運用私部門的管理風格。

7.強調資源的有效使用。（孫本初，公共管理，頁1-21）

(二)新公共管理的優點：

1.許多國家的公共組織確實裁撤不少多餘的人力，生產力在許多領域中也確實提高甚多，且並未減少對於公共服務的數量與品質。而且不少公共官員具有高度的成本意識、堅定的保護資源觀念，以及資源運用的理性計畫；預算方面的改革與分權化亦使得浪費的情形大為降低。

2.公共服務的決策制定更能採取理性途徑與策略設計導向；而且以契約管理方式清楚的確定每個人的責任與義務，兼顧了服務品質、效率與責任標準。

3.公共服務組織對於服務使用者更具回應能力，不僅提供公開的管道讓顧客進入政府資訊系統，而且也提供快速與負責的服務提供方式，提高民眾的滿足感。

4.將控制傳統公共官員的權力由專業者與工會移轉到管理者與主雇團體，減低工會對於公共部門決策的影響力。

5.使得公部門保持更大的彈性，能夠提出各種創新與改進計畫，擺脫僵化的官僚文化，逐漸形成類似於私部門的企業型文化。（丘昌泰，公共管理-理論與實務手冊，頁85-131）

七、新公共管理的核心理念為何？

答： 新公共管理的核心理念為「市場機制的引進」。

(一)將市場機制引進公部門當中是新公共管理很重要的主張，其主張主要是受到新古典經濟理論的影響。以英國的情形而論，市場機制運用在公部門的策略包括：市場測試、民營化、強制性競標制度；至於美國的情形而論，由於具有實施自由市場經濟制度的民主資本傳統，其市場策略主要是集中於經濟誘因策略，如抵用券、使用者付費、補助、優惠減稅、財產權創設等。

(二)新公共管理主張政府機關應扮演導航者的角色，將公共服務儘量交由市場來處理，透過市場機制的運作，自然就能夠生產令消費者與生產者雙方都能滿意的產品組合。

(三)市場之所以得到政府的信任，主要在於市場係以消費者為導向，同時具有下列幾項特性：

1.競爭性：市場的參與者進行公平的價格競爭與品質競爭。

2.平等性：市場所有的參與者都是平等的，無分貴賤，自由進出。

3.開放性：市場機制與外部環境具有密切的相依關係，形成不斷循環的開放系統。

(四)強調市場機制的運用是否會侵犯了國家機關的角色呢？新公共管理者採取新古典經濟理論的觀點，認為國家機關只有在下列三種情形下，才會介入市場：

1.公共財：無排他性與無敵對性的財貨與勞務，如國防外交、公園休閒等。為了避免搭便車的心理，造成只願享受利益，不願負擔成本，故政府必須介入，採取使用者付費等措施加以干預。

2.優點財：這是指對於社會所有人都有益處的財貨或勞務，如教育或健康服務，政府機關也必須介入，以確保其品質與價格不受私益影響。

3.資訊失衡：當生產者與使用者之間的資訊失衡時，則政府應為使用者擔任忠實的捐客，以作為生產者與使用者之間的橋樑。（丘昌泰，公共管理-理論與實務手冊，頁85-131）

八、 曾經蔚為世界風潮的新公共管理運動，固然在理論與實務上有相當傲人的成績，但也引起不少人的質疑。試述新公共管理受到的批評內容為何？

【說明】不少學者指出，新公共管理過分強調對於人類行為的理性管理、官僚控制與經濟誘因，以至於忽略了公共利益、民主原理與公民參與的人性詮釋。

答： (一)學者的批評：

1. 傅德（Hood）教授質疑新公共管理成為一種全球性典範的適當性。他認為至少下列三點是值得懷疑的：

    (1)第一、新公共管理的理念眾說紛紜，出現一種文化的多元性。

    (2)第二、過分誇大了新公共管理改革的國際性趨勢，不是一種全球性的典範。

    (3)第三、新公共管理可能出現副作用，阻礙其成為典範的可能性，如無人負責管理的症候群。

2. 哈佛大學的凱柏力恩（Kaboolion）懷疑新管理主義不過是舊瓶裝新酒的把戲，他提出的是一大堆的問題，而不是明確的答案。

3. 泰利（Terry）指出，新管理主義與企業精袖主義容易造成民主統治功能的喪失，必須注意其所造成的三角難題。

4. 藍恩則指出，新公共管理運動出現的大問題分別為：

    (1)降低政治責任。　　　　　　(2)引起合法性危機。

    (3)欠缺一致性的策略。　　　　(4)忽視主流社會價值。

    (5)打擊公務人員士氣。　　　　(6)出現政治適應問題。

5. 湯李維與胡德（Dunleavy and Hood）以四個象限說明新公共管理所遭遇到的四個重大危機：

    (1)致命主義者的批判：新公共管理無法改變公共行政的根本困境，天下根本沒有白吃的午餐。

    (2)個人主義者的批判：新公共管理容易形成完全個人化與商業化的契約權。

    (3)階層主義者的批判：新公共管理破壞整體行政系統的穩定性，使公部門無法控制。

    (4)平等主義者的批判：新公共管理可能鼓勵腐化，可能滿足高層主管的個人利益，削弱政治責任性。

(二)綜合而成，新公共管理所受到的各種批評：

　1.管理主義的意識型態：新公共管理的出現得利於新右派的意識型態，但是既有新右派，必然有新左派，陷入意識型態之爭的管理主義，必然容易成為一時的流行，不久之後將隨著意識型態的沒落而消失。批評者指出公共管理是一種專為提升管理階層職位與擴大管理階層影響力的意識型態，且壓縮工會與集體協商在管理過程中的影響力，故成為一種命令式的與威權式的管理模式，它並未建立在以同意為基礎的管理哲學。

　2.管理主義的經濟理論基礎問題：新公共管理奠基於新古典經濟理論，但經濟理論應用於公共管理的政治環境系絡中必然產生滯礙難行之處，並非所有的政府問題都可以透過經濟理性主義加以解決。新公共管理理論中最受抨擊的是公共選擇途徑，有學者認為官僚機構的實際運作遠比公共選擇學者所描述的更為複雜，自利動機不一定表現在預算或規模的大小，更多時候是表現在機構本身的型塑結果。

　3.私人管理為基礎的問題：新公共管理者總是肯定私部門管理優於公部門，故應引進企業管理方法與技術於公部門內。

　(1)批評者認為，私部門強調要設定清楚的目標、設計實踐策略、編列計畫預算與建立計畫執行結構，並且建立績效衡量與成就評估的標準；但是，公部門很難設定清楚而明確的目標，更無法針對目標進行穩定的排比，當然更困難的是公部門的績效很多是屬於抽象的，難以測量。

　(2)新公共管理期望以市場機制解決官僚模式所無法破解的行政問題，重要的市場工具如民營化，簽約外包等都是經常使用的工具。不過，這些市場機制工具的運用不僅是技術問題，更涉及許多複雜的政治問題。許多反對民營化者認為，市場機制過度運用的結果，將造成行政官員與私部門相互勾結的腐化現象日趨明顯。

　(3)另外，學者擔心的是民營化之後對於公共服務提供者的監督與服從問題，在市場競爭壓力下，得標者可能基於成本利益考量，提供無法令民眾滿意的服務品質。

　4.新泰勒主義：新公共管理者強調對於政府經費的控制，主張以標的與績效系統作為管理責任分權化的依據，對於績效優良者予以獎勵，績效差者則予以處罰；這些都象徵新公共管理是一種新修正的新泰勒主義（Neo-Taylorism）。

(1)管理主義的多數的改革方案都是被效率、效果與經濟目標所支
配；至於公正、正義、代表或參與等都被視為促進高度生產力的
限制。

(2)新公共管理最大的問題在於「概念充血」與「策略氾濫」，改革
者提出許多科學管理上的策略與概念都欠缺明確的定義，如績效
評估、經濟誘因或品質管理等。

5.政治化所衍生的責任與倫理問題：傳統的行政模式強調中立性與超黨
派，但公共管理主張加強管理者與民選代表與官員的互動關係，公共
管理者一定會進入政治過程，以至於出現更多的官僚政客。

(1)政治領導者可能介入行政，基於政治利益或立場支持或反對特定
部門，使得公共管理出現泛致政治化的趨向。

(2)就倫理方面來說，新公共管理將大量的公共服務民營化，則不肖
的公共服務者很可能利用民營化的漏洞，圖利私部門，以至於出
現綁標、搶標、賄賂等腐化行為。

6.執行與士氣問題：管理改革是一件浩大的政治工程，必須要加以落
實，否則所有的計畫都只是上層領導者的片面構想，毫無績效可言，
故貫徹執行有時候遠比改革策略的規劃更為重要。相對於傳統公共行
政對於官僚體系與專業人員的尊重與肯定，目前則流行解構官僚體
系、以契約方式僱用官僚人員、以績效作為考核升遷的依據、以縮編
裁員作為精簡人力的主要依據。而新公共管理的公共選擇途徑與新制
度經濟理論等都是對於官僚體系與政府機關的負面抨擊，將之視為阻
礙效率、效果與經濟的絆腳石，這些都將嚴重打擊官僚人員的士氣。

7.消費主義的限制：消費主義是新公共管理中相當核心的概念，奧斯本
與蓋柏勒都認為政府應該要儘量顧客導向，以服務廣大公民。

(1)但是批評者指出，私部門中的顧客與公部門的顧客是不盡相同
的，因為公部門的顧客還必須進入政治過程，以至於產生政治參
與和代表性的公民精神問題，故私部門的消費主義不能引進公部
門當中。

(2)另外，消費者主權的概念是有其限制的，包括：
　①不能讓一般公民在毫無所悉的狀況下作任何的消費選擇。
　②強調競爭的結果很可能會造成服務品質水準的下降與安全水準的
　　降低。

　　　③消費主權的結果是對於服務提供者施加太多的壓力，如此將使
　　　服務提供者的心理與行動受到影響。

　　　④為了強調產品與服務的一致性，可能會導致一般生產成本的下降。

　(3)另外有學者指出，就政府而言，個人的滿意感並不是政府治理的
　　主要目的。（丘昌泰，公共管理-理論與實務手冊，頁85-131）

九、 自從米茲柏格提出管理者所扮演的角色之後，許多學者也陸續提出關於管理者角色與技能的看法。試舉例條列說明之。

答：(一)葛瑞芬所提出的四種技能：葛瑞芬（Griffin）指出，管理者除應具備
　　　凱茲所提出的三種技能外，還要具備診斷的技能。所謂診斷的技能，
　　　是指針對特定情境找尋最適反應的能力，也就是針對問題來探究原因
　　　與提出對策的能力。

　　1.葛瑞芬認為每個管理者都須要具備凱茲所提的三種技能加上診斷的
　　　技能。如果我們把概念化技能比喻成「見林」的能力，則診斷的技能
　　　則較接近「見樹」的功夫，再加上技術性技能強調的是「處事」的能
　　　力，人際間技能則是「待人」的功夫。

　　2.高階管理者對概念化技能與診斷的技能仰賴較深，基層管理者則較需
　　　要技術性技能與人際間技能，至於中層管理者，則是對四種技能有較
　　　平均的需求。

　　(二)赫爾立傑與史羅康所提出的五種技能：赫爾立傑與史羅康則將管理
　　　技能分為五類，除了凱茲所提出的概念化技能、人際間技能，與技術
　　　性技能外，又增加了慎思的技能與溝通的技能。其中慎思的技能與葛
　　　瑞芬所提出的診斷的技能在內涵上十分類似，係指管理者面對問題
　　　時，要能從多面向去思考評估，以找出最佳解答與對策的能力。至於
　　　溝通的技能，係指管理者具有收發資訊的能力，能有效與明確地向他
　　　人表達自己的想法、感受，亦能快速與正確地解讀他人的想法；赫爾
　　　立傑與史羅康更進一步指出溝通的技能可說是其他四項技能具體表現
　　　與充份發揮的基礎。

　　1.赫爾立傑與史羅康認為溝通的技能與慎思的技能對所有的管理者而
　　　言，都是十分重要的必備技能。不同階層的管理者的技能需求主要差
　　　異是在概念化技能與技術性技能，前者的重要程度與階層高低成正
　　　比，而後者的重要程度與層級高低成反比。

2.赫爾立傑、史羅康與葛瑞芬看法最大的歧異在於人際間的技能。赫爾立傑與史羅康認為：人際間的技能對各階層管理者而言都是十分重要的，但比較而言，階層越高的管理者越需要人際間技能。

(三)魯深思等人對管理活動的研究成果：彙整出管理者的四項基本活動：

1.溝通：即交換例行性資訊及處理公文、備忘錄等活動。

2.傳統管理：如規劃、決策、控制等活動。

3.人力資源管理：如激勵、獎懲、排解衝突、用人、訓練、發展等活動。

4.網路連結：即從事社交，建立與維繫對外關係等活動。

魯深思等人發現一般的管理者花費絕大部分的時間從事傳統管理的活動，其次為溝通的活動。魯深思等人更從個人的角度與組織的觀點來區分出另外兩種管理者：

1.有效的管理者：係指績效卓越、領導有方、對組織有極大貢獻的管理者。

2.成功的管理者：係指晉升最快、個人事業前程發展一帆風順的管理者。

(四)奎恩等人對管理者角色與技能的研究：列舉出扮演好各種角色所需的二十四種能力：

1.導師：一個管理者如能恰如其分扮演好導師的角色時，他將是一位關懷的、設身處地的管理者，表現出對部屬的體恤與關懷；但如果太過強調導師的角色，則會成為放縱的管理者。要扮演好導師的角色須具備下列能力：

(1)了解自己與別人的能力。　　(2)有效溝通的能力。

(3)幫助部屬成長發展的能力。

2.輔助者：一個能扮演好輔助者角色的管理者，是一位重視過程、促進互動的管理者，但如果太過強調此一角色，則會變成過度民主、過度強調參與，進而延誤或損害生產力的管理者。要扮演好輔助者的角色須具備下列能力：

(1)建立團隊的能力。　　　　　(2)善用參與式決策的能力。

(3)調和衝突的能力。

3.監督者：能恰如其分扮演好監督者角色的管理者，是一個對業務十分爛熟的技術專家；但這種角色如扮演的過火，則會產生缺乏想像力、墨守成規、吹毛求疵的副作用。要扮演好監督者的角色，必須具備下列三種能力：

(1)監督個人成績的能力。　　　　(2)管理集體成果的能力。

(3)管理組織績效的能力。

4.協調者：管理者如能恰如其分扮演好協調者的角色，將會是一位可靠的、可信賴的管理者；然而當協調者的角色扮演過度時，則會成為一位事事責難、多疑、嘲諷的管理者。要扮演好協調者的角色必須具備：

(1)管理專案的能力。　　　　　　(2)設計工作的能力。

(3)跨功能管理的能力。

5.指導者：管理者如能恰如其分扮演好指導者的角色，他會是一位果斷的、英明的管理者；但如果過度強調此一角色，則會淪為一位抱殘守缺、固執剛愎的管理者。要扮演好指導者的角色必須具備下列三項能力：

(1)提出願景、設定目標、規劃策略的能力。

(2)組織與設計的能力。　　　　　(3)委託、授權的能力。

6.生產者：當管理者戴上生產者的面具時，他是一位工作取向，發起行動的管理者；然而如果管理者太過沈溺於此一角色扮演，則可能產生太過個人主義。要扮演好生產者的角色，須具備下列能力：

(1)懂得如何有效地工作的能力。

(2)塑造一個良好工作環境的能力。

(3)管理時間與壓力的能力。

7.捐客：懂得扮演捐客角色的管理者，是一位資源取向、政治上十分機智敏銳的管理者；然而過度熱衷爭取資源的管理者卻可能會變成狂熱的機會主義者。扮演好捐客的角色必須具備下列能力：

(1)掌握與維持權力的能力。

(2)凝聚共識、爭取承諾的能力。

(3)表達構想的能力。

8.革新者：一位恰如其分扮演好革新者角色的管理者，是一位有創造力、能預見變遷、帶領改革的管理者；但過度熱衷求新求變而忽略守常守分的管理者，將會成為不切實際的管理者。要扮演好革新者角色所需的能力有：

(1)瞭解與掌握環境變遷的能力。　　(2)創造性思維的能力。

(3)創造變革的能力。（余致力，公共管理者的角色與知能，頁87-109）

十、治理與新公共管理具有何種相同性及相異性？

答：(一) 治理與新公共管理之共通性：

1. 控制與課責的新工具：兩者的普遍共同點在於，對於民選官員角色的重新界定。在控制方面，強調必須給予行政機關相當程度上的裁量空間；在課責性方面，兩者均企圖以企業精神的領導方式來取代源自於民主憲政體制的政治控制權力。

2. 公私二分的模糊化：兩者均意識到在當前的社會環境中，政府已經失去與社會的連結關係，以致孤立於社會環境之中而無法取得社會的信賴。如此二分的結果已是造成公共組織現代化以及追求效率上的一大障礙。

3. 市場競爭概念的重用：對新公共管理而言，競爭機制的運用是其管理哲學上的核心概念；然而，治理概念則較強調公私資源的結合而非僅侷限於競爭機制的引用。因此，治理是代表著公共服務傳遞的新方法，同時也認同於競爭機制的運用。

4. 強調產出的控制：兩者均著眼於行動上的產出（output），而對於傳統公共行政中投入控制（input control）的觀點則抱以懷疑的態度，這是因為投入控制僅著眼於資源投入的部分，而忽略了組織執行上的遲鈍以及無效率的問題。

5. 以導航取代操槳：對新公共管理與治理而言，「導航」功能均為其管理哲學的核心概念。「導航」的概念意謂著政府在面對日益增加且歧異性的公共需求時，卻同時必須進行組織精簡。

(二) 治理與新公共管理之差異性：Peter與Pierre認為治理與新公共管理的相似性存在於行政革新的運作層次，而兩者間的差異性主要是呈現在理論層次上。兩者間的差異性如下：

1. 理論基礎上的不同：新公共管理著重於組織內部的改造，所強調的是在顧客及市場導向下，如何對公共組織的運作加以重新修正以提升政府的功能，故新公共管理是屬於組織理論的運用。相對的，治理著重於公共組織與外部環境互動關係的建構，強調的是在資源相互依賴的關係網絡中，政府如何去維護民主的過程、資源整合的過程以及社會發展的方向，因此治理是屬於政治理論的運用。

2.治理是民主政府的重要要素：治理代表著，政府為消除外部網絡關係中的依賴控制，而適時減緩對法令權威的使用並做出策略性的反應；新公共管理則是源自於意識型態上的驅動，對公共服務中所具有的政治及文化上的特殊性完全不加以考量。

3.關切焦點的不同：治理十分重視對於行動者間的衝突與行動的過程，強調程序上的正當性；而新公共管理則是重視成果，重視顧客的滿意程度，其焦點在於發展出組織內部的管理方式以確保顧客的滿意程度。

4.政府定位上的的不同：治理的概念認為必須授與政府某種程度上的政治控制能力，此代表著治理概念是肯定政府地位及角色上的正面意義。相反的，新公共管理則對於政府抱持著不信任的態度，它企圖轉變整個公共部門使其如私部門一般，新公共管理認為政府本身既是問題的所在。

5.對既有文化上的衝擊：治理並不同於新公共管理般具有特殊概念（市場競爭機制、顧客導向等）及意識型態上的包袱。因此，新公共管理的推動則容易對政治文化造成劇烈的轉變。

6.政治文化的影響性：治理就如同其他的治理結構與其政治文化背景有著密切的關連性，所以在不同政治文化中，治理的制度將會呈現出多元的情況。相較之下，新公共管理則較無受到政治文化或制度上的影響。因此，治理可以說是混合公部門與私部門價值觀的政府治理方式，而新公共管理則可被描述為僅是將私部門的價值及目標灌注於公共組織的服務及運作上。

新公共管理與治理之比較

比較面向	新公共管理	治理
政治與社會關係	政府行動力的退縮	權力與資源相互依賴的網絡關係
政府角色	小而美政府角色	網絡/過程管理者角色
權力流向	民間組織重要性增強	決策與權力的分享
服務對象	顧客需求	政府本身及公共利益

比較面向	新公共管理	治理
追求價值	市場效率	效率、人文主義、民主價值
治理結構	市場制	網絡制
組織型態	扁平化式組織	網絡式組織
政治文化之衝擊	高	低
理論基礎	組織理論之運用 新制度經濟學 公共選擇理論	政治理論之運用 資源依賴理論、網絡分析 途徑、組織網絡
運用層次	管理技術的講求	行政與社會之互動關係

（史美強、蔡式軒，網路社會與治理概念之探討，中國行政評論第十卷第一期，頁42-65）

貳、選擇題

(　) 1. 下列何者非新公共管理的理論基礎？　(A)公共選擇理論　(B)黑堡宣言　(C)交易成本理論　(D)委託與代理人理論。

(　) 2. 下列何者為Hood所特別歸納指出的新公共管理要點？①引進官僚競爭機制，降低施政成本②目標必須明確，績效必須可被衡量③專業管理公部門，亦即讓公經理人管理並承擔責任④打破公部門中的本位主義。　(A)①②③　(B)①③④　(C)②③④　(D)①②③④。

(　) 3. 根據Bozeman研究，公共管理的研究可分為二，下列何者為真？
(A)沿襲公共政策的「P途徑」與上承企業管理的「B途徑」
(B)沿襲政治科學的「P途徑」與上承企業管理的「B途徑」
(C)沿襲公共政策的「P途徑」與上承行為科學的「B途徑」
(D)沿襲政治科學的「P途徑」與上承行為科學的「B途徑」。

(　) 4. 根據凱多（D.Kettl）觀點，公共管理的起源與下列何者具有相當密切的關聯性：　(A)科學管理　(B)政策規劃　(C)新公共行政　(D)政策執行力。

( )　5. 何者屬於公共政策途徑下之公共管理特徵？　(A)偏好企業管理原則的運用　(B)不嚴格區分公、私部門差異　(C)注重高階管理制定之策略研究　(D)量化實驗設計為主要研究方法。

( )　6. 新公共行政要摒棄以效率、技術等價值為中心的政治與行政分離論，其基礎思想為：　(A)新左派　(B)新右派　(C)公共福利學派　(D)科學理學派。

( )　7. 傳統上以「POSDCORB」一字代表行政管理的七項主要功能，其中，「D」代表何種意義？　(A)計畫　(B)組織　(C)表用　(D)指揮。

( )　8. 公共組織中愈是高階層人員愈重視那一種技能？　(A)專業技能　(B)人際關係處理技能　(C)運用抽象概念的能力　(D)系統分析能力。

( )　9. 「金魚缸效應」是形容公共管理與企業管理在下列何者的不同：　(A)目的與動機　(B)目標多元性與相容度　(C)公共監督　(D)法令限制。

( )　10. 新公共行政運動的主要內容中，不包括下列何項內容？　(A)社會公平　(B)知識與實踐整合　(C)正視多元主義的缺失　(D)建立完整法規制度。

( )　11. 下列那一位學者將現階段公共管理研究領域比喻為「變形蟲（Amoeba），以隱喻其研究重點和範圍尚處於不斷變化中？　(A)Whitaker　(B)Bozeman　(C)Peters　(D)Kraemer。

( )　12. 就右派在公共管理實務上，經常顯露的偏好是什麼？　(A)國家對市場失靈的干預　(B)政府應擴大規模　(C)市場與企業管理　(D)社群主義思維的強調。

( )　13. 公共管理中的「後人群關係學派」（Later Human Relations）主張的內容中，不包括下列何者？　(A)後人群關係學派主張「組織的民主化」　(B)後人群關係學派主張調和個人需求與組織需求　(C)後人群關係學派與傳統公共行政完全融合　(D)後人群關係學派係以內在道德為管理的標竿。

( ) 14. 英國歷經戰後福利擴張下的財政危機，在何派別的主導下，已經完成一場「行政文化的革命」？ (A)新右派 (B)新左派 (C)維新派 (D)保皇派。

( ) 15. 主張行政人員是「主權的信託者」，也是「憲政詮釋者」是那一個學說的思想？ (A)新公共管理 (B)黑堡宣言 (C)新左派宣言 (D)聯合宣言。

( ) 16. 下列關於公共管理及公共行政的敘述，何者錯誤？ (A)公共行政的義涵比公共管理更為寬廣 (B)公共行政是強調組織如何去執行公共政策 (C)公共行政並未將其自限於「管理」之上，而是將所有足以影響公共機構管理的政治、社會、文化及法律等環境合併考慮在內 (D)共管理的重心顯然較偏向於管理工具、技術、知識及技能等的運用。

( ) 17. 美國前總統柯林頓於1993年3月3日成立何項機構，並任命前副總統高爾主持該委員會，並要求於六個月內提出一份完整的聯邦政府改革計畫？ (A)公民憲章 (B)續階計畫 (C)全國績效評鑑委員會 (D)電子化政府。

( ) 18. 新公共管理的思想是以那一派的理論為基礎？ (A)人群關係學派 (B)精英理論 (C)新左派 (D)新右派。

( ) 19. 主張公共社會就是經濟市場，公共或社會的利益就是每個成員依其功利本位觀點計算個人利益的總和，此理論是為： (A)多元團體模式 (B)社群意識模式 (C)代議政治模式 (D)公共選擇模式。

( ) 20. 管理學者凱茲（Katz）指出管理者必備的技能有三種，其中不包括下列何種？ (A)技述性技能 (B)人際間技能 (C)概念化技能 (D)理論性技能。

( ) 21. 下列那一項理論被稱為「新右派市場哲學」？ (A)科層體制 (B)人群關係 (C)全面品質管理 (D)理性決策。

( ) 22. 1980年代以來的新公共管理（New Public Management）運動浪潮風行全球，並被冠以不同的稱號，下列何者為是： (A)管理主義 (B)新治理 (C)企業型政府 (D)以上皆是。

( )　23. 管理資訊系統的主要功用是什麼？　(A)協助管理人員作決策的能力　(B)節省決策的時間、成本、精力　(C)便於推動例外管理　(D)以上皆是。

( )　24. 下列何者非黑堡宣言所要揭示的內容？　(A)行政人員為公共利益的擁有者　(B)行政組織係達成公共利益的機構　(C)行政管理係憲政治理過程的參與者　(D)政府治理過程應代表多元利益並兼顧公平就業機會。

( )　25. 美國公共管理助理的機構間研究委員會（The Interagency Study Committee on Public Management Assistance）認為公共管理的核心要素為：　(A)政策管理＋資源管理＋人力資源　(B)財務管理＋人力管理＋資訊管理　(C)政策管理＋資源管理＋方案管理　(D)政策管理＋資訊管理＋人力管理。

( )　26. 下列何者非新公共管理所具有的特徵？　(A)採取理性途徑的方式處理問題　(B)以信託關係來取代傳統的結盟關係　(C)依據經濟、效率及效能等標準來衡量組織的成就　(D)改變組織結構，促使官僚體制的組織更為扁平化。

( )　27. 下列何者主張「以集體懷抱的價值、認知、態度以及行為著手改變個人與制度，提昇行政能力？　(A)新公共管理　(B)黑堡宣言　(C)系統途徑　(D)權變理論。

( )　28. 學者葛瑞芬（Griffin）指出，管理者除應具備凱茲所提出的三種技能外，還要具備：　(A)認知的技能　(B)預防的技能　(C)診斷的技能　(D)交際的技能。

( )　29. 米茲柏格於一九七三年發表的鉅作「管理工作的性質」中歸納出管理者所扮演的角色，其中下列何者不屬於「資訊角色」？　(A)頭臉人物　(B)監理者　(C)傳播者　(D)發言人。

( )　30. 在公共管理的5D基礎中，下列那一項是希望使政府機關的活動受到市場機能的規範，或者是放鬆政府對企業不必要的控制？　(A)Development　(B)Decentralization　(C)Devolution　(D)Deregulation。

解答與解析

1.(**B**)。 2.(**C**)。 3.(**A**)。 4.(**D**)。 5.(**C**)。 6.(**A**)。 7.(**D**)。 8.(**C**)。
9.(**C**)。 10.(**D**)。

11.(**A**)。Kraemer認為，公共管理是一種新的途徑，是傳統公共行政規範取向
（Normative Orientation）及一般管理之工具取向的結合體。

12.(**C**)。 13.(**C**)。

14.(**A**)。1990年代後，首相梅傑政府繼承新右派的管理文化，推動諸如「公
民憲章計畫」、「續階計畫」、「服務品質競賽」及「解除管制方
案」等計畫。

15.(**B**)。

16.(**B**)。公共管理則是強調組織如何去執行公共政策。

17.(**C**)。該項計畫的主要理念和理論基礎是源自Osborne與Gaebler兩人所著
的「新政府運動」一書，企圖以企業型政府的理念，重建聯邦政府
的職能。又被稱為「新治理」（New Governance）。

18.(**D**)。 19.(**D**)。 20.(**D**)。 21.(**C**)。

22.(**D**)。其他尚包括：市場為基礎的公共行政、新右派等。

23.(**D**)。

24.(**A**)。行政人員為公共利益的受託者。

25.(**C**)。

26.(**B**)。以契約關係（Contractual Relationship）來取代傳統的信託關係
（Fiduciary Relationships）。

27.(**B**)。

28.(**C**)。所謂診斷的技能，是指針對特定情境找尋最適反應的能力，也就是
針對問題來探究原因與提出對策的能力。

29.(**A**)。A是屬於「人際角色」的範圍，著重於人際關係之建立與維繫。

30.(**D**)。公共管理的5D基礎包括：(1)移轉（Devolution）；(2)民主化
（Democratization）；(3)分權化（Decentralization）；(4)解除管
制（Deregulation）；（5）發展（Development）。

第二章　公共管理

壹、申論題

一、何謂「策略管理」？其過程包括那些步驟？而公部門在那些情況下會引進「策略管理」以作為行政管理的工具？

答：策略（strategy）是古代將軍用兵藝術，在軍事領域中稱之為『戰略』，葛利克認為係『為達成組織基本目標而設計一套廣泛性、協調、整合性計畫』。70年代私部門新興的策略規劃發展至80年代的策略管理，逐漸為公部門所重視。

(一)**策略管理意涵**：依夏福利茲與羅素定義，所謂策略管理係『管理者有意識的政策選擇、發展能力、詮釋環境，以集中組織的努力，達成即定的目標。』另包茲曼與史卓司門（Bozeman&Straussman）則提出四個面向以涵蓋其內容：

1. 關注長期趨勢。
2. 將目的與目標整合成一連貫的層級體系。
3. 策略管理與規劃不是自我執行。
4. 最重要的是強調外部觀點，不僅要適應環境，而且是預期與影響環境的變遷。

策略的公共管理應再加一點：策略思考須認知到政治權威的運用。

(二)**策略管理的步驟**：策略管理過程即在滿足策略的必然性下，向前推展組織的願景與使命，它包括四個步驟：分析、建構、執行與調適

分析		建構		執行	調適/評估
外部環境	內部環境	使命	政策	組織結構	循環到前面步驟
機會	優勢	服務顧客	目的	系統	
威脅	弱勢	發展能力	主要活動	文化	

（吳瓊恩－行政學）

資料來源：Ibid., P.10.

1.**分析**：策略管理過程從組織內部的優勢和弱勢，以及外部環境的機會威脅開始分析，亦即優弱機威（SWOT）分析（strengths,weakness, opportunities and threats），SWOT分析常由顧問或資深管理團隊以一種互動的、腦力激盪方式進行。

2.**建構**：有效策略建構應建立在辨別、理解與利用組織的獨特能力與優勢上，而為其他組織所無法做到的，亦係建立競爭優勢之主要關鍵。而策略建構包括使命的說明，如服務顧客與政策目的等。

3.**執行**：執行措施包括組織各項工作，僱用人員以執行設定的活動，分配執行這些活動的責任，訓練人員並提供報酬。凡此均需組織結構、各系統及組織文化的相互配合。

4.**調適/評估**：組織外在環境變動迅速，而績效表現有時亦非盡如人意，故必須隨時不斷加以檢討，並加以調適，包括修飾或調整使命、目標、策略與執行上之各種實務問題。

(三)公部門在那些情況下會引進「策略管理」做為行政管理的工具：根據夏福利茲與羅素歸納，現行歐美國家從地方到中央，會使用策略管理情況有以下四點：

1.**公私部門之間關係的弔詭**：公共行政與企業行政有很多相似相異之處，但政府與企業都生存於同一國家文化中，面對跨國企業盛行，『國際管理』應運而生，政府同樣面對外勞就業、外國人移居本國之社會問題，種種多元文化的管理問題。又如公私部門同樣像大學爭取人才等。不過私營企業在市場競爭、顧客導向、外包與策略管理方面較具靈活性與反應性，敢於實驗創新，但相對公部門就比較保守，受法規條例的束縛。

2.**中央政府擔任領航者的角色功能愈來愈重要**：中央政府的角色應擔任領航者而非駕駛者，因此中央政府負責策略規劃，地方政府負責送服務。但中央政府在採用策略管理至少具有四個困難：

(1)政府機關在做決定時，必須與其他重要行動者，共同分享權力。

(2)官僚功能是政治性的，與理性環境相反，無法就適當績效方案取得一致的意見。

(3)政府之主管較私部門對手缺乏完全的自主性與控制力。

(4)公部門的策略決策，由於以上各因素，比部門的環境更為複雜與困難。

3.**組織的語言與文化**：策略管理的運用有其相應的文化環境及特殊語言使用，而在下列情況較容易進行策略管理：

(1)員工具有研究所訓練者愈多愈易進行策略管理。

(2)政府組織愈對新進有才能者開放，愈可能採用策略管理。

(3)行政主管經歷各種組織部門者愈多，愈容易提出新的理念。

(4)在成功進行變遷文化的組織，更易採行策略管理。

4.**組織的位置**：公共組織策略管理的效能最重要的決定因素在於其所處的位置。一般而言，美國公共部門策略管理途徑易於採行之組織特徵有：

(1)愈是遠離政治領導核心的公共組織，愈有可能採行策略管理。

(2)愈是自足與自主的組織，愈易採行策略管理。

(3)具有最低關鍵數量之所需，而能獨立管理、計劃與作業之較小單位，愈易實行策略管理。

(4)其績效結果愈易於測量者。

(5)其所得大部份愈是直接來自愈顧客者，如使用者付費，愈易於實行策略管理。

（吳瓊恩、李允傑、陳銘薰，公共管理，公部門策略管理頁186-198）

二、何謂「策略規劃」？其與策略管理有何關係？公共管理部門應具有何種策略層次？

【說明】「第五項修練」一書的作者彼得聖吉曾指出，願景（vision）是一個組織成長的動力，當組織內部所有成員都擁有共同願景之時，就能再造組織的無限生機。策略規劃中最關鍵的概念是「策略」，所謂策略係指政府部門所採取的行動綱領，以實現其所設定的目標，解決公共問題，滿足人民需求。

答：(一) **策略規劃定義**：策略規畫係指「一種足以產生基本決策與行動與紀律性努力，以形成與指引一個組織為何，它應作何事與為何如此做。」策略規劃是政府再造工程及再創組織生機的重要工具。策略規劃具有以下幾種特性：

1.**策略規劃與方案規劃是不相同的**：後者主要係官僚體系內的產物，不太考慮外在環境的影響，但十分重視組織內部因素，強調以專業技術研擬政策方案。

2.**策略規劃是未來取向的**：針對組織本身的特性與外在環境的變化所設計的未來發展藍圖，目的在於替組織的未來開創生機。

3.**策略規劃是客觀分析的過程**：規劃必須以科學精神，客觀地批判與肯定組織本身所具備的劣勢與優勢，以及外在環境的機會與威脅，提出有效的行動策略。

4.**策略規劃是批判與重建組織任務與目標的過程**：策略規劃係以機關組織的任務與目標為導向的。

5.**策略規劃必須得到組織內部全面性的支持**：不僅須得到重要決策者與意見領袖的衷心支持，同時組織內部所有成員都應該有共識，實施策略規劃。

(二)策略管理和策略規劃：策略管理與策略規劃不同，主要在於後者強調「作出最適度的策略決定」，而前者則強調「產生策略上的結果」；另外，**策略管理係指以策略為導向，以永續為基礎的管理組織之廣泛過程**，策略管理所關心的問題是：未來組織決定做些什麼（規劃）、如何針對組織所擁有的資源進行該項決定（資源管理），以及如何追蹤與考核策略的運作狀況（控制與管制）。依此界定，策略管理不僅包括策略規劃，還包括策略資源管理、策略成效追蹤與修正的管理等如何促使策略規劃能夠實現及能夠發生效果的策略規劃體系。策略管理大致上從二十世紀八〇年代取代策略規劃，其發展過程從私部門開始：

1.一九五〇年代的「長期規劃」：包括多年度的未來計畫，但如未注意外環境的變遷或激烈的競爭情勢，長期規劃將無法運作。

2.一九六〇年代的「企業策略規劃」：首次出現「使命」與「環境掃瞄或分析」的字眼。

3.一九七〇年代的「組織全體的策略規劃」：此一時期比較著重於組織的高階層，並分配企業組織中各不同部門的責任。

4.一九八〇年代的「策略管理」取代「策略規劃」：策略規劃在一九七〇年代碰到了「分析無能」，即計畫提出後產生不了什麼結果，組織也抗拒策略規劃。因此形成了「策略管理」的誕生。（吳瓊恩、李允傑、陳銘薰，公共管理-公部門的策略管理，頁206-223）

(三)公共管理部門中的策略層次：

1.總體策略：這是機關首長所提出的總體性、宏觀性的策略。以市政府為例，市長在市政報告中所提示的市政建設策略就是一種總體策略，屬於「上游工程計畫」。

2.部門策略：如市長底下所有一級主管機關都應有其各自的「部門策略」，這種部門策略係實現總體策略的關鍵步驟，是策略規劃中的「中游工程計畫」。

3.功能策略：如各級主管機關中的各個功能性單位所研擬的具體策略。

（丘昌泰，再造組織生機的動力-市民滿意經營的策略規劃，頁147-167）

三、策略管理的過程為何？策略規劃的程序為何？建構面策略管理的基礎為何？

答： (一) 策略管理的過程：

1.第一階段-軍事策略：軍事策略即是在地形地物外在環境的限制下，與自己的特殊能力如何配合的問題。

2.第二階段-企業策略：所謂企業策略，即在競爭激烈的企業環境中，如何取得優勢的條件，使自己的獨特能力與外在環境能達到有利的配合。

3.第三階段策略管理的過程：所謂「**策略管理過程**」，即在滿足策略的必然性下，向前推展組織的願景和使命，**它包括四個步驟：**

(1)**分析**：策略管理過程從組織內部的優勢和弱勢，以及外環境的機會與威脅開始分析，這種工作通常叫做優弱機威（SWOT）分析。SWOT分析常由顧問或資深管理團隊以一種互動的、腦力激盪的方式進行，按部就班地朝向組織定位的每一面向，無此分析，組織願景難以達成。

(2)**建構**：SWOT分析後，就可以開始建構策略了，亦即就環境的外在機會，與組織的內在優勢建構出相遇的配合；有效的策略建構是建立在辨別、理解與利用組織的獨特能力與優勢。

(3)**執行**：組織一旦建構了使命以及達成使命的政策後，就必須採取各種步驟以執行此一決定。執行措施包括組織各項工作，僱用人員執行設定的活動，分配執行這些活動者的責任，並對有效負責執行者給予適當的報酬。

(4)**調適一評估**：組織的環境經常變動，組織的工作績效有時也表現得不如人意。因此，組織必須重新檢驗其既有的工作方法並加以調適，以監督環境的可能變動。

(二)策略規劃的程序：

1. **程序承諾**：最高的決策者必須對策略規劃程序表示由衷的支持，部門主管與重要幹部都必須對之表示肯定態度。
2. **任務說明**：必須明確陳述機關的任務、目標與目的，同時該目標必須系統化、具體化與一致性。
3. **內部與外部分析**：內部分析係指必須客觀分析組織內部的優勢與劣勢，外部分析則是指必須分析組織面對的外在環境中，究竟存在著那些可以運用的機會或存在著亟應避免的威脅。
4. **策略性議題**：根據內部與外部分析結果，設定策略性的議題。
5. **策略選項**：根據前述重要的策略議題，然後從各種角度進行客觀的選擇，選擇一項能夠發揮優勢，利用機會，改善弱勢，逃避威脅的策略選項。
6. **可行性評鑑**：根據策略選項結果，然後從事以顧客為中心，並且分別從技術面、財務面與法制面進行可行性分析。
7. **策略**：選定數項最具優先性及最具可行性的策略。
8. **執行**：將前述策略付諸執行。
9. **追蹤評估**：必須針對策略執行成果進行嚴密的追蹤與評估，以了解策略的效果。（丘昌泰，再造組織生機的動力市民滿意經營的策略規劃，頁147-167）

(三)建構面策略管理的基礎：

1. 願景：願景可以激發員工的能量與心智以達成理想的實踐，並可凝聚成員團結向上。**組織的願景具有四個特徵：**
   (1)**廣泛的可追求的目標。**
   (2)**是組織真正想要達成的期望。**
   (3)**組織成員的情感訴求及想像力的發揮。**
   (4)**具有崇高的理想主義或浪漫主義的精神。**
2. 使命：組織的使命通常比較具體，表現在「使命說明書」中。使命比願景具體，係指在某一段時期內所要達成的理想或如何達成的方法都有廣泛的指標，把「願景」變成「使命說明書」即設定了組織的界域並提供了方向感。
3. 目的：「使命」仍無法提供有利的目的或目標，以說明並控制組織的行動。目的或目標都是組織在某一特定期間內所想要達成的結果。

4.目標：目標的層次低於目的，它是為達成目的而建立的次一級工作方向，比目的更為具體或更為實際。（吳瓊恩、李允傑、陳銘薰，公共管理公部門的策略管理，頁206-223）

四、試說明公共組織所可能面臨的挑戰為何？

答： (一)委託的挑戰（The Challenge of Mandate）：八○年代公共管理思潮興起，「私有化」挑戰傳統政府的功能。然而，但在私有化的倡議下，政府的部分功能是否仍要私有化，則應考慮以下幾點：

1.是否有獨占性：有些鐵路、自來水設備等具有獨占性質，如果為了競爭而開放私營，則重複浪費，是無效率的。

2.是否為國防或戰略價值上的關鍵：如為了軍事目的如核子武器的製造技術，則必須保留其「秘訣」。

3.如果私營化，由市場提供產品或服務，政府是否會失去追求社會或發展的目的。

4.政府有些管制、仲裁、立法與執行法律的功能，涉及利益的衝突，不宜私營化，否則政府將變成「球員兼裁判」。

5.政府所提供的公共財如果為全民共享，無一例外，例如國防外交、安全的道路等，基本上完全不適宜成為民營化的標的。

6.中央政府的行政單位，其工作面向雖然有許多是可以請私人機構提供的，但不宜民營化。

(二)效率的挑戰（The Challenge of Efficiency）：公共組織的效率問題常受詬病，通論以為公部門的獨特性和公共生活的複雜性，使得績效測量難以進行。透過產出的可測量性，並設定基準，比較研究績效，公部門的績效多少可以衡量出來，其根本關鍵在於「開放競爭」比「所有權」更為重要。

(三)競爭的挑戰（The Challenge of Competitiveness）：現在「競爭」的概念愈來愈成為公共管理人員的思考特徵，因為「競爭是策略的推動者」，有競爭的挑戰才有策略性的思考，也才必須考慮短期及長期利基在那裡？

(四)管轄範圍的挑戰（The Challenge of Boundaries）：政府分工設職原有中央與地方之別，各層級政府又分設各單位，管轄其所及範圍內的事務，然而在科技進步的今天，中央單位已涉及許多海外關係事務，各縣市政府彼此之間的關係也越加密切，無論中央或地方，其管轄權範圍已日趨模糊。

(五)服務的挑戰（The Challenge of Service）：傳統的公共行政，政府為民眾提供的服務是「生產者導向」而非「消費者導向」，政府所做所為係依據政治上的承諾或有效地做些傳統以來所做的，而非作為消費者的民眾的方便為考量。

(六)公共利益的挑戰（The Challenge of Public Interest）：公共服務人員加入政府組織，不完全都是只求安定的考量，尚有公共利益或福祉的動機，如何使公務員為公共利益服務，而非為黨派利益或利益團體，或為自己的利益而服務，的確是公共組織策略管理的一大挑戰。（吳瓊恩、李允傑、陳銘薰，公共管理-公部門的策略管理，頁206-223）

五、「開誠布公型管理」的形成背景為何？開誠布公型的管理策略的主要特性為何？

【說明】孤島現象及嫡螟相爭現象，可說是一對相生的組織問題，嚴重時將在員工之間引發心不甘情不願的合夥人，無法形構優勢的工作團隊，致力執行組織的任務或使命。

答：(一)背景：開誠布公型管理的出現，可說有兩大牽引力量來建構出來的：

1. 管理策略的孤島現象：在一個變遷神速、競爭激烈的政經體系裡，任何組織均想維持、鞏固及擴大生存的立基，對員工的要適管理，乃要採取各項管理策略。於是，品管圈、目標管理、過程再造及結構重組等策略，便逐一為管理者所用，但每一項管理策略所企圖關注的，乃是一套特殊的組織情境及績效問題。因此，在技術上，每項策略均是孤立的方案，和己身以外的創制相互孤立，以致無法產生綜合效應，始終無法將各項作為加總及整合起來，致使績效無法充分的發揮。開誠布公型的管理乃在質疑欠缺整合的策略之後，將多元化的人力資源管理策略，加以貫穿與融合，俾能將所有員工創造成一體的合夥性關係。

2.為新舊策略的嫡螟相爭現象：組織實行新策略時，彼此以各種手段爭取有利地位一般，可將其稱之嫡螟相爭現象。一旦這個現象存於公共管理，定會陷於擺動式的管理變遷，即管理者每針對一項組織人力問題，採取相對的行動策略要將其加以解決，但在獲得一些進展之後，尚未生根發展時，時代又流行另一項新的策略，管理者又受到新流行的迷惑，進而採取新策略，且將目標轉向，以致造成策略之間的衝突或不能相容現象，最終可能肇致公務部門之改造停滯或窒息。

(二)開誠布公型的管理策略的主要特性：

1.公開性：開誠布公型管理策略，首重公開的屬性，即讓員工知悉組織如何在環境變遷之際，作成因應的對策；向員工公布組織行事的原則、決策的規範，致使員工得以預期組織的行為方向。

2.分享性：組織在履行這項管理策略時，本著有福同享、有難同擔的精神，盡力分享詳細的組織運作資訊，並教導員工使用資訊之道，提供員工貢獻的機會。

3.兼顧性：此管理策略將顧客的滿足、員工的滿意及利害關係人的價值，同時列入核心的考量，不致偏廢於任一方，讓組織之目標只能達到次佳化的地步。

4.整合性：孤島似的策略革新，常有顧此失彼的窘境，因此，開誠布公型的策略，將已往試驗之各個單一策略加以要適的融合，改變員工本位的行事觀。

5.合夥性：組織之成功無法單憑單獨化的員工，須賴深刻凝聚力的合夥團隊，形成團結合作的體系，一致對外與其他競爭對手競爭。

6.人本性：該項策略認為，員工是組織在面對資源稀少、競爭激烈、環境變遷快速的時代，得以成功的關鍵因素；人是組織的主體，養成對組織的積極認同，才會使組織績效迸出亮麗的成績單。

7.公民性：組織有一套社會化的機制，養成共同的信念，並對共同的過程或目標積極投入。公民化的員工，體認到組織的權限範圍，認知到合理的組織行為。（林水波，開誠布公型管理策略）

六、 開誠布公型的管理策略的實際內容為何？

【說明】開誠布公型的管理策略認為，員工是組織成功的關鍵因素，尤其當組織存活於變遷及競爭的時代更是如此。而且，組織的員工是組織唯一無法被其他組織完全複製的資源。開誠布公型的管理策略旨在創造一個開放、合夥導向及高績效的組織，以教育、養能、授權、激勵及員工期望等策略，來凝聚組織的人力資源，建立相互支援的合夥關係。

答：(一)教育策略：每一個組織往往設有一個核心的策略目標，或是前進與追求的視野，而策略目標之成就或視野之展現，要由組織向員工提供有關總體方面政經情勢，如：有關組織年度特殊的工作重點、所要提供的服務類別及品質、要與那些機關合作、組織擁有那些優勢及弱勢等。

(二)養能策略：過往運作的組織典範，主要環繞於命令與管制的運用，今日之典範則將重心放在全部員工的合夥關係，希求每位成員擁有投入情、參與感及知識力。組織為了形塑上述合夥狀況，在提供各項資訊給員工後，更進一步以各種策略養成員工處事的手段、分析問題的能力及賦予任事的權能。組織設有資訊分享的體系、資訊互換的體系以及員工參與與涉入的體系；而在分享、互換及參涉的過程中，最重視的是充分的自由，不設有任何限制以妨礙資訊的流通。

因為，開放性的溝通已逐步成為員工接受雇用的最重要理由。

(三)授權策略：授權之本意為：以合法或官方的方式賦與權威或權力，使之足以作成對組織深具影響的決定。此是一項正式的宣布，將權威及責任轉移到合夥的員工身上。在授權原理的實踐上，管理階層的態度在於堅持協助員工的立場，盡力促成雙贏協定的簽訂；以訓練師自居，協助員工擔任新的任務，承受新的責任；以諮詢者的角色，協助員工的生涯規劃及專業發展；以接納的心情，歡迎員工參與雙贏協定的作成，容許員工自評績效。而最終目的在於形塑信任的組織氣候，員工們願意承擔權責，對組織有向心力，對自己有自信心。

(四)激勵策略：包括：凝聚員工的心智與精力於方案的構思及全盤組織情境的掌握，進而致使他們知悉與瞭解該為之事；養成衷心與同仁、服務對象的合作意願，建立互助的互動關係；誠願以可能擁有的資源，處理問題與滿足顧客；設計要適的報償制度，一則滿足員工的社

會需求，二則滿足員工的基本物質需求。

(五)員工的期望：開誠布公型的管理，要求主事者關切員工的期望，對之進行要適管理。而本型管理所強調或重視的員工期望為四個R：

1. R1指涉員工所期待要扮演的角色及角色行為。在本型的管理環境內，管理者以教育的策略，培塑員工扮演企業家及合夥人的角色。

2. R2指涉每位員工在身為合夥人之身分後，在組織內究竟享有那些權利，讓他們有了安全感，願為所屬的組織效勞；擁有那些自由，可否接近任何的資訊。

3. R3指涉在一個開放、合夥導向及要求高績效的組織環境裡，每位員工所扮演的角色，所要負責的責任。

4. R4指涉員工在組織內所要承擔的風險，以及可享有那些有價值的報償。（林水波，開誠布公型管理策略）

七、 公私組織從成立目的、服務項目等，本就有極大的不同。試從公私組織差異、管理差異及外部環境來比較公私組織之不同？

【類似題】宗才怡女士於今年三月請辭經濟部長，並發表聲明指出自己「像一隻誤闖叢林世界的兔子」；對照於前哥倫比亞大學教授謝爾（Wallace Sayer）的說法：「在一切無關緊要的面向上，企業與政府行政是相似的。」以及哈佛大學教授艾立森（Graham Allison）的主張：「差別的重要性，遠勝於其相似之處。」 據此，請申論公部門叢林世界與私部門叢林世界兩個領域管理的異同，以及是異大於同或是同大於異？（91年高考三級二試）

【說明】公私管理者面臨組織的不同目的、不同資金來源、不同所有權、與不同社會控制力量，將產生不同的管理動機、行為、責任與決策。

答：(一)組織的差異：

1. 組織的目的：

(1)關於廠商與公共官僚組織存在的理由，莫爾（Moe）引用寇思（Coase）的理論，認為廠商的出現係為了降低交易成本。依據新古典經濟學，廠商結合各生產要素目的在於賺取最大化利潤，欲獲得利潤的最大，除了交易成本外，亦需力圖最小化生產成本，並要求收入的最大。

(2)至於公共官僚組織存在的原因，莫爾認為其存在一定是有較其他組織更有效率的地方，社會上某些財貨與勞務由私人部門透過市場提供可能更無效率，如企業可能無意願提供或無法提供充足的公共財，這時由政府提供可能對資源的配置更有效率。

2.組織的本質：

(1)以公共利益劃分：公共組織為一般大眾謀福利，民間企業組織為其所有者謀利益。

(2)以資金來源劃分：達爾與林布隆將組織型態的光譜從市場決定其收入的企業到由政府出資的機關；企業的收入以在市場出售產品與勞務為主，有強烈的誘因降低成本與顧及顧客的需求；政府機構的資金則由編列預算經立法機關通過撥款為主，其降低成本的誘因甚低。

(3)以所有權及資金來源劃分：萬斯來與查德（Wamsly&Zald）將公私組織的光譜依所有權及資金來源二項因素劃分，而有四種不同的組合，分別是公共所有與公共出資（如一般行政機構）、公共所有與私人出資（如公營企業）、私人所有與公共出資（如國防工業承包商及一些政府出資的民間研發機構）以及私人所有與私人出資（如一般民間企業）。

(4)以經濟力量、政治力量與公共性劃分：包茲曼（Bozeman）主張所有組織皆有一些程度的公共性。因為所有組織皆或多或少受到政治力的影響，在某種程度上亦是外在政府控制的對象。

(5)以其所有權、資金來源與社會控制力劃分：貝利與藍尼（Perry&Rainey）建議除了所有權與資金來源外，再加入社會控制力量，社會控制力量係指經濟性的市場力量與政治的階層力量。用這三種特徵不同的組合來劃分，可以有八種不同的組織型態：傳統官僚組織具有公共所有、公共資金來源與多元階層控制之特徵；私人企業組織具有私人所有、私資金來源與市場控制力特徵；其他六種組織分別為政府公司、政府出資企業、管制企業、政府百分之百出資企業、公營企業（含民股）與政府承包商，分別擁有三種特徵的不同組合。

(二)管理的差異：

1.不同組織目的下的管理動機：廠商的存在以結合生產資源獲取最大利潤為目的，因此企業管理亦以追求利潤性為目標，現代企業的分紅制度更讓企業經理人的利益與股東利益緊密結合，企業經理人有極大的動機去有效率使用生產資源，降低生產成本，擴大市場營收；公共組織的存在目的依憲法規定係為了公共福祉，公共利益無法測量。

2.不同資金來源下的管理行為：民間企業的資金來源主要為來自市場的銷售收入，此是透過自願交易行為服務顧客所換取的報酬。私部門經理人在此組織誘因下的管理自是所謂的顧客導向，企業經理人的目標是確定可測量的；公部門組織的資金來源大部分並非來自其顧客自願交易收入，而是透過預算程序分配。因此，公部門管理者會利用其時間及資源於所謂的競租行為，即建立各種政治關係以爭取預算的通過。

3.不同所有權下的管理責任：私人組織的所有權歸所有者所有，如獨資者、合夥人、股東，明確的所有權下，經理人的管理責任直接向所有人負責；公共組織的所有權歸公有，如以委託人與代理人理論來看，民意代表代表人民係委託人，政府機關即為代理人，機關管理者應向民意機構負責。

4.不同組織社會控制力量下的管理決策：私人組織的社會控制力量主要來自市場，其管理決策受制於市場力量，管理決策在商業機密及商場競爭下，自可保有其隱密性不需透明；公部門組織因其控制力量來自多重階層，如上級機關、民意機構、審計機關、利益團體、選民、輿論等皆有興趣瞭解官僚的決策，政府機關的任何決策在資訊自由法案下，皆需對外公開。

(三)外在環境：

1.經濟交易對應政治威權：公私部門外在環境差異的一種劃分方式，就是私部門係以經濟交易方式分配財產權，公部門則是基於政治威權分配財產權。以經濟交易為主的外在關係，我們可以預期管理行為會更注重銷售、價格競爭、生產力與效率等；政治威權因係基於法令規章或政治決策行使公權力，組織管理者面對它，必須以談判、協商、合縱、妥協及其他方式追求生存，因此效率可能不是主要考慮因素。

2.競爭對應獨占：第二種劃分公私組織外在環境差異的方法是，私人企業面對的是競爭的外在環境，必須生產有效率，追求利潤；反之，政

府機關皆是依法成立，通常政府為提供某種勞務或公共財，只會成立一個機構，因此政府機關係處於獨占的地位。

3.利害關係人數目：第三種劃分公私外在環境差異的方法是利害關係人數目，私人公司經理主要係在單一的階層中工作，公共管理者則在其他政府機關或非政府機構或團體所構成的多階層中工作。

因此，公共管理者對於組織架構、資源與人事皆較私部門經理缺少控制力，公共管理者必須接受其他單位或立法機構對其員工與組織的安排，在指揮活動上當處被動不利的地位。（徐仁輝，公私管理的比較，頁52-77）

八、何謂「知識」？知識具有何種特徵？人力資源具有何種特質？

【說明】受到知識特質影響，使得人力資源運用不同於一般資源。而組織遲早會了解人力資源是唯一具有創造力和適應力的經營資源，以維持與更新組織的成功。

答：(一)知識定義：知識是資訊、文化脈絡、經驗以及專家見解。其中，文化脈絡經常受社會價值、宗教信仰、個性與性別的影響，經驗則是指個人從以前經歷過程中所獲得的知識，而資訊則是資料經由儲存、分析與解釋後的結果。

(二)知識有下列特徵：

1.知識具有伸展性和自我創造性：工業經濟的原料是有限資源，知識則不然，越用越增加。在應用知識進行工作時，活用知識，而且增進對工作的了解，知識經濟的資源將源源不斷，不虞匱乏。

2.知識具有替代性：它可代替土地、勞力與資本。例如，農夫在一片固定的土地上可以應用新的科技技術生產，而無須增加新耕作面積。

3.知識具有傳送性：在網路時代，知識可以即時快速的移動及傳播。

4.知識具有分享性：傳遞知識並不妨礙原有者的使用。（蕭元哲，公務人力資源管理，頁277-313）

(三)人力資源的特質：

1.人力資源具特質性交易：物質資源價值是由供給和需求所決定，而人力資源不僅如此，它在利益相關者中還產生特殊和象徵資源（如：地位、組織永續或信任等）的特質性交易。

2.人力資源運用與發揮可達無限的境界：人力資源的定義包含人類產生更多的知識和才能的能力。藉著研發過程，新知識和新才能不斷地取代舊知識而達到目的。

3.人力資源可產生雙贏的結果：純經濟性的物質與財務資源到交換者只會產生零和效果（一方獲得，另一方必失去），人力資源是由人賦予形體的，知識和才能等資源透過不同機制分配，收到或購買該資源決不會減少贈者和賣方該項資源。

4.人力資源無法儲存：原物料與財務資源可以儲存，人力資源價值應同步產生與消費，否則「閒置」的人力資源將逐漸喪失原有的能力與價值。

5.人力資源必須不斷地維持或提昇，才能保持其價值人力資源並不會消耗或磨損，但有兩種方法會使人力資源折舊：

(1)閒置或缺乏實際操作容易使人力資源退化。

(2)對其他的知識人力資源過時。（蕭元哲，公務人力資源管理，頁277-313）

九、 現代人力資源管理具有何種特徵？策略性人力資源管理具有何策略性的特徵？

答：(一)現代人力資源管理所具有的特徵：

1.人力資源管理應具備整合傳統人事管理活動和組織全面性改變的特性。

2.今日人力資源專業應是組織改變的夥伴，組織文化的創造者和組織忠誠的促進者。

3.許多傳統人力資源管理活動應從人事專家手中逐漸轉移至資深直線管理者。

4.強調個別員工，而非群體管理對工會的關係，提昇人力資源管理的功能。

(二)策略性特徵：

1.以績效為基礎的人力資源：人力資源的管理應該以交付結果代替作什麼活動為定義。績效要求可能存在組織中每一個角落，但真正需求在於組織核心流程，而這個流程構造出服務使用者所必須依賴這個組織的獨特能力（例如：提供優良品質、創新的品質與服務）。

2.展示人力資源的策略能力：人力資源只有在展現它真正策略能力時，人力資源才會被認為有策略價值，而它的策略能力來自於策略計畫過程中兩個重要層面：

(1)提供系統思考和策略計畫概念與方法的訓練教育。

(2)在策略計畫中，人力資源專業應扮演直接參予的角色。

若策略計畫所有參予者並不具備所有應有技能，將影響策略制定品質，因此人力資源發展專業應主動檢視參予者所具備的主要觀點和技能，以確定策略制定品質。另，策略性人力資源管理另一貢獻是，確定策略計畫制定是根據可運用的受雇專才作為精準評估基礎。

(3)浮現策略與人力資源發展：策略傳統上被敘述成計劃性深思熟慮的過程，然而策略不僅是一種在期待未來裡強調經營狀況的行動計畫，策略更是一種在不穩定環境某段時間中不留痕跡的動態現象。因此，策略的實現可以從結構計畫與分析中產生，也可以從事件中浮現。管理者應知曉決策者不可能預料每一件環境事件而預先權宜，欲在變化迅速的環境中，讓策略槓桿的潛力充分發展，則需視策略計畫為一浮現的過程方能隨機應變。（蕭元哲，公務人力資源管理，頁277-313）

十、以才能為導向的人力資源系統設計內容為何？試說明之。

答：(一)甄選：甄選的任務是選擇某人為組織中的成員，而非指派某一特定工作；甄選流程是找尋願意學習各種組織需求技能和能與此新式管理風格共事的人，同時此流程也需要找出擁有或可以發展增進組織核心才能技能和知識的人。在甄選高績效組織員工時，盡可能讓一些有機會和這些潛在的新組織成員共事的既有成員積極發言和賦予決定權力。

(二)訓練與發展：訓練和發展注重創造勞動技能層面以達到組織效能。首要評估技能，因為這是發展重要成因；所以需要正式系統來衡量員工技能，同時提供員工自測技能的方法。另外，不同於傳統管理評估屬下的方法，而是由同事彼此評估自己的技能和優點，所以團隊需時常負責決定和評估成員技能組合。

(三)生涯發展新邏輯：不同於傳統由組織負責生涯和管理，現代需由個人主導技能的取得和生涯發展。現代高績效組織，由於為數不多的垂直生涯移動和對領導統御與學習的不同期待，個人需要在某特定工作範圍停留久些，發展深一層的技能和更多的水平生涯遷移，特別在以流程為主的組織水平式生涯移動是特別重要的。

(四)雇用關係穩定與策略：傳統雇用關係需要員工忠誠度，為了感謝他們所付出的忠誠，組織應以終身雇用作為報酬。但在新式組織中，我們需要穩定的人力，以發展彼此關係和取得獨特的技能；因此需持續地評估員工的技能和績效對核心才能和組織能力的影響。

(五)報酬系統：報酬可以對員工激勵和技能發展產生重大的影響，事實上對組織效能也具有關鍵影響。報酬系統一直為工作單位的基礎，對於遵守規則的個人報以薪酬，這種制度在現代資訊社會裡，因其在許多方面失敗和限制，雖受到日益增加的批評，然不到最後的關頭，報酬系統並不會徹底的改變。（蕭元哲，公務人力資源管理，頁277-313）

貳、選擇題

( )　1. 下列何者不是SWOT分析所分析的內容？　(A)優勢（Strength）　(B)弱勢（Weakness）　(C)目標（Objective）　(D)威脅（Threat）。

( )　2. 針對策略性人力資源管理的發展,Schuler於1992年提出「5-P模式」，其中不包括：　(A)人力資源哲學（Philosophy）　(B)人力資源方案（Program）　(C)人力資源實務（Practice）　(D)人力資源過程（Process）。

( )　3. 在知識種類中何者難以取得，具有較高競爭效益？　(A)內隱知識　(B)外顯知識　(C)創新知識　(D)批判知識。

( )　4. 根據知識管理的論點，下列有關默會知識（tacit knowledge）與外顯知識（explicit knowledge）之敘述何者有誤？　(A)資深員工的默會知識常比資淺員工豐富　(B)外顯知織較易管理　(C)外顯知識是默會知識符號化的結果　(D)默會知識較易分享。

( ) 5. 何項管理是管理者有意識的政策選擇、發展能力、詮釋環境,以集中組織的努力,達成既定的目標? (A)策略管理 (B)目標管理 (C)績效管理 (D)指標管理。

( ) 6. 下列何者為正確的策略規劃程序?
(A)任務說明→策略性議題→程序承諾→內部與外部分析
(B)程序承諾→任務說明→內部與外部分析→策略性議題
(C)任務說明→程序承諾→內部與外部分析→策略性議題
(D)任務說明→內部與外部分析→程序承諾→策略性議題。

( ) 7. 中央政府擔任領航的角色功能愈來愈重要,但中央政府採用「策略管理」至少具有下列何項困難?
(A)官僚機關主管在作決定時,必須與其他重要行動者,共同分享權力
(B)官僚的功能是政治性的,與理性的環境相反
(C)政府的主管比起私部門的對手缺乏完全的自主性與控制力
(D)以上皆是。

( ) 8. 下列何者非開誠布公型的管理策略的主要特性? (A)整合性 (B)公開性 (C)獨資性 (D)分享性。

( ) 9. 策略管理的運用有其相應的文化環境及特殊語言的使用,在下列何種情況下,比較容易進行策略管理?
(A)員工具有研究所訓練者愈多愈易進行策略管理
(B)政府組織愈對新進有才能者開放,愈可能採用策略管理
(C)行政主管經歷各種組織部門者愈多,愈容易提出新的理念
(D)以上皆是。

( ) 10. 組織實行新策略時,彼此以各種手段爭取有利地位一般。此可將其稱之為: (A)管理策略的孤島現象 (B)嫡螟相爭現象 (C)金魚缸效應 (D)黑堡宣言。

( ) 11. 下列關於策略規劃的敘述,何者正確?
(A)策略規劃是客觀分析的過程
(B)策略規劃是未來取向的
(C)策略規劃是批判與重建組織任務與目標的過程
(D)策略規劃係以機關組織的任務與目標為導向的。

( ) 12. 「策略管理過程」即是在滿足策略的必然性下,向前推展組織的願景和使命,它包括四個步驟,其中不包括下列何項? (A)分析 (B)建構 (C)整頓 (D)調適及評估。

( ) 13. 下列何者不是包茲門和史卓司門所提出的策略管理的四個指導原則? (A)關注長期趨勢 (B)將目的與目標整合成一體的層級體系 (C)策略管理與規劃不是自我執行 (D)強調內部觀點。

( ) 14. 關於策略管理和策略規劃的敘述,下列何者錯誤?
(A)策略管理強調「產生策略上的結果」
(B)策略規劃強調「作出最適度的策略決定」
(C)策略規劃係指以策略為導向,以永續為基礎的管理組織之廣泛過程
(D)策略管理所關心的問題是:規劃、資源管理、控制與管制。

( ) 15. 公共組織所可能面臨的挑戰為: (A)委託的挑戰 (B)管轄範圍的挑戰 (C)公共利益的挑戰 (D)以上皆是。

( ) 16. 何者可以激發員工的能量與心智以達成理想的實踐,並可凝聚成員團結向上? (A)願景 (B)方案 (C)做法 (D)程序。

( ) 17. 下列何者非現代人力資源管理所具有的特徵?
(A)人力資源管理應具備整合傳統人事管理活動和組織全面性改變的特性
(B)許多傳統人力資源管理活動應從資深直線管理者手中逐漸轉移至人事專家
(C)人力資源專業應是組織改變的夥伴,組織文化的創造者和組織忠誠的促進者
(D)強調個別員工,而非群體管理對工會的關係。

( ) 18. 下列何者非開誠布公型的管理策略? (A)鼓動策略 (B)教育策略 (C)授權策略 (D)激勵策略。

( ) 19. 開誠布公型的管理所強調或重視的員工期望為: (A)指員工所期待要扮演的角色及角色行為 (B)指每位員工在身為合夥人之身分後,在組織內究竟享有那些權利 (C)指涉員工在組織內所要承擔的風險,以及可享有那些有價值的報償 (D)以上皆是。

( ) 20. 下列何位學者將公共組織所面對的立法機構、行政首長、利益團
體與法院等，稱之為雙重階層（double hierarchy）？ (A)杜拉
克 (B)畢德斯 (C)莫爾 (D)拉菲爾。

( ) 21. 下列何位學者主張所有組織皆有一些程度的公共性，因為所有組
織皆或多或少受到政治力的影響，在某種程度上亦是外在政府
控制的對象？ (A)伯茲曼 (B)畢德斯 (C)貝利 (D)藍尼。

( ) 22. 有關知識層級由下到上的排序，下列何者正確？ (A)資訊→資
料→知識→智慧 (B)資料→資訊→知識→智慧 (C)資訊→資料
→知識→智慧 (D)資料→資訊→知識→智慧。

解答與解析

1.(C)。 2.(B)。 3.(A)。 4.(D)。 5.(A)。 6.(B)。 7.(D)。

8.(C)。應是「合夥性」。其他特性尚包括：兼顧性、人本性、公民性。

9.(D)。

10.(B)。AB均為「開誠布公型管理」的形成背景。

11.(B)。策略規劃是未來取向的，針對組織本身的特性與外在環境的變化所
設計的未來發展藍圖。

12.(C)。

13.(D)。強調外部觀點，不僅適應環境，而且是預期與影響環境的變遷。

14.(C)。應是「策略管理」。

15.(D)。 16.(A)。

17.(B)。許多傳統人力資源管理活動應從人事專家手中逐漸轉移至資深直線
管理者。

18.(A)。 19.(D)。 20.(C)。 21.(A)。

22.(B)。知識可分為資料、資訊、知識及智慧四個階段：
(1)資料：是沒有經過處理的單一資料。
(2)資訊：先會蒐集大量的資料，再從這些資料中整理出可以運用的
資料。
(3)知識：從報告中所學習到的東西便會轉變成自己的知識。
(4)智慧：是將所知道的知識作思考，並且精通用在日常生活中。

第三章　組織發展理論

壹、申論題

一、何謂學習型組織的內涵？何謂學習型政府？公部門應如何據以型塑學習型組織？

答：彼得‧聖吉（P.M.Senge）於1990年著『第五項修練：學習型組織的藝術與實務』，首倡『學習型組織』（Learning Organization）。

(一)學習型組織

1.意涵：

(1)蓋勒和海登（Galer & Heijden）認為：「學習型組織是一種能夠敦促其所屬成員不斷學習且應用學習成果的組織，由是組織得以對其內外環境有更深一層的瞭解」。

(2)瓦特金與瑪席克（Watkins & Marsick）認為：「學習型組織是一種不斷在學習與轉化組織，而學習是一種策略性的且與實際工作相結合的過程，從成員個人、工作團隊一直到組織整體；學習結果將引起知識、信念與行為的改變，強化組織創新和成長能力」。

(3)彼得‧聖吉的見解：「係指組織中的個人能夠持續地擴展其創造真正所欲達成結果的能力，並在其中培育出新的且具延展性的思考型態，以及可以自由培塑出集體的志向，且透過繼續的方式，一同學習到如何去學習的組織」。

2.內涵

(1)系統思維：塑造學習型組織五項修練中的神髓，也是展開變革行動的哲學與理論基礎。聖吉認為一般人在思考問題時，常會犯下同樣的錯誤，這些思考上的毛病包括：過於依賴經驗學習、錯誤的問題解決邏輯。系統思考就是幫助我們擺脫這些思考上的障礙，培養我們利用以簡御繁的方法，來處裡動態複雜的外在事物。

(2)超越自我：自我超越是學習型組織的首要修練。人皆有肯定自我及追求成長的動機，本於此假設，組織可說是個人實現自我的場所；學習型組織就是以自持自勵、超越自我、認真負責的成員為基礎，而逐漸發展而成。

(3)改善心智模式：主要是用來矯正傳統層級節制的管理方式，所產生對組織內人際互動關係的扭曲、對溝通所形成的障礙，以及對政策過程的誤導與對人員創意生機的抹殺。具體而言，組織應力求在『同中求異』而不強制『異中求同』。

(4)建立共享願景：願景是整個組織學習的動力，這個願景不是虛無縹渺、事不關己的，而是和個人的需求願景緊密聯繫；這個願景不是上級派定、被動勉強接受的，而是出自於共通的想法與承諾。

(5)團隊學習：工作團隊是組織學習的基本運作單位，團隊指的是跨越部門層級等職務分工，因接觸互動的密切關係所自然形成的團體。聖吉認為，團隊學習係指發展出某種願意戮力與共同的能力，而塑造此種團隊的關鍵在於其所屬成員之間進行『對話』與『討論』的能耐。

(二)學習型政府：學習型政府（Learning government）係指能夠持續學習與創新改變政府組織，無論是個人、團體或整體組織均能透過各種有效的途徑與措施持續地進行學習，進而激發個人與組織的發展能力，以充分提升政府效能，並為民眾創造更多福祉，達成順應變遷、引導變革與創新發展之目的。

(三)公部門如何型塑學習型組織：根據朱楠賢博士的見解公部門欲型塑學習型組織，可採取以下作法：

1.觀照方面：須採學習的全面觀照，涵蓋：
(1)整體學習環境：應型塑共同的願景。
(2)產出階段：改變心智模型與著重長期發展。
(3)整合階段：化解權力鬥爭。
(4)闡述階段：應強化對話機制。
(5)行動階段：積極爭取外界支持。

2.執行策略
(1)促請機關首長支持並親自參與。
(2)將學習概念融入組織策略中。

(3)建立知識分享的機制。

(4)引進並推廣必要的學習訓練。

(5)協助專案小組的設置。

(6)培養信任、和諧與寬容的文化。

(7)建立360度評估制度。

(8)建立功績升遷制度。

(9)實施工作輪調與工作豐富化。

(10)重視員工的生涯規劃。

（孫本初，公共管理，組織學習與學習型組織）

二、 何謂「組織發展」（OD）？其發展背景為何？為何要研究組織發展（重要性）？

答：(一)組織發展定義：

1.French與Bell對組織發展的定義：組織發展乃是一項促進組織解決問題和革新過程的長期性努力，尤其是透過更有效及更協同一致的管理方式來改變組織文化，藉由變革推動者的協助，採取應用行為科學的理論與技術。

2.學者Richard Beckhard界定組織發展為：一項有計畫的、涉及整個組織的、由上而下的努力，經由利用行為科學的知識對組織過程做有計畫的干預，以增進組織效能與健全。

3.Cummings與Huse兩人認為，組織發展是：行為科學知識有系統地應用於計畫性的發展，並強化組織的策略、結構和過程，以增進組織的效能。

4.孫本初教授：組織發展概念的基本隱喻是視組織為一個開放的系統；其分析單元有個人、團體和組織；其干預的方法包括組織成員的觀念和價值、組織過程、組織結構及整個系統的改變等；其主要的核心價值在使組織成員學習合作及參與，以互相促進改變；至於實施有計畫的變革目的，在於增進組織的效能及健全。所以組織發展與有計畫性變革及組織變革者概念上是相通的。

(二)組織發展的興起背景：一為1940年代後半期，美國國家訓練實驗室的萌芽而產生了一連串的實驗室訓練法；二為行為科學家在調查研究與回饋方面早期的貢獻；三為社會科學家從事實作研究的貢獻；最後則是強調生產力和工作生活品質的研究。

(三)研究組織發展的原因：French、Bell與Zawachi等人認為，在從事組織發展的干預活動時，瞭解組織發展是什麼和如何運作是很重要的，因為：

1.組織發展的計畫能夠改進個人的工作績效、創造更好的士氣與增加組織的收益性（Profitability）。

2.組織發展的應用日益普及。組織發展的研究途徑與方法已廣泛運用於今日所有的組織和產業，包括製造業和服務業、高科技和低科技產業及公、私部門機構等。

3.人力資源（Human Resources）是組織中最重要的資產，而組織發展能提供各種強化組織人性面的方法，使得個人和組織能同蒙其利。

4.組織發展已逐漸成為一種重要的管理工具。組織發展的應用在管理上不僅是一種藝術，亦是一種科學；今日經理人員的職責乃在管理變遷，而組織發展就是管理變遷的處方。（孫本初、公共管理-組織發展，頁567-582）

三、組織發展為現今新興的管理知識，其主要內涵為何？試說明之。

答：可從研究內容及運作對象兩方面來說明

(一)研究內容方面：Friedlander與Brown兩人認為，組織是由人員、技術及過程與結構三者所組成。過程與結構乃是反映人員之間或人員與工作之間不同的關係，其所指的乃是權威、溝通、決策、目標設定及衝突解決等組織活動。Friedlander與Brown兩人認為，組織發展的目標是使組織任務的完成和人類自我實現的極大化；而且兩人的組織發展模式乃是強調組織變革應有整體性的考量，亦即對人員與組織過程一併考量、對技術與組織結構一起考量，如此才能達成組織的任務與組織成員的自我實現。其中對組織發展的研究途徑包括：

1. 人際過程途徑（Human-Processual Approaches）：該途徑強調人員的參與和組織的過程，透過此途徑，組織成員可獲致他們各自的和組織的目標。其中干預方法包括調查回饋法、團體間關係發展法等。所涉及的知識有心理學、社會心理學及人類學。

2. 技術結構途徑（Technostructural Approaches）：該途徑所強調的是組織中的技術及結構方面的理論與干預方法。此途徑的干預方法包括工作設計、工作擴大化、工作豐富化等。所涉及的相關知識有工程學、社會學、心理學、經濟學等。

(二)運作對象方面：

1. 不同型態組織的運作情形：根據Golembiewski在美國喬治亞大學講授「組織變遷與管理」課程的講授大綱中，列舉組織發展可應用於企業組織、社區和地方政府、衰退中的組織或裁員管理、國際事務的組織、法律執行單位、醫療服務系統、教育機構、低度開發國家、監獄、國際企業組織及併行組織等。可見組織發展的運作對象可涵蓋各種不同型態的組織。

2. 不同國家地區的運作情形：不同的國家地區存在著不同的文化，而不同的文化對組織發展的運作是否會產生影響？工業心理學家Hofstede曾對美國IBM公司的四十個外國分公司的員工作了調查研究，結果歸納出四個主要因素可用以區別不同國家地區的文化：

    (1)權力距離：權力距離（Power Distance）係指一個社會對組織內權力分配不公平事實所能接受的程度。

    (2)不確定性的避免：不確定性的避免（Uncertainty Avoidance）係指一個社會受到不確定和曖昧不明情境的威脅時，所能提供就業穩定、建立正式法規、不能容忍異端及相信絕對真理和專家意見的程度。

    (3)個人主義與集體主義：個人主義（Individualism）是指一個社會的結構鬆散，個人只為照顧自己及其近親；集團主義（Collectivism）是指該社會結構非常嚴密，而且個人必須對該社會絕對的忠誠。

    (4)男子氣概與婦女氣質：男子氣概是指一個社會的主要價值是否崇尚專斷、重視金錢與物價的獲取、不體恤他人及不注重生活品質；反之，則為婦女氣質。

註一：Jaeger認為上述四個衡量國家文化的指標，可用來預測該文化是否
與組織發展的價值相契合，他認為最適合實行組織發展的國家文
化如下：權力距離：低等；不確定性的避免：低等；男子氣概：
低等；個人主義：中等。

註二：Johnson亦根據Hofstede的問卷調查結果，並對Jaeger先前的實證
結果作了部分的修正。Johnson的研究結論，將國家的文化分為四
大類：

1.與組織發展價值完全相同的國家文化。

2.與組織發展價值近似的國家文化。

3.與組織發展價值不同的國家文化。

4.與組織發展價值相反的國家文化。

（孫本初、公共管理-組織發展，頁567-582）

四、 學者Marquardt認為學習次級系統之一的「學習的類型」，其類型可分為那些？試加以說明之。

答： (一)適應性學習與創新性學習：

1.適應性學習（Adaptive Learning）乃是指組織成員除了維持現有所需
的技能外，還要增強其解決現有問題的能力，它是維持組織現存制度
或已有生活方式而設計的學習型態。

2.創新性學習（Generative Learning）則是為了培養組織成員重新研判
問題的能力，使成員獲得新價值、新知識及新行為，其中包括適應未
來環境變遷的能力，所以創新性學習又可稱為前瞻性學習。

(二)單圈回饋學習、雙圈回饋學習與三圈回饋學習：學者Argyris將組織
學習分為單圈回饋學習（Single-Loop Learning）及雙圈回饋學習
（Double-Loop Learning）。

1.當組織缺乏反省、無法改變系統價值，並且未能進行偵測及矯正錯誤
的活動時，其所發生的情況有兩種：一是發生在學習能夠相互配合，
另一種是發生在當學習無法配合時。組織因應的方法只是改變其行
動，但未改變其價值來影響結果，這種情況視為單圈回饋學習。

2.所謂雙圈回饋學習，是指組織若具有檢驗及改變主導變數的能力，且
能夠矯正其錯誤，它通常發生的狀況是當學習無法配合時，其運用改
變或檢查主導變數的方式，再予以重新行動，以改變其原本的行為及

結果。單圈回饋學習與雙圈回饋學習其中最大的差別乃在於「主導變數」的形成，其形成的過程是當人員從事行動時，個人努力追求一種偏好狀況的滿足，同時它們也包含可以藉由觀察個人、組織代理人的行動，進而推測或推論個人的行動。

3.學者Morgan認為單圈回饋學習是指檢查及改正錯誤的能力，與現行的運作規範及能力有關；而雙圈回饋學習則是組織對情況採取再加以檢視的方法，質疑組織目前運作規範的重要性及是否要對於組織的情況加以重新審視。

4.學者Swieringa與Wierdsma兩人則認為，組織的集體學習（Collective Learning）是包含單圈、雙圈及三圈回饋學習（Triple-Loop Learning），它可引導組織行為、組織文化呈現不同程度的改變。

三種回饋學習圈之比較

回饋學習圈	學習範圍	學習層次	學習成果	管理功能
單圈學習	規則	義務和許可	改善	第一階層
雙圈學習	洞察力	知識和理解	更新	第二階層
三圈學習	原則	精神和意志	發展	第二階層

(三)學習再學習：當組織成員從過去的學習經驗中得到失敗的教訓後，便要尋找正確的學習方式，關於這種學習方式，學者Argyris與Schon將其稱為「學習再學習」（Learning about Learning）。當組織效力於「學習再學習」時，其成員較能夠掌握學習的技巧，並且對於環境的變遷也較能夠因應。

(四)行動學習：行動學習是組織學習技巧中最重要的一環，Revans是最早提出這個概念的學者。所謂行動學習（Action Learning）是指組織運用此種方式解決組織所面臨問題時，是一種有意的、後天的、技巧的學習，主要目的在提供組織加速學習的方式，使成員能更有效率地解決問題。它所運用的策略是將行動學習納入系統化思考中：學習＝有計畫的教導＋質疑至於行動學習的本身即具有下列兩項價值：

1.透過行動學習過程所累積的知識及技巧，才能解決組織的真正問題。

2.運用新的觀點，致力於改善組織的問題，才能推動組織進行變革。

（孫本初、公共管理－組織學習與學習型組織，頁413-446）

五、何謂「學習型組織」？其具有何種特徵？其構成要素為何？

【說明】當代管理大師Senge所著「第五項修練」一書，其主張的系統性思考、不斷地自我超越、改善心智模式、分享共同願景、建立團隊學習等五項修練技術，是目前實務界及學術界對於學習型組織所共同努力研究與實踐的目標。

答：(一)學習型組織的義涵：

1.Senge主張以系統性的思考來型塑創造性的張力，以便能在五項構成技術（系統性思考、自我的精進、心智模式、建構共享願景及團隊學習）等五項修練中，去不斷型塑學習型組織。故就其觀點而言，所謂學習型組織是指「組織中的個人能持續地擴展其創造真正所欲達成結果的能力，並在其中培育出新的且具延展性的思考型態，且可自由培塑出集體性的志向，並透過持續的方式一同學習到如何去學習。」

2.Garratt認為學習型組織本身即是一種組織發展與學習的應用，一般組織若要成為學習型的組織時，管理者本身便需發展出如同個人或工作團隊的學習能力。此外，更需培育出足以促使組織進行學習的氣候及過程。

3.Garvin認為，學習型組織是一個精通於知識的創造、取得並轉換的組織，並藉此以修正其行為或反映新知與洞察力的組織。就此定義觀之，學習的作用旨在產生新的理念，而知識的創造可能來自於個人內在的洞察力及創造力，亦可能來自於組織外的刺激所形成。

4.Bennett等人認為，學習型組織係指能將學習、調適及變遷等能力轉化為組織文化的組織，而其所屬之價值、政策、實踐、體制及結構等均能有助於所屬員工去進行學習；而學習的成果將有益於下列事項的改進，如工作流程、產品與服務、個別工作的結構與功能及有效的管理運作等。

5.Galer等學者亦認為，學習型組織是一個能促使其所屬的個別成員學習並運用其學習成果的組織，並且能經由時間的推展來增進自我的知識，以及對自我與所屬環境作進一步理解的組織。

6.Thurbin從不同的角度來檢視學習型組織，並規劃出所謂的「十七日的學習方案」。

7.Jashapara則是以「競爭性的學習型組織」一詞作為學習型組織的同義詞，並從結合競爭優勢及策略性變遷的觀點來強調學習的重要性。其所謂的競爭性的學習型組織是指「一個能持續調適的企業，其能透過滿足變動性的顧客需求、理解競爭對手的動態及鼓勵系統性思考等方式，來提昇個人、團隊及組織學習的組織」。

(二)學習型組織之主要特徵：

1.Calvert等人將學習型組織的特徵歸結如下：

(1)是一種集體性、開放性及跨越組織範疇的學習。

(2)對學習的過程及結果是等量齊觀的。

(3)能夠以快速及聰穎的學習來取得有利的競爭優勢。

(4)能快速地、適時地將資料轉化為有用的知識。

(5)能使每位員工均感受到每次的工作經驗皆是提供其學習有用事物的機會。

(6)成員較不會表現出恐懼與防衛的心態，並能從錯誤中獲得獎勵與學習。

(7)具有承擔風險的勇氣，但不會危害到整體組織的安全。

(8)能致力於實驗性與相關性的學習。

(9)對想從事行動學習的個人或團隊予以支持。

(10)鼓勵個人或團體相互分享所得的資訊及結論，以利學習的產生。

2.Watkins與Marsick兩人認為學習型組織具有如下特徵：

(1)領導者能採行風險承擔及實驗性的模式。

(2)分權式的決策，並能授能（Empowerment）。

(3)對學習能力進行技術性的記載並審核。

(4)有系統地分享資訊，並將其運用至實務上。

(5)對員工的創見予以獎賞，並形成一套制度。

(6)對長期的成果及對他人工作之影響等，均能作深入的考量。

(7)經常運用跨功能性的工作團隊。

(8)從日常工作的經驗中提供員工學習的機會。

(9)培養出回饋與坦誠（Disclosure）的組織文化。

(三)學習型組織之構成要素：

1. 從宏觀的角度觀之包括：系統性的問題解決、利於創造力運用的開明氣候、以新途徑進行實驗、從過去的歷史及本身的經驗來學習、學習他人的經驗與實務、透過組織進行快速且有效的知識轉化、建構共享的願景、從事心智模式的重構、感同身受的人性關懷及建立團隊的學習等。

2. 從微觀的管理實作面向包括：

 (1)要有利於學習產生的組織文化。

 (2)要有認同的行動，並將學習列為管理上的一項重要目標。

 (3)高層管理者應極力擁護與支持，並將學習型組織列為組織未來的願景（Vision），使員工參與並使員工有所適從。

3. 要有實驗的自由，並對現有的學習假定進行質疑，容忍異議且能對外界理念持開放、接納的態度。

4. 要有開放與信任的組織氣候，使成員能無懼地相互對話與分享理念。

5. 計畫與行動兩者之間須是有組織性地緊密連結在一起。

6. 對學習成功與失敗的個人或團體進行制度化的獎懲。

7. 充分運用個人及團隊的學習設計，使成員能分享學習心得與經驗，以便能協力合作解決問題。

8. 持續的教育及訓練，以提昇員工的技能與反應力。

9. 彈性的結構設計，如自我導向、跨功能性的團隊建立等。

10. 對初始的行動進行追蹤（Follow-Up），以利學習經驗的累積與保存。

11. 塑造外敵以刺激更大的合作性學習產生。（孫本初、公共管理-組織學習與學習型組織，頁413-446）

六、 組織學習與個人學習有何不同？個人學習無法成功地轉換為組織學習的原因為何？

【說明】Kim曾說，組織學習雖不是個人學習的總和而已，但是唯有透過組織學習才能整合個人的經驗與行動。其中關鍵的因素即在於如何將個人學習成功地轉換為組織學習，不致於形成錯誤的聯結。

答： (一)組織學習與個人學習的不同：學者Robey與Sales曾分析組織學習與個人學習的不同之處在於：

1. 學習方式的不同：個人學習可以直接透過討論、課堂練習、經驗分享、獨立研究、閱讀等方式來進行，但組織卻無法像個人學習一樣直接學習，必須透過人員的參與、組織結構、資訊的累積來達到效果。
2. 個人學習並未意味著經驗的分享，而組織學習則十分強調共享、認同組織過程的意義，它包含了經由學習中獲得、修正、改善及領導行動意義的分享。
3. 學習不等於在組織中個人學習的總和，若組織能擁有良好的學習文化，組織學習的效果將會大過於個人學習的總和。
4. 組織學習是經由分享知識、建構心智模式所形成的，組織經由累積過去的知識與經驗，慢慢形成組織記憶。因此，當人員轉換工作或離職時，組織會面臨到失去具有工作經驗人員的風險，不過這種危機在個人學習中是不會發生的。
5. 個人和組織的性質不同，無法使用個人的學習技巧來說明組織學習，不過組織學習仍要藉由成員的學習來進行分享。

(二)原因：

1. 個人學習的實務經驗是有助於組織學習的，但組織成員常年受制於組織的規範限制，必須做出符合組織所期待的行為，因而也漸漸失去反省、質疑的能力，同時使組織及組織成員喪失了學習的機會。
2. 人際間「防衛學習」的機制，也是造成組織無法順利整合個人學習經驗的因素，以及組織學習無法順利推動的原因之一。所謂防衛機制，乃是指個人習慣於保護自己，使自己免除遭受攻擊、失敗、難堪的威脅。這些防衛機制尚包括：隱匿真相、歸咎於外、競爭性的人際關係等；這些防衛行為阻礙了個人對事務的瞭解，也減少了組織對問題的解決能力。
3. 組織成員因受限於對職掌事務的限制，無法對組織整體活動作更進一步的瞭解，缺乏對組織具有共同的認知圖象，因此也就無法整合各個成員對組織的描述，當然更無法談到組織的合作學習了。（孫本初、公共管理－組織學習與學習型組織，頁413-446）

七、試略加說明學習型組織的系統模式？

答：　學習型組織的模式，可採用Marquardt與Reynolds的模式來加以說明：此學習型組織的模式可分為內在範圍與外在範圍：

(一)內在範圍－個人與團體的學習：就內在範圍而言，學習包含個人及團體的學習，它同時也是建立外在範圍－組織學習的基礎。在個人學習方面，包含各式各樣的學習方式、人力資源發展系統、獨立研究等，這些都是用來培養個人的洞識能力；在團體學習方面，最常見的是分享過去的經驗及相互學習。

(二)外在範圍－組織學習：在此領域中，組織學習具有十一項事務需要加以探討及研究：

1.適當的組織結構：一個適當的組織結構能夠使組織成員經常地接觸資訊，方便流通，瞭解各方的反應，並且在組織內、外都能營造合作的氣氛。

2.合作學習的組織文化：當組織擁有高度的凝聚力、價值信仰及鼓勵成員具備創新、冒險的精神時，此組織即呈現了合作良好的組織文化。

3.授能：授能包括給予員工能力及權力，使員工對於顧客、組織成員、上司有表達意見的機會，同時亦能培養出員工負責任的態度。

4.對環境的監測：無論是組織內部或外部的環境都屬於對環境監測的重點，而有關內、外環境事項等的監測資料，都是有助於組織未來發展的目標。

5.知識的創造與轉換：組織經由學習功能、學習層次、組織文化等方式快速地轉換知識，並將知識匯集與儲存起來。

6.學習的技術：學習的技術包含各種資訊、資源的技術，它可以增加資訊的蒐集、分析、散布及知識的發展。

7.品質：品質是組織持續不斷進步的保證，其需要持續地學習來達到全方位品質的要求。

8.策略：策略是由組織內的領導者及重要的成員刻意製造的學習機會，就廣義而言，策略是組織學習的指導原則及最重要的事務。

9.組織必須擁有相互支持與合作的氣氛：成功的組織不會忽略組織與個人的發展、需求、關心及理想，組織成員是組織在策略及運作上最重要的一環。

10.團隊工作：組織學習的實踐是由團隊工作及團隊學習所結合而成的，組織成員運用各種方式盡可能地將組織中的資源透過組織網路來加以聯結。

11.共同的願景：願景是組織共同一致及支持的未來方向，它包括組織未來的任務、價值與信仰。（孫本初、公共管理－組織學習與學習型組織，頁413-446）

八、 何謂「參與管理」？其發展歷史為何？實施參與管理，具有那些條件與限制？試略加以說明之。

【說明】對於參與管理的實施，除了必須改變組織或組織成員舊有的建構、心態及文化外，在追求效用發展兼顧的考慮下，更需仔細斟酌其施行條件及其伴隨而來的限制。

答： (一)參與管理的意義：在歐洲，它通常是指員工經由正式組織代表參與，進而影響、控制整個組織的決策；而在美國，大多數的意義是指准許員工有機會去制訂或是影響那些有關他們工作事項的議題。

1.Gaouette認為參與管理是一種運用於某項工作、工作地區或整個公司的一種團隊管理方式，且藉由全體員工在工作過程中積極主動地投入決策，使之制訂並達成。

2.Mitchell則指出，參與乃是組織中人員共同享有決策作成之權力，在此一決策作成的過程中，所強調的是「能力」而非「職位」，所有的溝通網絡必須是公開且暢通無阻的。

3.Vroom認為在一個組織中有兩個以上的團體、單位加入決策制訂的過程，在此一過程中所決定的事項，對於所有參與決策制訂過程的人，將會有所影響。任何一個人其參與的程度或次數，即是他對此一計畫或決策所影響的程度。

4.Lammer指出，參與乃是一組織中員工可向其上層階級運作權力的方式。這種向上運作權力的行徑，在員工本身及上司的價值判斷中被認定是合法的。

由此可知，參與管理是一種團隊角色的扮演、資訊及決策制訂影響力之分享、參與事項及行為的合法性、團體成員能力與心力的投入，以及責任及心力的共同分擔。

(二)參與管理的沿革：

1.參與管理的應用在政治方面起源甚早，在西元前三世紀左右，希臘人即在市政府成立「polis」制度，以鼓勵參政者自由交換意見，也就是政策是由參政者以民主參與商討的方法討論之後才決定，這是最早使用參與的記載。

2.在中古世紀時，參與權落入王室及教會的手中，此時人民遠離政府，無任何參與權可言。

3.到了十六世紀，民主國家形成，王室權威正式取代了教會權威而更形集權；十八世紀王室濫權，人民因不堪其苦而群起反抗，欲從王室手中爭得參與治理的權力。

4.至二十世紀初時，人民雖已在政治上獲得參與權的確立，但在工作中卻仍沿用獨裁的管理方法；一直到了1930年代，因學者的大力提倡，才在學界引發一場工作組織中管理方法的民主與獨裁之戰。包括兩種模式：一種是由上而下，金字塔式、垂直、機械且官僚的，它較輕忽人性，漠視成員內在潛能的發揮，此種方式是屬於傳統式的管理法；另一種是由下而上，扁平化的、以團隊進行的管理方法，配合內、外環境的改變，較重視人性的價值與潛能，而其所代表的具體管理制度，即是我們所提倡的參與管理制度。

(三)實施參與管理之條件：Dale與Coope認為在施行參與管理時的一些前置條件：

1.參與的計畫及過程必須是真實的，而非只是一個不具實質的形式。

2.所參與的事項必須具有一定的重要性，而非只是一些瑣碎的細節。

3.討論一些與成員有關聯的事項。

4.成員本身必須認為「參與」是合法的。

(四)實施參與管理之限制：

1.主觀限制：凡是所執行的工作，其結構性低、機密性高、時間急迫且問題所涉及之層次較高者，則一般組織成員所受之限制較大；反之，則較小。

2.客觀限制：就一般情形而言，成員本身在參與上所遇到的限制，最主要來自員工本身的能力、興趣及性格。再者，員工參與的管道是否通暢、是否具有開放性等，均會深深左右其參與的程度與成效。（孫本初，公共管理-組織參與理論，頁337-351）

> 九、 組織欲提昇績效，真正的根本之道是要創造一個使組織成員知道更多、投入更多的組織環境。而這個環境必須結合組織的各項面向才能建構完成。試問，實施參與管理的各項發展面向為何？

答： 此環境必須結合組織設計、組織成員及組織文化三方面，並加以調整、運用，才能建構出一個健全的參與管理環境：

(一)組織設計方面：傳統的組織結構，其在工作任務方面只要求例行性的努力即可；但大環境不斷地改變，為追求生存及更高的生產力，已逐漸走向以團隊為主的扁平化組織型式。新的組織設計建構特徵：

　1.扁平化結構的組織設計：扁平化的結構與傳統科層組織結構剛好相反，它強調成員在組織內的水平發展，使他們有較大的控制幅度、較彈性的工作方式及較多的自我管理權威；此外，它亦有較少的管理階層，因此自然有利於溝通。

　2.溝通系統：組織必須確保足夠的溝通管道並保持暢通，才能將員工的意見、訊息及觀感相互交換與流通，使組織中的人或團體，可敏銳地感觸到其他人對他們的期望。為達有效的溝通起見，組織設計上至少須具備以下條件：

　(1)訂定眾所皆知的溝通管道。

　(2)對組織內的每一位成員都訂出正式的溝通管道。

　(3)溝通管道是直接而迅速的。

　(4)作為溝通中心者必須是足以勝任的。

　(5)溝通管道不被擾亂。

　3.獎酬系統：在組織中，獎酬系統是一項影響行為的重要決定因素。Lawer三世認為，在參與管理制度下的獎酬系統應以下述四者為基礎而形成：

　(1)技術：參與管理的基本原理之一，即是強調成員的持續學習與成長，而選擇以技術為獎酬的基礎，正足以強化此一原理。

　(2)股份持有：使成員感覺他並非只是員工，而是公司的擁有者，這種情況較能使員工全心投入於工作中。

　(3)較彈性的利益選擇：參與管理制度強調彈性利益之選擇的觀點，能提供成員相當多的獎勵選擇，例如獎金、休假、旅遊等。

(4)利潤分享：就短期而言，參與本身就是一種獎勵；但就長期而言，若想要求成員長期投入貢獻及努力，就要使利潤的分享及參與管理一併實施。

4.長期的僱傭關係：大多數成功施行參與管理制度的組織，大多伴隨著一套長期僱傭制度。Levine認為，組織對成員的長期僱傭承諾是不可或缺的，因為：

(1)成員有了工作保證後，才不致於在參與的同時有所顧忌。

(2)參與是依賴工作團隊內成員彼此間的合作與督促而成的。

(3)施行參與管理的組織，若以公司的立場來說，在投下此鉅資後，自然也要由長期的僱傭關係中來回收其訓練成員時所投下的資本。

5.團隊之建立：團隊是一種具有高度信任感的團體，成員之間相互支持合作，以每個人本身的才能，相輔相成地共同為團體的使命及共同的目標而努力。團隊參與求得共識決策產出的步驟：

(1)匯整意見：通常以腦力激盪、想到就寫、分類圖及德非法（Delphi Method）四種方法為最常用。

(2)排定優先順序：常用的有多層次投票法（Multivoting）及名目團體法（Nominal Group Technique）兩種。

(3)分析想法：團隊成員需要檢查某個工作如何完成或是某個問題為何會發生，此時可讓成員比較彼此的流程圖，將有助於團隊瞭解流程中的瓶頸何在。

(4)發展所有可能的解決方案：一旦團隊界定了最重要的問題後，團隊可以發展矩陣圖來回答幾個關鍵性的問題，另一方面亦須作成本效益分析。

(二)組織成員方面：組織成員首先必須學會如何正面地、理性地來回應環境的改變，也就是如何改變組織成員的認知能力，使其樂意接受改變並且增進技能。

1.管理人員方面：

(1)在改變認知方面：施行參與管理最大的問題並非在員工身上，而是來自管理人員的抗拒。Lawler三世指出，管理階層常不願意領導帶領改變，使組織朝向以員工投入為主的參與管理，其原因為：

　①通常一項重大改革需花費很多時間，才能收到改革的效果，而這
　　時他們多數已不在職位。
　②多數管理者已經很習慣擁有權力、權威及伴隨其職位而來的一些
　　好處。
　③新的參與管理方法一再強調管理階層在以往經驗及技能方面的不
　　足，而要求他們放棄既得利益。
　　上述問題的解決之道就是：
(1)管理者必須有不同於以往對權力行使的觀點及新的管理作為，他
　　們必須引導、協調成員，並且以其本身之作為來強化其對成員的
　　影響，不只是基於以往對專門技術的瞭解。
(2)管理者理當多向基層人員請益，如此可以減縮決策與事實之間差
　　距的幅度。
(3)為了使管理者能造成團體的忠貞，就須改用支持性而非權威性的
　　督導作風。
(4)Schein認為，我們最好把領導當作是組織中的一種責任，此種責
　　任是可以分配到組織成員中，而不只是落在任何擁有正式權威者
　　的身上。
2.在改變參與的行為與增進參與的技術方面：
(1)在行為改變方面：學者Deborah Harrington Mackin認為，當我們
　　開始以團隊運作的方式來達成參與之目的時，管理人員必須改變
　　一些行為，同時也須增加一些額外的訓練，以利其施行。包括第
　　一線主管及中、高層管理人員。
(2)參與權的運用：主管人員對參與權的運用須注意以下兩點：一是
　　在推行參與之初，組織成員均經常抱持著懷疑的態度，若他們在
　　認知上的反應是正面的，則當然有助於他們參與動機的提昇及實
　　際行動的實行；但若他們的認知反應呈負面時，組織及上司應極
　　力避免成員有此種負向認知產出。二是強調在高投入的參與管理
　　組織中，能有一個公平、公開且自由的組織氣候。
3.一般員工方面：
(1)改變認知：
　①很多成員在初獲參與權時，要讓他們知道在獲取參與權後，必須
　　對自己的行為負責。

②參與權的獲取是建立在持續學習的承諾上，並以團隊為主來改變一些不適當的行為。

③部屬不可心存藉由參與來造成輿論，而是要本著理性及和平的方式為機關組織作最佳的選擇。

(2)組織成員的甄選：很多組織在甄選成員時，只著重成員的知識、技術部分，但組織若以團隊作為參與的基礎時，則成員的社會技巧相當重要，因為良好的社會關係會增加團隊的凝聚力，更有利於參與行為的產生。

(3)加強成員的訓練與發展：A、個人的訓練與發展：組織須不斷地自我檢視，且適時地對成員進行再訓練。但不能是屬於「逼迫型」的，必須使全體成員能主動參與此項計畫，此亦可以配合獎酬系統的誘因來實行。B、團隊的訓練與發展：團隊運作需要嫻熟的人際技巧與開放、坦誠、直接的溝通方式及解決問題的能力，更須瞭解自己和別人的感覺。此訓練包括：建立強烈的團隊關係、合理保持變革的動力、設定標準及發展團隊倫理、處理團隊成員在背景及思想上的差距。（孫本初，公共管理-組織參與理論，頁337-351）

十、傳統型組織與學習型組織兩者有何不同？

【說明】學習是一種行為改變的過程，它是主動的而非被動的，並且是著重學習的過程而非學習的結果。

答：傳統型組織與學習型組織的比較

	傳統型組織	學習型組織
基本理論	・穩定的 ・可預測的 ・地方的，區域的 ・僵固的文化 ・只有競爭	・快速的 ・不可預測的 ・國內性的，全球性的 ・彈性文化 ・競爭，合作共同創造
經營方式	・基於過去的經驗 ・程序導向	・基於現在發生什麼 ・市場導向

	傳統型組織	學習型組織
經營優勢	・標準化及低成本 ・效率	・適應顧客的獨特需求 ・創造力
員工必備條件	・遵循慣例 ・服從命令 ・避免風險 ・遵守程序 ・避免衝突	・因應例外 ・解決問題，改善措施 ・不避風險 ・與他人創作 ・從衝突中學習

(一)從上表的比較可知，學習型組織乃因應多變的複雜環境而生，有其後現代社會的背景特徵，強調彈性變遷的文化，市場導向和顧客導向，不避風險要有創造力，不拘泥墨守成規，能與他人相互合作。學習型組織也必然強調個人要有終生學習的持久力，也要超越被動的適應環境，而發揮主動創造的精神，以爭取顧客的滿意支持。現在的學習型組織則強調管理人員是員工的輔助者而不是監控者，它採取「遙遠的管理哲學」而非「現場的管理哲學」。

(二)傳統型的組織則由於強調技術理性的結果，因此對於人員心模式的改造無能為力，行為的改變只限於單圈學習。又因過於重視上下層級之間的權威控制關係，人員的行為趨向於被動地因應問題，也易於形成無力感，妨礙了人員主動去學習的態度。基本上，傳統型的組織的確不利於人員創造性的學習。（吳瓊恩，行政學，策略性人力資源管理與發展：規劃的內涵與方向新趨勢，頁571-589）

貳、選擇題

(　)　1. 組織發展的方法包括下列何者？　(A)發展環境資源　(B)發展團體與個人　(C)發展組織結構　(D)發展科技資訊。

(　)　2. 強調組織中個人心理與情感的介入，鼓勵其對機關目標與決策提供意見，並分擔責任的管理方法稱之為：
　　　(A)目標管理　(B)參與管理　(C)例外管理　(D)走動管理。

( )　3. 彼得聖吉（P.Senge）針對人員的思維傾向或心智模型提出七種組織學習的障礙，以下何者為非？　(A)煮蛙譬喻　(B)管理團隊的迷失　(C)逃避責任的行為　(D)從經驗中學習的錯覺。

( )　4. 提案制度、品管圈活動、分權制度與目標管理等屬於何種基本活動方式？　(A)參與管理　(B)美國式管理　(C)授權管理　(D)中國式管理。

( )　5. 「一項有計畫的、涉及整個組織的、由上而下的努力，經由利用行為科學的知識對組織過程做有計畫的干預，以增進組織效能與健全。」此是何項名詞的定義：　(A)指標管理　(B)組織發展　(C)人力發展　(D)學習型組織。

( )　6. 依照阿吉里斯（C.Argyris）之意，創造雙圈學習應先克服那種障礙？　(A)防衛性慣例　(B)法規森嚴　(C)中央集權　(D)短視偏見。

( )　7. 在1980年代以後，有許多公司為了因應複雜且迅速變遷的環境，組織必須作大幅度的轉換，也要改變組織的策略和價值，以便能管理組織現存的結構與行為，此就是所謂的：　(A)單圈回饋學習　(B)三圈回饋學習　(C)雙圈回饋學習　(D)複合圈回饋學習。

( )　8. 組織發展在實務方面的趨勢中，由「組織診斷」走向「組織學習」的重心為：　(A)單回饋圈學習　(B)雙回饋圈學習　(C)重疊回饋圈學習　(D)複合圈回饋學習。

( )　9. 當代管理大師Senge所著「第五項修練」一書所主張的等五項修練技術，是目前實務界及學術界對於學習型組織所共同努力研究與實踐的目標。其中不包括下列何者？　(A)系統性思考　(B)建立指標系統　(C)不斷地自我超越　(D)改善心智模式。

( )　10. 下列關於組織發展時期的敘述，何者錯誤？　(A)1950年代至1960年代組織發展的主要研究焦點是在組織的社會面，並使用目標管理干預方法　(B)1970年代組織發展的研究焦點在兼顧組織的社會面和技術（結構）面　(C)1970年代組織發展使用技術結構的干預法　(D)1980年代迄今，組織發展的研究焦點則大幅地擴散。

（　）11. 下列有關組織文化與組織氣候的比較層面，何者有誤？　(A)組織文化在理論意涵上大於組織氣候　(B)組織文化的研究比較適合定量分析　(C)組織文化比組織氣候更難駕馭　(D)組織文化比組織氣候需要更長時間來培育。

（　）12. 下列何者不是學習型組織的管理運作的特性？　(A)鼓勵實驗　(B)提昇建設性的異議　(C)將問題隔離，並提出方案　(D)承認失敗。

（　）13. 學習型的組織具備何種特性？　(A)謹遵法規　(B)強化組織文化的引導　(C)問題的解決在已有的套裝方案中進行　(D)成員是老師與學生角色兼備，進行對話。

（　）14. 指組織成員除了維持現有所需的技能外，還要增強其解決現有問題的能力，它是維持組織現存制度或已有生活方式而設計的學習型態。此一般稱為：　(A)創新性學習　(B)持續性學習　(C)適應性學習　(D)固定式學習。

（　）15. 學者Tobin認為何種事務是一種自然的反應及行為，沒有任何的時間、地點的限制，只要環境能使人們有意願並渴望去學習時，其皆可以從事學習？　(A)學習　(B)創造　(C)暝想　(D)臆測。

（　）16. 下列關於傳統型組織與學習型組織的比較，何者錯誤？　(A)傳統型組織是穩定的及可預測的　(B)學習型組織是彈性文化　(C)傳統型組織是解決問題、改善措施、不避風險　(D)學習型組織是適應顧客的獨特需求。

（　）17. 建立何種組織，其目的在使組織更有彈性，更有反應力，更有創造力，使整個組織的運作更具效率和前瞻性？　(A)傳統的組織　(B)複製型的組織　(C)學習型的組織　(D)模彷型的組織。

（　）18. 當組織缺乏反省、無法改變系統價值，並且未能進行偵測及矯正錯誤的活動時，此時組織因應的方法只是改變其行動，但未改變其價值來影響結果，這種情況視為：　(A)單圈回饋學習　(B)雙圈回饋學習　(C)三圈回饋學習　(D)多重圈回饋學習。

( ) 19. 下列何者不是Watkins與Marsick兩人所認為的學習型組織的特徵？　(A)領導者能採行風險承擔及實驗性的模式　(B)集權式的決策　(C)對學習能力進行技術性的記載並審核　(D)從日常工作的經驗中提供員工學習的機會。

( ) 20. 下列何者非現代政府改造論者所提出的去官僚化所代表的新義？(A)由「官僚化」轉向「企業化」　(B)由「官僚行政機制」改向「市場導向機制」　(C)後官僚主義途徑的確立，即政府改造的新公共管理途徑　(D)由「機關取向」朝向「政策取向」。

( ) 21. 參與式的管理制度需要下列何項文化特徵來予以配合？　(A)平等主義　(B)互信合作　(C)企業家的冒險犯難精神　(D)以上皆是。

( ) 22. Hodgetts、Luthans and Lee指出學習型組織常用的三種特定技術，其中不包括下列何者？　(A)流程的再造工程　(B)對話(C)團隊合作　(D)腳本分析。

( ) 23. 下列何者不是學者Marquardt所認為的學習層次的內容？　(A)政府學習的層次　(B)個人學習的層次　(C)團體或團隊學習的層次(D)組織學習的層次。

( ) 24. 現今所面臨的環境是一個快速變遷的社會，過去被動式的學習已無法因應時代的需求，具備新的學習能力則是迎向未來挑戰最重要的關鍵之一。學者Marquardt將其稱為：　(A)新學習　(B)重覆學習　(C)複習學習　(D)適應學習。

( ) 25. 當組織成員從過去的學習經驗中得到失敗的教訓後，便要尋找正確的學習方式，關於這種學習方式，學者Argyris與Schon將其稱為：　(A)重覆學習　(B)學習再學習　(C)創新學習　(D)行動學習。

( ) 26. 下列何者非學習型組織之主要特徵？　(A)具有承擔風險的勇氣，但不會危害到整體組織的安全　(B)是一種個別性、封閉性及跨越組織範疇的學習　(C)對學習的過程及結果是等量齊觀的(D)對想從事行動學習的個人或團隊予以支持。

( ) 27. 「指員工經由正式組織代表參與，進而影響、控制整個組織的決策。」此係指：　(A)參與管理　(B)目標管理　(C)指標管理(D)績效管理。

解答與解析

1.(**B**)。 2.(**B**)。

3.(**C**)。其他四個障礙為：專注個別事件、本位主義的思考方式、負起責任的幻想、歸罪於外在的態度。

4.(**A**)。 5.(**B**)。 6.(**A**)。 7.(**C**)。 8.(**B**)。

9.(**B**)。其他兩項為：分享共同願景、建立團隊學習。

10.(**A**)。應是使用「人際過程的干預方法」。

11.(**B**)。 12.(**C**)。 13.(**D**)。

14.(**C**)。創新性學習：是為了培養組織成員重新研判問題的能力，使成員獲得新價值、新知識及新行為，其中包括適應未來環境變遷的能力，所以創新性學習又可稱為前瞻性學習。

15.(**A**)。 16.(**C**)。

17.(**C**)。學習是生命的再生，學習的目標不在於為了生存而學習或「適應性學習」，而更要成為「創造性的學習」。

18.(**A**)。所謂雙圈回饋學習，是指組織若具有檢驗及改變主導變數的能力，且能夠矯正其錯誤，它通常發生的狀況是當學習無法配合時，其運用改變或檢查主導變數的方式，再予以重新行動，以改變其原本的行為及結果。學者Argyhs將組織學習分為單圈回饋學習（Single Loop Learning）及雙圈回饋學習（Double Loop Learning）。

19.(**B**)。應是「分權式的決策，並能授能」。

20.(**D**)。由「機關取向」朝向「顧客取向」。

21.(**D**)。 22.(**C**)。 23.(**A**)。

24.(**A**)。新學習的主要特徵包括：學習的目標是要達成組織的績效、學習的重點著重在「學習如何學習」的過程、靈活運用具有彈性的結構組織，使學習多樣化。

25.(**B**)。所謂行動學習（Action Learning）是指組織運用此種方式解決組織所面臨問題時，是一種有意的、後天的、技巧的學習。

26.(**B**)。

27.(**A**)。此為歐洲的定義。在美國，大多數的意義是指准許員工有機會去制訂或是影響那些有關他們工作事項的議題。

第四章　組織員額精簡與政府再造

壹、申論題

一、名詞解釋
(一)趨同變遷策略（Convergence Strategy）
(二)轉向變遷策略（Reorientation Strategy ）
(三)「生還者症侯群」（Survivor Syndrome）

答：(一)**趨同變遷策略**（Convergence Strategy）

為Cameron與Freeman以組織員額精簡所形成之組織變遷幅度作為依據，所歸納出的精簡原型，其目的在整合組織中的「內部活動」、「政策取向」使之產生較高的一致性，而此種一致性具有抑制組織劇變的作用與調適特質。管理者在採行此種組織員額精簡策略時，主要目的在維持組織系統的穩定，僅對組織作小幅修正以達成原有的目標，並避免做大幅度的變動。

(二)**轉向變遷策略**（Reorientation Strategy）

較具有變動性的精簡原型，在短時間內採行大幅度變革，並且對於組織策略、結構、系統加以重新界定，以達成組織的新目標。此種策略會引起整個組織權力的重新分配，引起組織內部守舊派及改革派之間的衝突，係屬於全球性的精簡策略。

(三)「**生還者症侯群**」（Survivor Syndrome）

組織精簡後，未遭裁撤的人員在態度上，常有心胸窄化，以自我為中心及保守現狀傾向，士氣未見顯著提升且生產力降低等現象。此些現象為組織精簡後所帶來的負面因素，若未妥善處理，將對於組織未來運作帶來深刻的影響。（孫本初，公共管理，組織員額精簡）

二、行政院推動組織再造已多時，卻遲未見行動，除政治因素外，你認為人們抗拒組織變革的原因有那些？又該如何克服？

答： 政府再造已成為近年來我國政府重要的施政，而其中行政院組織調整更是重心所在。『行政院組織法』之修正研議過程長達十年以上，中央行政機關組織基準法已於民國九十三年既已通過，但是迄今仍然未完成修法。其牽涉到行政院之組織再造，尤其在行政部門整併及人員大幅精簡，所面臨問題困難重重。

(一)人們抗拒組織變革的原因

我國現行行政院組織之調整係屬於組織變革議題，主要會影響組織成員利益，根據吳定（1996）歸納會遭遇以下困難，而產生抗拒情形：

1.變革威脅到傳統規範與價值的改變：如果變革使原先之組織行為規範與價值觀念發生改變時，將可能遭致保守派人士之抗拒。

2.變革係由外界壓力所造成：如果變革是由組織外的個人或群體之建議並發動，使該組織從事必要之變革，則其成員在維護『組織榮譽』心理下，可能不認為有變革必要，採反抗態度。

3.變革威脅到群體關係改變：如果變革使成員彼此間關係必須重新調整時，因對新關係懷有疑懼，不知能否適應，可能為保持現狀而採抗拒態度。

4.變革威脅到既得利益：如果變革會使某些人失去目前經濟利益，則這些人可能設法抗拒，以維護其眼前利益。

5.變革導致工作技術和方法改變：如果變革的目的是在改變原來的工作技術與方法，可能遭致恐懼難以適應新技術與方法者之抗拒。

6.變革而產生心理、生理及工作不安全感覺：如果變革使某些人在心理上、生理上及工作上產生不安全感覺，認為必將遭致顯著損失時（如失去工作），即可能採取抗拒態度或行為。

7.變革威脅到現有權力結構的改變：如果變革會使某些擁有權勢者可能失去其權勢時，則變革行動極可能受到他們的抗拒。

8.變革而產生不方便的感覺：如果變革過程中必須修改法令規章及調整設備等，因顧及未來種種不方便，在『怕麻煩』與『惰性』的觀念下，變革行動可能遭遇抗拒。

9.變革目的、內涵及作法懷有偏見或有所誤解時：如果組織成員對變革真正目的及其做法懷有偏見，或有所誤解時，即可能引起。

(二)減少人員抗拒方法：

　　既然在組織再造過程中，來自人員抗拒與抵制是不可避免的，則事前宜採取萬全的措施，以減少衝擊。根據吳定（1996）見解：欲減少變革計劃所遭受的抗拒，可採取下列作法：

1.增加組織成員對變革計劃之參與。

2.增加組織成員對變革計劃之溝通，消除其疑懼及誤解。

3.增加組織成員對變革計劃之認同與支持。

4.經由教育與訓練方式，減少組織成員的抗拒行為。

5.採取物質與精神獎勵方式，鼓勵組織成員執行變革計劃。

6.增加組織成員對變革推動者與管理者的信任。

7.採取組織成員諮商方式，聽取其意見。

8.實施變革計劃時，其深度及廣度應循序漸進，行動勿太激烈。

9.組織變革的績效標準應合理可行。

10.應用『力場分析理論』增加變革驅策力並減少變革意志力。

三、　何謂「組織員額精簡」？有何特性？組織員額精簡與組織衰退及解僱有何差異？組織員額精簡的原則為何？

【說明】組織員額精簡包含了一連串由管理者發起及設計的活動，主要目的是用來增進組織效能、生產力及競爭力。

答：(一)組織員額精簡之定義：組織員額精簡，簡單地說，是指組織有計畫地裁減組織中的職位及工作，又可稱為「減肥措施」或「整簡」。和組織員額精簡一詞類似的說法，尚包括：有效地減縮組織人力、減縮人事甄選、改善精簡、減少引進新人員及透過解僱進行組織重組等。

1.組織理論學者Kozlowski等人認為組織員額精簡是指組織減少勞動而用來增進組織績效的審慎策略，具有下列特質：

(1)組織員額精簡乃是一種有目的的組織回應，是組織有意識之積極作為。

(2)組織員額精簡乃是為了增進組織績效。

2.Dewitt認為，組織員額精簡是當組織面臨本身及對外在環境需要有所調整時，組織的管理者為促進組織績效，所從事對於組織人力及預算運用之縮減。

3.Band與Tustin將組織員額精簡定義為一種人力結構的調整，以維持競爭力及滿足顧客需求的組織策略。

4.Hellriegel與Slocum則認為，組織員額精簡是為了改善組織績效而裁撤員工的一種過程。

(二)特性：Cameron等人認為組織員額精簡具有下列主要的特性：

1.組織員額精簡是人為的、具有意圖的活動，此一特性使組織員額精簡與市場占有率之縮減得以區隔。

2.組織員額精簡的方式不僅僅只侷限於人事的縮減。許多人事縮減的策略，諸如轉任、調職、鼓勵提前退休、解僱、空缺不補等，都和組織員額精簡息息相關。

3.組織員額精簡的目的可能是對於組織的環境進行防衛性的回應，以防範組織衰退，同時它亦可能具有前瞻的主動作為，以增進組織績效的達成；前者屬於組織消極被動的作為，後者屬於組織積極主動的作為，但無論如何，組織員額精簡常是為了抑制成本而設計的。

4.組織員額精簡有意或無意地影響工作程序，當組織中工作人員減少、組織勞動力下降，但原本工作量仍然不變情況下，會導致原有的工作必須有所調整及重新檢討，此對於工作流程當然也造成了影響。

(三)組織員額精簡與組織衰退及解僱之差異：

1.組織員額精簡和組織衰退不同之處，乃是組織衰退是對外在環境適應不良而產生之結果，亦即組織未對外在環境加以回應或回應不當所致；而組織員額精簡的目的，則使組織產生更新的力量以防範組織走上衰退之路。

2.組織員額精簡和解僱不同之處在於，組織員額精簡發生的時間可能在組織成長的時候，也可能發生在組織衰退的時候，其目的都是以增進組織績效作為出發點，對未來的計畫作妥善安排；但是解僱所產生的時期大多發生在組織功能衰退的時期，是對組織發生問題時作立即式處理的一種方式，無法對組織提供長期規劃。組織員額精簡的策略包含解僱這項方式，但並不是唯一的方式。

(四)組織員額精簡之原則：

1.組織應該關心公眾的資源及帶頭參與社會責任。

2.在計劃組織員額精簡前，參與協商的人員及組織都要考量到工會契約和章程的規定，在章程內都應詳細說明精簡時所要具備的條件。

3.不要過度精簡人事，這樣會引起員工為了拼命地保住工作而忽略工作本身和組織的目的，長期而言，造成組織的傷害，也引起對組織及其他員工的不信任而降低生產力。

4.組織成員對於精簡一事要有參與表達的機會。從參與過程中可得到認同感、成就感，同時亦可透過組織的團隊學習，在組織遭遇危機時團結地因應問題、安然地渡過難關。

5.對於被解僱者，組織不應該只有寄予同情的表示，應該更進一步地幫助他們來解決問題。

6.對於未被解僱，仍在組織內的成員應加以重視，此時安定人心、激勵士氣是十分的重要。

7.精簡的標準應該公平、公正，否則不但會引發爭議，讓組織人員無所適從，往後留在組織的成員對組織也會產生不信任感。

8.應為被精簡的人員提供必要且實際的援助，以增加他們往後就業的機會。

9.設定組織近程、中程、長程之目標。精簡的策略要配合組織的目標實行，因此應將人力調配、需求及績效標準等亦納入考量。（孫本初、公共管理-組織員額精簡，頁413-446）

四、　實施組織員額精簡是組織遇特殊情勢下不得不然做法。試問，組織員額精簡之策略與具體行動各為何？

答：(一)組織員額精簡之策略：有許多學者認為，組織員額精簡的策略除了解僱之外，尚有下列數種策略：

1.學者Greenhalgh、Lawrance與Sutton等人曾提出組織員額精簡的策略，他們以「維持職員的安適」及「節省短期成本的程度」來對組織員額精簡的策略加以層級性的排列。認為組織員額精簡策略大致可分成三種：

(1)自然損耗：自然損耗（Natural Attrition）較不影響職員的現狀，其步驟通常是對退休人員或離職人員所遺留下來的空缺加以凍結，暫時不考慮新進人員。

(2)誘導性離職：誘導性離職（Induced Redeployment）通常是由僱主提供一項誘因或以其他方式來促使職員自動離開現職，例如財務誘因、轉調至其他工作或地區、減少升遷機會或福利措施等。

(3)非自願性離職：非自願性離職（Involuntary Redeployment）包括降級、降職。此種方法最節省短期的成本。

2.學者Cameron、Freeman與Mishra等人整理出三項員額精簡策略，如下表：

精簡員額策略	工作減少	組織重設計	系統的策略
焦點	工作人員	工作及單位	組織文化、員工態度
對象	人	工作	現有流程
執行所需時間	快	中	持續的
達成之目標	短期效果	中期效果	長期效果
本身的限制	長期性的適應	快速的成效	短期的成本節省
例子	空缺不補 解僱 鼓勵提早退休	裁併部門 縮減功能 減少層級	簡化工作 轉變責任 持續地改進

3.學者Cameron與Freeman以組織員額精簡所形成之組織變遷幅度為主要考量的依據，歸納出兩種精簡的原型：一為趨同變遷策略（Convergence Strategy），一為轉向變遷策略（Reorientation Strategy）：如表所示：

組織員額精簡的趨同模式與轉向模式

趨同模式	轉向模式
1.漸進的精簡與重組。	1.劇烈的精簡與重組。
2.溫和的精簡策略。	2.嚴苛的精簡策略。
3.重組的目標在強化原有組織任務與策略：將原有的做得更好。	3.重組的目標在重訂新的組織任務與策略：做與原來相異的事。
4.高層管理、科技及系統穩定。	4.高層管理、科技及系統均有變遷。
5.強調較低階層、較不激進之途徑。	5.強調較高層級、較為激進之途徑。
6.強調白領階級之變遷，依序為工作、科技及結構。	6.強調白領階級之變遷，依序為工作、科技及結構。
7.組織精簡引導組織重組。	7.組織精簡引導組織重組。

成功條件	成功條件
1.使用較不密集的溝通。	1.使用較密集的溝通。
2.需用較少象徵行動。	2.需用較多象徵行動。
3.組織間關係並不重要。	3.強調組織間的關係。
4.強調穩定與控制。	4.強調彈性與適應。
5.內部取向。	5.外部取向。
6.效率標準。	6.效能標準。

4.學者Cooper與Robertson曾提出一個組織員額精簡的架構，此架構可以用來簡化組織員額精簡的概念及內涵，也可提供我們從事組織員額精簡的參考。

(1)首先從組織層次開始，著重的焦點在於對組織環境的辨識，進而針對組織員額精簡進行決策過程。

(2)其次，值得注意的是組織的特質，諸如人力資源的運用、轉換型的領導、組織文化與價值及決策型態等，皆會影響組織員額精簡的決策過程。

(3)其在決策過程之後，應進一步對精簡的目的及策略加以選擇，因不論選擇何種方案都會對裁撤人員及留任人員有所影響。

(4)為緩和因組織員額精簡所產生的負面影響，組織宜提供職業訓練、心理諮商等轉介管理。

(5)最後，組織對精簡的集體回應及所表現的績效，能為組織特質提供反饋，進而又影響組織對環境變化的適應。

(二)組織員額精簡之具體行動：

1.參考政府過去實施的精簡案例及吸取國外的經驗，分析其具體作法、成效及缺失，以達到更好的精簡效果。

2.主動和員工進行溝通，使員工對於精簡有更高度的參與機會，增設開放性的溝通管道提供給員工有表達意見的機會。

3.提供「自助餐式」的多種權益補償方案，讓被精簡的員工能夠按照本身的需求作選擇。

4.安排與被精簡的員工進行面談，瞭解他們的需求，也藉此對他們過去所作的貢獻表示謝忱，並聽取他們對精簡方案或機關其他政策的建議。

5.安置及協助被精簡的員工，對其提供實質的幫助，例如提供第二專長訓練、就業諮詢服務等。

6.短程策略（精簡策略）與長期策略（人力資源規劃與發展）同時並行。

7.爭取內部、外部環境的認同與支持，使精簡行動不致於受到太多阻礙，能夠按照原先規劃的內容及時程表如期實施。（孫本初、公共管理-組織員額精簡，頁413-446）

五、 依據我國實施經驗，我國實施組織員額精簡之實踐成效與檢討內容各為何？

答：(一)具體實踐：

1.行政院暨所屬各組織及員額精簡計畫在民國八十二年九月，由行政院行政革新會報第一次會議審議通過，內容包括四項原則：組織精簡化、機關法制化、員額管理合理化、經營現代化；以及在民國同年行政院會議通過之「行政革新方案」，主要的重點：

(1)精簡的目標在於建立能因應大環境變化且高效率之政府，精簡的員額人數要按照民國八十三年度職員預算員額為基準，三年內精簡5%預算員額。

(2)實施範圍在行政院及所屬各級行政機關中進行。

(3)實施員額精簡策略依精簡計畫規定，包括調整組織架構及組織職掌、釐清中央與地方政府相關業務職掌、依業務消長配置定額人員、謀求人與事配置之適當。

(4)員額精簡依照精簡計畫之措施包括：

①對於各機關現有職缺，凡非確屬業務所必須者，應予凍結不補，對於冗員應予檢討。

②機關自行統籌檢討員額之精簡。

③約聘僱人員應在計畫結束後予以解聘。

④樹立用人成本效益觀念。

⑤專案列管之各項工程計畫應減列其員額或移撥至其他工程。

⑥資訊業務人力，應盡可能由現職人員訓練轉任或外包。

⑦各機關除了處理重大專案業務、國家重大建設及新增機關所需者外，一律不得請增人員。

⑧各機關應分層負責及逐級授權，相對節餘之員額應予檢討調整。

(二)員額精簡計畫之檢討：

1.就計畫之主要目標而言：在行政革新方案中，以組織革新帶動行政革新，以政府之精簡與高效率組織為目標。但就已知資料看，在計畫之前並未作詳細的規劃與評估，精簡員額沒有一個明確的計算標準。

2.齊頭式精簡的謬誤：對於精簡方式的真正的作法應該依據各組織之性質、功能、職掌、人力資源的狀況及績效表現來作為精簡的標準。

3.計算精簡員額基礎的灰色地帶：

(1)我國公務人力之精簡是以預算員額精簡為計算基礎，當行政機關面對裁減正式職員時，如果無法處理妥當，其裁減的對象就轉移至約聘僱人員，表面上組織好像已達精簡標準，事實上仍無法反映真正的人力需求。

(2)由於人力精簡計畫是以預算員額為計算基礎，事實上就整體而言，往往並未造成人員的真正裁減。

(3)缺乏成本觀念的精簡計畫：欠缺成本觀念的精簡計畫，對於政府效能的提高與財政支出的節省是毫無助益的。

(4)民意機關、利益團體的抗爭：裁撤功能喪失、不符合時代需要、重疊、階段性任務完成的機關是精簡的有效方法。但因機關本位主義使然及來自議會或利益團體的重大阻力，影響精簡的效率。

(5)民營化的步伐緩慢：透過民營化的運作，引進企業經營的概念，可以更節省公務人力、增加效率，可惜民營化仍受許多政治面、法律面、社會面的阻礙。

(6)聘僱人員的問題：聘僱人員係為因應各機關專業研究設計或臨時新增業務等工作所聘僱之人。但如果此狀況不加以謹慎規劃，可能形成組織變相用人，降低精簡的成效，此外對於聘僱人員亦缺乏良好的考核制度。（孫本初、公共管理-組織員額精簡，頁413-446）

六、何謂「再造工程」？政府再造工程的發展背景為何？

【說明】再造工程之所以能在1990年代迅速興起並蔚為風潮，和組織設計
　　　　的重心由「功能」移轉到「流程」的趨勢有關。

答：(一)再造工程定義：

1.Hammer與Champy的定義：「再造工程」此一概念最早見於Hammer
在「哈佛商業評論」所發表的（Reengineering Work： Don't
Automate, Obliterate）一文中。Hammer與Champy在「改造企業」一
書中將再造工程界定為「根本重新思考，徹底翻新作業流程，以便在
現今衡量績效的關鍵上，如成本、品質、服務和速度等，獲得巨大的
改善。」

(1)根本的（Fundamental）：藉由詢問最基本的問題，迫使人們正
視蘊含在其工作背後的目的。

(2)徹底的（Radical）：徹底翻新流程是指從根本改造，且另闢新徑
來完成工作。

(3)巨大的（Dramatic）：其並非和緩或漸進的改善，而是在績效上
達成定量上的大躍進。

(4)流程（Process）：流程是指接受一種或多種投入，且創造對顧客
有價值之產出的所有活動之集合。

2.Hale等人將再造工程界定為「重新顯現與重新設計組織的核心工作流
程，以達成在運用及支應成本、服務層次與循環或工作完成時間、產
品與品質革新，以及員工對服務與組織目標之責任等方面有顯著且快
速的改善。」

3.Lowenthal認為再造工程「是以組織核心能力為焦點，針對運作流程
與組織績效重新思考且重新設計，以達成組織績效的巨大改善。」

4.Linden則將再造工程視為「透過對流程、系統、結構與結果的徹底重
新設計，以挑戰過去建構組織時所依據的假設。」

5.Bennis與Mische則將再造工程定義為「透過挑戰既有的信條、實務及活
動，並創新地將資本與人力資源重新配署於跨功能的流程中。此種改造
策略旨在充分提昇組織的競爭地位、對股東的價值及對社會的貢獻。」

6.Crego與Schiffin則從「顧客至上」的角度出發，認為再造工程是「以
員工為中心重塑組織的策略、系統與結構，由內而外地改造企業，以
便創造全面的顧客價值。」

基本上，再造工程此一概念包含三項特徵：

1. 徹底地重新設計工作流程。
2. 再造後的流程在績效上快速與大幅的改善。
3. 資訊科技的大量運用。而其功效是在達成3F的效果：更迅速的服務（Faster）、更扁平化的組織（Flatter）與更親切的態度（Friendlier）。

(二)政府再造工程的發展背景：

1. 傳統官僚型態組織的弊病：
   (1)缺乏全權負責者，易產生爭功諉過的現象。
   (2)組織成員習於對內、對上負責，卻沒有人對外、對顧客負責。
   (3)扼殺了組織成員的創新力。
   (4)無法以統籌全局的眼光來從事改革。
   (5)傳統金字塔型組織無法適應動態的競爭環境。
2. 主導市場走向的力量逐漸由製造商轉移到消費者身上，亦即由供給導向轉變成需求導向：

   由於組織再造工程方法應用在企業界成效斐然，使得其旋即被引進至政府部門中，其中又以美國前柯林頓政府所進行的「國家績效評估」（NPR）最為人稱道。（孫本初，公共管理-組織再造工程，頁383-410）

七、 再造工程是一項浩大的政府改造工程。試問，再造工程的實施策略為何？

答： 學者Caudle透過文獻分析與田野調查，歸納出七項再造工程的實施策略，作為政府部門的管理者在推行再造工程時的參考指南：

(一)將流程改造策略與預期結果加以聯結：流程改善包括三項要素：持續的流程改善（Continuous Process Improvement）、企業流程的重新設計（Business Process Redesign）與組織再造工程（Business Process Reengineering）。組織必須根據其所預定的目標，來採取適當的流程改善策略。

(二)再造工程成果的規劃與管理：由於再造工程需要足夠的組織承諾與變革，管理者必須將再造工程視為一單獨的方案。此外，高層管理者並

應創設一個明確的架構，以便長期的管理、設計、執行、維繫，及評估再造工程的成效。高層管理尚須從事策略性的規劃，強調再造工程為關鍵的組織目標，並透過預算編列來提供所需的資源。

(三)組織任務與顧客的釐清：釐清再造工程的任務目標、優先順序與顧客需求具有相當重要性，尤其是界定顧客（包括外在顧客及內在顧客）並依滿足其需求的優先順序予以排列，更是再造工程能夠成功推行的第一步。再造工程則是以「顧客導向」的觀點來重新設計業務流程，重視與顧客的業務關係。

(四)發展有意義的績效量表：這些量表必須發揮兩種功能：

1.必須設定可測量的高度期望標準，其中績效目標必須明確詳細，以便於衡量績效，並以之作為徹底變革的誘因。

2.績效量表必須評估新、舊工作流程在時效性、正確性、成本、生產力與彈性等項目上的差異情形，目的在建立現行流程之活動與績效的最低標準，以作為仿效的標竿。

(五)著重關鍵流程與應用方案：再造工程必須著重於核心任務的傳遞流程，特別是那些能成功地提供服務和產品息息相關的流程，這些流程往往直接影響組織提供服務與產品的能力。在組織中，通常運用不同的流程模式化方法來界定核心流程。事實上，一個成功的再造工程計畫，應該就資訊系統、應用設備、人力資源與組織結構等面向作一全盤考量。

(六)建立長期的再造能力：為達成此一目標，領導者應設立一正式的再造工程小組，領導再造工程的進行，並提供所需的專業知識。此一小組為再造工程的傑出核心，通常是各種途徑、方法、技術與工具的諮詢者與維護者。此外，亦可借助組織外部的專家來推動再造工程。

(七)持續強調變革管理：由於再造工程的目標是為了達到組織成員、規則與系統等基本架構的全面轉型，因此需要大量「變革管理」之技術。在組織變革的過程中，由於再造工程的實施會影響組織文化與型塑組織文化的所有事務，諸如信念、價值、政策、程序、組織結構、權力關係與獎酬系統，所以組織必須學習克服組織成員對變革的抗拒心理，因此變革管理乃成為影響再造工程推行的關鍵要素。（孫本初，公共管理-組織再造工程，頁383-410）

八、 試說明政府再造工程的執行步驟？

答：(一)第一階段：預備變革

　　1.高階主管須先探究再造的流程：

　　(1)教導管理階層有關再造的流程與變革的需要。

　　(2)創設再造工程的指導委員會。

　　(3)發展最初的行動計畫。

　　2.為員工的投入與變革作好準備。

　(二)第二階段：規劃變革

　　1.創造願景、任務與指導原則：

　　(1)界定核心能力（Core Competencies）。

　　(2)發展願景的陳述。　　　　(3)發展任務的陳述。

　　(4)設定指導原則。

　　2.發展三至五年的策略性計畫：

　　(1)從事現行流程的審核。　　(2)決定外在的環境因素。

　　(3)進行內部狀況健全與否的檢查。

　　(4)完成一般業務的預測。　　(5)從事差距分析。

　　(6)發展為期三至五年的策略性計畫。

　　3.發展年度的運作計畫：

　　(1)建立運作上的標的。　　(2)結合組織資源。

　　(3)依優先順序排列可能的變革。

　　(4)發展年度運作計畫與預算。

　　(5)運用與評估運作計畫。

　(三)第三階段：設計變革

　　1.界定目前的業務流程：

　　(1)界定關鍵的組織流程。　　(2)衡量這些關鍵流程。

　　(3)評比流程的績效。　　　　(4)指出機會與有待再造的流程。

　　2.建立流程描繪計畫的方案：

　　(1)界定流程的利害關係人。　(2)創訂方案的任務與目標。

　　(3)建構並選擇團隊成員。　　(4)發展工作計畫。

3.描繪與分析流程：
(1)以流程圖的方式來描述流程。
(2)以整合性的流程圖表來描述流程。
(3)完成流程描繪的表單。　　(4)完成流程限制的分析。
(5)完成文化因素的分析。
4.創造理想的流程：
(1)以書面描述理想中的流程。　(2)比較現行流程與理想流程。
(3)評量兩者間的差距。
5.測試新流程：
(1)建立試驗性質的目標。　　(2)建立試驗性質的量表。
(3)獲得利害關係人的共識與批准。(4)從事新流程的試驗測試。
(5)評估試驗測試的的影響。
(6)執行新流程：
　　①建立行動執行的計畫。②執行此一計畫。
(四)第四階段：評估變革
1.審核與評估進度：
(1)評估組織的衡量結果。
(2)以指導委員會評估實施成果。
(3)若有必要，修正二至五年的策略性計畫。
2.重複進行年度運作計畫的規劃循環。（孫本初，公共管理-組織再造
工程，頁383-410）

九、進行再造工程時，應注意那些事項？試羅列說明之。

【說明】學者Halachimi指出，再造工程要能在公共組織中成功地推行有兩
　　　個要件：
　　　1.必須要瞭解再造工程的義涵為何。
　　　2.組織必須能將理論上的執行模式實際運作。

答：(一)再造工程的推行要有高層主管的全力支持及組織成員的承諾與共
　　　識：再造工程由於涉及到整個組織的流程架構之基本變革，因此須先
　　　獲得高層主管的支持，再造團隊才能無後顧之憂，全心投入。
　　(二)要有充分的資源以支援組織再造：再造工程是針對核心流程予以全
　　　盤改造，以求組織績效能大幅躍進，如此巨大的變革幅度勢必投入巨

大的資源，且需相關基礎設施的配合。因此在推行再造工程時，組織應先衡量既有的資源，並排定所欲再造之流程的優先順序，俾能將有限的資源作最有效的配置。

(三)要建立長期再造之能力：再造工程並非「特效良方」，無法一勞永逸地解決所有組織的問題，因此最重要的是要建立長期再造的能力。組織主管必須成立正式的再造團隊，以領導組織再造及提供專業知識。有時，囿於組織氣候或習於組織現狀，難以產生新的改革方案。因此，許多組織會擢引外部的專家學者作為機關顧問或諮詢人員，以提供多樣的見解和開闊的視野，如此將有助於組織的革新。

(四)要充分授權給組織成員：授權是再造工程必經之路，為期再造工程能確實成功，主管人員不應大權獨攬而應充分授權。因此主管人員必須授權給與顧客接觸最頻繁的基層員工，讓他們可以根據顧客的需求而提供適當的服務，以增進顧客的滿意度。此外，組織除了要有高素質的員工外，更要灌輸全員以顧客為導向的觀念。

(五)要發展再造願景及達成願景所需之基礎設施計畫：為使再造工程能產生預期的效果，驅策組織成員共同努力的願員及策略性的基礎設施計畫是不可或缺的。事實上，策略性的基礎設施計畫將有助於降低再造成本、減低再造風險，並使再造工程成效卓著。（孫本初，公共管理-組織再造工程，頁383-410）

十、正當我國正在實行政府改造的同時，做為世界首強的美國早已實行政府改革，試問其政府改革的內涵為何？

【說明】美國政府改革的主要精神，除了引進企業組織管理外，對於人事的精簡及財務的撙節亦多所著墨，值得我國借鏡。

答：美國最近一次之政府改革，是從柯林頓就任總統開始，他指定副總統高爾（Al Gore）組成委員會，進行廣泛性的行政改革。在高爾副總統的主持下，一九九三年發表了「國家績效評估報告」（the Report of National Performance Review，NPR），根據該報告所訂之標題，柯林頓政府改革的主要目標為：使政府作的更好、花得更少。其基本原則為：削減不必要之政府支出；為顧客服務；授權與公務員；幫助社區解決他們自己的問題；追求卓越。整個改革內涵則可歸納如下：

(一)推動組織：聯邦政府包括「預算管理局」（Office Management and Budget）、「人事管理局」（Office of Personnel Management）「總務局」（General Service Administration）、「財務管理局」（Financial Management Service）、「政府倫理局」（Office of Government Ethics）。此外，還新設置「總統之管理評議會」、「首席財務官會議」以及「總統之廉潔與效率委員會」，以加速改革。

(二)改革範圍：包括財務、人事、採購、廉政、民營化等。

(三)法律依據：一九九三年所通過的「政府績效與成果法」（Government Performance and Result Act of 1993）為此次改革最重要的法律依據，該法案所揭櫫的目的如下：

1.經由有系統的要求聯邦機關對所達成的計畫成果切實負責，以增進美國人民對聯邦政府的信心。

2.經由一系列的領航計畫（pilot projects）所設定的計畫目標、衡量這些目標的計畫績效、以及對外公開計畫的進行狀況，以建立起計畫績效的改革。

3.經由對成果、服務品質與顧客滿意度的重視，以改進聯邦計畫的效能與負責度。

4.經由要求達成計畫目標，以及提供計畫成果與服務品質的資訊，以協助政府管理者改進服務品質。

5.經由提供更多達成法定目標，以及聯邦計畫效率與效能的客觀資訊，以改進國會及聯邦政府的內部管理。

(四)撙節開支措施：

1.精簡公務人力：預計到一九九九會計年度終，精簡全職公務人力272,900人，而到一九九六會計年度為止，已精簡二十餘萬人。

2.改造政府採購：一九九四年通過「聯邦採購簡化法」，允許政府機構的「小額採購」可適用簡化的採購程序；利用電子化商業科技以簡化採購；學習民間部門之採購方式，以降低所購商品之成本。

3.創新資訊科技：預計於一九九九年於全國啟用電子作業系統。

4.降低政府機關間的行政成本。

十一、近年世界各國均在推行「行政革新」，試問：目前與我國地方行政革新有關的問題有那些？

【說明】行政革新不只是中央政府的事，亦必須落實植基於各級地方政府，尤其是地方政府範圍較小，更便於進行各項行政革新之試驗。

答： 行政革新有關的問題有下列幾種：

(一)行政層級調整與簡化行政程序問題：我國現行地方政府層級有三：省（市）、縣（市）均為憲法所規定之地方自治團體，而原「省縣自治法」及新通過之「地方制度法」則已將鄉鎮（市）自治納入規範。三級地方政府中，以縣作為主要自治單位，一般較無爭議。但對當前省區大小劃分及鄉鎮自治地位，則存有不同的意見；特別因兩岸長期分治後，中央政府有效統治區僅及台澎金馬，是否繼續維持現行四級政府架構，已經成為眾所關切的課題。在精簡省級組織之後，原四級政府中存在的權責重疊，行政程序繁瑣及行政流程費時等缺點，相信應會有所改善。

(二)行政區域重新劃分問題：四十多年來，台灣地區由於快速經濟與社會發展的結果，整個社會已由農業社會轉入以都市化社會為主的結構，不但造成台灣北高兩極化的發展型態，並使城鄉差距拉大，產生區域平衡發展的瓶頸，與集中發展卻在行政組織上無法統合的困境。如縣市間的垃圾掩埋場、水資源保護、河川整治、共管橋樑收費、公車及捷運路線規劃、建設等縣市政府之間的決策衝突。未來這類鄰區自治機關間的互動、互賴及依存度將逐漸增強，若干院轄市及縣市、鄉鎮（市）似可經由重新劃分行政區域的途徑，加以整合。

(三)地方政府組織與職權調整問題：早期農業時代，台灣地方政府的設計，在組織型態上往往過於簡化、齊一化與一致化，造成組織僵化，致使地方政府組織嚴重缺乏彈性。宜重新加以調整，使各級地方政府的組織與職權具有更多差異性與彈性，以便能充分運用組織與人力，提高行政效率。

(四)人事改革問題：過去的地方人事體制是一種求政治安定與社會和諧的社會主義式中央統合人事體制，而不是一種重視行政效率與人事成本觀念的，管理式自治人事體制。為因應地方財政困難，人力精簡潮流，整頓地方人事組織，積極培育人力，以及增進人事效益已成為各級政府的責任。

(五)財政改革問題：財政為地方自治行政問題的重心，但各縣市財政支出四成以上係靠上級補助，已嚴重影響地方的正常發展；尤其在都市與鄉村發展差距日益懸殊，各地方政府人力、組織鬆散浪費，財政經營、管理意願與能力不足，甚至競相揮霍，依賴補助的情形下，即使中央與地方財政收支與補助制度改善，地方財政問題恐怕仍然無法有效解決。

(六)中央與地方各級政府間衝突的解決問題：近年來，城鄉類型間的衝突與矛盾日漸嚴重；但是，另一方面，隨著交通、人口、資訊流通的加速，區域內城鄉以及鄰近都市間相互的依賴與互動性，卻與日俱增；故，彼此間需要共同解決的問題日益增加。以往由於地方政府協調合作意願低落，中央或省機動協調機制不足，以及地方政府間的本位主義作祟，使得府際間的衝突、矛盾與合作關係一直無法獲得理的解決。「地方制度法」對此則有專章規定，期待未來能發揮調和府際關係的重要法律制度。（參考資料：趙永茂，中央與地方權限劃分的理論基礎－兼論台灣地方政府的變革方向，頁193-195）

十二、隨著我國精省作業的陸續推動，我國地方地方政府與行政的改革方向應朝向何種途徑加以改進？

答：(一)行政層級調整與簡化行政流程問題：

　　1.在精簡省級組織的基礎上，各級政府仍宜作適當調整與精簡，以減少不必要的行政流程。而鄉鎮級選舉是否予以暫停以及暫停村里等制，則可加以檢討。期能減少部分現有中央與地方潛在的政治衝突與危機，並使台灣中央與地方的關係，導入更健全及更具前瞻性的發展架構。

　　2.有效推動委任民間處理公共事務，減輕政府部門之人力與經費負擔。

　　3.推動建立計畫化與績效評估制度，監督地方建設品質，落實革新政策之結果。

　　4.全面推動地方行政革新電腦化，大力縮減地方行政流程，提高服務品質與行政生產力。

(二)行政區域重新劃分問題：
　1.進行現有鄉鎮（市）疆界重新劃分，以及專業縣、自治區等之設置，兼顧地方地理、歷史、人文發展，以及財政自給、行政效能等需求，重新加以規劃與調整。
　2.設定專業性業務管理特區：如水力特區、環保特區、捷運運轉特區、警政特區、司法、調查特區等功能性專業機構或區域。整合在一定地區內不同地方政府間，因行政割裂、自治本位所造成的行政分立與對立等問題。
(三)地方政府組織與職權調整問題：
　1.建立更具彈性的地方自治組織，並適當地再提高地方自治機關的人事權，加重地方行政首長的經營管理責任，並將之列入獎勵或補助的考量，鼓勵地方政府間產生經營管理績效競爭的環境。
　2.合理劃分中央與地方權限，賦與地方政府必要及適當的職權，俾因應地方需求，進行革新工作。
　3.賦與地方政府更多組織調整及人事任免等權限，俾能彈性因應地方特性，推動革新工作。
(四)人事改革問題：
　1.適當縮短中央與地力公務人員職等差距，或再調高地方公務人員的職等與津貼，並在若干職系建立人事歷練及交流制度，使有效激勵地方公務人員之士氣。
　2.成立中央與直轄市、縣（市）地方行政組織與人事編制改革委員會，限期提出改革建議，著手進行改革。
　3.當地方自治權逐漸提高的同時，地方自治責任與行政管理技術應同時加強。
　4.部分縣（市）、鄉鎮（市）組織人力過於鬆散，閒置的約僱人員比例過高，宜加以適當的精簡。
(五)財政改革問題：
　1.宜鼓勵或獎勵地方建立起「量入為出」以及「節約自治」、「合產自治」、「區域合治」等自治財政經營理念。
　2.就鼓勵開發地方自主性財源而論，宜適當獎勵地方開發稅源，並彈性增加地方課稅課目。如對某些高污染、危險、重產業課徵環保捐、交通建設捐等。

3.必要時可考慮調整若干地方歲出基礎，考慮將若干全國共同性的人民基本服務業務，例如財政困難縣之義務教育支出、共同福利、醫療、救濟支出等，由中央政府支付。

4.宜將各縣市、鄉鎮（市）財政狀態做更科學化、更精密公平的分類，使補助制標準化，以利補助政策的更科學化，並更符補助正義原則，使更有助於地方之均衡發展。

5.節制虛浮浪費：各級地方政府對其支出，應建立一套成本效益與自我節約的評估體制，以杜絕不必要的浪費。

6.建立合理開放的補助制度：可考慮建立事先協議與專業評估機制，結合立法、行政、各級地方政府代表、財政及地方政府專家，以及律師、會計師等，建立專業協議分配補助制度。

(六)中央與地方各級政府間衝突的解決問題：

1.建立自治區或鄰區都會的合作契約關係：為擴大鄰近地方自治單位或都市問的溝通、合作與共同開發生產，宜建立制度或鼓勵各相關地方自治單位間及都市間，相互加強合作，甚至締結自治合作契約。

2.應放寬地方政府的自治權力，並課予更多經營責任。

3.中央政府各有關部會負起協調功能：當中央政府與地方政府間，乃至地方政府與地方政府間有關業務，發生重大衝突或危機時，應主動負起協調與協助解決的責任。此將有助於改善人民對中央政府的形象。

4.宜鼓勵或獎勵鄰區或區域政府間，建立平時或緊急協議互動機制，以協議代替對抗，以互惠代替自利，彼此合作發展，合力經營，協力解困。（參考資料：趙永茂，中央與地方權限劃分的理論基礎－兼論台灣地方政府的變革方向，頁196-200）

十三、名詞解釋：

(一)新政府運動（Reinventing Government）。

(二)授能（Empowerment）。

(三)市政管理。

答：(一)新政府運動（Reinventing Government）：

1980年代以來各國政府改造運動，主要策略除撙節施政成本與提高行政效能外，即在結構上、功能上、管理與服務體制上，以政府組織管理改革建構「精簡有能政府」。奧斯本（G.Osborne）與蓋伯樂

（T.Gaebler）發表「政府改造」（或譯稱「新政府運動」）一書，強烈指出須將「企業精神」引進於政府機關，即建構「企業型」政府，其主要策略及措施有：

1.政策導航重於事事操槳。 2.授能管理重於僵化服務。

3.寓競爭機制於施政服務。 4.任務導向與法規鬆綁。

5.成果導向與績效管理。 6.顧客導向。

7.企業型政府。 8.前瞻預防。

9.分權參與。 10.市場導向。

美國「國家績效評估委員會」（NPR）成立時將上述歸納為四項原則：

1.顧客（民眾）至上。 2.簡化官樣文章。

3.強化授能、提高績效。 4.降低成本、提升效能。

(二)授能（Empowerment）：傳統行政管理重視授權（Decentralization）、授責。現代政府改造運動下，新公共管理（NPM）途徑則強調「授能」。授能即分授職權與職能，使政府組織不再過於「集權」（Centralization）或「萬能」。因此，組織分權化與授能化是相互配合、互為連貫的管理趨勢。組織授能途徑，包括：

1.職權與職能下授：如中央政府若干管制或職權事項下放地方政府，擴增地方自主性。

2.職權與職能分授：如總機關之人事權、財務權、採購權等管理權責分授各分支機關職掌，避免頭重腳輕。

3.強化各級組織與員工具有管理權責與能力，此即政府改造論者所謂組織授能與員工授能。

4.改善公私部門的夥伴關係：民營化及社區化逐漸成為現代各國的管理趨勢，政府機關、民營企業、非營利機構與社區組織相互之間是夥伴關係或協力關係（Workteams），共同具有公共責任，學者稱之為「社區授能」（Community Empowerment）。

(三)市政管理：處理都市化問題及其行政管理事項，即市政管理。市政管理的主要問題是社區參與權及地方上民、財、建、教、居住、交通、環保、治安等問題。市政管理需顧及市民權益的維護與市政建設的均衡，自然與人文、環境與品質、秩序與自由、暴亂與治安、服務與管理。健全的市政管理是地方自治的一環，也是地方政治的基礎。

（許南雄，行政學術語）

十四、根據行政院研考會「行政組織再造方案」草案指出，我國行政機關現存有那些怪現象？綜合觀察各國「政府再造」方案，具有那些共同特點？

答：(一)行政機關的怪現象：根據行政院研考會「行政組織再造方案」草案指出，我國行政機關現存有五大怪現象：

1.機關組織缺乏彈性：調整政府組織由於涉及行政、立法及考試院等三院職責，以致機關組織無法因應環境變遷作出適時調整。

2.機關名稱混亂，體例不一：中央政府設有五「院」，但包括學術機構的「研究院」衛生單位的「療養院」，其首長也都以院長稱之；而中央與地方機關中又不乏「局下有處、處下有局」的現象。

3.政府幕僚人員比率偏高：在部會層級的幕僚人員，以秘書類排名首位，主計類排名第二，總務類排名第三，其與業務人員比率為4：6，有偏高的現象。

4.機關規模缺乏標準：就部會層級而言，從四十、五十人到六百人，高低差距達十幾倍；而部會所屬機關如署、處、局、所，有高達一千二百人的衛生署，也有不到四十人的機關，高低差距更達三十倍。

(二)共同特點：

1.學術界的領航：舉凡「新政府運動」對美國之NPR，及公共選擇理論對英國之政府再造均有此特色。由於學界能以外部人士立場，分析政府整體的效率，以及公部門各項活動的安適性，並鼓勵授權授能給較低層級的政府、人員或私人機構，或許更有效率。

2.財政部門之涉入改革：無論美、英、紐均有財政部門參與政府再造。財政部門參與競爭力的提升及再造工作的推動，有助於認定政府職能轉換的關鍵性策略。

3.領導者之決心顯現：領導者自上而下的願景設定及推動決心，才易化解改革過程各級政府及單位的阻力，也較易自外界爭取改革所需的必要資源、合法性與正當性。

4.公私部門之通力合作：無論是「民營化」、「契約外包」、「社區主義」、「企業精神」均在在顯現在英、美、紐三國之再造政府過程中。唯有公私部門協同合作，才有利於引發民間活力與自主性，同時減輕政府對日常業務的辦理。

5.立法行政部門之充分配合：政府再造不能只是政府體系內部的管理改革。透過民主代議機制，一方面讓公眾參與改革計畫的制訂，另方面也經由此一機制，取得公共資源使用的合法性與政治支持。（詹中原，國家競爭力與政府再造，新公共管理-政府再造的理論與實際，頁45-69）

貳、選擇題

( )　1. 組織精簡（organizational downsizing）是目前各國行政革新的主要策略之一，下列何者並非其主要的預期目標？　(A)減少人事費用的支出　(B)強化主管的領導功能　(C)提高組織的生產力　(D)降低組織官僚化程度。

( )　2. 「單一窗口」是屬於組織再造那一項關鍵因素的重要應用？　(A)目標取向　(B)系統思考　(C)資訊科技　(D)人際關係。

( )　3. 政府再造運動所強調『企業家精神』，其核心為：　(A)競爭力　(B)市場導向　(C)降低成本　(D)創新精神。

( )　4. 下列何者非韓默與錢辟（M.Hammer&J.Champy）所認為之組織再造關鍵要素？　(A)流程中心　(B)顧客導向　(C)組織創新　(D)資訊科技。

( )　5. 就學者韓默與錢辟之觀點而言，組織再造就是：　(A)組織法規再造　(B)組織成本控制　(C)組織病象診治　(D)組織流程再造。

( )　6. 我國於民國87年推動之政府再造綱領中，不包括下列那一項？　(A)文化再造　(B)法制再造　(C)組織再造　(D)人力再造。

( )　7. 指組織有計畫地裁減組織中的職位及工作，又可稱為「減肥措施」或「整簡」。此稱為：　(A)組織員額擴張　(B)組織員額重組　(C)組織員額精簡　(D)組織架構重編。

( )　8. 組織精簡（downsizing）的幅度一般從5％到15％皆有例案可尋。小規模的組織精簡通常又稱為：　(A)轉向變遷模式　(B)趨同變遷模式　(C)系統整合模式　(D)動態模擬模式。

( )　9. 學者Caudle透過文獻分析與田野調查，歸納出七項再造工程的實施策略，作為政府部門的管理者在推行再造工程時的參考指南。其中下列何項要素係屬於「將流程改造策略與預期結果加以聯結」的策略？　(A)持續的流程改善　(B)企業流程的重新設計　(C)組織再造工程　(D)以上皆是。

( ) 10. 下列有關組織精簡（downsizing）的敘述何者有誤？ (A)組織精簡是一種手段 (B)組織精簡是主動的刻意行動 (C)組織精簡一定造成生產力提高 (D)組織精簡並不僅限於人事裁減。

( ) 11. 美國一九九三年所通過的「政府績效與成果法」為美國政府改革最重要的法律依據，下列何者為該法案所揭櫫的目的之一？
(A)經由有系統的要求聯邦機關對所達成的計畫成果切實負責
(B)經由一系列的領航計畫所設定的計畫目標，衡量這些目標的計畫績效
(C)經由對成果、服務品質與顧客滿意度的重視，以改進聯邦計畫的效能與負責度
(D)以上皆是。

( ) 12. 下列何者非美國「國家績效評估委員會」（NPR）成立時所秉持的原則？ (A)提升效能、不管成本 (B)顧客（民眾）至上 (C)簡化官樣文章 (D)強化授能、提高績效。

( ) 13. 政府再造過程中，將工作流程作水平的整合，此即意謂著：
(A)全員參與 (B)組織精簡 (C)工作豐富化 (D)工作擴大化。

( ) 14. 下列何者不屬於組織授能途徑： (A)職權與職能下授 (B)強化各級組織與員工具有管理權責與能力 (C)職權與職能分授 (D)強化公部門的行政單一關係。

( ) 15. 下列何者為組織員額精簡與組織衰退及解僱之差異？ (A)組織衰退是對外在環境適應不良而產生之結果 (B)組織員額精簡的目的，係使組織產生更新的力量以防範組織走上衰退之路 (C)組織員額精簡發生的時間可能在組織成長的時候，也可能發生在組織衰退的時候 (D)以上皆是。

( ) 16. 再造工程是從何種觀點，根據價值的附加性來檢視工作流程，並測試工作流程的每個步驟，以確保其對顧客而言是具有附加價值的？ (A)績效主義 (B)品質管理 (C)行政至上 (D)消費主義。

( ) 17. 下列何者非Linden所謂的3Cs角色之一？ (A)顧客（Customers） (B)競爭（Competition） (C)消費者（Consumers） (D)選民（Constituents）。

( )　18. 關於政府再造的看法，下列何者係錯誤的觀念？　(A)再造不是組織重組　(B)再造非僅是一陣熱潮或短期間的萬靈丹　(C)再造是縮小規模　(D)再造是一項徹底的新原則，推翻以層級節制和專業分工來設計工作的觀念。

( )　19. 自近代以迄現代，政府職能的演變是由「有限政府」轉變為「萬能政府」而至今後之：　(A)政府無能　(B)政府授能　(C)無限政府　(D)全面政府。

( )　20. 下列何者非我國行政院研考會「行政組織再造方案」草案所指出的我國行政機關現存有怪現象之一？　(A)機關名稱混亂，體例不一　(B)政府幕僚人員比率偏高　(C)機關組織充滿彈性　(D)機關規模缺乏標準。

( )　21. 下列何者非各國政府組織員額精簡的特性？　(A)組織員額精簡不僅是「量變」且亦是「質變」　(B)「大政府」與「萬能政府」已漸由「精簡政府」與「政府授能」所取代　(C)「民營化」是政府再造的萬靈丹及急救帖　(D)組織員額精簡是「結構性」、「功能性」與「持續性」之變革。

( )　22. 奧斯本（G. Osborne）與蓋伯樂（T. Gaebler）發表「政府改造」一書，強烈指出須將何種精神引進於政府機關？　(A)創業精神　(B)財團精神　(C)企業精神　(D)官僚主義。

( )　23. 下列何者是「再造」失敗的原因？　(A)將再造焦點置於組織，而非過程改造　(B)對於現狀分析太多，失去原創性　(C)缺少強有力的執行領導者　(D)以上皆是。

( )　24. 下列何者非Linden所指出的政府部門再造方案的基本價值與設計原則？　(A)以平行並進的流程代替循序漸進的流程　(B)盡可能提供顧客或供應者單一的接觸點　(C)於資訊來源處，一次就取得資訊　(D)依功能而非依成果。

( )　25. 組織員額精簡原則不包括下列何者？　(A)組織應該關心公眾的資源及帶頭參與社會責任　(B)徹底精簡人事，以提升效率　(C)組織成員對於精簡一事要有參與表達的機會　(D)對於未被解僱，仍在組織內的成員應加以重視。

（　）26. Cameron等人認為組織員額精簡具有一些主要的特性，其中不包括下列何者？　(A)組織員額精簡是自然形成的活動　(B)組織員額精簡的方式不僅僅只侷限於人事的縮減　(C)組織員額精簡的目的可能是對於組織的環境進行防衛性的回應　(D)組織員額精簡有意或無意地影響工作程序。

（　）27. 下列何者為組織員額精簡之效益？　(A)減少經常性費用與人事費用的支出（Less Overhead）　(B)降低組織官僚化的程度（Less Bureaucracy）　(C)加速並提昇決策品質（Faster Decision Making）　(D)以上皆是。

（　）28. 學者Freeman與Cameron從組織變遷的理論出發，依據組織精簡所形成之組織變遷幅度，將組織精簡歸納出那兩種類型？　(A)集中模式及分散模式　(B)趨同模式及轉向模式　(C)一致性模式及分裂性模式　(D)同質性模式及異質性模式。

（　）29. Hammer與Champy在「改造企業」一書中將何項工程界定為「根本重新思考，徹底翻新作業流程，以便在現今衡量績效的關鍵上，如成本、品質、服務和速度等，獲得巨大的改善。」？　(A)再造工程　(B)重建工程　(C)整建工程　(D)維護工程。

（　）30. 影響（限制）政府再造工程實行的環境因素為何？　(A)領導者的任期限制　(B)任務目標、政策實施及績效標準與顧客界定　(C)接觸管道、共享權威與監督　(D)以上皆是。

（　）31. Hammer與Chamy兩人曾闡述九項再造工程的設計原則，其中不包括下列何項？　(A)整合工作流程　(B)同步進行工作　(C)由主管做決定　(D)減少監督審核。

（　）32. 「對退休人員或離職人員所遺留下來的空缺加以凍結，暫時不考慮新進人員。」此係屬於何種組織員額精簡策略？　(A)自然損耗　(B)誘導性離職　(C)非自願性離職　(D)強迫性離職。

（　）33. 根據Lowenthal的分析，再造工程的實施通常具備四項要素，其中不包括下列何者？　(A)對組織流程徹底地重新思考，以改善生產力與作業流程的時間　(B)結構上的重組　(C)運用最新的科技來驅策資料分配與決策制定的改善　(D)十分重視組織的內在顧客，但不包括外在顧客。

解答與解析

1.**(B)**。　2.**(C)**。　　3.**(D)**。　　4.**(C)**。　　5.**(D)**。　　6.**(A)**。

7.**(C)**。組織理論學者Kozlowski等人認為組織員額精簡是指組織減少勞動而用來增進組織績效的審慎策略。

8.**(B)**。

9.**(D)**。組織必須根據其所預定的目標，來採取適當的流程改善策略。

10.**(C)**。　11.**(D)**。

12.**(A)**。應是「降低成本、提升效能」。

13.**(D)**。

14.**(D)**。應是「改善公私部門的夥伴關係」。

15.**(D)**。　16.**(B)**。

17.**(B)**。顧客指的是資助機構與方案的個人及團體，消費者則是指方案或服務最終的使用者，選民則是指對機關任務有濃厚興趣者。

18.**(C)**。再造不是要縮減工作或人員以減輕財政負擔，而是對工作的再思考，以縮減不必要的工作。

19.**(B)**。　20.**(C)**。　21.**(C)**。　22.**(C)**。　23.**(D)**。

24.**(D)**。依成果（顧客、產品或流程）而非依功能。其他尚包括：使下行的資訊能上達、確定「主要順序」（係指能直接對顧客產生價值的活動能持續進行，其具體作法為：界定具附加價值與無附加價值的步驟；減少或分隔每個無附加價值的步驟，以使主要順序能更平順快速地進行；將複雜性與風險性的個案從例行性的工作挑選出來等）。

25.**(B)**。　26.**(A)**。　27.**(D)**。　28.**(B)**。

29.**(A)**。再造工程一辭包含下列特性：根本的（Fundamental）、徹底的（Radical）、巨大的（Dramatic）、流程（Process）。

30.**(D)**。學者Caudle認為影響政府再造工程實行的環境因素有：領導；目標與績效標準、政策執行；接觸管道與共享權威。

31.**(C)**。應是「由員工做決定」。其他原則尚包括：流程多樣化、打破部門界限、減少折衝協調、提供單點接觸、集權分權並存

32.**(A)**。學者Greenhalgh、Lawrence與Sutton等人曾提出組織員額精簡的策略，認為組織員額精簡策略大致可分成三種：自然損耗、誘導性離職（如轉調、減少升遷機會等）、非自願性離職（如括降級、降職等）。

33.**(D)**。

第五章　企業型政府與非營利組織

壹、申論題

一、試比較「市場式政府」、「參與式政府」、「彈性式政府」、「解制式政府」的主要差異？

答：彼得斯（G.Peters）觀察西元1982年代及1990年代各國政府再造實況，認為當代政府的新治理典範已浮現，並可歸納為四種明顯模式或特質，而此四種新治理模式，即可表現出企業型政府之主要特質：

(一)市場式政府：傳統治理結構最大問題在於官僚體制的獨占性，致使機關規模和預算日益龐大，另文官體系缺乏足夠誘因導致行政效率低落，以及缺乏施政成本壓力導致過度生產。市場式政府特徵包括：

　1.採取分權化的組織結構。

　2.運用企業部門的管理技術。

　3.將功績薪給制（Merit pay）改為績效薪給制（pay for performance）。

　4.引進市場競爭的誘因結構，並創造內部市場化的決策機制。

　其所提供的公共利益在於降低施政成本。

(二)參與式政府：參與式政府要對抗的是傳統官僚的層級節制體系，其主要特徵：

　1.力求扁平化的組織型態。

　2.管理上採用全面品質管理和團隊建立的策略。

　3.運用諮議及協商的決策方式。

　其所提供的公共利益在於增進公職人員和民眾對政府施政的參與度。

(三)彈性化政府：彈性化政府主要特徵包括：

　1.運用虛擬組織。

　2.管理方面，採工作團隊式的管理。

3.決策方式採取實驗性強之應變決策。

其所締造的公共利益在於降低施政成本和增進組織成員的合作團結。

(四)解制式政府：其假定是若能排除政府運作上的過度管制，將使運作更具效率，其特徵包括：

1.組織型態並無特別偏好。

2.在管理方面，賦予管理者更多的自主裁量權。

3.在決策方面，企業型官僚應擔負更多決策責任。

其所提供的公共利益為增進政府部門的創新能與行動力。

其四者比較如下：

比較	市場式	參與式	彈性化	解制式
主要矯正	官僚體制的獨占性	層級節制體系	官僚正式化	運作過度管制
組織設計	分權化	扁平化	虛擬組織	無特別偏好
管理方式	採績效薪給制	採員工參與、TQM與團隊	採團隊式管理	賦予管理者更多的裁量權
決策方式	競爭	諮商及協商	應變、適應	更多決策責任
公共利益	降低施政成本	公職人員與民眾參與度	降低成本、增進成員團結	增進政府部門創新行動力

（孫本初，公共管理，企業型政府）

二、非營利組織有別於一般民間企業與政府部門，其本身具有哪些特質？

答：非營利組織除顧名思義其『非營利』之特徵外，還有許多與一般民間企業組織及政府官僚組織不同之處。茲將其特徵分敘如下：

(一)正式組織：非營利組織必須具有某種程度的制度化，臨時組織和非正式的民眾集合並不被考量為非營利部門，即使這種集合對民眾生活是極為重要。非營利組織必須同時得到國家法律的合法承認；這種法人團體才能為了團體的託付訂契約和保管財務。簡言之，非營利組織必須向有關官署辦理登記並取得成立許可證書者，亦即法人資格者。

(二)民間組織：非營利組織必須與政府區隔，即不是政府組織一部分，也不由政府官員充任的董事會所管理。但這不意味非營利組織不能接受政府的支持，或政府官員不能成為董事；最主要的關鍵因素乃在於非營利組織在基本結構上必須是民間組織。

(三)非利益分配：非營利組織並非專為組織本身生產利潤，非營利組織在特定的時間內聚集利潤，但是要將其使用在機構的基本任務上，而不是分配給組織內的財源提供者，這是非營利組織與其他私人企業最大不同之處。

(四)自己治理：非營利組織能監控他們自己的活動，他們有內部管理的程序及章程，除受政府相關法令的約束外，不受外在團體的控制。

(五)志願性團體：非營利組織包括某些程度的志願參與機構活動的導引或事務的管理，特別是志願人員組成負責領導的董事會。

(六)公共利益屬性：非營利組織為公共目的服務，並提供公共財。因此，組織的目標在關心成員本身的非經濟性興趣，如助人之樂、成就感之獲得。

(七)組織收入依賴募款能力，而非組織績效：非營利組織的資金來源較少仰賴顧客，主要資金來源是捐贈；而組織收入係根據組織募款之能力，並非其服務績效。因此，組織收入之多寡與其提供公共服務間，並非是一正相關之關係。

(八)服務取向、行動取向：非營利組織在提供服務的行動上，多是直接提供服務給予受服務對象。

(九)扁平組織、層級節制少：非營利組織本身為一正式組織的架構，但相較於其他正式組織而言，其組織層級通常較少或甚至全無層級節制體系。因此，非營利組織多具有高度彈性的特性，能迅速做出決策，並能因應環境而做適當改變。

(十)低度手段理性與高度團結一致：非營利組織在組織原理上，存在低度手段理性與形式化及高程度的團結一致與直接交易形式。

(十一)利他主義：非營利組織具強烈的利他主義，如濟世救人或度化人心，非以自利為主。（張潤書，行政學，非營利組織，頁305-307）

三、 為什麼要建立企業型政府呢？建立企業型政府的條件為何？

答： (一)建立企業型政府的原因：

1.為了恢復民眾對於政府的信心：八〇年代，民眾對於政府的信心降至最低點，八〇年代末期只有5%的美國人表示願以政府公職為終身志業，四分之三的民眾認為政府的價值低於十年前。因此，如何恢復政府信心是建立企業型政府的主要原因。

2.為了學習許多地方政府成功的再造經驗：例如以實施支出控制預算相當成功的加州佛塞拉市就是一個成功案例，該市中的主管可以視情況需要，刪除每個部門的預算細目，讓主管視實際需要動用預算。

3.為了改革官僚體系：官僚體系給人民的印象是行事遲緩、缺乏效率，造成民眾對於官僚體系的惡劣印象，認為只是一個會花納稅人血汗錢的機關。因此，必須進行創新的改革。

(二)建立企業型政府的條件：

1.指導性：政府應該技巧性的選擇機關內的服務提供方式，例如簽約外包，強調公私合夥關係，運用抵用券、志工等方法。政府基本上是導航者，而非操槳者。

2.社區參與：專業行政人員不應經營計畫的所有層面，而應透過治理委員會與管理團隊的手段對主雇實施參與管理；社區比政府機關更了解自己的問題。

3.競爭性：應將競爭引進政府過程，採取任務競標、內部服務競賽等方法。因為政府機關的問題不在於公營與民營之爭，而在於獨占與競爭之爭。

4.目標與任務導向的策略：政府機關應將規劃數目降至愈少愈好，條列式的預算方式、一年為週期的基金、太過瑣碎的職位分類等都應該予以打破，實施目標導向、任務導向的管理策略。

5.重視投入，更重產出：如果不測量績效，就無法評定管理的成敗。因此，必須以政策結果，而非計畫投入決定機關的績效與基金的配置。

6.顧客取向：只有顧客才能決定品質。親近顧客，改造政府面貌，實施全面品質管理，以推動顧客導向的新政府運動。

7.企業性格：例如，可透過使用者付費、企業基金、結餘共享、企業貸款與內部利潤中心等建制，另闢財源。

8.遠見的政府：政府不能只是為了滿足需求而提供服務，必須從需求考慮，採取前瞻性的做法，需要以遠見治理社會，訂定策略性計畫。

9.權力分散：分工的機構比集權的機構更有彈性、更有效能、更有創意。故應將集權化的機構予以分權化，放棄層級節制控制，實施參與管理、團隊合作、勞資合作管理等。

10.市場導向：政府不能以命令控制方式完成目標，必須以提供市場投資的誘因與排放交易等市場手段，重新建構市場。（丘昌泰，公共管理-理論與實務手冊，頁85-131）

四、企業型政府具有何種原則與特質？

答：(一)原則：David Osborne與Ted Gaebler在所著的「新政府運動」一書中，曾揭示如何使政府運作良善的十項原則。包括：

1.領導催化。　　　　　2.授能社區。

3.效率競爭。　　　　　4.任務導向。

5.成果導向。　　　　　6.顧客導向。

7.積極開源。　　　　　8.前瞻預防。

9.分權參與。　　　　　10.市場導向。

(二)特質：企業型政府（Entrepreneurial Government）是指政府應用新的方法來處置有限的資源，以達到最大生產力的效能與效率，其具有以下五項特質：

1.其目標界定是以目標及使命為導向（注重結果不只是看投入）。

2.以顧客為其工作流程導向，不受法令規章既定的限制所驅使。

3.採行分權參與管理（組織內對成員授能、對外鼓勵公民參與決策）。

4.注重市場競爭機能、以服務為主、創立行動誘因、放棄監督防弊的保守心態。

5.衝破官僚原有的體制（預算、財政、人事、績效評估、責任與課責），重新設計組織。（孫本初，公共管理-企業型政府，頁29-53）

五、羅蘭詩和金恩曾主張企業型政府發揮創新功能必須經過四個階段，試說明是那四階段？

答：(一)創發階段：指的是革新理念的工作，必須與實際的需求和問題確切地
　　　聯結。亦即，革新理念的構想，必須比其他構想更具有解決問題的能
　　　力，能將革新理念與公共問題加以聯結，即稱為「解決方案」。
　　(二)設計階段：指的是開始採取行動，將構想準確而具體的表達出來。
　　　企業家無法憑空要求他人聽任他的構想，惟有將具體設計的方案，策
　　　略地呈現為書面型式，才能確保此一革新理念的合法地位。這個階段
　　　需一些實際的「原型」或具體的程序、行動綱領的建立，並隨時準備
　　　接受檢證時，才算確實完成；所謂「原型」即是革新理念的模型，其
　　　本質是技術性或可執行的，技術的原型包括新的技術、生產和服務方
　　　式，可執行的原型即指新的程序、政策和組織型式。
　　(三)施行階段：指的是開始檢證具體的革新方案，並非所有的構想都是
　　　有用、可行的，往往很多不可預測的問題和一些無法評估的後果，讓
　　　革新理念無法遂行，並造成資源的誤置或浪費，而施行階段就是在篩
　　　選出有用、可行的新構想，經得起經驗檢測的新構想，便可稱其為成
　　　功的原型。
　　(四)制度化階段：指的是某一項革新理念通過創發構想的競爭，成為可
　　　被實踐的原型。經過施行的檢證，具有滿足需求及解決問題的能力，
　　　進而成為眾所認同的作為。制度化並非固定的創新過程，每一個革新
　　　理念都有其專屬特有的創新歷程，且仍須依序經過前述三個階段的
　　　考驗。（江岷欽、劉坤億，企業型政府-理念、實務、省思，頁106-
　　　129）

六、企業型官僚具有那些行為特質？試說明之。

【說明】企業型政府是由一群充滿企業精神的公職人員所組成的，他們運
　　　用各種策略方法，讓原本僵化的官僚體制再度恢復活力，使績效
　　　不彰的政府機關再度有效運作。

答：(一)主動創發新的任務：在多元的民主社會中，人們的基本價值經常缺
　　　乏共識，立法機關為反映這些衝突和矛盾的社會目標，大多採行折衷
　　　妥協的方案，導致行政部門所接受的指令模糊曖昧。面對這種情境，

成功的企業型官僚會為機關創發新的任務，運用適當的行政裁量權，越過政客們的競技，直接體現人民的需求。

(二)擴展專屬的公共政策範圍：企業型官僚會設法擴展專屬的公共政策範圍，這種擴張組織的作法，雖然會悖離代議政府的民主程序，但卻能有效地降低組織的不確定性，增加自主性。

(三)表現擅長專精的領域：企業型官僚通常專精於某些社會關注的領域，他們善於應用傳播媒體、國會聽證會以及其他各種會議，倡導其專精的領域，在「理」與「勢」方面，成為某些公共政策的代言人。

(四)善用組織內部資源實現公共目標：企業型官僚善用組織內部的資源及力量，實現公共目標。企業型官僚的目標，並非僅限於加冠晉爵而已，而是要透過組織實踐公共利益的目標。

(五)擴展所屬機關的政治影響力：企業型官僚會積極運用組織中的影響力爭取成功，而非消極地坐視文官體系成為腐敗無能的淵藪。李懷適指出，企業型官僚在其生涯之中終將體會，龐大複雜的公共組織是進行社會改革、政治改革以及經濟改革最有力的工具。

(六)洞燭機先創造優勢：企業型官僚對於外部環境具有高度的警覺性，能夠發現民眾未滿足的需求，在危機尚未形成前，預先掌握時機，運用適當的方法加以處理。

(七)承擔風險開創新局：企業型官僚在創發任何新任務時，都必須承擔某種程度的風險，而這也正是他們成為企業家的要件。勇於承擔風險，可以為他們帶來更多創新的機會。

(八)擅長溝通的領導才能：企業型官僚經常會提出一套深具說服力的「願景」，不僅藉此來吸引大眾注意他所提出的議題，更重要的是，藉由擅長溝通的領導才能，可以鼓舞組織成員，協力提高政府生產力。

(九)堅毅果決勇於行動：相較於企業部門，由於公務部門的行政人員深受政治因素、立法機關及預算限制的羈絆，因此，行事作風處處顯得謹慎小心，加以平日的工作，比一般企業部門管理者受到更多的監督與課責。對企業型官僚而言，為克服此一困境，他們除了注重個人正直清廉的形象外，並藉由行動過程的透明化，宣示貫徹政策的決心。

(十)政治結盟策略整合：任何人都無法否認政治支持的重要性，特別是主管企業家和官僚企業家，倘若他們的革新方案要獲致成功，就必須先尋求民選行政首長的支持。在這個過程中，如果所提革新方案可能危及行政首長的政治利益，主管企業家和官僚企業家應該運用其他策略爭取支持。

(十一)建立聯盟組織團隊：主管企業家或官僚企業家都不可能憑藉專業職能，獨立完成革新計畫方案，他們必須對外尋求更多的聯盟關係，爭取利益團體、非營利組織和政策企業家的支持；對內則必須組織工作團隊，協力達成預想的目標。

(十二)瞭解趨勢善用民意：企業型官僚善用民意市場的力量，塑造「捨我其誰」的形象；企業型官僚不但擅長凸顯問題的重要性，亦善於運用自己的知識及能力，塑造專業形象，營造民眾對其解決問題的信心。

(十三)開闊胸襟恢宏氣度：觀察現行官僚體制中，任何政策方案都得經過再三評估，實際上卻無助於執行，反倒經常陷入「分析麻痺症」窠臼。因此，企業型官僚應具有大開大闔的格局，採取小處收手的原則。

(十四)優質的組織文化：企業型政府的成功，不僅僅仰賴各類企業型官僚的存在，更應型塑出具有創新精神的組織文化。整體的企業精神比個別的企業精神更為重要，對於再造政府的治理能力，我們不僅可以期待個別企業型官僚的領導，更可以經由眾多企業型公職人員的齊心努力而獲致成果。（江岷欽、劉坤億，企業型政府-理念、實務、省思，頁106-129）

七、解釋名詞：

(一)催化型政府（Catalytic Government）。

(二)民營化。　　　　　　　(三)政府機關民營化。

(四)公民參與。　　　　　　(五)委外服務。

答：(一)催化型政府：自五十年代以迄七十年代，各國政府時興於所謂「大政府與「萬能政府」。但在八十年代「政府改造」運動激盪下，則要求成為精簡為「催化型」政府。主要涵義為：

1.政府結構由龐大、臃腫而轉變為精簡，即所謂小而強。

2.政府職權以「政策領航」為取向，而非「事事關心」。

3.建立授能化（Empowerment）、民營化與分權化管理體制，強化各級政府、民間企業、非營利機構等團體之活力與機能，以擔負公共管理責任。政府應乃為催化、治理、導航、掌舵與帶領者的角色；其他「管理者」則偏重於執行、操作、配合的功能。

(二)民營化：「民營化」是八十年代以來各國「政府改造」運動主要革新途徑之一。涵義包括經營權、合夥方式與管理體制之改變，如：

1.公營事業局部或全部轉變為民營。

2.政府輔助民營團體經營事業（公辦民營、公私合產、公私合營）從而改變公私機關之合夥關係。

3.政府若干「執行機構」轉變為民營。

4.政府或公營機構改採委外服務，人力外包等民營形態加入管理體系。

民營化之主要優點為：

1.改變公私機關合夥方式與共同擔負公共管理責任，符合當前政府改造運動之革新潮流。

2.擴增民營事業或非營利機構之管理機能與活力。

3.政府機關得以引進企業化精神而有助於建構「企業型政府」之基礎。

4.配合推動新公共管理體制：授能化、分權化與精簡化革新措施。

雖說如此，各國推動民營化亦有其若干困境：

1.牽涉法令、體制、環境與員工心理抗拒等因素，無法加速變革。

2.易沾染政治因素與財經重大變革之政策轉變。

3.一般開發中國家民營化易與財團化或黨營化掛勾而變質。

4.政府若干基本職能無法由民營化取代，致民營化非萬靈丹。

(三)政府機關民營化：政府機關民營化是八十年代民營化管理之兩大範疇，此一體制是始於柴契爾主義之倡導。英國前首相柴契爾夫人執政期間揭櫫「代表型」政府，以破除官僚化體制。86年更推動「政府企業化」，而於翌年頒行「新階段革新」。政府機關民營化之主要內容為：

1.政府核心部門所轄（屬）執行機構得轉變為民營，如英國文官考選機構。

2.政府各執行機構雖未開放民營，但得採以人力外包、委外服務、公私合營方式。

3.引進企業化精神。

4.改變政府機關與民營企業或非營利機構之夥伴關係。

(四)公民參與（Citizen's Participation）：「公民參與」係公民責任之一，公民參與公共事務及社區服務之方式，即公民參與制度，此與古代「順民」之消極參與有別（政治學所稱的臣屬型政治文化）。參與方式大致有直接與間接兩種，直接參與如擔任政府機關諮詢、顧問職務、參加公聽會、參加公益或私益團體以爭取公共慈善活動或消費者權益；間接參與如行使投票權、接受民意調查、參加請願陳情等方式。

(五)委外服務（Contracting Out Privatization）：政府機關「民營化」的方式中，除出售公產、公股（部分或全部）之外，亦採合營（Co-Management，公私合營）、合產（Co-Production，公私合產），另有所謂「委託民營」，或稱「委外服務」，即政府為節省人力物力資源並顧及公、私夥伴關係之建立，所採行之民營化方式（服務委託，非股權讓與）。委外服務或委託經營均指委由民間企業或非營利機構依契約代為經營管理，其方式為：

1.人力外包（Contraction Out）：政府業務（如資訊處理、交通違規拖吊）委由民間機構辦理。

2.民間代為興建（Build）、營運（Operate）、移轉（Transfer）。如台灣地區高速鐵路之建設管理正採行BOT方式。

3.民間企業獲致政府融資而進行公共設施之興建與移轉：BT。

4.民間企業投資興建公共設施（Build-Own-Operate）：BOO，其中連土地徵購亦由民間購取。

5.其他委外方式（如若干公辦民營的措施）。（許南雄，行政學術語）

八、 為提升政府行政效率，「民營化」已成為一為普遍為各國政府所接受及採行的政策。就你所知，說明現今主要國家實施民營化的內容為何？「政府改造」中的「民營化」內容為何？

【說明】自八十年代以來，已開發國家基於政府改造理念，多普遍實施民營化，包括國營事業開放民營、政府機關業務外包、私部門與第三部門提供公共服務等民營化形態。依據OECD，各國實施組織精簡革新諸多措施中，最普遍化之前三項依序為：「政府規模限制」、「民營化」與「公司化」（公司化大都為民營化的前奏）。

答： (一)各國民營化措施（Privatization）：

1.英國：前首相柴契爾夫人執政後，即致力於效率改革與財政管理革新，主要配合措施即民營化。自1984年起，政府首先出售公營電信事業等四十餘家，柴契爾夫人執政期間，將近60%之國營企業改變為民營。至於政府機關民營化，則是依「新階段革新」而將各行政機關分為「政策部門」與「執行機構」，後者得逐步開放民營。

2.美國：美國並無一般國家所稱的「國營事業」，但其民營化措施範圍方式之多，卻非其他國家所及。自雷根總統主政開始，即重視民營化之推動。民營化措施的成效是：政府機關結構與職權縮減、執行機關機能吸納企業化精神而更具效能、降低組織編制員額需求量，促成政府人事業務簡化，並有助於公共企業管理體制之確立。其主要措施如下：

(1)1987年起，聯邦行政機關預算案中須附帶提出聯邦財產私有化計畫，當年即出售聯邦聯合鐵路公司股權。

(2)1990年代民營化措施更形普遍，重要項目包括：若干政府部門開放民營；聯邦政府出售資產；聯邦機關公共服務外包或委外服務；合產合營或公辦民營；公共工程開放由民間投資營運移轉（如BOT）。

(3)法國：自1986年通過「國營企業民營法」後，政府已於1991年前後出售六十五家公營事業，政府機關亦引進「全面品質管理」體制以增進效能，1995年通過法律將二十一個規模較大之公營企業開放民營，其中含巴黎國家銀行、雷諾汽車廠、法航之民營化。

(4)德國：德國聯邦政府並無大規模國營事業，但各邦政府管轄範圍內則有較大規模之公營事業機構。聯邦政府僅有部分國營事業機構（如汽車業、航空業、石油業），另有公辦民營事業。自1990年代起，政府出售部分國營事業之股權，各部及地方政府則已逐漸採行民營化，若干服務業與製造業均逐步開放民營。

(5)日本：自1985年起，逐步開放國營事業民營化，首將電信電話及專賣公社轉變為民營，1987年將國有鐵道改為民營，郵政事業則於2001年下設「郵政事業廳」，並計畫在2005年改制為「郵政公社」，然後再轉變為民營；國有林業若干林場管理委託地方政府採民營方式，其餘民營化措施等。（許南雄，行政學術語）

(二)政府改造中的民營化：「民營化」不論指部分或全部民營，間接或直接民營，均帶動政府機關之「企業化」、「效能化」與「精簡化」。政府改造所指的「民營化」大致指：
1.國營事業民營化。　　　　　　2.政府行政機關民營化。
3.政府政務委託或管理改為民營。4.政府出售公營事業或出售公產。
5.公共服務外包。　　　　　　　6.公辦民營。
7.公共設施採行民間投資經營移轉方式（如所謂BOT）。
8.公共事務由「非營利組織」或自願性社團、社區組織、義工參與並共同擔負公共服務責任。
9.政府國營事業與民營企業合產合營。
10.政府補助民營事業。（許南雄，行政學術語）

九、 何謂「非營利組織」？非營利組織具有何種角色？非營利組織可分為那些類型？

答：(一)定義：所謂非營利組織，是指其設立之目的並非在獲取財務上之利潤，且其淨盈餘不得分配予其成員及其他私人，因之而為具有獨立、公共、民間等性質之組織或團體。另外，依據Wolf之界說，非營利組織之義涵如下：
1.其必須具有公眾服務的使命。
2.其必須在政府立案、接受相關法令規章的管轄下。
3.其必須組織成為一個非營利或慈善的機構。
4.其經營結構必須排除私人利益或財物之獲得。
5.其經營得享有免除政府稅收的優待。
6.其亦享有法律上的特別地位，捐助或贊助者的捐款得列入免（減）稅的範圍。
(二)非營利組織的角色：根據R.M.Kramer的見解，非營利組織在現代國家之角色與功能可歸納為：
1.開拓與創新的角色功能：因為具有組織彈性、功能自發性、民主代表性的特色，非營利組織對社會大眾的需求知覺較為敏銳，常能挾多樣化人才，發展出應時之策略，付諸規劃執行，並從實際行動中驗證理想，嘗試出合宜的工作方針與方法，引導社會革新。

2. 改革與倡導的功能：透過社會各個不同層面的參與和服務，非營利組織往往能洞察社會脈動之核心，並運用所累積的聲譽和資源來發動興論及展開遊說，具體促成社會態度之改變，發動政策與法規的制定或修正。

3. 價值維護的角色功能：非營利組織透過實際運作，有系統地激勵民眾對社會事務之關懷與參與，提供社會精英和領袖的培育場所，促進一般大眾人格之提昇與生活範疇之擴大。

4. 服務提供的角色功能：當政府礙於資源與價值優先順序的限制，而無法充分踐履其保障與福利功能時，非營利組織多種類、多樣化的服務提供，恰能彌補此種差距，相對地也提供人民更廣泛的選擇機會。

(三)類型：根據非營利組織所提供之社會服務項目還可作如下區分：

1. 依「服務的對象」可區分為兒童服務、青少年服務、成年人服務、老人服務、不幸婦女服務、傷殘耳聾者服務、鰥寡孤獨者服務、難民服務、榮民服務和受刑人服務等。

2. 依「工作的內容」可分為救貧服務、急難服務、醫療服務、就業服務、就養服務、婚姻服務、心理保健服務、家庭計畫服務、排解糾紛服務和司法保護服務等。

3. 依「工作的性質」可分為社會性服務、教育性服務、康樂性服務、建設性服務、防範性服務、諮詢性服務、技術性服務等。（孫本初，公共管理-非營利組織管理，頁257-278）

十、何謂非營利組織的「部門化」、「層級化」與「職位設計」？試分別加以說明之。

答： (一)非營利組織的部門化：組織分部化的考量因素為：發揮專業分工之優點、促進有效管理制、便於協調溝通、切合業務實況需要及節省開支等。在此原則下，較常見的分工方式為：

1. 按功能劃分：將相同或類似的活動歸類成一個組織單位，由該部門負責該項功能之執行。一般的非營利組織可區分為財務部、人事部、計畫部、推廣公關部、募款部和業務執行部等。

2. 按服務對象或服務的內容劃分：根據所服務之人口特性、處理之事務或服務的方式內容來設置部門。如依服務對象可區分為救貧服務部、急難服務部、醫療服務部、就業服務部等。

(二)非營利組織的層級化：隨著服務業務的擴張，非營利組織的規模亦相對擴增，任何大型組織欲有效達成任務，須透過層級節制來指揮協調。但由於非營利事業之推動，大部分須仰賴志願性的工作人員，且社會服務工作專業種類繁多，各專業權威間並無統屬的關係。社會服務人員一方面被要求對服務對象保持高敏感度，另一方面又須具備創意與活力來設計推動計畫，因此，非營利組織的層級設計常需在高塔型的組織、扁平式組織、嚴密節制的正式組織或鬆散協調的非正式組織間權衡取捨。非營利組織仍可依社會學家T.Parsons見解，區分為三個階層：

1.策略階層：策略階層是指負責組織總目標的制定、釐定資源分配或生存發展等重大政策方針的首腦人物。這些人必須密切注意社會環境中文化型態和價值觀念的變動。

2.協調階層或管理階層：協調階層或管理階層主要從事組織目標下各次級目標或任務之規劃，透過指揮協調要求所屬實現高層的決定，如基金會中的執行長、財務長或機要秘書。

3.技術階層或操作階層：係指執行特定工作活動的基層人員，如基金會中受有薪給的專業人員或幕僚人員、不受薪的志願工作者。

(三)非營利組織的職位設計：非營利組織的職務工作不像營利企業或公務機關，在固定的分工結構下可以賦與明確的職責範圍。加上其服務工作需時常面對不同的服務社群、政府部門與協處機構。故學者建議以一種「衛星式」的職務分派方式來設計職位。

1.衛星式職位設計的主要目的，在容納不同的工作任務與角色扮演，而將各項任務連貫成一個從頭至尾、全程完整的工作單位。

2.除了衛星式職位設計的觀念外，安排職務工作首須釐清機構內各項任務的優先順序：何者是正在進行且絕對必要者？何者是尚未實行但必須落實者？

3.掌握整體的工作質與量後，便須針對非營利組織四組主要的人力妥善分配，這四組人力包括：

(1)支薪的基金會職員：這些人員受有固定薪給，直接構成機構的固定成本，故應課以較嚴格的績效標準與職責。

(2)志願工作者：這群人並不支薪而無法課以嚴格職責，但必須特別注意如何創造誘因來吸引人才、留住人才。

(3)獨立契約的受僱者：這些人並非編制內的職員，而是以契約的方式延攬來擔任臨時性的專業任務，必須特別注意工作成果的契約要求。

(4)機構外的固定勞務提供者：舉凡機構例行的資料處理、器材維護或衛生安全等，常需借助機構外的服務公司來提供可較為節省成本。（孫本初，公共管理-非營利組織管理，頁257-278）

十一、為何非營利組織的績效考核和營利企業、政府機關相比，顯得較為困難？非營利組織較常運用的考績管理辦法為何？非營利組織的激勵辦法為何？

【說明】消極的績效管理是用以審度組織目標達成的程度，針對員工個人的工作表現評定其貢獻；積極的績效考核是用以探究員工工作態度，並作為改善、輔導、發展其個人工作能力的依據。

答：(一)原因：

1.就「績效目標的設定」而言，非營利組織無法以明確的財務貢獻來計量工作表現的良窳，也無法以動時研究或工作分析的結果來評定績效的高低。

2.就「績效評定的實施」而言，非營利組織的構成分子包括全職與志工人員，其任務性質不同，無法以相同之績效尺度來進行評核。再者，服務計畫的成功或失敗並非短時間立即可見的，工作與成果間的因果關係不易追索。

(二)非營利組織較常運用的考績管理辦法：

1.目標管理：主管在年度開始，即與員工根據機構年度計畫，共同擬訂個人工作目標和任務內容，期間由員工自行管理進度和檢討改善，俟年度終了，便依據預定之目標共同訂定考績等第。

2.結果管理：此法的主要程序與目標管理類似，惟結果管理較強調以具體的工作成果來作為年終績效考評的標準。

3.關鍵事件紀錄：工作的實況是變動不居的，甚難以抽象的目標或刻板固定的工作成果來作為考評的唯一準據，關鍵事件紀錄法即可用以補充目標管理與結果管理的不足。

(三)非營利組織的激勵辦法：

1. 所謂「激勵」，就是掌握個人活動的各項生理、心理因素，經由特定的干預過程，使該項行為確實發生的一種作為。

2. 社會服務實務者建議，為激勵員工士氣，可以交互採行下列策略：實施工作輪調、工作擴大化與豐富化的措施、推行自治品管小組、鼓勵員工參與決策、協助員工制定並實現事業生涯計畫。

3. 一般非營利組織在施行激勵制度時，常會遭遇一些結構性的困難，包括組織內志願服務的風氣、利他精神對成員的影響程度、組織是否強調專業主義、欠缺激勵的管理傳統、組織法規的限制等。（孫本初，公共管理-非營利組織管理，頁257-278）

十二、非營利組織（Non-profit Organization）的觀念可望成為現代政府施政的新願景，試說明非營利組織在現代國家中所扮演的角色功能為何？此外，由於一般公眾對非營利組織期望日深，使其面臨相當大的壓力與挑戰，試說明非營利組織所面臨的壓力與挑戰為何？（90年高考二試）

【說明】由於時空環境的變遷，政府部門、民間企業部門與非營利組織三者已成為共同承擔公共服務的三大部門，而非營利組織不同於其他兩部門者，在於其擁有私人企業之效率而不具唯利是圖目的。

答： (一)扮演角色：

1. 發展公共政策：利用其影響力與專業能力，可對政府政策產生督促、型塑、協助、參與等功能，並持續長程政策之研究。

2. 監督市場：以中立客觀角度監督市場運作，提供消費者物品評價結果或方案選擇參考，如消基會。

3. 監督政府：可透過對政府的監督與施壓，刺激政治民主與提升公民意識，使政府及公民能發揮社會責任。

4. 提供政府無法提供之服務：政府所無法介入之領域，可由非營利組織代為彌補，例如宗教功能。

5. 支持地方利益及少數團體：支持被多數決或偏見所排除之弱勢族群及局部利益，例如為原住民等爭取利益。

6. 創造新的想法並促進變遷：相較於政府，非營利組織可提供創新想法及促進社會發展與變遷。

7.溝通各部門：因本身特性，非營利組織可在政府及企業間進行溝通，促進公益。

8.促進積極之公民資格與利他主義：可透過相關活動之舉辦鼓勵公民參與，提升公民意識，並鼓勵利他主義，介入公共目標。

(二)壓力及挑戰：

1.來自社會課責的壓力：現代化社會已邁入「課責的時代」、「透明化的時代」，非營利組織有必要向公眾或相關政府部門展示其服務的效率與效能，證明其妥善運用有限社會資源的能力。

2.志願性社會服務失敗的壓力：非營利組織普遍參與公共事務已逐漸獲得社會大眾對其高度信任並享有崇高聲譽，隨著社會的發達與服務需求的膨脹，亦有愈來愈多非營利組織紛紛成立，加入服務的競爭，競爭帶來服務品質的比較。

3.社會服務專業化的壓力：非營利組織普遍存在各種問題，包括營運成本效能問題、服務質量評估問題、財源短絀和資源匱乏問題、服務對象需求問題、內部人事管理問題、服務計畫管制問題、組織設計和服務機構擴展問題。針對這些問題，要成為績效優良的非營利組織，便須將改革的焦點置於具體的各項管理工作中。

4.其他因素：透過非營利組織的內部管理，固然可提昇其服務績效、加強其社會貢獻，但往往因下列因素，因而形成Salamon所謂的「志願服務失敗」之現象：

(1)因為慈善的不足，而無法提供足夠的集體性財貨與服務。

(2)因為慈善的特殊性，而偏重特殊的次級人口或團體。

(3)因為慈善的干涉主義，而由掌控慈善組織資源者來決定服務對象。

(4)因為慈善的業餘性，而無法由專業人才來提供相關的服務。（孫本初，公共管理-非營利組織管理，頁257-278）

十三、美國「國家績效評估報告」（NPR）中的「高爾報告書」對美國行政革新有那些建議？NPR報告書的政府改造原則為何？五大政治承諾為何？雖說如此，NPR仍有其主客觀環境的限制，試說明之。

答：(一)建議：建議可歸類為以下幾方面：

1.提供快速且適當的服務給人民。

2.使公務人員能對達成的結果負責。

3.簡化複雜的系統。

4.使機關解除繁重的管制以順利達成其任務。

5.賦與公務人員活力，使其作出更多的決定和解決他們自身的問題。

6.運用先進科技減少成本支出。

7.使高架式的組織結構扁平化。

8.削減重複的工作。

(二)原則：NPR報告書的內容是以企業型政府的特質為基礎，揭示四大原則作為政府再造的行動方向。

1.刪減法規、簡化程序。　　　　　2.顧客至上、民眾優先。

3.授能員工、追求成果。　　　　　4.撙節成本、提高效能。

(三)1996年的NPR報告書的五大政治承諾：

1.大有為政府的時代已宣告結束：自1993年3月至1996年1月底止，NPR規劃、執行政府組織結構的合理化目標，其所達成的成果包括聯邦政府總共精簡二十四萬名公務人員，在十四個主要內閣政府部門中，有十三個部門均執行機關減併及裁員的目標。

2.針對政府的內部運作方式，進行大幅度的改變：NPR是以企業型政府的理念與方法，要求聯邦各級政府在內部運作上加入成本效益的考量，大幅改變過去的行政運作方式。

3.政府能以更好的品質服務民眾：前總統柯林頓要求聯邦各級機構以私人企業中的「顧客服務」作為組織最好的標竿來服務民眾。1994年9月20日，NPR匯集聯邦各機構所訂定的「服務標準」，出版美國有史以來第一本政府的服務標準手冊「顧客至上：服務美國民眾的標準」。

4.政府調整其執行業務的方式：前總統柯林頓及前副總統高爾告訴政府的管制者必須刪減過時的法規，並開始與民間企業建立「合夥關係」。某些機關甚至硬性規定，每增加一條新的行政法規，必須終止或簡化一條以上舊有的行政法規。

5.政府改變其與社區互動方式：聯邦政府授權各州嘗試新的工作方式，以改革衛生醫療及社會福利，期使各州能以最佳的方式尋求革新成果，而不再拘泥於瑣碎的繁文褥節。

(四)NPR面臨之挑戰與限制：

1.NPR所面臨的一般性限制：難以處理的經濟景氣循環；決策者的動機；優勢政治分極；對於保留官僚結構、政策與程序的庸俗承諾。

2.立法中心論的影響。所謂立法中心論是指從政治面向切入探討政府的改革，指陳國會正積極擴張其「微觀管理」的權力。

3.忽略公務人員對價值的態度，未以流程方式組織進行再造。

4.員額精簡的目標造成聯邦公務人員的緊張。由於人事政策僵化保守，以致缺乏足夠的誘因來吸引優秀人才的投入與留用，加上漠視在職人員的進修與訓練，導致聯邦官僚成員無力因應日益複雜的公共問題。

5.實際執行主管多數為政治指派者，無實際管理經驗，如何推動改革。

6.Caiden在檢視美國NPR行政改革時，認為重建政府的推動者若忽視政治與制度系絡的重要性，將產生四項錯誤的假定：

(1)將公共管理視為單獨的功能，而忽略其中所包含的政治問題。

(2)推動變革者以漸進的方式實施，以企求目標的達成，但卻因而限制其檢討美國公共行政本身系絡性的問題。

(3)認為企業成功的經驗即是好的經驗。

(4)以粗略的營收觀念評量行政績效，將忽視其可能對社會、環境所造成的破壞。（孫本初，公共管理-企業型政府，頁29-53）

貳、選擇題

( ) 1. 依Bozeman的看法，一個公經理人之特質應該以何種導向為依歸？ (A)政策導向　(B)利益導向　(C)市場導向　(D)民眾導向。

( ) 2. 就企業型政府的主張而言，公共組織的職能應集中在：　(A)操槳　(B)領航　(C)管制　(D)服務。

( ) 3. 下列何項非屬雷文與珊卓所提出的有利於組織發展創新之環境要素？　(A)包容錯誤　(B)支持主動與冒險精神　(C)加強管理與監督部屬　(D)授與管理者適當的裁量權。

( ) 4. 下列有關非營利組織特質的描述，何者有誤？　(A)為公共目的服務並提供公共財　(B)主要資金收入來自於捐贈　(C)強調生產績效與獲利能力　(D)屬志願性的團體。

( ) 5. 下列有關公營事業民營化策略的限制當中，何者不稱適？　(A)股權可能過度集中，有違公平競爭原則　(B)涉及國家主權者，

不宜民營化　(C)有關國計民生者，還是要由政府來負責　(D)社會責任仍以政府經營較適當。

( )　6. 下列何者係指非營利組織及其捐贈者之慈善行為，經常集中在少數特定的次級人口群體，忽略了其他次級群體，進而造成重複服務的資源浪費？　(A)慈善的家長制　(B)慈善的特殊性　(C)慈善的業餘性　(D)慈善的不充分。

( )　7. 企業政府管理的進行步驟可以何種符號表示之　(A)BECAWS　(B)ICBBA　(C)AFTTA　(D)BCCA。

( )　8. 何項策略的作用，係在調整行政人員與民眾互動的方式，以顧客導向的方式處理行政業務，強調公共組織對顧客負責，藉以提高行政體系對外在環境的敏感度以及回應性？　(A)文化策略　(B)核心策略　(C)控制策略　(D)顧客策略。

( )　9. 1995年美國國家績效評鑑提出的報告提出常識型政府或合理型政府也是何種政府的闡述？　(A)專制型政府　(B)管制型政府　(C)企業型政府　(D)市場型政府。

( )　10. 下列何者非企業型政府所具有的特質？　(A)其目標界定是以目標及使命為導向　(B)以政府績效為其工作流程導向，受法令規章既定的限制　(C)採行分權參與管理　(D)衝破官僚原有的體制，重新設計組織。

( )　11. 何項策略係指行政組織將內部重要的決策權逐級下授，必要時可對外授權社區、行政組織的控制形式，由鉅細靡遺的法令規章以及層級命令，轉化為「績效責任」的共同願景？　(A)核心策略　(B)控制策略　(C)後效策略　(D)文化策略。

( )　12. 指政府為節省人力物力資源並顧及公、私夥伴關係之建立，所採行之民營化方式？　(A)委內服務　(B)以工代賑　(C)委外服務　(D)彈性工時。

( )　13. 何項策略的效果是五希策略中最隱晦難明的部分，卻也是政府再造成果能否持續的重要支點？　(A)核心策略　(B)文化策略　(C)顧客策略　(D)控制策略。

( )　14. 「只要組織中存有鼓勵企業精神的機制，任何人都可以成為企業家；反之，組織中盡是誘發官僚行為的制度，任何企業家也會

變成僵化的官僚。」此句話是下列何位學者所說的？　(A)杜拉克　(B)伊思頓　(C)戴維思　(D)薩伊。

( )　15. 下列何者非歐斯本（David Osborne）與傅瑞祺（Peter Plastrik）所提出政府再造的「五項希望工程策略」？　(A)核心策略　(B)品質策略　(C)後效策略　(D)顧客策略。

( )　16. 奧斯本與蓋伯勒的新政府運動一書，他們認為，如果政府管理文化與行為能夠加以變革，則就可以從「官僚型政府」轉變為：　(A)企業型政府　(B)公司型政府　(C)非營利組織　(D)公益團體。

( )　17. 當前最主要的公共議題：不必將公部門拋棄，只要引進新思潮即可使公部門生產力極大化，此思潮係指：　(A)新公共行政　(B)企業型政府　(C)新社群主義　(D)新公共利益。

( )　18. 下列何者非企業型官僚要創造新環境所需實施的步驟？　(A)以創造才能來承擔風險的支持　(B)賦予執行者自由裁量權與達成績效的責任　(C)獎酬制度能固定地被使用　(D)藉由新的組織結構來加強彈性。

( )　19. 係指政府機關的業務若無法適用競爭機關，可針對實際績效成果予以評量，繼而結合公平、合理的獎懲辦法，俾能獎優懲劣，產生激勵作用。此稱為：　(A)目標管理　(B)流程管理　(C)績效管理　(D)全面品質管理。

( )　20. 下列何者不是國家績效評鑑報告中所提出的建立企業型政府的做法？　(A)將顧客擺在第一位，賦予顧客發聲與選擇的權利　(B)員工授能獲致成果，決策權的分權化　(C)回歸基本，創造更佳政府，減少不需從事的工作　(D)增加官方文書，詳細審查預算過程。

( )　21. 一九九三年由美國副總統高爾（A. Gore）所主持的政府再造機構是：　(A)效率小組（Efficiency Unit）　(B)全國績效評鑑委員（National Performance Review）　(C)公民憲章（Citizen Charter）　(D)策略團隊（Strategic Team）。

( )　22. 民營化的措施可以達成「最高效率、最低成本」的目標，但相對的，常忽略了：　(A)國家福利　(B)政府財政　(C)社會責任　(D)資訊公開。

( )　23. 關於「類似企業政府」的敘述，何者錯誤？　(A)是一個以最少的浪費，以最有效率與最有效果的方式做事的政府　(B)是一個

明智地進行業務採購的政府　(C)是一個面面俱到做事的政府
(D)是一個負責任的政府,將每一分錢都做妥善的運用。

( )　24. 何項策略的目的,係在設計公平、客觀及科學的績效酬賞制度,
以利獎優懲劣？　(A)核心策略　(B)後效策略　(C)顧客策略
(D)控制策略。

( )　25. 指其設立之目的並非在獲取財務上之利潤,且其淨盈餘不得分配
予其成員及其他私人,因之而為具有獨立、公共、民間等性質
之組織或團體。　(A)營利組織　(B)財團法人　(C)控股公司
(D)非營利組織。

( )　26. 「新政府運動」對「增加稅收」或「減少支出」的困境提出了第
三種選擇,是為:　(A)企業精神　(B)組織發展　(C)學習型組
織　(D)科學管理。

( )　27. 下列何者為落實文化策略的途徑？　(A)改變行政人員的工作內
容及方法　(B)管理行政人員的情緒與壓力　(C)型塑贏家心態
(D)以上皆是。

( )　28. 下列何者為建立類似企業政府的方法？　(A)管制機構從對立的
途徑轉變為合作有效的方法　(B)以資訊科技進行流程再造　(C)
傾聽員工的聲音　(D)以上皆是。

( )　29. 「在政府機關中並沒有正式的職位,係在官僚體制外,致力於革
新理念的構思、設計及施行並運用於公務部門者。」此係屬於
何種類型的企業型官僚？　(A)政策企業家　(B)官僚企業家
(C)主管企業家　(D)政治企業家。

( )　30. David Osborne與Ted Gaebler在所著的「新政府運動」一書中,曾
揭示如何使政府運作良善的十項原則,其中不包括下列何項:
(A)領導催化　(B)授能社區　(C)成果導向　(D)集權參與。

( )　31. 下列何者不是市場模式政府的特徵？　(A)反對大型的、集中化
的官僚組織,主張予以分權化　(B)主張扁平式組織,儘量擴大
基層員工與民眾的參與　(C)將政府分化成多元的企業組織單
位,引進市場機制,將競爭帶入政府機關內部　(D)建立以績效
為基礎的報酬制度,以取代傳統重視年資與考績的功績制。

( )　32. 下列何者不是彈性政府的特徵？　(A)主張根據社經環境的變
化,建立彈性化的組織,終止經常性的組織　(B)主張以臨時國

家的方式進行員額管理　(C)愈創新的政府，或者愈不僵化的政府，則愈能滿足公共利益　(D)主張採取由下而上的分權化決策制定過程。

(　) 33. 指行政組織將部分的控制機制移轉到地方社區，賦予社區成員及社區組織相當程度的權責，俾利自行解決社區的相關問題。此稱為：　(A)成員授能　(B)社區授能　(C)機關授能　(D)目標授能。

(　) 34. 指行政組織將決策權下授至第一線工作人員，或由具備第一線工作經驗與知識的人員，參與組織中的重大決策。此稱為：　(A)機關授能　(B)國家授能　(C)成員授能　(D)社區授能。

(　) 35. 下列何者並不是非營利組織與公部門之間的互動模式？　(A)衝突模式　(B)互補模式　(C)合作模式　(D)併吞模式。

(　) 36. 社會企業（social enterprise）源自於英國，受到各國的注意。以下對社會企業型態特色的敘述，何者有誤？　(A)強調利害關係人的概念　(B)堅持經濟與社會目標　(C)圖利財團企業　(D)強調回應未經滿足的社會需求。

解答與解析

1.(D)。　2.(B)。

3.(C)。另五項為：分析與評估的強調、新的組織結構以強化彈性、運用創新的報酬、建立外部的擁護者、運用媒體塑造良好的公共形象。

4.(C)。　5.(A)。　6.(B)。

7.(A)。前面三個步驟（BEC）是屬於「企業研究階段」，後面兩個步驟（AW）則是屬於「企業行動階段」，最後（S）則是成果監督與評估的階段。包括：
提高警覺(B)　　　　　　積極探索(E)
勇於創造(C)　　　　　　集體同意(A)
一起工作(W)　　　　　　導航追蹤(S)。

8.(D)。

9.(C)。所謂常識型政府係指：
1.它是一個著重於結果的政府，是讓所有公民、企業、州與地方政府都覺得相當平易近人的政府，以符合國家的共同目標。

2.它是一個認知美國民眾是顧客，為顧客服務，了解顧客需求，並且將顧客擺在第一位，而非最後一位的政府。

3.它是一個發揮金錢價值的政府，是一個比過去政府作得更好更快、且成本更為低廉的政府；是一個可與私部門企業比美或超過的政府。（丘昌泰，公共管理-理論與實務手冊，頁85-131）

10.(B)。 11.(B)。 12.(C)。

13.(B)。歐、傅兩氏指出，幾乎所有成功的政府再造者都發現，要維繫政府再造的成果，就必須刻意改變行政人員的心思意念以及行為習慣。

14.(A)。

15.(B)。另二為「控制策略」及「文化策略」。

16.(A)。 17.(B)。 18.(C)。

19.(C)。經常使用的手段計有：績效契約、績效導向預算、預算結餘分享制等。

20.(D)。應是「刪減官方文書，簡化預算過程」。

21.(B)。 22.(C)。

23.(C)。是一個停止作不必要事情的政府，可以減少政府的成本，成為一個成本低廉的政府。（丘昌泰，公共管理-理論與實務手冊，頁85-131）

24.(B)。執行後效策略的主要途徑有三項：企業化管理。良性競爭。績效管理。

25.(D)。 26.(A)。 27.(D)。 28.(D)。

29.(A)。政策企業家比較喜歡挑戰現狀，在策略上大多能採取原創式的革新理念。

30.(D)。應是「分權參與」。其他尚包括：效率競爭、任務導向、顧客導向、積極開源、前瞻預防、市場導向。

31.(B)。

32.(D)。屬於「參與國家」的特徵。

33.(B)。 34.(C)。

35.(D)。非營利組織與公部門之間的關係可分成四種互動模式來加以描述：(1)合作模式（Cooperation）；(2)互補模式（Complementarity）；(3)吸納模式（Cooptaton）；(4)衝突模式（Confrontation）。

36.(C)。社會企業從事的是公益性事業，它透過市場機制來調動社會力量，將商業策略最大程度運用於改善人類和環境生存條件，而非為外在的利益相關者謀取最大利益，其投資主要用於企業本身或者社會。

第六章　全面品質管理議題
（標竿學習、顧客導向、TQM）

壹、申論題

一、自1980年代末期以來，不論是政府部門或企業界，全面品質管理（Total Quality Management）已經成為管理上最熱門話題。請問全面品質管理的意涵及特性？行政機關推動全面品質管理的主要限制為何？

答：全面品質管理係由戴明（W.E.Deming）所發展出來，最早應用在製造業，而在日本發揚光大。美國國會於西元1987年通過「馬康包力治法」將全面品質管理運動推向高潮。

(一)全面品質管理的意涵：根據丹哈特的界定，是「一種由組織所有的管理者和成員，使用量化方法和員工參與藉不斷地改進組織的過程、產品、與服務，以迎合顧客需求與期待之全面性與整合性的組織途徑。」柯漢（S.Cohen）與布蘭德（R.Brand）認為全面品質管理是一種簡單且富革命性的方法，他們將其分開定義為：

1.全面：意指每一作業部門均應戮力追求產品品質。

2.品質：意指迎合甚或超越顧客的期待。

3.管理：意指發展和持續組織的能力去穩定地改進品質。

(二)全面品質管理的特性

1.顧客導向：讓員工積極地尋求顧客基本需求，由於員工主要任務乃在滿足顧客需求與期望。

2.高層管理者的領導與支持：高層管理者應帶頭建立一種鼓勵變遷、革新、冒險與榮耀精神，以及為了顧客需要而持續地改善組織的環境、文化與管理哲學。

3.全員的參與：組織中所有成員均須參與品質訓練，由上而下，每位成員皆具有力求品質改善的觀點、目標與必要的工具與技術。

4.重視教育訓練：持續不斷地對全員進行教育訓練，並強化『追求零缺點』、『第一次就做好做對』以及『顧客為導向』的觀念。

5.加強團隊工作與協調合作：在組織改善過程中，品質問題的解決，特別需要團隊工作與所有相關成員通力合作。

(三)行政機關應用全面品質管理的限制

1.法規的限制：行政機關必須依法行政，不論是對外服務，或是對內的人員管理皆須遵循相關的法令規章。

2.不確定因素：現代的民主政府必須面對政權更迭、立法機關監督等因素，及社會環境快速變遷，亦使行政機關很難掌握民眾需求。

3.產品與服務性質：政府機關所提供的是無形的服務，服務品質往往因人而異，比較不容易控管。

4.顧客界定困難：公共事務繁多，行政機關所涉及業務繁雜，在標的顧客界定上比較模糊。

5.官僚體制文化：行政機關無法像私人企業在組織設計上擁有比較彈性的調整空間。

（孫本初，公共管理，全面品質管理；張潤書，行政學，行政運作新觀念-全面品質管理）

二、全面品質（TQM）的實施方法為何？

【說明】TQM是一種由機關組織所採行的廣博性的（Comprehensive）、顧客導向式的系統（Customer focused System），以改進產品與服務的品質，是一種管理組織中所有階層的方式，從上到下全面動員，對組織的工作過程進行持續性的改善，以追求民眾的全面性滿意。

答：根據江岷欽教授與林鍾沂教授在「公共組織與管理」一書中所述，全面品質管理之實施方法如下：

(一)培養視野（Vision）：視野，係指高層領導者或領導團體建構組織未來發展之「內心圖像」，即廣泛的組織目標或組織未來的期許。內心圖像的構成，除了領導者的主觀期望外，亦應考量組織外在顧客對組織之要求或期望，乃能形成組織長遠發展的指引。

(二)分析（Analysis）：分析之作用，在於瞭解組織的現況，其範圍包括組織運作程序，與外在顧客互動的情形及組織氣候等，經由分析階段，將能協助領導者瞭解現況與目標間的差距。

(三)訓練與問題解決（Training and Problem Solving）：組織透過不斷修正與問題解決方式，找出較適合組織本身的品質管理技術。在此階段中，組織可先成立「先導小組」（Pilot Teams），針對部分簡易之問題，採用全面品質管理之方式予以克服。

(四)教育（Education）：先導小組的實驗有所成就後，即可將全面品質管理推廣至整個組織中。在教育階段中，員工開始採用新的工作技術與組織程序，並從實際工作中吸取經驗。

(五)制度化（Institutionalization）：在此階段，組織應建立符合全面管理之制度，包括正確的資訊蒐集、評估、酬勞制度，以及內部的諮詢、指導、訓練方式，構成組織整體的全面品質管理策略與預算會計制度。（孫本初，公共管理-品質管理，頁103-121）

三、政府部門提供服務給民眾時，其品質標準的設定面向為何？試述之。

【說明】TQM中的「品質」應以顧客導向為依據。

答：依據顧客導向的精神，政府部門在提供服務給民眾時，其品質標準的設定應考慮民眾對於服務品質所關注的面向，可從以下七項來加以說明：

(一)績效（Performance）：績效是民眾在接受政府部門所提供的服務時，首先所考慮的最重要面向，例如社會安全部門的品質標準，即在於退休人員申請加入社會安全保險時，對他們提供清晰且正確的資訊與協助。

(二)特定特色（Special Features）：此係指補充基本的政府產品與服務品質的第二項標準，例如在處理失業保險給付的申請案時，諮詢顧問們應提供社區中現有的工作資訊或引介他們參加職業訓練。

(三)可信度：所謂可信度是指一項產品或服務，在某一特定期間內能符合民眾期望的可能而言。

(四)持久性：持久性係指測量一項產品或服務時，其對民眾所能獲得的好處之持續服務時間長短而言。

(五)一致性：一致性係指在測量政府服務或產品之績效與服務的性質時，該產品或服務的績效與性質是否能符合預先所設立的標準之程度。

(六)及時性：政府的產品或服務必須及時滿足民眾的需求或解決民眾所面臨的問題，因此服務品質應講求及時性才能符合民眾的期望。

(七)變動性（Change Over Time）：民眾對於政府的服務品質所考量的標準，會隨著時空而不斷變動。民眾的期望和需求亦常隨政府所提供服務的能力的提高而不斷增加。（孫本初，公共管理-品質管理，頁103-121）

四、 全面品質管理與傳統管理兩者有何差異？

答： 傳統管理（Traditional Management）亦重視「品質」（Quality），但全面品質管理則是品質典範的新塑變遷，包括顧客取向及團隊參與。兩者主要差別在於：

(一)傳統管理重視的「生產」與「品質」係企業主或管理者所決定；全面品質管理之生產（或績效）與服務品質則係顧客所決定。

(二)傳統管理固守「機關取向」（Agency-drive），不脫官僚化與層級化體制；全面品質管理則轉向「顧客取向」（Customer-drive），顧客即服務對象，為管理之基準。

(三)傳統管理重視首長主管對各部門的集權化管理與目標管理；全面品質管理則重視分權化及授能化的參與管理，團隊精神與「成果管理」，而首長主管、員工、顧客是相互呼應的回應關係。

(四)從傳統管理轉向全面品質管理，不僅對「品管圈」與「品質服務」比以往更加重視，兼重視管理過程與成果，且更強調管理文化之典範變遷。（許南雄，行政學術語）

五、 何謂「標竿學習」？其起源為何？其理論基礎為何？試分述之。

【說明】 「標竿」係指：「可以被測量的參考點」或「可視為標準之物」。因此，「標竿學習」（Benchmarking）可解釋為向此參考對象或標準進行比較與學習之意。

答： (一)標竿學習的定義：

　　1.Anderson與Petterson對標竿學習所下的操作型定義為：「標竿學習是一種過程，藉由一家公司不斷地測量與比較另一家公司的流程，以使組織從比較中獲取認同，並得到協助執行改善方案的資訊」。

　　2.Bendell等人則指出，標竿學習是一種尋求改善的心態及其改善的流程，此慾望是自然而然的演進，如同尋求一新的概念。

　　3.Leibfried則認為，標竿學習是先分析組織內部已運行的活動或實務，其目的在於瞭解既存的流程或活動，然後認定一個組織以外的參考點或標準，俾以測量判斷。由以上學者的看法可知「標竿學習」的關鍵概念為：

　　(1)標竿學習注重「流程」，這包括了標竿學習計畫本身的流程，同時亦涵蓋了組織運作的流程。

　　(2)標竿學習注重「學習」，任何形式的學習均可且是取法乎外的。

　　(3)標竿學習講究「持續性的改善」。

　　(4)標竿學習是系統化與結構化的活動，此活動必須有「參考點」，亦即標竿對象，而此對象又必須是最佳的。

(二)標竿學習的歷史源起：可分為下列三種說法：

　　1.側重於品質改進的說法：將標竿學習置於以品質為主題的系絡之中來加以探討，與全面品質管理（TQM）的理念有高度的相關。因為TQM對於品質改善的論點而言，乃是持續不斷的改善、顧客滿意度的提昇與員工的參與，而標竿學習便是達成前述三者的有效工具之一。

　　2.側重於分析工具的說法：此說法認為標竿學習是昔日各種分析技術的一種延申。六十年代，將焦點置於比較不同年度的績效結果，到了七十年代，管理文獻開始注重策略的運用及策略性的思考，到八十年代，全錄公司開始引用標竿學習，將比較的對象轉為最強勁的對手。後來這項發展成為今日所熟知的「流程標竿學習」（Process Benchmarking）。

　　3.源自於策略性規劃的說法：策略性規劃在六十年代開始嶄露頭角，一直到七十年代達於頂峰。隨著八十年代的全面品質運動的興起，促使策略性規劃的潮流與品質運動相結合，日本的運作實務便是標竿學習的前身。持此說法的學者認為，策略性規劃下一階段的演進便是標竿

學習。此種說法認定標竿學習彌補了策略性規劃的缺陷，因為其能明白地指出戰略層次與執行層次的運行模式，故較策略性規劃完整，甚至取而代之。（孫本初，公共管理-學習，頁195-213）

(三)標竿學習的理論基礎：

1.Bogan與English：指出標竿學習是一種基本的商業概念，也是一種「截人之長、補己之短」的概念。

2.Karlof則依循著全面品質管理的論點，指出標竿學習的相關主題便是品質與產能。Finnigan則視標竿學習為達成員工參與及品質流程改善的利器，同時注重「評估」與「流程」。

3.Bendell Boulter與Kelly三人則直言標竿學習的關鍵成功因素在於「流程」（包括內在的作業流程及整個標竿學習的設計流程）。因為將焦點放在流程之上，將有助於確認改善的實質內容。從上述標竿學習的立論基礎來看，可發現標竿學習的關鍵特色：

(1)學習是向他人採行任何方式的學習。

(2)標竿學習在於尋求「不斷地改善」，以達成「顧客滿意」，並實現「利害關係人」的期待。

(3)標竿學習本身就是競爭評估的利器，存在著彼此「比較」的意涵。

(4)標竿學習重視「流程」，包含組織作業流程與標竿學習方案設計的流程。（孫本初，公共管理-標竿學習，頁195-213）

六、標竿學習具有何種類型？其實施的流程為何？試分述之。

答：　(一)標竿學習的種類：

1.標竿學習依比較標準的可分為三種類型：

(1)績效標竿：績效標竿（Performance Benchmarking）是針對績效測量作比較，以決定一個機關組織的良善標準為何。

(2)流程標竿：流程標竿（Process Benchmarking）是針對企業流程之執行方法與實務的比較，目的是為了學習最佳實務，以改善自己本身的流程。

(3)策略標竿：策略標竿（Strategic Benchmarking）是與其他機關組織從事策略選擇與處置的比較，目的是為了蒐集資訊，以改善自己本身的策略規劃與處理。

　2.標竿學習依比較的對象可分為四種型態：
　(1)內部標竿：內部標竿（Internal Benchmarking）是在相同的公司或組織，從事部門、單位、附屬公司或國家之間的比較。
　(2)競爭標竿：競爭標竿（Competitive Benchmarking）是和製造相同的產品與提供相同服務的最佳競爭者，直接從事績效（或結果）之間的比較。
　(3)功能標竿：功能標竿（Functional Benchmarking）是和具有相同的產業與技術領域的非競爭者，從事流程或功能上的比較。
　(4)通用標竿：通用標竿（Generic Benchmarking）是無論任何產業，皆以本身的流程來與最佳的流程從事比較。
(二)組織中標竿學習的流程：
　1.規劃（Plan）：經驗顯示規劃階段是所有階段中最重要的一環。透過確定組織重要的成功因素，與評鑑影響企業流程的主因，來為標竿學習選擇適當的流程。在觀察標竿學習的對象之前，最重要的莫過於先去瞭解自己的組織。
　2.探尋（Search）：探尋階段主要是為了尋求與確定適當的學習標竿。因為，與其視標竿學習為一種方法或技巧，不如說標竿學習是在對組織之間作比較，建立可接受與合法的環境或網絡。但是若太過於依賴標竿學習夥伴所聯結的網絡，相對地亦會造成危險。
　3.觀察（Observe）：觀察階段的目的，在於研究所選擇的學習標竿以瞭解其運作流程。除了觀察標竿對象的流程表現有多好外，更應發覺標竿對象的表現，是「如何」與「為何」可以表現良好。其中，問卷、面談或直接的觀察等方法或技術可以善用在觀察階段。
(四)分析（Analyze）：分析階段的主要目的是為了瞭解組織本身與學習標竿之間的流程所產生的績效落差，及導致績效落差的根源為何。
(五)適用（Adapt）：標竿研究的主要目的應該是為了創造變革與進行改善，否則表示標竿學習的潛在優勢並沒有完全發揮。從分析階段所獲得的發現，必須能夠適用在組織本身的情況下。
(六)循環（Circle）：標竿學習是持續性地改善組織績效的過程，為使「標竿學習輪」能夠運轉，唯有讓標竿學習的過程得以循環，才能確定標竿學習的潛力得以完全發揮。（孫本初，公共管理-標竿學習，頁195-213）

七、 標竿學習在企業組織及政府機構運作上具有相當大的功能，但不可否
認的亦有其限制。試問，標竿學習的優點與限制（缺點）各為何？

答： Cohen與Eimicke認為，標竿學習的優缺點如下：

(一)優點：

　1.從事標竿學習的過程，即使無法達成所欲的改善目標，其實也相當具
　　有價值。一個組織即可藉以型塑其組織文化與行為，進而驅動強烈的
　　競爭力、榮譽感、信任感、精力等，來促使組織的表現更為卓越。

　2.標竿學習也可以刺激另類的思考與持續尋求最佳實務的恆心。

　3.藉由標竿學習所建立的績效報告，可以提醒組織的服務次序與責任，
　　更有利於將焦點置於課責之上；亦可以輔助預算抉擇與適當分配額外
　　的資源。績效評量與標竿學習亦可以確定組織的資源應如何適當地分
　　配，以符合長期與短期的目標與責任。

　4.標竿學習可以避免組織因為「夠好的」（Good Enough）選擇就滿
　　足，也不會因此僅針對「最多就只有這樣了」而不知上進。標竿學習
　　可以引導組織改善，並且評估品質與價值，使組織明瞭什麼對顧客、
　　組織成員與評估者而言是最重要的。

(二)標竿學習的缺點：

　1.標竿學習所認定的最佳比較對象往往是過於理想化而難以達成。因為
　　上層管理者往往預定了難以達成的學習目標而誤用標竿學習，不論公
　　私部門都一樣。例如，民營化最成功的標竿學習典範-英國在許多非洲
　　國家就無法成功。

　2.標竿學習往往在成果無法量化時，有評估與衡量上的困難，同時在無
　　法預見績效改進成效下，蒐集資料亦會遇到瓶頸。因為當指標迅速地
　　激增，標的逐漸增加，時間的需求也將遽增。

　3.標竿學習因為組織工作的多元化，在資料蒐集與報告上會變得無意
　　義、浪費時間與花費昂貴。因此，若是表現不佳或不守信用，標竿學
　　習也會損壞組織的創造力與名譽，戴明即曾嚴厲批評說：「一個績效
　　標竿可能是組織擁有更好品質與更高績效的主要障礙。」

　4.標竿的選擇僅是公開地向其他組織經驗學習的一種選擇，因此很難論
　　斷學習的觀點究竟為何。如何使標竿學習與革新策略配合無間？何種
　　標竿學習方法最能符合組織的需要與文化？都將是一大難題。（孫本
初，公共管理-標竿學習，頁195-213）

八、標竿學習對政府再造具有何種啟示？

答： (一)自標竿學習的對象為企業界而言：現今流行於各國的管理風潮，促使各國政府的公共事務產生「典範移轉」的現象，這股潮流可以統稱為「新公共管理」，特質之一便是引進市場競爭機制與強調運用私部門的管理風格。因此，在倡議政府再造所追求的企業型政府理念下，標竿學習所指引的，便是市場機制的運作流程與績效的追求，而非企業化的營利觀點。換言之，標竿學習的構成要素之一的「流程觀」便是著重政府運作效率的提昇，而「全面品質觀」則在於服務品質的認可，再輔以「學習觀」以改善官僚體制既有的習性，「標竿學習」便是一套內外兼具、務實可行的方法。

(二)自標竿學習的對象為政府部門而言：此概念與上述的內容大同小異，差別只在於學習的對象為公部門。但須進一步說明的是，此處所謂的政府部門，即政府部門成功的實務經驗，可分為兩個範疇，一為他國政府再造成功的經驗，另一為對政府部門間良好運作流程的學習，這些都是學習的對象。在各國的政府再造或行政革新計畫中，如此大規模的計畫是透過標竿學習的方式，吸取成效卓著的案例經驗；透過標竿學習中的「全面品質觀」，具體落實符合我國民情文化的顧客需求，進而追求服務品質的高滿意度。（孫本初，公共管理-標竿學習，頁195-213）

九、二十一世紀是知識經濟的時代，更是一切以「顧客導向」為導向的時代。試問，何謂顧客導向？顧客導向與TQM有何關係？顧客導向的觀念將對行政機關效能的提昇產生何種影響？

答： (一)顧客導向的內涵：顧客導向之觀點是源自1980年中期以來，全球所盛行的「全面品質管理」（TQM），因為就TQM而言，組織「高品質」目標之達成，就是指「對顧客需求的滿足」。組織運作的結果，不論是有形的產品或是無形的服務，均必須得到消費者的接受，其一切的改善工作才具有意義。所謂「顧客」（Customer），並非狹隘地僅指位於組織外部、使用組織最終產品或服務的人員而已，它同時亦指組織內部、由於分工而形成的單位，故顧客的範圍應同時包含內在與外在顧客（Internal / External Customers）。

1.內在顧客：指組織中本單位以外的其他單位或個人，他（們）在整個工作流程中的任務是接續於本單位之後，或是其為使用本單位工作之成果者。

2.外在顧客：包括組織最後產出之直接受益者或是間接受益者，例如證券管理委員會的直接服務對象，雖可能是各上市公司或證券商，但投資人的權益亦可間接獲得保障。在顧客導向的觀點下，組織運作的過程事實上形成了「顧客-供應者」兩者間之互動關係。

(二)顧客導向與TQM的關係：TQM是由三個部分所構成的，「團隊建立」代表組織運作是以團隊合作的方式進行；「管理系統」是指管理制度規劃或施行均以品質達成為基礎；「控制技術」則是各種品質管制之技術，如統計過程控制即是。三個部分均在顧客與供應者互動的基礎上，分別以文化形成、彼此承諾、相互溝通等方式結合成一體，最後形成整個TQM的內涵。由此可知，顧客觀念在全面品質管理中的重要程度。

(三)顧客導向的觀念將對行政機關效能的提昇產生下列影響：

1.顧客導向的組織，將可促使服務提供者能對顧客真正負起應有的責任。

2.顧客導向的組織使組織成員決策時，能減少政治因素的不當干預。

3.顧客導向的組織對組織成員可激發出更多的創新作為。

4.顧客導向的組織可對民眾提供更廣泛的選擇。

5.顧客導向的組織較不易浪費，因為它的產出較能符合大眾的需求。

6.顧客導向的組織能培養顧客的選擇能力，並協助其瞭解不應有的地位與權益。

7.顧客導向的組織將可創造更多公平的機會。（孫本初，公共管理-顧客導向，頁125-136）

十、 行政機關運作方式之變革與顧客導向具有何種關係？行政機關欲真正施行「顧客導向」的運作方式，必須先具備那些基礎條件？

【說明】政府行政不同於一般的行政工作，在某種程度上不僅具有公共的特質，而且必須服膺於公眾的監督與需求。

答：(一)行政機關運作方式之變革與顧客導向具有之關係：

1.Gulick認為所有組織之運作的各個面向，均可以歸納入「POSDCORB」七項行政原則之中。但是Graham與Hays則認為，

在今日行政機關規模日大、社會問題嚴重性不斷增加以及社會大眾對行政機關的信心又每況愈下情形下，行政機關必須徹底進行改革。因此他們認為早期「POSDCORB」之原則在當前環境下應改為「PAFHRIER」原則，即政策分析（PA）、財務管理（F）、人力資源管理（HR）、資訊管理（I）及對外關係（ER）五項。從此五項原則可知，現代行政機關之運作不僅必須要求內部運作的順利與協調，更得注重機關外在因素的可能影響。

2.1993年，Graham與Hays又將上述五項原則結合行政運作過程之需求，整合為下列六點：

(1)計畫（Planning）：經由運用更良好的經驗、計算方式、溝通工具，使各決策層級均能作出更多且更好的計畫。

(2)分配（Allocation）：在公共與私人部門、不同的公共服務需求、現在與未來等因素的考量中，尋求資源的有效分配。

(3)市場（Market）：對每一市場提供更開放而自由的機構。

(4)生產力（Productivity）：選擇適當的生產工具與組織，以產出或提供公共服務並確保公共利益之達成。

(5)熱忱（Enthusiasm）：發展一套能同時激發幕僚與業務人員創意與熱忱的人事政策，此一政策乃是根據人性與生產力之提昇來設計。

(6)協調（Coordination）：強化機關成員與上級，以及其在從事評估時之自我協調能力。

孫教授認為，今日行政機關的運作，不能再停留於昔日以機關本身為中心，消極地遵守法規為滿足；相反地，今日行政機關必須主動配合環境內外各類因素的變動；亦即行政機關及其人員有必要重新調整其與環境間之互動關係，此即「顧客導向」觀念之建立。（孫本初，公共管理-顧客導向，頁125-136）

(二)基礎條件之具備：Weissman認為，行政機關欲真正施行「顧客導向」的運作方式，必須先具備下列基礎條件：

1.組織內的所有組成分子應對組織目標具有共同的價值觀。

2.機關計畫之決定因素是依據理性（Rationality），而非憑藉個人的地位與權力。

3.組織與計畫能夠容忍外界對其運作方式，甚至存續方面問題的批評。

4.政府機關的結構與報酬體系應能支持變革、調整、創新、替換等措施之施行。

5.機關各部門願意接受對其原有地位之限制，並願意釋出其部分權力。上述條件的具備，固然可能與傳統行政運作強調「命令-服從」的方式彼此衝突，但是，若就今日組織實際運作需求而言，行政機關在面對環境的劇烈變動條件下，實已不能再僅針對內部運作因素進行考量，而必須更重視機關內在、外在不同利益取向的需求。（孫本初，公共管理-顧客導向，頁125-136）

貳、選擇題

( )　1.「一套以不斷改善組織為基礎的管理哲學，在持續改進的規範下，整合基本的管理技術、現有的改進努力，以及各項技術工具以滿足顧客的期待。」試問這段定義的描述為下列何種管理方法之概念？　(A)指標管理　(B)績效管理　(C)目標管理　(D)全面品質管理。

( )　2.戴明管理循環中，將專案管理實務分為PDCA四大區塊，下列那一項有誤？　(A)計劃　(B)執行　(C)協調　(D)行動。

( )　3.下列何項不屬全面品質管理（TQM）的基本內涵？　(A)追求零缺點　(B)以顧客為導向　(C)持續性的改善　(D)專屬於高階主管的權責。

( )　4.有關「全面品質管理」之意涵，下列何者為誤？　(A)「全面」是指組織所生產的所有產品或勞務　(B)「品質」是指滿足甚至超越顧客的期待　(C)「管理」是指穩定而持續的改善　(D)是一套包括組織文化與環境等管理方式。

( )　5.政府組織抱持『見賢思齊』之改革精神，不斷追求進步，係屬組織學習種方法？　(A)流程再造法　(B)競爭標竿法　(C)顧客滿意法　(D)目標管理法。

( )　6.系統性的收集及比較競爭對手的資料，並列出己方目標、製程及績效標準，此種管理技術稱之為何？　(A)微觀管理（Micromanagement）　(B)目標管理（Management By Objective）(C)標竿管理（Benchmarking）　(D)全面品質管理（Total Quality Management）。

（　）　7. 下列何者為顧客導向型的組織設計要素？　(A)重視團隊運作方式　(B)成員對組織目標具有共同的價值觀　(C)職位間互動採合作方式達成　(D)以上皆是。

（　）　8. 「先分析組織內部已運行的活動或實務，其目的在於瞭解既存的流程或活動，然後認定一個組織以外的參考點或標準，俾以測量判斷。」此稱為：　(A)全面品質管理　(B)標竿學習　(C)績效管理　(D)企業型管理。

（　）　9. 下列何者並非「PAFHRIER」的公共管理要求？　(A)政策分析　(B)財務管理　(C)資訊管理　(D)情緒管理。

（　）　10. 下列何者非「畢德斯（Peters）的品質革命的十二項屬性」之一？　(A)單一職能小組　(B)管理階層必須以實際的行動支持，才能充分表達這種觀念　(C)品質衡量為品質革命的特徵，全員均應參與，品質衡量結果應廣為公布　(D)以實際酬勞，獎賞品質的達成。

（　）　11. 下列敘述何者錯誤？　(A)績效標竿是針對績效測量作比較，以決定一個機關組織的良善標準為何　(B)流程標竿是針對企業流程之執行方法與實務的比較　(C)內部標竿是與其他機關組織從事策略選擇與處置的比較　(D)競爭標竿是和製造相同的產品與提供相同服務的最佳競爭者，直接從事績效之間的比較。

（　）　12. 顧客導向之觀點是源自八十年代中期以來，全球所盛行的何項管理？　(A)指標管理　(B)知識管理　(C)全面品質管理（TQM）　(D)財務管理。

（　）　13. 下列何者為組織中標竿學習的正確流程。
　　　　a.規劃（Plan）　　　　　　　b.探尋（Search）
　　　　c.觀察（Observe）　　　　　d.分析（Analyze）
　　　　e.適用（Adapt）　　　　　　f.循環（Circle）
　　　　(A)bcadef　(B)abdcfe　(C)abcdef　(D)adefbc。

（　）　14. 全面品質管理將顧客分為那兩大類？　(A)私人顧客及公有顧客　(B)法人顧客及個別顧客　(C)內在顧客及外在顧客　(D)志願顧客及強制顧客。

( )　15. 下列何者非全面品質管理的基本概念？　(A)政府取向　(B)持續
改進　(C)員工授能　(D)首長領導。

( )　16. 全面品質管理（TQM）中的「品質」主要是以什麼為依據？
(A)組織中的員工　(B)行政主管　(C)顧客導向　(D)以上皆是。

( )　17. 行政機關欲施行「顧客導向」的運作方式，應具備之基礎條件，
其中不包括下列何者？　(A)組織內的所有組成分子應對組織目
標具有共同的價值觀　(B)政府機關的結構與報酬體系應能支持
變革、調整、創新等措施之施行　(C)機關計畫之決定因素是依
據地位及任職時間，而非憑藉個人理性　(D)機關各部門願意接
受對其原有地位之限制，並願意釋出其部分權力。

( )　18. 全面品質管理（Total Quality Management）的主要內容為下列
那一項？　(A)顧客至上、永續改善、團隊工作　(B)共同願景、
系統思考、超越自我　(C)走動管理、標竿學習、開卷管理　(D)
直觀統合、量子混沌、權變設計。

( )　19. 全面品質管理經常應用下列那一種技術，作為永續改善的手段？
(A)魚骨圖分析　(B)作業研究演算　(C)系統動態模擬　(D)比較
法制研究。

( )　20. 依據顧客導向的精神，政府部門在提供服務給民眾時，其品質標
準的設定應考慮民眾對於服務品質所關注的面向，其中不包括
下列何者？　(A)績效　(B)特定特色　(C)合法性　(D)可信度。

( )　21. 下列關於全面品質管理與傳統管理兩者的差異敘述，何者錯誤？
(A)傳統管理重視的生產與品質係企業主或管理者所決定；全面
品質管理之生產與服務品質則係顧客所決定　(B)傳統管理固守
消費者取向；全面品質管理則轉向機關取向　(C)傳統管理重視
首長主管對各部門的集權化管理與目標管理；全面品質管理則
重視分權化及授能化的參與管理　(D)從傳統管理轉向全面品質
管理，對「品管圈」與「品質服務」比以往更加重視。

( )　22. 全面品質管理中的「高品質組織目標」，係指：　(A)滿足顧客的
需求　(B)追求超額利潤　(C)增加政治權力　(D)強化司法功能。

( )　23. 顧客導向的觀念對行政機關的效能可能產生那些影響？　(A)將
可促使服務提供者能對顧客真正負起應有的責任　(B)可對民眾
提供更廣泛的選擇　(C)可創造更多公平的機會　(D)以上皆是。

( )　24. 下列何者為標竿學習的優點？　(A)即使無法達成所欲的改善目
標，其實也相當具有價值　(B)標竿學習也可以刺激另類的思考
與持續尋求最佳實務的恆心　(C)可以避免組織易於滿足　(D)以
上皆是。

( )　25. 下列敘述何者錯誤？　(A)晚近所謂「全面品質管理」，則是強調
顧客決定品質、技術程序與行政手續不斷求新求變及各管理部門
與員工均以品管圈為主軸而參與管理革新　(B)全面品質管理針
對「傳統管理」而言，係「典範變革」之品質取向的管理體制
(C)Finnigan指出標竿學習是一種基本的商業概念，也是一種「截
人之長、補己之短」的概念　(D)全面品質管理是新的管理文化
與管理技術，要求不斷改進組織管理及改善品質與服務。

( )　26. 下列那一位學者提出「全面品質管理成功的十項準則」？　(A)
柯仕比　(B)費耕朋　(C)畢德斯　(D)戴明。

( )　27. 當代學者葛森（Garson）、歐培曼（Overman）兩人指出，古
立克「POSDCORB」傳統主張，應可轉為現代公共管理觀點的
「PAFHRIER」，其中ER的意義是：　(A)危機管理　(B)對外
關係　(C)企業創新　(D)資源管理。

( )　28. 下列何者非標竿學習的核心價值？　(A)顧客導向　(B)個人工作
極大化　(C)持續的改善　(D)流程再造與流程管理。

( )　29. 下列何者不是標竿學習的缺點？　(A)標竿學習所認定的最佳比較
對象往往是過於理想化而難以達成　(B)標竿學習的成果可以量
化，經常造成計算上的困難　(C)標竿學習在資料蒐集與報告上
會變得無意義、浪費時間與花費昂貴　(D)標竿的選擇僅是公開
地向其他組織經驗學習的一種選擇。

( )　30. 下列何者為政府部門推動全面品質管理之策略性實務步驟？
a.高層人員的領導與支持　b.策略性規劃　c.以遊客為導向
d.考評與分析　e.訓練與獎賞　f.授能與團隊合作　g.品質保證
(A)abcdefg　(B)bcadefg　(C)abcdgfe　(D)abcdefg。

( ) 31. 下列關於全面品質理的敘述何者錯誤？ 　(A)所謂「品質」，即生產與服務的績效獲致顧客滿意的程度 　(B)品質的基本概念包含顧客取向、首長領導、持續改進、員工參與、快速回應、預防管理、共同責任等項 　(C)所謂工作生活品質，指在機械化與忙碌化工作環境中，力求工作的量與質兼顧、人力運用與管理技術合理化 　(D)品質＝績效／顧客供給。

( ) 32. 下列何者非「戴明的十四點原則」的內涵？ 　(A)不斷改善生產與服務系統 　(B)強調對成員的溝通使用標語、訓詞或數字標準 (C)各部門應放棄本位主義，同心協力共謀對策，以求防微杜漸 (D)減少成員獲得專業技能獎勵的障礙。

( ) 33. 政府部門提供服務的品質標準的設定面向為： 　(A)績效、特定特色 　(B)可信度、持久性 　(C)一致性、及時性 　(D)以上皆是。

( ) 34. 下略何者不是標竿學習依比較標準所分的類型？ 　(A)績效標竿 (B)流程標竿 　(C)競爭標竿 　(D)策略標竿。

( ) 35. 「標竿學習是先分析組織內部已運行的活動或實務，其目的在於瞭解既存的流程或活動，然後認定一個組織以外的參考點或標準，俾以測量判斷。」此為何學者對標竿學習所下的定義？ (A)Karlof 　(B)Finnigan 　(C)Leibfried 　(D)Boulter。

( ) 36. 「TQM最重要的目的，在於開創一個為民眾追求卓越服務的公共組織文化，培養冒險犯難及成員全面參與的策略。」此係屬政府部門推動全面品質管理策略性之何項步驟？ 　(A)策略性規劃 　(B)考評與分析 　(C)訓練與獎賞 　(D)授能與團隊合作。

( ) 37. 下列敘述何者錯誤？ 　(A)標竿學習是一注重「流程」、「學習」、「持續性的改善」及「系統化與結構化」的活動 　(B)TQM是一種機關組織所從事的廣博性、以顧客為導向的方法，用以增進其產品與服務的品質 　(C)全面品質管理來自官方機構 　(D)六十年代日本與美國企業界已盛行「品管圈」活動，七十年代日本普遍實施「全面品質控制」。

( ) 38. 「PAFHRIER」原則，不包括下列何項內涵？ 　(A)政策分析 (B)財務管理 　(C)對外關係 　(D)標竿管理。

( )｜39. 提出「品質規劃」、「品質控制」、「品質改善」三部曲的品管
大師為： (A)朱朗（Juran） (B)克勞斯比（Crosby） (C)費
根堡（Feigenbaum） (D)戴明（Deming）。

( )｜40. 下列有關全面品質管理的敘述，何者有誤？ (A)全面品質管理
原為生產製造業的管理哲學 (B)全面品質管理係以「顧客為
主」為基礎 (C)全面品質管理完全以統計方法作事後檢驗 (D)
全面品質管理重視全員參與。

解答與解析

1.(**D**)。 2.(**C**)。 3.(**D**)。

4.(**A**)。「全面」是指每一作業部門均應努力追求產品品質。

5.(**B**)。 6.(**C**)。 7.(**D**)。

8.(**B**)。「標竿學習」的關鍵概念為：
1.標竿學習注重「流程」。
2.標竿學習注重「學習」。
3.標竿學習講究「持續性的改善」。
4.標竿學習是系統化與結構化的活動。

9.(**D**)。

10.(**A**)。應是「多元職能小組」（組織應引進某些橫跨傳統組織結構的小組（如
品管圈），或跨單位小組（如錯誤原因排除小組或懲誡措施小組）。

11.(**C**)。策略標竿（Strategic Benchmarking）是與其他機關組織從事策略
選擇與處置的比較，目的是為了蒐集資訊，以改善自己本身的策略
規劃與處理。

12.(**C**)。因為就TQM而言，組織「高品質」目標之達成，就是指「對顧客
需求的滿足」。TQM是由三個部分所構成的：「團隊建立」、「管
理系統」及「控制技術」。三個部分均在顧客與供應者互動的基礎
上，分別以文化形成、彼此承諾、相互溝通等方式結合成一體。

13.(**C**)。 14.(**C**)。

15.(**A**)。應是「顧客取向」。

16.(**C**)。 17.(**C**)。 18.(**A**)。 19.(**A**)。

20.(**C**)。其他尚包括下列面向：持久性、一致性、及時性、變動性。

21.(**B**)。　22.(**A**)。　23.(**D**)。　24.(**D**)。

25.(**C**)。Finnigan是指標竿學習為達成員工參與及品質流程改善的利器。

26.(**B**)。準則如下：
1.品質的範圍涵蓋整體的運作過程。
2.品質的內涵係由顧客界定。
3.品質與成本是密不可分的整體觀念。
4.品質需要個人與團隊貢獻熱誠。
5.品質是一種管理方式。
6.品質與創新相互依存、密不可分。
7.品質係為倫理。
8.品質需要不斷改進。
9.品質最具成本效益，是提高生產力最經濟的方法。
10.品質必須由整體組織結合顧客及資源供應者，乃能體現其價值。

27.(**B**)。

28.(**B**)。團隊合作。

29.(**B**)。　30.(**A**)。

31.(**D**)。品質＝績效／顧客需求。

32.(**B**)。對成員的溝通不必用標語、訓詞或數字標準，例如零缺點、新生產力目標，這些冠冕堂皇的訓勉係屬制度上的難題，絕非成員能力所及。

33.(**D**)。

34.(**C**)。C是依比較的對象所分的類型，尚包括：內部標竿、功能標竿、通用標竿。

35.(**C**)。Karlof依循著全面品質管理的論點，指出標竿學習的相關主題便是品質與產能。Finnigan則視標竿學習為達成員工參與及品質流程改善的利器，同時注重「評估」與「流程」。（孫本初，公共管理-標竿學習，頁195-213）

36.(**A**)。　37.(**C**)。

38.(**D**)。Gulick認為所有組織之運作的各個面向，均可以歸納入「POSDCORB」七項行政原則之中。但是Graham與Hays則認為，在今日行政機關規模日大、社會問題嚴重性不斷增加以及社會大眾對行政機關的信心又每況愈下情形下，早期「POSDCORB」之原則在當前環境下應改為「PAFHRIER」原則，即政策分析（PA）、財務管理（F）、人力資源管理（HR）、資訊管理（I）及對外關係（ER）五項。

39.(**A**)。　40.(**C**)。

第七章　目標管理與危機管理

壹、申論題

> 一、全球新型流感來勢洶洶，各國政府莫不全力動員，防止疫情擴
> 散，請問危機的特性是什麼？危機處理及管理的體制為何？並概
> 敘我國目前危機管理體系，及其缺點？

答： 危機管理是一種有計畫的、連續的及動態的管理過程，也就是組織針對
潛在或當前的危機，於事前、事中或事後利用科學方法採取的一連串因
應措施，以有效預防危機、處理危機並化解危機。

(一)特性

　1.威脅性：危機的發生在於此種緊急情況威脅到組織的基本價值或目標。

　2.不確定性：外在環境的變動迅速，而人類的理性是有限的，因而無法
　　完全掌握所有的資訊。

　3.時間的有限性：因事出突然，決策者對威脅情境的處理，在決策上只
　　有有限的反應時間。

　4.雙面效果性：危機就是『危險』，但也有『轉機或契機』。

(二)危機的處理與體制建構

　1.危機的處理計畫：密卓夫認為危機的處理應把握五大計畫：

　(1)危機訊息的偵測。

　(2)危機準備及預防。

　(3)損害控制與處理。

　(4)危機復原工作。

　(5)不斷的學習與修正。

2.危機管理的體制建構：那納美克等人根據危機管理之動態模式進行危機管理的體制建構：

(1)危機發生前的管理活動

　①危機計畫系統。　　　　②危機訓練系統。

　③草擬危機處理劇本。　　④危機感應系統。

(2)危機發生時的管理活動

　①設置危機指揮中心。　　②危機情境監測系統。

　③危機資源管理系統。

(3)危機解決後的管理活動

　①展開系統評估與調查工作。　②加速復原工作。

　③危機管理計畫再推動。

(三)我國危機管理體系

1.我國在民國八十四年七月正式建立危機管理體系，主要係依據災害防救法之規定：防災計畫體系共分中央、直轄市、縣（市）政府、鄉（鎮市）公所等四級。各層級內設置災害防救會報，中央機關負責指揮、督導、協調各級災害防救相關行政機關及公共事業執行各項災害防救工作，自中央乃至於地方建立完整之災害防救體系。

2.當發生災害或有發生災害之虞時，為預防災害及有效推行災害應變措施，直轄市、縣市政府及鄉鎮市災害防救會報召集人，應視災害規模成立災害應變中心，並擔任指揮官。

3.我國防災體系中以應變中心或緊急應變小組為基本之防災救災組織，為處理災害防救事宜或配合各級災害應變中心執行災害應變措施，各災害防救計畫所指定機關、單位或公共事業，應設緊急應變小組；而為處理重大災害搶救等應變事宜，內政部消防及災害防救署應設特種搜救隊及訓練中心。直轄市、縣市政府則應設搜救組織。

4.根據災害防救法，各地方政府應訂定其組織機構與防災計畫等施行細則。另依據災害防救法第19條，各維生系統相關之公共事業，應依災害防救基本計劃擬定災害防救業務計畫，送請中央目的事業主管機關核定，並依據第14條之規定，於有災害發生之虞時成立緊急應變小組已執行災害應變中心所交付之災害應變措施。

(四)我國危機管理體系的問題：根據過去九二一大地震及SARS救災危機
管理運作經驗，歸納其問題所在有：
1. 指揮體系混亂。
2. 各級政府權責尚未完全釐清，造成權責混淆以及資訊傳遞多頭馬車的
   現象。
3. 危機通報的通訊網絡不健全，致使救災物資供應機制不便。
4. 政府內部聯繫不足，導致對外溝通出現漏洞。
5. 政府內部沒有足夠的共識。
6. 官員仍存有官僚心態，未能充分體察民心，了解民眾的需求所在。
7. 政府官員機動性太低，全待命以行事，無法顯示出為民服務的心態。
8. 國人危機意識不夠。
9. 政府救災重建之目標次序倒置，應以收容安置、重建為要，而非急於
   發放災難與房子倒塌賠償金。
針對上述缺失，改進之道：應健全危機管理法制、設立專責機構、統合
危機管理系統、建立危機管理標準作業流程、加強危機意識與全民防災
演習、加強社區災害聯防系統、災後重建應有整體規劃。
（孫本初，公共管理，危機管理；詹中原，2006年，公共危機管理之知
識網路分析：以台灣九二一地震為例，國政研究報告。）

**二、何謂「目標管理」？其演進過程為何？目標管理的基本型態？試
分別略述之。**

【說明】目標管理的基本假定：目標能被精確地陳述；組織本質上是「封
閉」的，且決策過程的參與者易於界定；主管人員能獲得充分的
資訊以進行客觀性分析、決策制定與成果評估；組織各層級的成
員將目標內化於心中，且為確保目標達成而共同合作。

答：(一)目標管理的定義：目標管理是一種程序，藉由組織中上、下層級的
管理人員一起來確定組織的共同目標，並以對組織成員的期望成果來
界定每位成員的主要責任範圍，同時依此來指導各部門的活動，並評
估每一位成員的貢獻。
1. Weihrich將目標管理定義為：「目標管理乃是要求主管、部屬及同僚
間必須互動的一種過程，包括領導、有效的激勵、開放的溝通、決策
及績效評估。」

2.Rodgers與Hunter則視目標管理為一種管理系統，並融入三項流程的特色於其中，此三項流程即決策制定過程（Decision Making）、目標設定（Goal Setting）與目的回饋（Objective Feedback）的參與。

3.Drucker認為，目標管理顧名思義包含兩個面向：一為目標，另一則為管理。就「目標」來說，有三個問題值得深思：要設定什麼目標？目標如何排定優先順序？及如何選擇達成目標之策略？就「管理」來說，要達成四項成果：

(1)瞭解：是指要能知曉目標制定的困難、複雜與風險，而其中最重要的工作就是要瞭解歧異、凝聚共識。

(2)責任與承諾：是要使員工能自我控制，並將個人願景與組織目標融為一體，使個人願景能透過組織目標的達成而實現。

(3)人事決策：是指透過人員的配置、工作的調整，以促成組織目標的實現。

(4)決策：是目標管理的最後結果，如果目標管理未能作成決策，將一無所獲，徒費心力與時間罷了。整體而論，目標管理（MBO）是藉由提昇員工的承諾及參與，以達成組織目標的一種進取策略。因此，目標管理是利用激勵原理與參與法則，使各級人員能親自參與目標設定過程，將個人期望與組織目標相結合，並透過自我控制、自我指導等管理方式，建立各級人員的責任心與榮譽感，其最終目的是在促進組織績效的一套管理系統。

（孫本初，公共管理-目標管理，頁315-330）

(二)目標管理意涵的演進階段：大致可分為下列五個階段：

1.MBO作為一種管理哲學：目標管理一詞由Drucker提出後，受到極大的迴響。Drucker認為目標管理與自我控制不只是一種管理方式，也可稱之為一種管理哲學，係基於以下概念產生：

(1)管理工作的概念。

(2)對管理團體之特定需求與所面臨的阻礙進行分析。

(3)人類行動、行為與激勵的概念。

2.MBO作為績效評鑑的途徑：Drucker提出目標管理的概念之後，開啟了績效評鑑的一種新方式。在此途徑中，部屬設定其本身所要達成的短期績效目標，並與上級主管共同討論，然後個別人員的績效再依據這些目標予以考核，而此一過程主要是透過自我評量來完成。

3.MBO用以整合組織與個人目標：六十年代中期，諮詢顧問與業務主管開始對自我控制中，使員工投入與控制程序的概念產生興趣，其將目標管理視為整合組織與個人目標的一種機制。此一途徑有兩個重要特徵：一為「參與」，並不要求主管必須無所不知，而是要求組織各階層的成員皆能為組織的成功一同貢獻心力；另一為「學習」，不僅關注於組織目標，亦強調個人發展的目標。唯有透過參與及學習，組織成員才能自我控制，組織目標與個人目標才能相整合。

4.MBO作為長期、策略性的觀點：在運用上，目標管理尚有其困境，大多數的目標管理方案皆著重在短期目標（通常以一年為期），就組織的長期發展而言，可能導致非預期的成果，甚或不利於組織的長期發展。目標管理作為一種長期、策略性的觀點，除可避免短視近利的副作用外，更可促進高層主管人員的投入與關注。

5.MBO作為改善生產力的系統途徑：管理學者與實務論者咸多認為，目標管理若要能真正有效地運用，必須整合其他關鍵的管理活動，諸如規劃（Planning）、組織（Organizing）、用人（Staffing）、領導（Directing）與控制（Control），使之成為一套管理系統。（孫本初，公共管理-目標管理，頁315-330）

(三)目標管理的基本型態：

1.目標設定（Goal Setting）：每一位行政人員應該與其主管對於工作的產出結果達成協議，並行之文字，以書面方式將組織目標、單位目標與個人目標分別呈現出來，並釐清其相互間的關係及排定優先順序。

2.預算（Budgeting）：目標的達成與資源的配置息息相關，而預算的充沛與否將會影響目標設定的順序與目標的執行程度。

3.自主性（Autonomy）：自主性乃是在目標執行過程中，賦與部屬適當之責任與權力，使其在執行目標之際，得以自行控制自己的行為及活動，主動執行目標、解決問題，並對實施成果加以負責。

4.回饋（Feedback）：透過資訊之回饋以確保目標能如期達成或適當修正。目標管理的回饋部分應包含兩項過程的設計：

(1)每位成員在自我控制下執行目標，並適時將執行情形向上級主管報告。

(2)主管人員應提供各種資訊給部屬，並認可部屬的執行績效或加以修正。

5.獎償（Payoffs）：為促進目標的達成，獎償系統的設計是不可或缺
　　的。McConkey指出，任何管理制度若一味地要求高度績效水準及績
　　效的大幅改善，而未能正面肯定達成績效者之成就，且未給予適當
　　之獎償，終究會歸於失敗。（孫本初，公共管理-目標管理，頁315-
　　330）

三、 目標管理的實施方法（過程）為何？

【說明】透過PDCA的循環實施程序，將目標的設定、行動方案的規劃、
　　　　行動方案的執行、組織績效的監督與個別成果的考核，融為一個
　　　　持續不斷的改進過程。

答： (一)計畫階段（P）：主要的工作有二：目標設定與行動方案的規劃。

　　1.目標設定：目標設定是目標管理最重要的一環。目標設定是透過組織
　　　上、下級人員共同設定組織整體目標、單位目標與個人目標，其設定
　　　原則為：

　　(1)各層級的個體目標須能支持共同的總目標。
　　(2)目標設定應由組織上、下級人員共同參與。
　　(3)目標應按其重要性排定優先順序。
　　(4)目標應包括工作的主要特色。
　　(5)短期目標應與長期方針相容。
　　(6)目標設定應與所需資源配合。
　　(7)目標應具體可行。　　　　　　　(8)目標應具挑戰性。
　　(9)目標必須書面化。　　　　　　　(10)目標範圍應適中。

　　2.行動方案的規劃：行動方案的規劃可遵循下列步驟：

　　(1)確定最後所欲達成的結果。
　　(2)決定達成最後結果所需的重要職能、任務與活動。
　　(3)提供團體與個人任務垂直與水平的整合。
　　(4)界定個人職位的關鍵任務與活動。
　　(5)定義每個職位所須扮演的角色、職權與責任。
　　(6)規劃完成主要活動所需的時間。
　　(7)決定實現目標與完成工作所需之人力、財務與其他資源是否充分。
　　(8)檢視行動方案並觀察其與目標是否一致。

(二)執行階段（D）：主管人員在此一時期是採用「例外管理」（Management by Exception），員工在其職責範圍內能有適度的裁量權，以自我控制、自我指導。而資源的多寡、人員的素質與目標的難易將是影響執行階段成功與否的關鍵。

(三)檢查階段(C)：此一時期的主要工作為效果的確認。主管人員在此階段的工作要點：

　1.將已確立的目標轉換為評估的標準。

　2.依上述標準來測量：

　(1)正式的全面檢討（通常以一年為期）。

　(2)進度檢核或定期檢討（通常是每季或每月舉行）。

　(3)持續追蹤（Monitoring）（為日常工作，並強調自我控制）。

(四)檢討與改進階段(A)：此一時期的主要工作為標準化、檢討與改進及選定下次的目標或主題。此外，為發揮目標管理的潛在優勢，避免理論與實務的落差，Weihrich歸納出十五項指導綱領，作為採行目標管理時的指引和依歸：

　1.目標管理與生產力改善方案必須細心規劃，尤其是運用於大型、複雜的組織時更應特別注意。

　2.方案的參與者必須事先準備。為期目標管理能發揮功效，參與人員必須對目標管理的哲學基礎，強調自我控制及其主要內涵有所瞭解。

　3.參與者需要指導綱領以設定目標。目標設定太高，容易造成參與者的挫折感，而目標設定太低，則缺乏挑戰性，因此需要指導綱領以協助設計有意義的、合理的，同時具有挑戰性的目標。

　4.目標網絡必須能被瞭解。個別目標應配合整體的目標網絡。

　5.目標的達成可能無法正確地指出績效表現的良窳。因此在衡量績效時，管理者無法控制的外在因素往往不列入考核之中。

　6.目標的時間週期是重要的。目標設定通常以一年為期（甚或更短），為避免目光短淺，目標管理應配合長期計畫來實施。

　7.目標管理的主管人員若能由位階高、有名望的人士出任，將有助於目標管理方案的施行。

　8.將目標管理直接運用於獎償系統會引起負面的邊際效果，因為管理者可能會試著操縱以增加其報酬，而忽略了與其目標直接相關的重要活動。

9.目標管理亦有缺乏彈性的可能性。目標規劃為一持續的過程，在變動的環境中需要一再地評估。目標不能輕易改變，亦不能一成不變，須視計畫的變動而加以調整。

10.管理系統應加以監測，且至少在一開始時要保持單一。

11.高層主管人員積極投入所設定的所有目標，且必須傳達到組織中的較低層級，這在大型組織中尤難達成。

12.管理的生產力需要加以衡量。目標管理不僅是一項管理工具，亦是一管理過程，可用以衡量管理的生產力。

13.組織氣候必須支持生產力的追求。

14.高層管理人員必須對目標管理與生產力改善有所承諾。成功的目標管理方案需要高層主管人員的承諾。

15.目標管理必須被視為一管理系統。目標管理不是管理者工作的額外負擔，而是一種管理方式，其目的在使管理者能更有效能，並提昇其專業潛力。（孫本初，公共管理-目標管理，頁315-330）

四、目標管理在企業及政府組織雖有其不可抹滅的貢獻，但目標管理在行政機關運用上，仍存在其限制，試說明此限制為何？

【說明】由於目標管理所蘊含的基本假定與現實世界的真實情況不盡相同，因此目標管理在運用上，難以完全發揮自我控制、自我指導與改善組織績效的預期功能。

答：(一)在「適用體系」方面：目標管理的程序在封閉體系（Closed System）的組織中較易管理。由於目標管理為一規劃、執行、考核的循環過程，強調按部就班的管理策略，因此其不適於運用在變動迅速且難以預測的動態環境中。因此，目標管理運用在政府內部單位似乎較諸實行在對外機關為佳。

(二)在「時間成本」方面：目標管理作為一種決策方式並不耗費時間，但若作為規劃、決定、追蹤、改變與評估目標的管理系統，則需投入大量的時間成本，尤其是業務（Line）部門的管理人員，其時間本來就緊迫，且隨之而來的是一連串的文書作業，包括各種目標設定、執行、查核的各種表格，如此容易加重繁瑣耗時的額外工作，亦引起員工的反感。此外，運用在目標管理程序的時間，亦可能剝奪員工用來完成其份內工作的時間。

(三)在「信任問題」方面：在傳統層級節制的官僚體系中，目標的設定往往是由高層主管片面決定，員工鮮少有置喙的餘地，員工甚少有裁量權。目標管理的實施則要求打破這種組織上、下層級間互不信任的心態，亦即目標管理是建立在信任的基礎上。高層主管要信任部屬的能力，部屬也要相信管理階層是開誠布公地鼓勵大家參與，並非只是假借參與目標設定的過程來增加其合法性。

(四)在「政府本質」方面：目標管理在政府部門的實施，如同其他管理方案，將會面臨官僚體系與政治阻力。包括：目標設定方面，將會遭遇包括多元目標取捨、質化目標如何轉換成可衡量標準等問題；同時政府目標管理所設定的目標週期，為配合預算年度通常以一年為期，無法累積成果；而目標管理制度亦可能會隨著政務官的輪調而或存或廢。

(五)在「績效評鑑」方面：Weber認為，傳統的目標管理只著重於可量化的績效衡量指標，難以適用於當今處處強調「品質」的社會。除此之外，目標管理在績效評量上尚有下列缺失：

1.MBO促使員工狹隘地界定其工作：目標管理使員工只專注於其份內的工作，而缺乏對組織整體性的貢獻與關懷，並造成員工間的疏離。

2.MBO往往受限於只評量個人績效：傳統的目標管理途徑由於只評量個人績效而產生瑕疵。事實上，以目標管理為基礎的功績俸制度實際上可能不鼓勵相互合作與團隊工作，因為只評量個人績效將造成同儕間的競爭衝突，而難以合作共事。

3.MBO以成果為焦點而非過程：目標管理的評鑑與獎金制度幾乎完全以成果為焦點，而非達成成果的過程。

4.MBO通常以一年為期來進行：一般目標管理的實施多以一年為期，甚或少於一年。此種強調短期目標達成的策略，可能忽視了組織長期發展應有的規劃。此外，由於目標的短期性質，部門主管亦會吝於投資於員工培訓方案。（孫本初，公共管理-目標管理，頁315-330）

五、 目標管理雖是一不錯的管理方法及策略性應用，但仍有其先天上的部分限制。試問，應採取那些做法來完善目標管理？

答： (一)高層主管的支持與投入將是影響成敗的關鍵：制度從開始引介到完善實施需歷經一段調整、嘗試錯誤的過程，且其間需投入大量的人力、資源與心血，若缺乏高層主管的人力支持，新制度的實施將半途而廢，難以有成。而目標管理因涉及組織各層級目標的設定與優先順序的排定，因此高層主管的態度，遂成為目標管理能否成功的關鍵。

(二)支持性組織氣候之建立：目標管理需要新的管理途徑，如McGregor的Y理論或Likert系統四的管理風格。在系統四的管理體系中，由於運用支持關係的原則，運用團體決策與團體監督方法，並為組織設定高度的績效目標，為組織塑造出適合採行目標管理的支持性組織氣候，因此推行目標管理甚易成功。

(三)目標的設定應兼顧量化與質化的目標：在公部門中，由於目標的多元化與模糊性，使得目標之設定較諸企業組織更加困難。且目標的設定不能僅侷限於可量化的目標，若干重要的績效衡量標準，諸如服務品質、民眾滿意度、對政府的信任等，儘管不易量化亦應作為組織的主要目標。

(四)目標的設定應整合短期目標與長期計畫：目標的設定通常以一年或是較短的期間為限，此種強調短期之目標極易犧牲組織長期之發展。事實上，目標管理並非不能進行長期規劃，但在政府部門中因受到政務官任期的限制或配合預算年度，目標的設定往往期限較短而缺乏長期性、策略性的安排，這是值得今後目標管理制度重視之處。

(五)目標管理應融入共同願景：為能真正凝聚組織成員的努力與共識，共同景員的建立是不可或缺的。共同願景（Shared Vision）是指組織成員所共同持有的意象，其創造出彼此一體、休戚與共的歸屬感。

(六)應採用多元的管理方法：事實上，無論是企業經營或公共管理並無一個放諸四海皆準的至善之法，因此最重要的是將各管理策略截長補短、相互為用。（孫本初，公共管理-目標管理，頁315-330）

六、危機的發生會對組織的管理上產生重大的影響,試問,危機對組織及其成員的影響為何?

答: (一)危機對組織成員的影響:

1.資訊處理的緊縮:雖然適度的壓力會促進績效的成長,但當壓力過大時,個人會因壓力的影響而產生認知錯誤,及降低個人對環境中資訊吸收的能力。因此,因認知的限制而無法以更寬廣的視野來檢視周遭各種可能解決危機之替選方案,反而是以個人既有的思考模式或例行的標準作業程序來處理危機,如此不但無法解決危機,反而使得組織因個人決策錯誤而面臨崩潰的困境。

2.欠缺決策上的準備:當危機情境愈不為決策者所熟悉時,決策者所從事的事前準備的可能性就愈低。所以當危機情境出現時,因其所承受的壓力過大,導致其依據以往經驗而採取例行性解決方式的可能性也就增大,如此比較容易制定無效的決策,而採行不當決策的機會也會升高。

3.自我價值的混亂:危機會使得組織成員的基本價值產生混淆,困擾著人們的認知,不論是直接或間接被危機影響者,其事後都必須付出心理上慘痛的代價。

(二)危機對組織的影響:

1.決策權威的集中:當組織發生危機時,決策者為了能有效針對危機情境加以控制或反應起見,通常會將組織的決策權自下階層人員收歸自己所有,並且只集中在少數幾個人手中。而在決策權威集中的情形下易導致團體思考現象的產生。所謂團體思考(Group think),乃指某團體因具有高度的凝聚力,強調團結一致的重要性,因此壓抑個人獨立思考及判斷的能力,放棄提出不同意見的機會,最後導致團體產生錯誤或不當的決策。

2.資訊流程的緊縮:組織為因應危機的威脅及對資訊能作有效的運用起見,往往會設置一些機構來對資訊做過濾的工作,而人員為規避責任會將資訊作刪減、延緩作回應等,如此會造成資訊的扭曲或不實。

3.對危機的僵化反應:若平日所建立之標準作業程序不能適用於危機情境時,易造成成員墨守成規或向層峰請示,如此一來常會延宕危機處理的時機。

4.企圖處理危機的壓力：因受限於時間的緊迫與決策權威集中的影響，使得組織內部的溝通機會與管道減少，此種情形易使得主管與部屬彼此之間產生更多的焦慮與挫折，不利於危機處理。

5.資訊管理的壓力：組織發生危機時，常會傾全力將組織的資源用於危機事件的解決，但是這樣的資源重組常會引起某些既得利益者的反彈，並引發組織內部的衝突。（孫本初，公共管理-危機管理，頁337-351）

七、 建構績效指標的模式為何？好的績效指標應具備那些條件？設計指標的標準為何？

答：(一)建構績效指標的模式：
1.輸入：指提供服務所需之資源，包括人員、建物、設備和一般消耗品。
2.過程：傳送服務的路徑，包括品質測量。
3.輸出：即組織的活動或其所提供的服務。
4.結果：指服務所產生的影響。
　　輸入輸出模式雖然多少可以反應出一個組織的績效，但很多組織卻樂於使用更具體的概念來建構他們的績效指標；這些概念包括「經濟」、「效率」和「效能」等3E模式。不過3E的模式似乎還不足以評估所有組織的績效，因此論者主張應該要加上其他的E，如「功效」、「資格條件」和「公平」。所謂公平，係指在法律之下所有類似個案均應獲得相同的處理；亦即必須符合正當程序以及行政正義。
(二)績效指標應具備之條件：依卡特等人的看法，好的績效指標應符合下列條件：
1.界定清楚而有一致性。
2.應由組織之所有者來使用，不可依賴外人或環境因素。
3.必須和組織的需求與目標有關。
4.被評估的單位或個人不可影響績效指標的運作。
5.必須有廣博性（涵蓋管理決策行為的所有面向）和一定的範圍（集中有限數量的績效指標上）。
6.建立績效指標所使用的資訊必須正確和廣泛。
7.必須為組織的各級人員所接受，應符合組織文化。

(三)設計指標的標準：

　　另外，為避免或減少不同單位或個案使用類似績效指標，使績效指標無法發揮評鑑組織績效的功能。卡特等人認為可以透過以下的比較標準來設計指標：

1.目標（target）：根據政策成果或預算目標來從事績效分析是比較普遍的作法，可以避免績效指標雷同的困境。

2.時間序列（time-series）：比較相同組織的歷史紀錄也可以克服前述困境。

3.進行組織單位間的比較。

4.外部比較：例如以公私部門之極端對照比較，以凸顯不同處來克服前述困境。（吳瓊恩、李允傑、陳銘薰，公共管理-指標管理，頁175-193）

八、 政府績效衡量具有那些限制？試說明之。

答： (一)實務上的限制：公部門由於組織目標、結構與任務的特性，普遍存在公共組織績效不易衡量的現象。因為在實務上績效衡量常常有以下的限制：

1.內部失能的反功能或分析背景的限制。每一個組織的績效衡量理論上都應該量身訂製，但公部門內部缺乏具有分析背景的專業人才，使得績效衡量的工作變得眼高手低。

2.政府績效的因果關係難以認定。公部門的計畫結果往往很難衡量，因為公共財通常無法分到不同的單位，所以公共輸出不易描述，產出的價格和單位成本也不易衡量。

3.公部門績效很少能控制環境的因素，因此績效衡量往往只限於直接輸出項。例如公務員無法控制和公共安全及公共健康有關的所有因素。

4.政治的考量經常是資源分配的重心，所以要獲得客觀的績效衡量，仍值得懷疑。

(二)設計上的問題點：由於政府績效衡量的困難性，使績效指標不易設計；而缺乏適當的績效指標，也使得績效衡量難以落實。因此，績效指標的設計以及績效衡量制度的共同問題主要為：

1.績效管理的前提就是須盡量將所有的績效都以量化的方式呈現，再據以進行績效評量。此項作法對私部門並不構成問題，因為私部門的服務是販售的，可用金錢價值來衡量。

2.功能相同的公共組織有地區性的差異，規模大小亦不同，以同樣一套績效指標來衡量它們之間的績效，並做比較，並不公平。另外，分散於各個分支機構的績效，能否總結起來當作中央機構的總績效，實質上亦令人懷疑。

3.如何訂定與品質績效有關的指標仍然是績效衡量的主要限制。政府的服務績效有三個面向：收入、效率和效能。效率是指服務的數量和服務成本之間的比值，效能是指完成服務目標的程度。而服務產出的品質和執行效能則有密切的關聯性，問題是大多數公共服務的品質好壞很難用客觀、具體的數據來衡量。

4.績效管理或績效衡量制度的成敗，其主因之一取決於績效指標的訂定是否周延、合理、客觀及能涵蓋該組織重要的績效。而負責訂定績效指標的人是否擁有這樣的能力，便變得非常重要。

5.績效衡量做的好不好，是否正確，端賴有無可靠的資訊，如所蒐集的資訊錯誤、不夠周延，就無法真正反應執行機構的實際績效。因此，在訂定績效指標時執行機構與其上級機關之間，難免會對績效指標的數量、範圍、權重有爭議，而上級機關根據下級機關所送的資訊進行考核時，也難免出現和執行機構有認知差距的情形。（吳瓊恩、李允傑、陳銘薰，公共管理-指標管理，頁175-193）

九、何謂「社會指標」？何謂「政策指標」？兩者有何差別？

【說明】近年來我國政府與民間對於指標管理的重視程度，可說是與日俱增。洛桑學院的「世界競爭力報告」，使得政府十分重視「國家競爭力」的指標。社會指標著重在以科學的方法觀察整體社會變遷的事實，而政策指標則強調以綜合客觀數據與倫理價值來衡量個別政策議題的成效與結果。

答：(一)社會指標的概念：根據行政院主計處的統計分類，所謂「社會指標綜合指數」包括九個領域：家庭、生命健康、教育、就業與工作生活品質、所得與物價、居住生活環境、個人安全、社會環境、文化與休閒。社會學者蕭新煌指出，社會指標在詮釋台灣社會上具有四項功能：

1.勾勒長、短期社會變遷趨勢。　　2.測量國民福祉和生活品質。

3.發掘現存或潛在社會問題。　　4.研擬社會改革政策之依據。

社會指標既是關於社會整體趨勢的一種參考指數，自然與個別政策之間未必有直接因果關係。例如，我們不能以國人平均壽命長短來判斷政府醫療政策的績效。

(二)政策指標定義：根據麥克瑞的定義，政策指標係指可將公共統計數值用於公共政策議題的衡量工具，它主要的目的在於利用公共部門的統計來協助政策利害關係人制訂妥適的政策。政策指標與社會指標最重要的區別在於：社會指標大多是具有經濟意義的統計數值，如國民平均所得、失業率、醫療普及率等；而政策指標則包含三種類型目的價值：純經濟效益、主觀性福祉以及公平性。

1.純經濟效益：凡是能以幣值換算其價值者，例如某一政策的成本效益比。一般人在考量政策利弊時，較常考慮經濟效益，而大多數民眾傾向認為此類價值所反映的數字通常是較客觀而科學的。

2.主觀性福祉：經濟性福利通常是以收入或生產值來計算，而主觀性福祉則是衡量民眾（或政策利害關係人）對於某一政策感到滿足或快樂的程度。換言之，經濟性福利強調的是市場價值，主觀性福祉強調的是人民的感受或情緒。

3.公平性：公共政策所必須考慮的第三類目的價值是分配的公平性，它所強調的並非社會福利的總和，而是福利的分配狀況。「使用者付費」或「受害者求償」等觀念，便是考慮政策公平性的結果。

(三)政策指標與社會指標之區別：

1.社會指標反映整體社會的變遷趨勢，因此有些社會指標並不具政策義涵；而政策指標則直接與政策相關，政策指標可以提供決策者所關心的訊息，並作為政策建議或政策選擇的參考依據。

2.社會指標強調統計數字是客觀且科學地反映社會變遷的實際情況；而政策指標則常須納入「倫理性」和「規範性」的價值。此是因為政策指標在相當程度上具有反映民眾或決策者的價值或偏好的特質。

3.社會指標並非目標取向的（goal-oriented）。社會指標的作用並非為了達成某一政策目標或解決某一政策問題。相反地，政策指標不僅是政策目標取向，也是「問題解決」取向。（吳瓊恩、李允傑、陳銘薰，公共管理-指標管理，頁175-193）

十、 政治社群參與政策指標的建立，固然有助於強化政策指標的周延性與正當性，但也可能產生那些問題？

答： (一)民眾缺乏資訊以致無從參與：一般民眾或許很關心切身相關的公共議題（如核四廠興建、老人年金、三通議題等），由於缺乏完整的資訊和判斷資訊的專業能力，以致參與意願低落。政策專家的工作目的不只限於服務特定顧客，更包括改進政策制定過程、提升公共政策品質、增進社會福扯等目標。因此，政策專家在研擬政策方案或提供政策建議時，應鼓勵民眾參與，聽取第三者的意見。

(二)政治社群內的利益與價值衝突：民主社會裡的利益團體漸趨多元化，社會團體之間因某一政策議題產生利益衝突的情況比比皆是。例如勞工政策當中的勞資雙方立場不同。假如因團體間利益衝突所引起的政策僵局無法經由討論協調而解決的話，透過民主決策程序或許是唯一的途徑。此時，具有代表性的政治社群-議會便具有相當大的決定性影響力。

(三)民眾與專家間的認知差距：在某些專業性較高的政策議題上，民眾因為缺乏專業知識背景，而與專家之間出現嚴重的認知差距。為縮小上述認知差距，翁興利教授建議：

1.調查目前中央與地方政府針對政策風險的溝通活動。

2.檢視對於有效風險溝通可能存在的組織上之障礙。

3.進一步了解風險溝通的目標與方法。

4.發展出一套能改善中央與地方機關的合作與協調的機制。（吳瓊恩、李允傑、陳銘薰，公共管理-指標管理，頁175-193）

貳、選擇題

( ) | 1.目標管理的性質下列何者有誤？
(A)以「人性」為中心的管理方法
(B)以「激勵」代替「懲罰」，以「集權領導的」代表「民主領導」管理方法
(C)使員工親自參與計畫及決策工作
(D)結合機關人員的願望與團體願望的一種管理技術。

（　）　2. 下列何者為正確的目標管理意涵的演進階段？　①MBO是一種管理哲學　②MBO作為績效評鑑的途徑　③用以整合組織與個人目標④作為長期、策略性觀點　⑤作為改善生產力與系統途徑。
(A)②③④⑤①　　　　　　　　　(B)③④⑤①②
(C)①②③④⑤　　　　　　　　　(D)④①③②⑤。

（　）　3. 危機管理是當代組織與管理領域的重要議題之一，下列有關危機管理的敘述何者為非？　(A)是一種臨時的、隨機的管理　(B)過程預防勝於善後　(C)是一種損害控制的工程　(D)是一種組織學習的過程。

（　）　4. 危機管理又稱為「不確定管理」，下列那一項不是危機的特性？
(A)形成階段性　(B)時間急迫性　(C)單面效果性　(D)感受因人而異。

（　）　5. 危機管理必須把握重點，下列那一項不是其重要的工作環節？
(A)訊息的偵測　(B)準備及預備　(C)處理及復原　(D)處罰及降職。

（　）　6. 根據美國聯邦危機管理局所定危機管理系統的要點，危機管理可以區分為四種過程，下列何者為第三階段的活動？　(A)復原工作 (B)回應危機　(C)紓緩危機的傷害　(D)準備處理危機的工作。

（　）　7. 何項管理即是重視目標設定、人員參與及成效評鑑，是組織有效控制成本、達成目標所值得採納的管理方式？　(A)全面品質管理　(B)績效管理　(C)目標管理　(D)標竿管理。

（　）　8. 下列何者為正確的目標管理意涵的演進階段？
1.MBO作為一種管理哲學
2.MBO作為績效評鑑的途徑
3.MBO用以整合組織與個人目標
4.MBO作為長期、策略性的觀點
5.MBO作為改善生產力的系統途徑
(A)12345　(B)23451　(C)34521　(D)54321。

（　）　9.「組織為避免或減輕危機情境所帶來的嚴重威脅，而從事長期的規劃及不斷學習、適應的動態過程，亦可說是一種針對危機情境所作的管理措施及因應策略。」此稱為：　(A)危害管理　(B)危機管理　(C)目標管理　(D)績效管理。

( ) 10.下列何者非危機對組織及其成員的影響？ (A)資訊處理的緊縮 (B)自我價值的混亂 (C)企圖處理危機的壓力 (D)決策權威的分散。

( ) 11.學者卡特等人認為可以透過特定的比較標準來設計指標，其中包括下列何項比較標準？ (A)目標 (B)時間序列 (C)進行組織單位間的比較 (D)以上皆是。

( ) 12.下列何者非影響績效指標設計的變項？ (A)異質化程度 (B)確定性程度 (C)管理的結構 (D)自主性程度。

( ) 13.下列何者為完善目標管理的做法？ (A)高層主管的支持與投入 (B)目標的設定應兼顧量化與質化的目標 (C)目標的設定應整合短期目標與長期計畫 (D)以上皆是。

( ) 14.目標管理在行政機關運用上，存在其限制，Weber認為，目標管理在績效評量上尚有下列何項缺失？ (A)MBO促使員工狹隘地界定其工作 (B)MBO往往受限於只評量個人績效 (C)MBO以成果為焦點而非過程 (D)以上皆是。

( ) 15.下列關於「危機」及「危機管理」的敘述，何者錯誤？
(A)危機係指組織因內外環境因素所引起的一種對組織生存具有立即且嚴重威脅性的情境或事件
(B)危機乃是未曾意料而倉促爆發所造成的一種意外
(C)危機威脅到組織或決策單位之價值或目標
(D)危機的形成通常不具有階段性。

( ) 16.政治社群參與政策指標的建立，固然有助於強化政策指標的周延性與正當性，但也可能產生下列何項問題？
(A)民眾缺乏資訊以致無從參與
(B)政治社群內的利益與價值衝突
(C)民眾與專家間的認知差距
(D)以上皆是。

( ) 17.關於社會整體趨勢的一種參考指數，係指：
(A)社會指標　　　　(B)總體指標
(C)政策指標　　　　(D)人生指標。

( )　18. 下列何者非危機爆發前政府組織可以有的作為？　(A)危機計畫系統　(B)危機資源管理系統　(C)草擬危機計畫說明書　(D)危機感應系統。

( )　19. 政治社群參與政策指標的建立，可能產生下列何項問題？　(A)民眾缺乏資訊以致無從參與　(B)政治社群內的利益與價值衝突　(C)民眾與專家間的認知差距　(D)以上皆是。

( )　20. 下列何者非目標管理在行政機關運用上的限制？
　　　(A)目標管理的程序在封閉體系的組織中較易管理
　　　(B)目標管理是建立在不信任的基礎上
　　　(C)目標管理若作為規劃、決定、追蹤、改變與評估目標的管理系統，則需投入大量的時間成本
　　　(D)目標管理將會面臨官僚體系與政治阻力。

( )　21. 危機發生後，政府組織應有下列何項作為？　(A)成立評估系統並進行評估　(B)加速復原工作的進行　(C)從教訓中學習與危機管理的再推動　(D)以上皆是。

( )　22. 目標管理雖是一不錯的管理方法及策略性應用，但仍有先天上的限制。下列何項非完善目標管理的做法？　(A)支持性組織氣候之建立　(B)目標的設定應兼顧量化與質化的目標　(C)目標的設定應注重短期目標及計畫　(D)目標管理應融入共同願景。

( )　23. 指可將公共統計數值用於公共政策議題的衡量工具，主要的目的在於利用公共部門的統計來協助政策利害關係人制訂妥適的政策。此種指標一般稱為：　(A)社會指標　(B)政策指標　(C)總體指標　(D)個體指標。

( )　24. 依據卡特等人的看法，好的績效指標應符合下列何項條件？　(A)應由組織之所有者來使用，不可依賴外人或環境因素　(B)被評估的單位或個人不可影響績效指標的運作　(C)建立績效指標所使用的資訊必須正確和廣泛　(D)以上皆是。

( )　25. 下列何者為政府績效衡量設計上的問題點？
　　　(A)績效管理的前提就是須盡量將所有的績效都以量化的方式呈現
　　　(B)功能相同的公共組織有地區性的差異，規模大小亦不同

(C)如何訂定與品質績效有關的指標仍然是績效衡量的主要限制
(D)以上皆是。

( ) 26. 下列何者非政策指標與社會指標之區別？ (A)社會指標反映整體社會的變遷趨勢，所以社會指標均具有政策意涵 (B)政策指標直接與政策相關，政策指標可以提供決策者所關心的訊息 (C)社會指標強調統計數字是客觀且科學地反映社會變遷的實際情況 (D)政策指標則常須納入「倫理性」和「規範性」的價值。

( ) 27. 下列何者非目標管理的主要內容？ (A)適切地確立組織管理的目標 (B)採行相互管理及分權管理 (C)激勵個人的創意與潛能 (D)目標管理在應用方面，是一種重視人性化、參與化與團隊型的管理技術。

( ) 28. 「當組織發生危機時，決策者為了能有效針對危機情境加以控制或反應起見，通常會將組織的決策權自下階層人員收歸自己所有，並且只集中在少數幾個人手中。」此係屬於危機對組織的何種影響？ (A)資訊流程的緊縮 (B)決策權威的集中 (C)對危機的僵化反應 (D)資訊管理的壓力。

( ) 29. 有關目標管理（MO）的描述，下列何者錯誤？ (A)目標管理是一種人性化、參與式管理 (B)目標管理應該涵蓋完善的預算審查機制 (C)透過資訊回饋來確保目標如期達成或適當修正 (D)目標的完成期限因成員能力個別差異，沒有特別的要求。

( ) 30. 在危機管理政策階段中，那一個階段的政策特色在於強調當危機已無可避免地轉換成災難時，所採取的行動，例如醫療救援系統等？ (A)舒緩政策 (B)準備政策 (C)回應政策 (D)復原政策。

解答與解析

1.**(B)**。 2.**(C)**。 3.**(A)**。 4.**(C)**。 5.**(D)**。

6.**(B)**。美國聯邦危機管理局區分為紓緩→準備→回應→復原四階段。

7.**(C)**。 8.**(A)**。

9.(B)。危機係指組織因內外環境因素所引起的一種對組織生存具有立即且
嚴重威脅性的情境或事件。所謂危機管理，亦稱緊急管理；係在未
有預警情況或突發性意外重大危難事件，具威脅性、不確定性、緊
迫性與雙面效果性。（孫本初，公共管理-危機管理，頁337-351）

10.(D)。

11.(D)。根據政策成果或預算目標來從事績效分析是比較普遍的作法，可以
避免績效指標雷同的困境。（吳瓊恩、李允傑、陳銘薰，公共管理
-指標管理，頁175-193）

12.(B)。其他變項尚包括：所有權、交易狀態、競爭程度、政治責任、複雜
化程度。

13.(D)。 14.(D)。

15.(D)。危機的形成具有階段性：通常可分為危機警訊期、危機預防（準
備）期、危機遏止期、恢復期與學習期。

16.(D)。

17.(A)。社會指標綜合指數包括九個領域：家庭、生命健康、教育、就業與
工作生活品質、所得與物價、居住生活環境、個人安全、社會環
境、文化與休閒。

18.(B)。 19.(D)。 20.(B)。 21.(D)。 22.(C)。

23.(B)。政策指標與社會指標最重要的區別在於：社會指標大多是具有經濟
意義的統計數值；而政策指標則包含三種類型目的價值：純經濟效
益、主觀性福祉以及公平性。

24.(D)。其他尚包括：界定清楚而有一致性；必須和組織的需求與目標有
關；必須有廣博性和一定的範圍；必須為組織的各級人員所接受，
應符合組織文化。

25.(D)。 26.(A)。

27.(B)。採行自我管理（Self-Management）、分權管理、加強溝通與策略
研究、健全領導行為等等方式。

28.(B)。

29.(D)。目標管理（MOB）的重要觀念：具體目標化、決策參與、限期完
成、績效回饋。

30.(C)。此一階段的政策特色在於強調當危機已無可避免地轉換成災難時，
所應採取之行動。如：醫療救援系統、緊急事件處理中心之運作、
救難及撤離計畫、災民收容、第二波災難發生可能性預防措施等。

第八章　電子化政府相關議題
（知識管理、資訊管理、電子化政府）

壹、申論題

一、何謂電子化政府（Electronic Government）其特質為何？電子化政府對於政府行政與部門將產生那些影響與衝擊？（試由政府組織、人力結構、財務運作、行政運作以及政府結構面來加以分析）

答：「電子化政府」為1993年美國政府「運用資訊科技改造政府」報告中所提出概念，強調利用資訊科技來革新政府。除了結合政府各部門業務電腦化的成果，更企圖通過網路塑造一個提供民眾各種全天候服務的電子化或網路化政府，進而提升政府生產力與效率。

(一)意義：政府機關運用資訊與形成網網相連，並透過不同資訊服務設施（如電話、網路、公用電腦站），對機關、企業及民眾在其方便時間、地點與方式下，提供自動化服務之總體概念。易言之，係透過資訊與通訊科技，將政府機關、民眾與資訊連在一起，建立互動系統，讓政府資訊及服務更加方便，隨時隨地可得。

(二)特質：

1.推行優先順序：利用資訊科技適當地傳送政府服務須注意下列事項的優先順序：

(1)政府機構現行使用資訊科技無法傳送客戶所須服務。

(2)政府機構目前無法將所有系統有效整合。

(3)對於顧客所需及資訊科技並沒有足夠的瞭解。

(4)在政府內部如何有效使用資訊科技存有過多障礙，包括法律與法規。

(5)所有政府部門須要接受資訊科技的再教育。

2.顧客取向的電子化政府應強調特質
(1)更容易取得政府資訊：意味著政府有責任與義務提供更為便利方式，利用更易於瞭解的語言，讓民眾能夠容易地取得所需的政府資訊。
(2)使政府施政更有效率：透過資訊化的過程，將行政程序簡單化、統一化，政府業務電腦化、網路化，以提升政府的生產力，並增加施政的主動性與回應性。
(3)易於操作性。
　　強調政府必須排除民眾在取得政府資訊過程當中可能遭遇到的科技、社會、政治、經濟等障礙。
3.電子化政府的目的在建立起跨越政府機關、企業與民眾的互動機制，經由此機制，達到民眾可隨時取的政府資訊與服務，亦即建構一個全天候且超越地理界線的政府。
4.透過電子化政府資訊科技運用改變原組織基本架構包括決策過程、管理結構、工作方式與流程再造等。
(三)對政府行政的影響
1.正面影響
(1)提升政府組織反應能力。
(2)可提高行政效率與服務品質。
(3)提升行政決策品質。
(4)創新政府服務與革新行事方法。
(5)簡化決策流程，可降低成本。
(6)有效人力運用。
(7)服務無時間地點限制。
(8)可擴人民參與公共事務。
(9)政府資訊透明公開化。
(10)落實政府再造工作，邁向全民智慧型政府。
2.負面影響
(1)全面參與的限制：增加宣傳成本、信賴感欠缺。
(2)資訊設備及軟體開發建構成本投資昂貴。
(3)資訊超載，反而成為負荷，造成資訊判讀誤失。
(4)易受政治團體干預與反對。
(5)行政資訊分派未能與結構相配合，易產生各自為政的現象。

(四)對於政府部門衝擊

　　電子化政府雖可滿足人民對政府服務的期望，但同時也會對整個政府部門帶來巨大衝擊與影響，可從組織、結構、人力、財務、行政運作面加以評析：

1.組織面影響：改變了原組織權力分配與情形，增加了員工自主性，即參與和分享決策權力。另透過電子化治理形成了網絡型態組織，更突顯了跨部門整合的重要性。

2.人力結構面影響：由於資訊科技的進步，人力可作適當精簡。而資訊人員角色也愈趨重要。

3.財務運作面影響：電子化政府推動，除初期建制成本外，其後將因電腦化將人力精簡，使財務經費支出大為減少。

4.行政運作面影響：行政運作流程將更為簡化；政府部門間將形成夥伴與協力關係；政府資訊透明公開將受人民強力監督；組織學習與知識管理將更形重要；面對無疆界的網路空間『全球化』趨勢，將考驗政府處理國際事務能力。

5.政府結構面影響：

　　政府行政體系結構將由傳統「官僚控制」轉變為「分權式控制」，「網絡式的組織結構」並將成為未來趨勢。另行政組織間的界限亦將日趨模糊。（牛萱萍，電子化政府與網路行政，頁407-437）

二、何謂「知識」、「知識管理」？組織中知識可分為那些種類？

答：(一)知識的定義：從組織的觀點來看：

1.Woolf認為知識乃是將資訊有效地加以組織，以便作為解決問題的利器。

2.Turban認為知識乃是經過組織和分析的資訊，經過如此處理之後，這些資訊才能為人所理解，以及被用來解決問題和作決策。

3.Van der Spek與Spijkervet兩人認為知識乃是用來思考事實與真理的整套直覺、經驗及程序，而這整套的直覺、經驗及程序乃是指引人們的思想、行為及溝通模式。

4.Beckman認為知識乃是將資訊和資料作有用的推論，以便能積極地提高績效、解決問題、制定決策、學習和教學。

5.Nonaka與Takeuchi認為，知識乃是組織生產力的最重要或策略性因子，因此，管理者應十分重視組織中知識的產生、獲得、運作、保持及應用。

6.Steward則提出了智慧資本（Intellectual Capital）的概念，認為所謂的智慧資本，係指每個人能為組織帶來競爭優勢的一切知識、能力的總合，它是無形無相的，是一組工作隊伍的知識組合。因此，凡是能夠用來創造組織財富的知識、資訊、智慧財產、經驗等智慧材料，就叫作智慧資本。

綜上所述，組織中的知識可被定義為：凡是可以為組織創造競爭利益及價值，並可經由組織發掘、保持、應用及再創造的資訊、經驗、智慧財產，即稱為「知識」。（孫本初，公共管理-知識管理，頁287-306）

(二)知識管理的定義：知識管理乃是指能系統化、清楚地和深思熟慮地建立、革新和應用組織中的核心知識，其目的乃欲使組織能讓其核心知識發生極大化（Maximize）的效率，並使其能為組織帶來一定的利益。科學觀點的知識認為「知識即為真理」，這個觀點認為知識本質上是事實和理性的定律；其次，知識具體化與傳播則是知識管理程序中的重要部分，知識具體化則是將組織中的知識予以合併，知識的傳播則是將此具體化後的知識傳播至組織內。而知識管理的最終目的則是在於知識的使用。

(三)組織中知識的分類：Teece以企業組織系絡的觀點，將組織中的知識分為以下幾類：

1.編纂／默會（Codified／Tacit）的知識：所謂編纂的（Codified）知識乃是指有系統地編輯顯而易見的知識，其特點乃在於其通常較容易移轉至其他個人或團體，且此一移轉過程並不會有太高的成本花費。而默會的（Tacit）知識，乃是指一種無法清楚地用語言文字來表達的知識，這種知識是無法用資訊科技來加以傳達的，其通常的傳達媒介是經由面對面的溝通。

2.正面／負面（Positive／Negative）的知識：一個組織創新的結果，經常是在組織嘗試過許多盲目的途徑之後，當某種知識能導引組織盡量不要走向盲目的途徑，而讓組織的槍口能對準目標時，我們稱此種知識為正面的知識；所謂負面的知識就是組織先前失敗所得到的教訓，其同樣地也可使得組織不會重蹈覆轍，走入同樣的盲目途徑中。

3.可觀察到／不可觀察到的知識：此種分類方法即是依過程的觀點，將知識分為「過程知識」與「產品知識」。依Teece看法，過程知識是較不容易為他人所模仿的，而相對地，產品知識則較容易為他人所模仿，所以組織必須握有過程知識，才能取得不敗的優勢地位。

註：Quinn則從智慧組織中專業人員知識的觀點，將知識分為四個種類：

(1)實證知識（知道什麼）：實證知識係指專業人員透過廣泛、深入的訓練與實際經驗，因而能掌握特定領域的基本知識。

(2)高級技能（知道如何）：就高級技能而言，乃是指能將「書上習得的知識」轉化為有效的執行。專業人員必須學會將特定專業領域的原則，應用到複雜的現實問題上，從而創造出實用價值。

(3)系統認知（知道為何）：系統認知係指對特定專業領域因果關係的深入瞭解。具備系統認知的專業人員常能執行任務而習得功課，且能夠解決更大、更複雜的問題，乃至於創造更大的價值。

(4)自我激勵創造力（關心為何）：自我激勵創造力則包括了追求成功的意志、動機及調適能力。具備高動機與創造力的團體，往往比享有較多財物資源的團體（即有形資源的團體）有更加傑出的表現。（孫本初，公共管理-知識管理，頁287-306）

三、 在實務運作上，管理者欲將組織型塑成為知識型組織時，必須採行那些作法？

答： (一)完善的教育訓練計畫：知識型組織必須重視人力資本，管理者可以透過完善的教育訓練，來有效地發展員工的潛能，讓員工發揮自身的智慧與能力，進而提高組織運用人力資本的效能。

(二)建立誘因機制：在組織內部，具有專業知識的成員往往位高權重，自然較不願意將自身獨具的專業知識與其他成員分享；然而，此種心態對於知識管理的進行有著負面的影響。因此，管理者必須運用一些方式來激勵成員，讓那些具有專業知識的員工樂於分享其知識。

(三)提供知識分享之途徑：

1.建立知識寶庫：在知識管理的過程中，知識的傳遞與保存係為相當重要的工作。組織在長期運作之後必然累積了許多經驗，特別是在實

務面所發展出的訣竅與關鍵，必須加以妥善保存，以便組織能再度利用。此外，許多組織成員的專業知識與智慧，亦為長期累積的精華，及組織中相當珍貴的資源。

2.善用資訊科技：在知識型組織中，為了更有效地進行知識管理，也必須充分利用資訊科技；知識型組織的管理者可以運用資訊科技來建立組織的知識寶庫，例如以使用電腦為基礎的資料庫，同時可以運用網際網路作為知識交換的途徑。

(四)協助成員與專家接觸：知識型組織不僅要提供成員在組織內部進行知識交換的途徑，也必須開拓對外的流通管道。許多員工所需的專業知識，無法在組織內部取得，必須向外界的專家請教。

(五)型塑樂於學習的組織文化：Garvin等人認為學習型組織善於創造、取得及傳遞知識，同時依循這些新知和見解來調整行為的方式。因此，學習型組織的義涵正是建構知識型組織的關鍵所在。欲成功地建立一個知識型組織，就必須同時型塑其為學習型組織，而首要步驟即為讓組織擁有樂於學習的組織文化，將學習的觀念深植於組織成員的心中。

(六)設置知識執行長：對於知識管理的推動，組織內部必須設置一個專門的知識執行長（Chief Knowledge Officer，CKO）來負責統籌、規劃一切有關知識管理的行動。知識執行長扮演的角色十分多元，包括知識的倡導與宣揚，設計、執行，並監督組織的知識架構及領導知識策略的發展等。（孫本初，公共管理-知識管理，頁287-306）

四、目前世界各國推行電子化政府的內容大約為何？未來各國電子化政府的發展趨勢又為何？

【說明】國家實施的「政府再造」工程，係參酌部分企業經營管理的理念，重新調整政府角色及職能與運作模式，以達成提升政府效率、降低運作成本的目標。邁入資訊社會，掌握資訊即掌握了未來，資訊應用能力的高低將決定國力的強弱。

答：(一)主要國家推動電子化政府的情形：歐美日等主要國家建構「電子化政府」已經數年，各國間對於電子化政府的認知大抵相去不遠。概要言之，有下列三個主要方向：

1.在政府與民眾間應致力於擴增網路便民服務。

2.在政府與企業間應致力於促進電子商務應用。

3.在政府與政府間應致力於推動跨機關資訊流通共享，提升行政效能。

參酌各國的經驗與作法，目前「電子化政府」之應用方向主要係應用資訊網路新科技推展資訊上網、電子申辦服務、電子報稅、電子商務、電子採購、電子支付、電子資料庫及政府數位出版、公用資訊站（kiosk）等應用，以提高行政效率及加強便民服務。例如：美國全力推動資訊基礎建設，建構適合電子商務發展的環境，達到高成長、高所得、低物價與低失業率的經濟奇蹟；歐盟e-Europe計畫要求各會員國在2000年底必須完成政府法律與行政、人文、環境、即時交通等資訊上網；英國策訂其電子化政府目標包括：2002年25%的政府服務必須電子化、2005年電子化政府達到100%的目標；新加坡電子政府已使用身分識別IC卡，並計畫於2002年政府的一千多項服務上網；日本電子化政府要在2001年前完成政府認證系統、政府採購電子化，建構單一政府服務網站。

(二)未來各國電子化政府的發展趨勢：

1.政府服務上網：政府將廣為應用網路提供民眾更便捷的線上服務，包括預約、線上換發證明文件、線上報稅、線上繳交罰款、線上申辦等，民眾將逐漸習慣使用瀏覽器（browser）以自助的方式上網取得政府資訊及服務。同時政府也將廣為運用設置於公共場所的「公用資訊站」（kiosk），以及自動櫃員機（ATM）等自動化服務設施。

2.智慧卡之應用：智慧卡（smart IC card）將逐漸作為個人基本資料儲存及線上申辦身分辨識之重要媒介，包括提供民眾身分識別、網路安全認證、醫療保險憑證、駕駛許可等各種服務。

3.知識經濟發展：以知識為本位的經濟即將改變全球經濟發展型態，電子化政府將是支持知識經濟發展的關鍵。以網際網路為基礎的電子商務將廣為政府、企業及民眾利用，藉由資訊與通訊科技發展，促進知識經濟發展。

4.消除數位落差：電子化政府的推動必須避免造成資訊富者愈富、貧者愈貧的失衡現象，必須普及城鄉寬頻網路建設與資訊教育，讓資訊的應用普及到社會的每個層級和地理上的每個角落，並且照顧到弱勢族群，減少知識落差。

5.邁向知識管理：知識管理的目的是要提高機構智慧或企業智商，也就是為了要使機構的「生產力」、「應變力」、「工作職能」及「創意力」的再提升。而機構智慧的高低，取決於該機構是否廣泛分享資訊，以及如何善用彼此的觀念成長。配合知識經濟的發展，知識將成為生產力提昇與經濟成長的主要驅動力。（電子化政府推動方案，行政院研究發展考核委員會，九十至九十三年度）

五、 我國推動電子化政府的總體概念、願景、總體目標及達成目標之限制各為何？

答：(一)電子化政府總體概念：

1.就功能而言：電子化政府是政府機關運用資訊與通信科技形成網網相連，並透過不同資訊服務設施（包括電話語音、自動提款機、網際網路、公用資訊站等），對機關、企業及民眾在其方便時間、地點及方式下，提供自動化之服務。

2.就業務而言：電子化政府是延續過去業務電腦化、辦公室自動化及國土資訊之發展。

3.就政策而言：電子化政府是歷年推動行政革新、政府再造及綠色矽島等政策中重要之一環。

4.就位階而言：在綠色矽島施政藍圖之下，電子化政府與「知識經濟發展方案」、「科技化國家推動方案」以及「產業自動化及電子化推動方案」相輔相成。

(二)我國推動電子化政府的願景：

1.充分運用資訊和通訊科技，一方面提高行政效能，創新政府的服務，一方面提昇便民服務品質，支援政府再造，邁向全民智慧型政府。

2.電子化政府要革新公務員的辦事方法，讓公務處理可以藉助現代資訊及網路通信科技大幅改造，使得政府服務的組織更為精巧靈活，服務的速度加快，時間延長，據點普及，選擇多樣，成本更為降低。

3.電子化政府要讓政府機關、企業及社會大眾可以在任何時間、地點，透過多種管道很方便地得到政府的各項服務，包括查詢資訊、申辦等，並且要提供政府創新的服務，例如「免書證謄本」、「免填申請書表」、「無紙化申辦」、「單一窗口」、「多據點、多管道、二十四小時服務」、「服務到家」等。

4.電子化政府要落實政府再造工作，帶領國人邁入全民智慧型政府，成為全球數位化政府的領先群。

(三)我國推動電子化政府的總體目標：電子化政府要能支援「效能型政府」、「計畫型政府」、「競爭性政府」及「團隊化政府」，促使政府轉型，達到政府「服務現代化」、「管理知識化」的總體目標，其具體目標如下：

1.建立暢通及安全可信賴的資訊環境。

2.政府機關和公務人員全面上網。　　3.公文電子交換全面實施。

4.一千五百項政府申辦服務上網。　　5.戶籍地籍謄本全免。

(四)達成目標之限制：

1.政府財政困難，資訊預算比例偏低。

2.政府機關資訊組織與人力調整限制。

3.新的資訊法規與處理標準仍尚待建立。

4.民間及社會資源支援程度有限。（電子化政府推動方案，行政院研究發展考核委員會，九十至九十三年度）

六、 試說明目前我國電子化政府計畫的執行成效？後續應加強的事項又為何？

答： (一)目前我國電子化政府計畫推行成果：「電子化／網路化政府中程推動計畫」實施成果如下：

1.統籌建置「政府網際服務網（GSN）」，至八十九年十二月底已有一千二百個機關以區域網路專線連接上網，加速政府機關連線上網步伐，奠定政府機關網際網路應用發展基礎。

2.推動「村村有電腦，里里上網路」，試行推動村里便民網路服務點，建置村里便民服務網站，並建置偏遠地區上網據點，對普及網路應用，消除數位落差有具體助益。

3.推動「課股有信箱，訊息瞬間通」，配合公文電子交換推動，已建立公務機關電子郵遞服務基礎環境，並結合電子憑證簽章，確立可信賴之訊息傳遞機制。

4.推動網際網路行政應用，已自90年完成全部行政機關公文電子交換，完成電子採購政府招標資訊公告系統及電子型錄、電子報價及推動電

子法規、電子人事、電子計畫管理、電子政府出版等,提升政府行政效率。

5.推動網際網路便民應用,辦理各類所得扣(免)繳憑單資料網路申報、綜合所得稅結算網路申報繳稅、營業稅網路申報繳稅,以及各稅查(核)定稅款網路繳稅;「電子公路監理」已提供違規罰鍰及各類監理業務線上申辦及繳費;推動電子就業,完成求才求職資料庫建置;推動電子公共安全、電子工商、電子保健、電子公用事業服務等。

6.建立網際網路電子認證機制,提供網路身分識別服務。已建置政府憑證管理中心(GCA),提供網路報稅、電子公路監理、電子支付、電子採購及公文電子交換所需之電子認證服務。

7.推動網際網路資訊安全稽核,已訂頒「行政院及所屬各機關資訊安全管理要點」及「管理規範」,辦理資訊安全及電腦稽核人才訓練。

8.推動「網網相連電子閘門」,促進跨機關資訊整合,期能達成「一處收件,全程服務」理想目標。已推動戶役政資訊系統試辦與警政、稅務及法務實施連線資料查驗作業,推動公路監理與稅務、法務試辦連線資料查驗作業,對簡化作業流程,減少書證謄本使用,提升行政效率有所助益。

9.配合擴大內需方案,加強推動辦公室自動化及服務上網,完成全部基層公所網路建置及連線上網。

(二)仍應加強事項:

1.政府機關尚待全面普及上網:政府部門網際網路之應用已逐步開展,中央各部會及直轄市、縣市政府皆已逐步建置網站,惟受限於於人力、技術及經費等因素,連線上網政府機關數目及公務員上網人口均有待進一步推動普及。

2.網際網路資訊資源尚待充實:政府機關所提供網路資訊資源尚待充實,在資訊內容深度及廣度、資料的時效性及更新頻率等均待加強,必須加速政府資訊流通,開放供民間的資訊加值利用。

3.政府資訊服務管道尚待擴展:網路是電子化政府提供服務的優先管道,部分機關雖已設置政府資訊服務站設施,惟仍應進一步在全國各地普遍發展設置,同時也應善用電話語音、自動提款機等,讓民眾可以多管道獲得服務。

4.網路申辦服務尚待推廣：網路報稅和公路監理雖已提供網路申辦，但使用人口尚難見有效提升。電子閘門已初步展開，網路電子認證機制亦已初備，各機關提供網路申辦服務項目未見有效成長，均應進一步加強推動。

5.政府資訊安全管理尚待落實：政府資訊安全管理工作尚待加強，雖然「行政院及所屬各機關資訊安全管理要點」及「管理規範」已經訂頒，惟從資訊安全政策、法規、技術，行政流程、網路規範、使用倫理及人員觀念等層面，應再持續加強推動，俾能有效建立資訊安全機制。

6.政府資訊相關法規尚待檢討：電子化應用作業所需配合相關法規，尚待全盤性的檢討研修，必須以新的思維、新的方法、新的流程來建立現代化的行政運作體系及便民服務措施。

7.公務人員網路能力尚待加強：必須持續推廣公文電子化作業、電子郵遞等各項網路應用，加強教育訓練工作，養成現代化的「網路公務員」。

8.資訊組織與人力尚待有效調整：政府機關必須有效運用資訊組織與人才推動電子化政府，尤以當企業界已將資訊技術作為加強競爭力的策略資源時，政府必須因應此一潮流。

9.資訊預算經費尚待擴增：針對電子化政府未來推動需求，必須在相關預算經費上獲得相當支持，方能使各項計畫有效推動。

七、 目前我國推動電子化政府的實施策略為何？試條列說明之。

答：　(一)統籌政府骨幹網路服務，加強建設基礎環境，推動政府機關全面上網：持續統籌發展政府網際服務網（GSN），加速政府機關全面連線上網，擴大基礎服務及整體聯防功能，促進電子認證機制與應用，提供更安全、頻寬更大、品質更佳的網路環境，提供電子化政府發展的良好基礎環境，促進各機關邁向寬頻應用領域。

　(二)提昇資訊應用程度，支援政府決策：配合資訊技術發展，促進各機關相關業務電腦化持續更廣更深之應用與發展，發揮資訊系統效能，邁入決策支援，推動知識管理應用。

　(三)推動標竿應用系統，帶動資訊應用普及：加強推動業務電腦化及辦公室自動化，選定具指標作用、共同性高之應用項目，如電子閘門、電子表單、電子公文等優先推動，發揮領先帶動效果，塑造網路公務員，開創數位行政新紀元。

(四)配合政府資訊公開制度，充實政府網路服務，落實單一窗口：配合「政府資訊公開法」立法施行，推動政府資訊與服務上網；加強運用網路無遠弗屆的特性及傳遞資訊與服務的技術，推動跨部門跨業務資訊整合及政府資訊流通機制，建置跨機關電子閘門，在網路上形成「資料流」、「書證謄本流」、「計畫流」、「書流」、「標流」、「金流」等，提供跨組織網路連線整合服務，同時也必須提供多元化、多管道的電子化服務，帶動流程再造、組織再造，創新政府服務，以落實單一窗口。

(五)照顧偏遠地區及資訊應用弱勢群體，縮短數位落差：消除「資訊偏遠」，縮短數位落差乃各先進國家之共識，應積極協調與整合相關機關與民間資源，選擇適當地點建置上網據點，提供基礎的電腦教育訓練及上網服務，配合地方的產業特色，建立專屬網站，促進當地的經濟發展、文化保存和改善生活環境的目標。

(六)配合地方自治，協助地方資訊發展：中央與地方有關電子化政府之發展實為密不可分，許多涉及具有全國一致性、共同性或互通性之行政資訊系統，往往推動開發是由上而下，資料之建立則由下而上；中央與地方應加速訂定明確之互動合作機制，並建立相關標準規範。

(七)善用民間資源，擴大委外服務：民間企業的活力和靈巧是政府所不及的，電子化政府的推動必須善用民間的資源，加強推動資訊委外服務，並配合檢討政府機關資訊組織與人力架構。

(八)尊重人性，以人為本：加強推廣公務人員e-learning，建立正確的資訊行為與價值觀，激發積極創新的活力。（電子化政府推動方案，行政院研究發展考核委員會，九十至九十三年度）

八、何謂「電子商務（Electronic Commerce）」？其主要內涵為何？電子商務的種類可分為那幾種？

【說明】電子商務的精神乃是在，運用先進資訊科技，同時藉由組織作業的流程改造，來達到減低組織營運的成本開支，提昇作業效率，增加客戶滿意度。David Kosiur認為：「電子商務能提供公司短期與長期的利益，電子商務不只能打開新市場讓你接觸新客戶，而且更能讓你在原有的客戶基礎上更快速且便利地從事商業活動」。

答：(一)定義：

廣義而言，舉凡交易雙方均以電腦透過網路進行交易都可謂之為「電子商務」。因此如商業EDI（Electronic Data Interchange）、金融EDI、電子銀行、電子購物、電子訂貨等都在此範疇。另依照Kalakota&Whinston認為，電子商務的需求根源來自於「企業和政府內必須對於計算能力以及電腦科技做更佳的利用，來改善與客戶的互動、企業流程、企業內和企業間資訊的交換」。

(二)電子商務的內涵包括：

　1.兩大重要支援支柱：即公共政策與技術標準。公共政策是指和電子商務相關連的公共政策，如全球存取、隱私權和資訊定價等等；其有別於一般所從事的商業活動是由商業法規和詳細的案例所管轄，而電子商務目前著重的是基本政策和法律問題。而技術標準是為了確保網路的相容性，其對於資訊出版、使用者介面與傳輸的一些細節等等的部分有絕對性的影響。

　2.一般商業服務基礎架構：包含安全、認證、電子付款、電話簿與型錄等。

　3.訊息與資訊分散基礎架構：包括了電子資料交換、電子郵件與超文件傳送的議題。

　4.多媒體內容與網路出版基礎架構：包括超文件標示語言、爪哇語言和全球資訊網的議題。

　5.網路基礎架構：包含電訊、有線電視、無線電與網際網路的基礎建設之議題。

(三)電子商務的種類：Kalakota&Whinston亦提出另一種對電子商務的看法是：將其看成是透過一組中間媒介者，將數位的輸入轉換成加值輸出的處理過程。並將電子商務分成以下幾種：

　1.企業與企業間的電子商務（Inter-organizational Electronic Commerce）：

　(1)即組織間的電子商務，可以促進下列的商業應用更加便利：供應商管理（Supplier Management）：電子商務藉由減少訂單的處理成本與流程的次數，可以幫助公司減少供應商的數目並且協助公司的夥伴，因此它可以用更少的人力來處理更多的訂單數目。

(2)庫存的管理（Inventory Management）：電子商務可以縮短訂
貨、運送與收帳的流程和時間。這可幫忙減少並改良庫存的問
題，並且避免缺貨發生。

(3)配送的管理（Distribution Management）：電子商務可以使得一
些出貨文件如請款單、訂貨單、運貨單與報關文件等的傳遞均可
以獲得改善。

(4)通路的管理（Channel Management）：電子商務可以將變動中的
作業情況快速地傳遞給交易的夥伴，例如以往必須以電話反覆聯
絡並且花費許多人工，將各種技術資訊、產品資訊以及價格資訊
通知貿易夥伴；而現在均可以透過電子商務的方式，例如公佈在
電子佈告欄上或是經由與國外代理商和經銷商的網路連接，而輕
易地獲得商品的相關資訊。

(5)付款的管理（Payment Management）：應用電子商務可以將供
應商與經銷商的公司連接，使得付款的作業可以透過電子的方式
接收與傳遞；如此可以減少人工失誤，並可提高公司計算發票的
速度與減少交易的成本和費用。

2.企業內部的電子商務（Intra-organizational Electronic Commerce）：
即組織內的電子商務，可以幫助企業保持傳遞重要客戶的滿意度，並
且將組織內各種重要的功能整合。並且可以促使下列的商業應用更加
便利：

(1)工作群組的溝通（Workgroup Communications）：此種應用可以
讓經理人經由電子郵件、電子視訊會議或電子佈告欄來和員工溝
通，使得員工吸收更多的資訊。

(2)電子出版應用（Electronic Publishing）：讓公司利用如全球資訊
網這樣的工具來出版與傳送人事手冊、產品規格與公司會議記錄
等，提供全公司更好的策略與決策上所需要的重要資訊；並且減
少印刷以及收發文件的成本。

(3)業務團隊生產力（Sales Force Productivity）：藉由組織內的電
子商務可以改進生產部門與業務部門，以及公司與客戶之間的資
訊流程，公司可以藉著將業務人員與其他部門人員之間的密切結
合，掌握敏感的市場與競爭對手的資訊。

3.顧客與企業間的電子商務（Consumer-to-Business Electronic Commerce）：以電子傳送技術來輔助顧客對於公司的交易之中，顧客可以從電子出版物來了解商品資訊，用電子現金及其他的安全付費系統來購買商品，甚至以網路來運送資訊商品。從顧客的觀點來說，電子商務促進了下列電子交易的進行更便利：

(1)社會互動（Social Interaction）：透過電子郵件、電子視訊會議與新聞群組，可以使得客戶與他人溝通。

(2)個人財務管理（Personal Finance Management）：消費者可以利用線上金融工具來管理與投資個人的財務。

(3)購買商品與資訊（Purchasing Products and Information）：消費者可以在線上找到已有的新商品或資訊。

九、　當前世界各主要先進國家，如：美國、英國、加拿大等國，皆在推動「行政單一窗口化」的工作，成為了一股世界性的風潮。試問，所謂行政單一窗口化的「三個C」、「四個單一」及「五個最少」，其內容為何？

【說明】當前各國積極推動的政府再造工程，已經從「增加稅收、減少支出」演進到建立「企業型政府」的改革途徑。企業型政府主張行政機關的改革，必須要從改變管理理念及方式著手，強調在管理上必須要「師法企業」，以塑造具有革新及適應能力的政府組織。

答：　(一)原則：推動行政單一窗口化，必須遵循三個C為指導原則：

1.在理念上：要灌輸「顧客導向」的概念：在民眾權利意識啟蒙的時代中，政府必須改變為求行政上的便利不惜擾民的作風，成為一個和人民親近，能傾聽民眾聲音，設身處地為民眾著想的「服務機器」。

2.在結構上，要做到「相互聯繫」：行政單一窗口化的工作，要將原本彼此獨立作業的承辦人、單位、團隊與機關整合起來，使政府體系中存在的界限壁壘能夠消弭，成為一個「無縫隙政府」。

3.在流程上，要能夠「集中作業」：行政單一窗口化的工作，要將原本被分割辦理的業務，重新予以整合，壓縮完整連貫的作業流程，建構一個低交易成本的「流線型政府」。

(二)行政單一窗口化的原則，要做到「四個單一」：

1.單一地點：民眾只需到一個地點，便可以完成所要求的服務事項。

　　2.單一次數：民眾辦理一個案件，只需前往該機關一次即可辦成，不應
　　　讓民眾來回奔波數趟。
　　3.單一接觸點：民眾洽辦公務，不論該公務是否涉及多個承辦人、部門
　　　或機關，都是只由最初接辦的公務員從頭服務到底，也就是「一處交
　　　件，全程服務」。
　　4.單一作業動線：在公務處理的流程上，吸取工業製造「生產線」的觀
　　　念，打破不同部門間的界限。
(三)行政單一窗口化實施之後，要能夠達到「五個最少」的結果：
　　1.民眾等候的時間要最少：單一窗口化要建立各種業務的「標準作業時
　　　間」，配合民眾的作息習慣，把民眾洽辦公務在時間上所耗費的「機
　　　會成本」降至最低。
　　2.民眾填寫的書表要最少：以往行政機關在民眾申請的案件上，往往要
　　　民眾填列許多不必要的書表或繳交不必要的證件。單一窗口化之下這
　　　種現象不應再存在。
　　3.蓋的章要最少：單一窗口化必須要盡量減少核章的數目。
　　4.作業牽涉的層級數要最少：單一窗口強調迅速回應，因此須對第一線
　　　的承辦人充分授權與授能，至多只區分督導與執行一級。
　　5.民眾的抱怨要最少：除了作業方式的改變之外，最重要的，還是公務
　　　人員要有親切的態度。（推動全國行政單一窗口化運動實務，行政院
　　　人事行政局，頁192-245）

十、何謂「公共管理資訊系統」？公共管理資訊系統的運用原則為何？公共管理資訊系統要發揮管理效果，應具備那些先決條件？

【說明】根據英國學者的看法，英國的續階計畫、公民憲章與財務管理方案
　　　　等重要的政府再造計畫都大量引用公共管理資訊系統加以處理。

答：(一)意義：任何具有蒐集、處理資訊的機制作用，都可稱之為資訊系
　　　統。資訊系統並非是以電腦為基礎的系統，而是一組織化的程序，它
　　　提供資訊以支持組織中的決策制定與控制。依此，電腦系統、文件與
　　　公文格式的運用固然是重要的資訊系統，但其他許多非正式的資訊，
　　　如專家預測、專家判斷都是公共管理資訊系統的一部分。因此，資訊
　　　系統實包括軟體與硬體的資訊類型，也包括來自於電腦與非電腦系統
　　　的資訊類型。凡是能夠發揮管理效能的資訊系統，就是一個管理資訊
　　　系統（MIS）。

(二)公共管理資訊系統的運用原則：

1.運用多元標準評估公共管理資訊系統的效果：私部門的管理資訊系統係以「經濟效率」為評估標準，但公共管理資訊系統則以多元標準如「公平」、「公道」或「正義」等加以衡量。

2.儘量避免將公共管理系統當作私用或充作個人報償：公共管理資訊的運用一定要基於「公共」的原則。

3.公共管理系統資訊的規劃必須是漸進的、權變的，而非整體的、理性的：由於公共管理者所面對的政治環境太過複雜，它的規劃必須採取漸進主義的模式，隨政治氣候的改變而作適度的調整。

4.公共管理資訊系統的設計應注意與組織外部的連鎖關係：公共部門之間的資訊聯繫，要相互交換訊息，避免重複浪費。如犯罪司法系統資料應連接警察機關、法院及調查局等單位。

(三)公共管理資訊系統要發揮管理效果，應具備下列先決條件：

1.必須對於電腦資訊科技具有基本的認識。

2.必須具有與管理資訊系統的工作意願。

3.必須了解系統應用的優點與限制。

4.必須深切體認人類與資訊互動的不同情況。

5.必須客觀地評估系統對於管理決策所做出的貢獻。（丘昌泰，公共管理-理論與實務手冊，頁354-363）

貳、選擇題

( )　1. 下列何項不是辦公室自動化體系的內涵？
(A)口語化　　　　　　　(B)資訊影像處理
(C)提高工作績效　　　　(D)人性化資訊。

( )　2. 管理資訊系統建立，依序可分成哪三階段？
(A)規劃-分析-整合　　　(B)分析-規劃-整合
(C)分析-整合-建置　　　(D)調查-分析-整合。

( )　3. 偏遠地區學生受限於電腦設備與網際網路未能普及，使得其學習的效果無法與都會地區學生並駕齊驅，此係屬電子化政府研究中之何種議題？　(A)電子商務　(B)數位落差　(C)網路新都(D)電子憑證。

( )　4. 凡是能夠用來創造組織財富的知識、資訊、經驗、智慧財產等智慧材料，Steward稱之為：　(A)文化資本　(B)社會資本　(C)智慧資本　(D)人力資本。

( )　5. 行政管理資訊統之中央主管機關為：　(A)行政院主計處　(B)行政院文化建設委員會　(C)行政院經濟建設委員會　(D)行政院研究發展考核委員會。

( )　6. 決策支援系統（DSS）較諸管理資訊系統（MIS），有哪些不同特性，下列何者不包括在內？　(A)可支援結構化決策　(B)可支援整個決策過程　(C)對環境變化具彈性　(D)使決策者可表達主觀認定。

( )　7. 凡是可以為組織創造競爭利益及價值，並可經由組織發掘、保持、應用及再創造的資訊、經驗、智慧財產，即稱為：　(A)知識　(B)智能　(C)智慧　(D)天賦。

( )　8. 下列何者非實施知識管理的理由？
(A)有效的溝通與建立共識　　　(B)知識儲存與再利用
(C)市場導向與策略發展　　　　(D)官僚導向。

( )　9. Davenport與Prusak兩人認為知識管理若欲成功，則應具備一些要素，其中不包括下列何者？　(A)技術與組織結構　(B)高層主管的支持　(C)具備經濟效益或是產業價值　(D)資本導向的文化。

( )　10. 指政府機關運用資訊與通信科技形成網網相連，並透過不同資訊服務設施，對機關、企業及民眾在其方便時間、地點及方式下，提供自動化服務之總體概念。此稱為：
(A)企業型政府　　　　　　　　(B)電子化政府
(C)多元化政府　　　　　　　　(D)顧客至上政府。

( )　11. 指能系統化、清楚地和深思熟慮地建立、革新和應用組織中的核心知識，目的乃欲使組織能讓其核心知識發生極大化效率，並使其能為組織帶來一定的利益的管理，稱為：
(A)知識管理　　　　　　　　　(B)智慧管理
(C)智能管理　　　　　　　　　(D)求知管理。

(　) 12. 下列何者非電子化政府的特質：　(A)電子化政府的目的在建立
起跨越政府機關、企業與民眾的互動機制　(B)政府有責任與義
務提供更為便利的方式，讓民眾能夠容易地取得所需的政府資
訊與服務　(C)Peters指出大部分的人仍只是運用資訊科技增進
原有的工作效率，而未對組織管理有產生重大影響　(D)電子
化政府的目標之一，即是透過資訊化的過程，將行政程序簡單
化、統一化。

(　) 13. 從組織理論的角度來看，下列何者非實施知識管理的目的？
(A)強化組織成員的獨立作戰　(B)協助建立需求的發展策略
(C)發揮創造、累績及應用的功能　(D)加速知識的獲得與個人、
組織的成長。

(　) 14. 知識轉換模式的正確步驟為：
(A)外顯化與內面化的互動→吸收與散佈→延伸與凝聚的互動
(B)外顯化與內面化的互動→延伸與凝聚的互動→吸收與散佈
(C)延伸與凝聚的互動→吸收與散佈→外顯化與內面化的互動
(D)延伸與凝聚的互動→外顯化與內面化的互動→吸收與散佈。

(　) 15. 指組織能創造新的知識，並將此一新知識傳播到整個組織中，即
此知識能為員工所吸收，並應用於生產活動及服務上。此過程
稱為：　(A)知識的建立　(B)知識的擷取　(C)知識的創造　(D)
知識的回饋。

(　) 16. 歐美日等主要國家建構電子化政府已經數年，各國間對於電子化
政府的認知，主要為：　(A)在政府與民眾間應致力於擴增網路
便民服務　(B)在政府與企業間應致力於促進電子商務應用　(C)
在政府與政府間應致力於推動跨機關資訊流通共享，提升行政
效能　(D)以上皆是。

(　) 17. 組織從內、外環境中有效的處理資訊，以創造新知識，其中組織內
隱知識與外顯知識的互動亦可創造知識，此種知識互動稱之為：
(A)知識的轉折　(B)知識的轉換　(C)知識的吸收　(D)知識的回饋。

(　) 18. 個人能將其默會知識與他人分享，強調默會知識必須經由個人與
個人共同的活動，才能達到分享的目的。此係屬於何種知識創
造模式？　(A)外部化　(B)合併化　(C)社會化　(D)內部化。

( )　19. 「指經由顯性知識的對話，而使得原本的顯性知識轉變成更複雜的一套顯性知識。在此部分中，最主要的工作乃是溝通、擴散，以及把知識系統化。」此係屬於何種知識創造模式？　(A)外部化　(B)合併化　(C)社會化　(D)內部化。

( )　20. 下列關於電子商務內涵的敘述，何者正確？　(A)電子商務的兩大重要支援支柱，即是公共政策與技術標準　(B)公共政策是指和電子商務相關連的公共政策，如全球存取、隱私權和資訊定價等等(C)技術標準是為了確保網路的相容性，對於資訊出版、使用者介面與傳輸的一些細節等等的部分有絕對性的影響　(D)以上皆是。

( )　21. 政府推廣IC健保卡，此係屬電子化政府的何項內容？　(A)政府服務上網　(B)智慧卡之應用　(C)消除數位落差　(D)知識經濟發展。

( )　22. 指政府要讓民眾接洽公務時，能在一處交件，就能獲得全程且滿意之服務。此種行政措施稱為：　(A)目標管理　(B)績效管理　(C)單一窗口服務　(D)流程管理。

( )　23. 何種管理的精神乃是在運用先進資訊科技，同時藉由組織作業的流程改造，來達到減低組織營運的成本開支，提昇作業效率，增加客戶滿意度？　(A)目標商務　(B)全面品質管理　(C)電子商務　(D)辦公室自動化。

( )　24. 「電子化政府是歷年推動行政革新、政府再造及綠色矽島等政策中重要之一環。」此為我國推動電子化政府總體概念之何項面向？　(A)功能面向　(B)政策面向　(C)業務面向　(D)位階面向。

( )　25. 推動行政單一窗口化，必須遵循三個C為指導原則，其中不包括下列何者？　(A)共同競爭　(B)顧客導向　(C)相互聯繫　(D)集中作業。

( )　26. 下列何者非我國推動電子化政府的實施內容？　(A)無紙化申辦　(B)有序排隊等候辦理　(C)單一窗口　(D)多據點、多管道、二十四小時服務。

( )　27. 要達成我國推動電子化政府目標可能產生的限制為何？　(A)政府財政困難，資訊預算比例偏低　(B)政府機關資訊組織與人力調整限制　(C)新的資訊法規與處理標準仍尚待建立　(D)以上皆是。

( )　28. 下列何者非電子化政府的特色？　(A)市場導向　(B)透過政府內部的電腦化過程進行的行政資訊電子化過程與連結各部門資訊網的建立等措施，政府內部的人員是電子化的影響者亦是受益者　(C)「單一窗口」措施即是先由簡化與民眾有關的行政手續著手，進一步地將各種行政手續建立一元化、電子化、透明化　(D)電子化政府，係在因應快速變遷的環境，以資訊科技打破傳統的思維。

( )　29. 「單一窗口強調迅速回應，因此須對第一線的承辦人充分授權與授能，至多只區分督導與執行一級。」此係屬行政單一窗口「五個最少」中之何者？　(A)作業牽涉的層級數要最少　(B)民眾等候的時間要最少　(C)民眾填寫的書表要最少　(D)民眾的抱怨要最少。

( )　30. 現代機關組織的資訊業務可以分為：　(A)資訊硬體與資訊軟體　(B)資訊理論與資訊實務　(C)資訊行政與資訊技術　(D)資訊公務與資訊企業。

( )　31. 下列何位學者將電子商務分成「企業與企業間的電子商務」、「企業內部的電子商務」、「顧客與企業間的電子商務」？　(A)Kalakota　(B)Whinston　(C)以上皆是　(D)Davenport。

( )　32. 行政單一窗口的推動，基本上可帶來下列何種正面效益？　(A)提升民眾生活品質　(B)減少行政弊端　(C)一新政府的形象(D)以上皆是。

( )　33. 依據政府互動對象，我們可以將電子化政府區分為三種類型，其中「G2B」是指：　(A)政府對政府的聯結　(B)政府對企業的聯結　(C)政府對民眾的聯結　(D)政府對員工的聯結。

解答與解析

1.**(A)**。 2.**(C)**。 3.**(B)**。 4.**(C)**。 5.**(D)**。 6.**(A)**。 7.**(A)**。 8.**(D)**。

9.**(D)**。應是「知識導向的文化」。具備有利於知識的文化顯然是知識管理最重要的成功條件。

10.(**B**)。「電子化政府」強調除了結合政府各部門業務電腦化的成果，更企圖通過網路塑造一個提供民眾各種全天候服務的電子化或網路化政府，進而提昇政府生產力與效率。

11.(**A**)。

12.(**C**)。應是Drucker指出，大部分的人仍只是運用資訊科技增進原有的工作效率，而未對組織管理有產生重大影響。

13.(**A**)。　14.(**B**)。　15.(**C**)。　16.(**D**)。　17.(**B**)。

18.(**C**)。Nonaka與Konno首先提出「社會化-外部化-合併化-內部化」（SECI）的知識創造模式。他們認為知識的創造乃顯性知識及默會知識互動而呈現一種向上盤升的螺旋狀過程。

19.(**B**)。

20.(**D**)。電子商務包括：一般商業服務基礎架構、訊息與資訊分散基礎架構、多媒體內容與網路出版基礎架構、網路基礎架構。

21.(**B**)。智慧卡（smart IC card）將逐漸作為個人基本資料儲存及線上申辦身分辨識之重要媒介，政府推廣應用智慧卡，可提供民眾身分識別、網路安全認證、醫療保險憑證、駕駛許可等各種服務。

22.(**C**)。

23.(**C**)。David Kosiur認為：「電子商務能提供公司短期與長期的利益，電子商務不只能打開新市場讓你接觸新客戶，而且更能讓你在原有的客戶基礎上更快速且便利地從事商業活動」。

24.(**B**)。　25.(**A**)。

26.(**B**)。電子化政府要革新公務員的辦事方法，讓公務處理可以藉助現代資訊及網路通信科技大幅改造，使得政府服務的組織更為精巧靈活，服務的速度加快。

27.(**D**)。

28.(**A**)。應是「顧客導向」。如果二十世紀六十年代是市場取向的時代，八十年代是品質取勝的時代，而二十世紀90年代起就是以客為尊的時代。

29.(**A**)。　30.(**C**)。

31.(**C**)。Kalakota&Whinston將電子商務看成是透過一組中間媒介者，將數位的輸入轉換成加值輸出的處理過程。其中，企業與企業間的電子商務（Inter-organizational Electronic Commerce）可以促進下列的商業應用更加便利：供應商管理（Supplier Management）、庫存的管理（Inventory Management）、配送的管理（Distribution Management）、通路的管理（Channel Management）、付款的管理（Payment Management）。

32.(**D**)。

33.(**B**)。(A)G2G。(C)G2G。(D)G2E。

第九章　財務行政相關議題
（公共財務管理、官僚預算模式、多元評估模式）

壹、申論題

一、自二十世紀初期，政府預算制度歷經多次改革變化。請依時間順序，說明政府預算制度的沿革發展及各預算制度的特徵，並比較其差異。

答：預算制度創始於英國，其後各國競相仿行，就演進觀點其順序可分為傳統預算制度、複式預算制度、績效預算制度、設計計畫預算制度、零基預算制度、成果預算制度，茲將其分敘如下：

(一)傳統預算制度：將國家一切財政收支編入單一預算之中，對各項經費究為經常費用或資本性支出，一概不加區別，政府預算編製，原則上只在『量出為入』與『收支平衡』，是一種以『控制』為中心預算制度，也是民主政治工具。亦稱為單一預算制度，僅注意支出預算之政治性監督，而缺乏經濟性企劃控制。

(二)複式預算制度：將預算分為經常預算與資本預算，以達成經濟政策任務為目標之預算制度。其優點除可明瞭資本形成的資金來源，並可瞭解公共資本的蓄積動向。但其缺點則是舉債投資，前一世代對後一世代所遺留資本資產，是否增加後代負擔，難以確定。

(三)績效預算制度：係基於政府職能、業務與計畫所編之預算，較注重一般重要工作執行或服務之提供，而不著眼於人員、勞務、用品、設備等事務之取得。是一種以「產出」為取向，科學管理為中心，特別重視產出績效的預算制度，為現代化制度起源。績效預算之目

的，在便利政府於會計年度內，完成各項工作計畫與所列舉之具體建議，其編制係以政府應作工作或應提供服務事項為基礎，並彙總表示每一工作與服務事項所需成本。西元1949年美國『胡佛委員會』對國會報告時首先使用，1951年美國全面實施，我國則1962年正式採用。

(四)設計計畫預算制度：又稱企劃預算制度，乃將目標設計、計畫擬定、預算籌編，三者結合而成之一種預算制度。本制度係以『設計』為中心，分析為手段，而以提高行政效率為目的。PPBS源於西元1915年杜邦公司，1961年美國防部長麥納瑪拉正式應用，詹森總統1966年要求全面推動。其編製分三階段即設計策定、計畫作成、預算編列。

(五)零基預算（ZBBS）：要求每一單位主管申請預算時，應自計畫起點開始，故名之為零基，並將審核與驗證工作仍交由各單位主管負責，詳為說明需求預算之適當性。亦即將每一項業務或活動視為一項個別「決策包」（Decision Package），然後以系統化之分析方法，就個別決策案加以評估，再按其重要程度，逐一評定決策案之排名高低優先順序。西元1970由德州儀器公司開始試行，復由創始人皮爾（P.A.Pyhrr）為文鼓吹，1977年卡特倡導，1981年雷根上台即不再熱衷實施；此制度可革除消化預算惡習。

(六)成果預算制度：係以施政成果與績效衡量作為預算分配依據、統籌調整，本預算偏重績效成果與企業化原則。柯林頓總統所採行「企業化預算」亦稱「任務預算」或「結果導向預算」。

上述預算制度涵蓋傳統預算制度（單式與複式複式預算制度）、績效預算制度、設計計畫預算制度、零基預算制度、成果預算制度之比較如下：

特性/種類	CBS	PBS	PPBS	ZBBS	POB
資源分配	現在	工作計畫	長程	決策包	績效導向
其畫其成	一年	一年	五年以上	一年	一年、五年
基本取向	控制	管理	規劃	決策制定	管理
預算流向	由下而上	由下由上	由上而下	由下而上	

特性/種類	CBS	PBS	PPBS	ZBBS	POB
涵蓋範圍	機關內	機關內	跨機關	機關內	機關內
焦距目標	效率	效率	效能	效率效能	效率
關注焦點	政策過程	政策過程	政策目標		
關鍵資訊	支出標的	機關活動	機關目標	機關目標	機關活動
政策制定	漸進式	漸進式	系統性	漸進式參與性	漸進、參與、分權
規劃責任	缺乏	分散	集權化	分權化	共同負責
預算角色	財政穩定	追求效率	政策目標	政策優先順序	確保責任
應備技能	會計	管理	經濟與規劃	管理與規劃	管理、規劃、溝通
意涵	各費用彙編無目標	完成計畫所須成本	目標設計、計劃籌編、預算籌編	預估預算必要性	綜合績效評估與政府預算
創始者	丹麥	胡佛委員會	杜邦公司	彼得‧皮爾	柯林頓

（公共財務管理，徐仁輝，預算制度的演進；張潤書，行政學，政府預算制度）

二、何謂公共財務管理？公共財務管理具有何種特色？公私財務管理具有何種差異？

答：(一)公共財務管理的意義與內涵：公共財務管理係指公共組織處理有關公共資金的所有行政活動，公共組織包括各層級政府機關及非營利組織。所有公共組織每年皆有大筆資金流進流出，大多數公務員也每天直接或間接的經手與公共財務資源有關的活動。

1.公共財務管理與財務行政兩者基本上所涵蓋的範圍是一致的，只是前者探討的內容較重視一個公共部門管理者必須面對的財務技術與概念，後者偏重一般財務行政制度與環境。一般來說，公共財務管理之

專業領域有預算、會計、收支、採購、閒置資金投資、公債、風險管理、審計等，良好的財務管理可以確保公共資金的安全、方便政策之長期規劃以及對政府機關經營的效率與效能提供評估。

2.至於財務行政，依學者定義，為政府機關處理財務事項及其有關之組織與管理的制度，目的在執行財政政策，其中包括有預算、財務收支、會計、稽核、檢核、審計等制度。而構成財務行政的四大要素分別是財務政策、財務責任、財務職能與預算程序，其中財務職能有會計、預算、徵收與公庫、審計等職能。

3.從以上對公共財務管理與財務行政學內容的界定，可見兩者範圍的雷同。惟公共財務管理知識目的，更在於幫助公部門管理者克服專業術語的束縛，利用一般財務管理原理去改善組織的效能。例如管理者並不須要了解審計人員如何對每一筆財務交易進行審計，但必須有能力閱讀審計報告及利用它來評估政府的財務狀況。

(二)公共財務管理的特色：公共財務管理的特色反應在公共組織的特定任務導向，公共組織應考量三個層級的導向：控制（control）、管理（management）與計畫（Planning）。控制導向努力於確保組織完成其特定任務以及組織成員行為不偏離既定政策，管理導向著重每日經營俾達成效率與效能，計畫導向集中於規劃組織目標及達成目標的方法之選擇。這三種不同的導向，每一個所需的資訊皆不同，控制導向需要的資訊是應否採取特定行動，管理導向要求的是投入產出關係的測量與達成情形，計畫導向需要的是對未來事件的推測、可能未來的藍圖以及達成的方法。因此，就公共財務管理而言，控制導向強調的是會計、審計與支出行政；管理導向強調成本分析、採購、現金管理與風險管理；計畫導向與財務預測及資本預算有關。

(三)公私財務管理之差別：公共財務管理與私人企業財務管理在許多分析觀念與技術上是共通的，但是在應用層面上則有很大的不同。

1.企業財務管理著重處理個人與企業的資產與負債，透過銷售財貨與勞物以獲取所得與利潤，公共財務管理著重處理預算限制下的收入與支出以達到資金的合法與有效使用。

2.私人部門在處理產品、租稅及所面臨的限制皆與公共部門不同，例如企業所得來自提供產品與服務，政府的稅收則來自個人與企業非自願的繳納；企業財務的限制主要係生產要素供應、經濟活動的法律規定以及市場條件等，政府財務的限制主要是政治環境、預算規模與法律規章等。（徐仁輝，公共財務管理，頁327-341）

三、 何謂公共預算？公共預算與公共財務管理具有何種區別？公共預算過程具有那四階段？

【說明】公共預算作為政府的財務收支計畫書，對於各項收入來源皆會有所規劃、評估與預測，對於各項支出用途與項目，也會進行評估、比較與選擇，務必讓各項支出能最經濟，各項收入能確實。

答： (一)公共預算定義：公共預算可以簡單的定義為公共部門有計畫的取得與使用資源。公共預算涉及許多人的努力完成，最後必須訴之於文件，其代表的是在特定期間內如何收取與獲得資金的計畫，這無數的不同文件係由不同的人在不同的時間為不同的目的在執行。

　　(二)公共預算與公共財務管理的區別：

　　1.公共預算關心的是資源配置的選擇議題，它涉及的是政府將作什麼的高層次決定；公共財務管理處理的是如何作的低層次決策。

　　2.公共預算係由民意代表、政務官及高層公務員共同決定公共收入與支出的多寡；公共財務管理主要由基層公共組織執行公共收入與支出。

　　3.兩者的劃分其實並非如此明確，公共預算的過程中包含了所有公共財務管理技術，例如政府決定蓋一條高速公路，這是預算決策，但在編列預算前所從事的各項財務評估，以及預算確定後的執行皆屬於公共財務管理的領域。因此，就某種程度言，公共財務管理可以說是為了作好預算決策所進行的細部工作，財務管理技術係被用來蒐集資訊，以分析及執行預算決策。

　　(三)公共預算過程的四階段：公共預算的最終目的在於資源的配置，通常可分為四個階段：

　　1.預算的籌編（Preparation）：指政府各機關依據未來年度施政方針及預算的編審辦法，訂定施政計畫，並依據具體資料確實估算收支預算，編製完成預算書，再經由各主管機關與中央主計機關審核彙編成

總預算案，於規定期間內送請立法機關審議。在這個階段中各機關扮演的角色是各項政策的擁護者，中央主計機關則扮演守門者的角色。

2.預算的審議（approval）：此階段開始於預算書由最高行政首長送達於立法機關時，立法機關代表人民行使同意權，預算案經立法審議通過完成立法程序，政府各機關始得動用國家資源。立法機關在審議過程中將過濾各項資訊，並對所提政策與施政計畫予以討論，最後透過投票過程決定預算結果。

3.預算的執行（implementation）：預算的執行係將經立法通過的預算付諸實現，將預算轉化成行動與政策，亦即為生產公共財貨與勞務提供資金，這是預算成立的最原始目的。

4.決算（final report）與審計（audit）：此階段包括行政部門所做的決算以及審計部門所做的審計。決算目的在於對預算執行結果做完整的報告，審計目的在查核預算的執行是否有違法情事、財務支出是否經濟，政策或組織目標是否達成。（徐仁輝，公共財務管理，頁327-341）

四、 公共財務管理的技術依其主要功能分配在公共預算過程，可有那四階段？

【說明】公共預算具高度政治性，總統、政黨、行政官員、國會議員、利益團體，以及其他有利害關係的公民，均會使其偏好能夠反映於預算中，而彼此互相競爭。預算反映了社會各方面對政府角色與資源配置的不同認知，預算可說就是處於政治過程的中心。

答：(一)預算籌編階段的財務管理技術：在預算的編製階段，重心在於預測與分析。

1.收入與支出的預測（Forecasting revenues and expenditures）：預算的編列開始於收支的估測，多少收入可以收到與多少資金可以支用，提供預算討論的基礎。

2.成本分析（Cost analysis）：成本分析的技術係被用來做為選擇及支持支出決策，簡單的成本分析正如同支出估測。成本效益分析係將不同政策、計畫、方案的成本效益做比較，如選擇淨效益現值最大的方案，以選擇資源的最有效率使用。

3.資本預算（Capital budgeting）：資本項目係指那些投資於實體的支出並能產生長遠效益者（如建築物、道路、車輛與其他設備）。資本預算有不同的編列方式，有單獨編製為獨立預算，也有與一般總預算合併編列的方式。當經常與資本預算係分開獨立編列時，資本預算代表的是對資本項目支出的多年期支用計畫；當經常與資本預算係合併編列為單一預算時，資本項目的支出經常會被額外重視。

4.公債管理（Debt management）：公債管理包括公債的發行與償還。公債的發行經常是為了籌措資本項目的資金，然而有時也可能為了經濟或政治目的發行；公債的償還經常須由每年編列的經常預算支應。

5.風險管理（Risk management）：風險管理目的在於降低不利事件對於正常運作的影響，通常有兩種作法，一種是決定該做什麼以獲得更安全的環境，另一種是對於可能產生的風險予以支付。

6.年金管理（Pension management）：年金管理係對於受僱員工當其不再受僱時的支付做安排，這些支付應編列於預算內視為經營成本。

7.財務狀況的評估（Assessmsnt of the financial condition）：財務狀況評估目的在藉由對財務優缺點的認識決定預算的籌編，例如一個政府如無足夠的收入流量應避免舉債，如有多餘的現金則可以考量減稅。

8.發展財政（Development finance）：係指利用財政工具增加總體經濟活動，即政府利用租稅減免、優惠貸款或政府直接參與投資等方式提供企業財務誘因，俾導引總體經濟活動於政府計畫的方向。

(二)預算審議階段的財務管理技術：在預算審議階段，政策制定者觀察預算案內所有各種相關資訊，以及預算審查及公聽會所蒐集資訊。因此，在預算編製階段所有財務管理技術所獲得資訊在此階段皆會再被考量。

(三)預算執行階段的財務管理技術：

1.會計：公部門會計包含對於預算執行階段的所有財務活動予以記錄，政府機關依會計資料辦理決算，會計資訊亦是審計與考核預算執行結果的重要指標。

2.收入行政：係指確定收入（稅）基礎，評估其值，以及向個人或組織收取租稅。

3.支出行政：支出行政關心的是如何付出資金清償支付承諾，政府機關不像個人或家庭可以選擇現金、支票或信用卡支付，政府機關有較長與複雜的支付程序。

4.採購：採購管理處理的是財貨和勞務的購買，包括購買什麼、何時購買以及如何購買，並對所購買項目的不同成本予以評價。

5.現金管理：現金管理試圖預測與調整現金流量，以對組織有利，包括讓收入及時進入公庫，準時支付賬單，以及持有閒置資金供投資用。

6.投資：政府機關可供投資的資金來自三方面：現金管理之閒置資金、借款、年金資產，資金如善加投資可以產生較大孳息。基本上，投資可以是債權或是資產，一般政府機關可能同時以不同方式投資。

(四)決算與審計階段的財務管理技術：決算與審計是預算過程的最後階段，看似單純其實相當複雜。複雜的原因是審計目的與技術的多元化，許多審計工作須在預算編製與執行中進行，因為有些審計工作在預算編製或執行階段的活動發生時即應展開。例如績效的審計、會計制度與報告的審計等，審計結果也是進行其他預算階段時的重要參考資料。（徐仁輝，公共財務管理，頁327-341）

五、公共選擇理論對官僚預算行為具有清楚的說明，試問，何謂「官僚預算行為」模型？其內涵為何？

【說明】官僚的預算行為是否傾向於極大化機關的預算規模？公共選擇學派（public choice）所提出的理論最支持「官僚追求機關預算極大化」之論點，也引起最多的討論與批判。

答：(一)官僚預算行為（機關預算極大化）定義：尼斯坎南（Niskanen）是公共選擇學派中相當重要的一位學者。他所建構的「官僚預算行為」模型，對公共管理與政府預算的相關領域有其不可忽視的影響。尼式沿用經濟學的分析方法認為，行政官僚試圖最大化其機關預算，他認為個人是效用最大化者，而官僚正如同競爭市場中的消費者，以追求其效用極大化為目的，因此官僚基本上是理性自利的，其行為在使預期利得最大。

(二)內涵：尼斯主要論點如下：

1. 官僚的效用函數包括下列的變數：薪資、福利津貼、公共聲譽、權力、機關產出以及管理等。官僚欲追求擴大其權力、薪資福利、或聲譽的話，必然試圖擴大其機關之預算規模；另一方面，官僚為了獲得其下屬的支持與合作，也會極大化機關預算，因為預算規模愈大，將可提供更多的升遷機會與更多的工作保障給予員工。

2. 官僚不但勇於追求機關預算極大化，且其企圖多半能成功，如此更強化官僚追求擴大機關預算規模的動機。此論點是建立在官僚機關與其出資者（即國會裡的政客）之間的「雙邊獨占」關係上。

3. 官僚在整個預算過程中處於較有利的地位，出資者則處於被動的角色，理由主要出自於「代理人問題」。首先，代議民主政治體制下，官僚多半只須滿足政治上的出資者（如國會議員），而非最終的消費者（選民）；其次，出資者亦可透過利益交換的方式，從增加的預算中獲得好處。另外，官僚易於達成擴大預算規模的企圖之另一重要原因是，官僚擁有服務或產品供給成本的充分資訊，而出資者卻缺乏這類資訊。

4. 官僚機關預算極大化的行為所造成的結果是，官僚可能會以過多的預算有效率地製造過多的產出，或者以過多的預算無效率地製造相對較少而剛好滿足出資者需求的產出。這兩種情況，都造成實際的官僚機關比最適規模龐大，亦即所謂「過剩政府」（excess government）的現象。（吳瓊恩、李允傑、陳銘薰，公共管理-公共選擇理論與官僚預算行為，頁363-375）

六、 官僚預算行為模型雖然受到許多批評及質疑，但仍具有重要的地位及價值。尼斯坎南本人亦將其模型修正為「自由裁量預算的最大化」。試問，未來的「官僚預算行為模型」的研究必須關照那些層面或因素，才能重新建構一個對於官僚預算行為具完整解釋力的理論模型？

【說明】尼斯坎南認為，官僚預算行為模型不能忽略官僚不同的特質以及官僚所處的特定政治制度與政治過程。因此，尼式亦承認其過去偏重於經濟學概念的模型，必須加入政治學的考慮與觀察，才能求得更貼近事實的解釋。

答：(一)官僚的公共服務動機：公共選擇學者假設官僚主要是受到效用誘因
所激勵，他們未考慮在公共部門服務可能出現的公共服務動機。學者
發現許多公共經理人的表現與外部報酬並無明顯關係，他們認為公務
員並非祇是受到個人效用的誘因，而是有許多型態的公共服務動機。
公共服務動機可以被解釋為個人支持制度與組織而被激勵的動機傾
向，規範基礎的動機係有關遵照一般社會規範所產生的行動，如為公
共利益服務的願望、盡忠職守與維護社會公平正義等。

(二)政治生態環境：公共服務動機模型中的一個嚴重錯誤是假設預算出
資者（立法機關）係處於被動的地位，以致預算結果較不受出資者的
影響。但事實證明公共支出經常與政府內之政黨組成有關，並受選舉
週期的影響；除了政治氣候的因素外，政治生態結構的變化也可能直
接影響官僚的預算行為。

(三)預算過程的制度設計：制度有幾種途徑影響官僚的預算行為：第
一，制度影響官僚擬訂預算策略所需的資訊；第二，制度影響官僚在
採取不同預算策略時所面臨的誘因；第三，制度影響官僚在追逐個人
利益時所面臨的限制。預算可視為一種契約：出資者答應在特定條件
下提供資金，官僚在同意的方式下支出這些資金，以提供服務或公共
財。出資者與官僚之間存在所謂的「代理人問題」，亦即官僚的誘因
不會導致其行為與出資者的利益完全一致。假如預算制度賦予審核預
算單位相當的權力，追求機關預算極大化的行為在一般行政官員眼中
被認為不可行；相反地，假如預算制度賦予下級主管機關較大的自主
性，預算審核機關及其上級監督機關只對預算做形式的審查，則機關
預算較有膨脹擴張的可能。

(四)預算政策：官僚的預算行為直接受到政府年度預算政策的影響。例
如，政府為達成收支平衡的目標而採取緊縮的預算政策，各機關在編
列預算時自不可能任意浮濫編列機關預算。預算政策通常是受到外在
政治環境所決定。（吳瓊恩、李允傑、陳銘薰，公共管理-公共選擇
理論與官僚預算行為，頁363-375）

七、何謂「多元評估模式」（Multi-Source Assessment Model，MSA）（多元回饋績效評估），其產生的背景為何？

答：(一)多元評估模式之定義：多元評估模式其理論基礎主要是根源組織的調查分析（Organization Surveys）、全面品質管理（TQM）、員工發展回饋（Development feedback）等理論與實務衍生而來。MSA從組織的調查分析的活動中，針對員工對領導效能與組織滿意度的調查報告獲得績效資訊回饋的方法，而全面品質管理的活動則是多元評估模式中納入顧客評估的重要因素，同時也突顯目前績效改革重視服務品質的風潮。最後，對於員工個人的生涯發展的重視則是影響MSA發展最為深遠的活動，並且在組織結構變遷快速的情況下，組織必須課予員工不同的職責來符合生產力的要求，同時又必須兼顧員工發展的重要性，兩者間的衝突性，正是多元評估模式從不同的觀點來評估員工績效所要解決的問題，並且從而追求員工與組織兩者的雙贏。

(二)產生背景：MSA源自於組織對於提高生產力的需求。早期的績效評估工作重點皆置於員工輸出效能上，然而，在目前組織結構變遷、組織再造工程進行與組織文化改變情況下，已經與X理論所闡述的工作者不同。工作者應被視為具有獨立發展性的個體，在工作職場上能發展自我。績效評估的方式不能以單純地站在主管或組織的立場來獎懲員工，而必須以員工發展本身為目的，並且以多元化的方式來評估員工的績效。

1.多元評估模式起源於四十年代的評估中心（Assessment Center），此乃英國陸軍智囊團運用多元評估者從事不同的評量來評估受評者，方法包括遊戲、考試、誘導等來評量參與者的能力。

2.五十、六十年代出現領導能力評估與選擇（Leadership Assessment and Selection）的活動，同樣採取多元評估者的評估方法，只不過另外加入領導效能面向的評估，對於主管領導能力的評估具有貢獻；在同時期，也出現員工工作滿足的評量（Job Evaluation）。

3.在八十年代企業界出現才能評估（Talent Assessment）與績效評量（Performance Appraisal）兩個評估的方式，MSA也開始在不同的組織中進行實驗。此時所運用的MSA在執行之初是相當浪費時間與金錢

的，運用在行政目的之上則必須主管全力地支持，企業在行政目的上運用MSA則較少見。（孫本初，公共管理-多元評估模式之研究，頁169-184）

八、多元評估模式在人力資源管理上具有何種功能？多元評估模式與傳統評估模式具有何種差異？多元評估模式相對於傳統評估模式而言，具有那些利基？

【說明】績效評估是人力資源管理中的一項功能。績效考核的落實與否，將影響人力資源管理功能的整體表現。而績效考核的整體目的主要包括行政目的與發展目的，行政目的主要是作為管理階層的參考，並作為獎優懲劣或升遷、降級等依據；發展的目的則是可使組織或員工明瞭其工作的優、缺點，進而促進員工改善自我。

答：(一)多元評估模式在人力資源管理上的功能：

1.個人的成長與發展：透過多元評估者的回饋，主管可以藉由部屬的觀點，瞭解其領導行為的優劣，部屬也可以透過外在顧客對於本身的評鑑過程，瞭解自我的利基與潛能，整個組織成員將透過回饋的過程成長。

2.確保能蒐集客觀與均衡的資訊：根據組織研究指出，多元回饋所獲得的資訊具有漸進的效度，換言之，多元回饋能夠較單一來源的評估更能確保公平性、客觀性及價值性。因此，它能給予管理者較為高品質的績效評分，而且更被這些受評者接受。

3.支持或增強個人或組織的發展目標：當多元回饋績效評估被整合到人力資源的管理系統時，個人有很多的機會表達自己的意見，或者在評鑑集會中共同討論未來的發展性。

(二)差異性：

1.客觀及可信度：在多元回饋過程的評估機制中，主要是以多元的觀點來解決這個問題，評估的過程，乃是結合了組織成員職場生涯中相關的集體智慧，包括有上司、同儕、部屬及可能外在與內在的顧客等智慧結晶，期使組織成員能透過這些集體的智識，提供員工具有競爭力的技能，並且讓員工瞭解個人的優缺點及如何有效地發展自我，此也是其與傳統評估模式最大的不同點。因此，員工藉由多元評估的過程也可以從比較客觀、具有可信度。

2.滿足需要：多元評估模式相較於傳統層級模式的評估機制，設計良好的多元評估模式不僅能滿足員工實質的需要，促使員工自我成長，並且能夠滿足組織發展的需要，同時也是組織變遷的利器。

(三)利基：

1.修正單一來源的評估方式：單一來源的評估主要是來自於主管的觀點，所提供員工績效的資料通常無法顯現員工之間的差異性。此外，主管並不會刻意破壞組織氣氛而嚴格執行評估制度，也有可能礙於組織中的政治文化而存有個人的偏見等。因此，單一來源的評估容易造成下列幾項問題：

(1)考績可能只是反映個人（通常是主管）的偏見。

(2)政治立場、喜好、友誼都可能成為評估的考量因素。

(3)主管可能沒有很充分的機會或時間來觀察員工的績效。

(4)主管不願意面對組織的績效是如此不堪。

(5)不同主管評估的標準寬嚴不一。

(6)使員工養成被動、防禦的習慣。

(7)將員工分級導致員工之間的不滿及對立，鼓勵個人競爭，忽略團隊合作。

(8)缺乏對員工有計畫地培養及訓練。

2.增加績效的全貌：經由增加均衡及全面的觀點，360度回饋的過程改善了績效測量的品質。評估將變得更有效度及信度，同時工作同仁的知識網絡所能提供的經驗，有時候是主管無法觀察到的事情。

3.給予多元的利害關係人有表達的機會：顧客、員工、團隊成員上司、領導者與管理者、組織等利害關係者都成為評估的對象，透過他們彼此的相互主觀性，對於績效資訊的評定變成較為客觀。（孫本初，公共管理-多元評估模式之研究，頁169-184）

九、成功執行多元評估模式的策略為何？

【說明】多元評估模式強調藉由多面向的評估指標及回饋過程來評估工作人員的執行績效，提升行政效率及實現自我發展。政府再造的核心在於進行績效管理的改革，然而績效管理成功與否的關鍵因素，在於組織是否擁有良好的績效評估機制。目前的民主國家可以說是所謂的「測量國家」，掌握民意趨向，據以實施，才能獲得人民一致的支持。

答：(一)策略性地反映利害關係人的需求：多元回饋的績效評估主要是藉由
評估過程來整合不同來源的評估結果，以強化本身競爭優勢及改善自
我的缺失；多元回饋所得到的資訊不但是員工個人重要的參考工具，
也必須成為組織發展計畫中重要的參考因素。因此，多元回饋的評估
在實施之前必須盡可能地整合所有重要的利害關係人，包括員工、主
管或人力資源的專家等，並且瞭解他們支持及反對的程度，以便擬定
適當的計畫得到他們的認同，以達到多元回饋績效評估的目的。

(二)掌握自我職業生涯發展：多元回饋係以人本為中心的概念，認為每
個員工都可以為自己負責，而且都有權力規劃如何發展生涯。因此，
主管必須擔負起教育員工的責任，目的在促使每位員工都能夠藉由回
饋的結果主動地去學習，並且自己規劃該如何發展職業生涯。換言
之，現代的組織是學習性組織，成員必須不斷地學習、創造自我。

(三)帶領每位員工達到水平：由於多元評估是採取多元的觀點來評估員工
的績效，整個評估過程，每個參與者都會從不同的觀點中瞭解本身的
優缺點，並且在得到回饋之後，組織必須幫助員工改進自我的缺失，
以達到符合多元期望的標準，如此回饋的過程才能事竟其功。所以，
MSA必須要有下列的原則，才能有效地提昇每位員工的水平：

1.確認每位參與者能夠對評估過程有清楚的預期。

2.確保參與者對於評估過程的設計，能清楚地瞭解多元評估的內涵，而
且瞭解該決策的義涵。

3.組織可以將內部分成不同小組來實驗多元評估模式，來瞭解組織是否
適用多元評估模式。

4.組織必須針對評等者與受評者加以訓練。

5.組織必須針對管理階層如何運用回饋的資訊來作決策，特別地加以
訓練。

6.評等的人員必須對其評等的結果負責。

7.評等者必須涉入回饋的過程及後來制定的行動計畫中。

8.執行監測的活動，以確保員工是順服於回饋資訊的結果。

9.組織必須提供適當的資源來提供訓練、諮商及技術發展等活動。

(四)多元評估模式是改變組織文化的工具：組織執行多元回饋評估模式的成果，最終仍然必須透過組織文化的改變，才能夠維持資訊回饋的永續發展，否則回饋的過程只是曇花一現，成為官樣文章。而且，組織在收受回饋的過程也必須改變，組織必須放棄制式化的溝通方式，訓練員工以真誠、信任的態度來從事彼此的溝通。

(五)配套措施的運用：MSA講求全面的改造組織文化，除了績效評量面向需要變革之外，還必須搭配訓練方法、作業流程等變革才能克盡其功。再者，論者指出組織更可以利用高科技，尤其是網際網路的運用，以有利於回饋資訊的蒐集與處理，在公部門推行時也必須注意相關法令的改造，避免造成窒礙難行的困境。（孫本初，公共管理-多元評估模式之研究，頁169-184）

貳、選擇題

( )　1. 有關美國零基預算制度敘述，以下何者為誤？　(A)聯邦政府繼續採行　(B)由德州儀器公司開始試行　(C)創始人為皮爾（P.Phyrr）　(D)全部計畫都要從零開始重新評估。

( )　2. 績效預算制度（performance budgeting system；簡稱PBS）和設計計畫預算制度（planning programming budgeting system；簡稱 PPBS）的主要差別為何？　(A)PBS強調政治途徑，PPBS偏向管理途徑　(B)PBS運用成本效益分析，PPBS則不使用成本效益分析　(C)PBS注重個別機關之年度計畫，PPBS則加入中長期和跨機關之宏觀視野　(D)PBS重視政策目標與預算結果，PPBS則比較重視預算過程和預算程序。

( )　3. 下列何者不是資本預算的支出項目？　(A)公共設施的提供　(B)國防設備的採購　(C)基礎建設的興造　(D)國民年金的提撥。

( )　4. 下列那一種預算制度不具備政策績效管理特質？
(A)績效預算　(B)單式預算　(C)零基預算　(D)設計計畫預算。

( )　5. 下列何者並非多元評估模式（MSA）的理論基礎？　(A)全面品質管理　(B)員工發展回饋　(C)多元化管理(D)組織的調查分析。

( )　6. 指公共組織處理有關公共資金的所有行政活動，公共組織包括各層級政府機關及非營利組織。　(A)公共理財管理　(B)公共財務管理　(C)公共預算管理　(D)公共財政管理。

( )　7. 下列關於公共財務管理的敘述，何者錯誤？　(A)財務行政探討的內容較重視一個公共部門管理者必須面對的財務技術與概念，公共財務管理偏重一般財務行政制度與環境　(B)公共財務管理之專業領域有預算、會計、收支、採購、公債、風險管理、審計等　(C)良好的財務管理可以確保公共資金的安全、方便政策之長期規劃　(D)財務行政，係指政府機關處理財務事項及其有關之組織與管理的制度。

( )　8. 公共部門有計畫的取得與使用資源。此一般稱為：　(A)公共財產　(B)公共預算　(C)發行公債　(D)公共財務。

( )　9. 關於尼斯坎南的官僚預算模型的敘述，下列何者錯誤？　(A)官僚欲追求擴大其權力、薪資福利、或聲譽的話，必然試圖擴大其機關之預算規模　(B)官僚為了獲得其下屬的支持與合作，也會極大化機關預算　(C)官僚不但勇於追求機關預算極大化，但多半會失敗　(D)官僚在預算過程中處於較有利的地位，出資者則處於被動的角色。

( )　10.「官僚如同競爭市場中的消費者，以追求其效用極大化為目的，官僚基本上是理性自利的，其行為在使預期利得最大。」此係何項理論的基本假設前題？官僚試圖最大化其機關預算，算行為模型：　(A)系統理論　(B)漸進理性理論　(C)博奕理論　(D)官僚預算理論。

( )　11. 下列何者非公共財務管理的特色？　(A)控制　(B)管理　(C)控制計畫　(D)平衡。

( )　12. 下列關於尼斯坎南理論的敘述，何者錯誤？　(A)官僚在整個預算過程中處於較不利的地位，出資者則處於主動的角色　(B)官僚機關預算極大化的行為所造成的結果是，官僚可能會以過多的預算有效率地製造過多的產出　(C)官僚易於達成擴大預算規模的重要原因為官僚擁有服務或產品供給成本的充分資訊，而出資者卻缺乏這類資訊　(D)代議民主政治體制下，官僚多半只須滿足政治上的出資者。

( )　13.「政府如利用財政工具增加總體經濟活動，如利用租稅減免、優惠貸款或直接參與投資等方式提供企業財務誘因。」此係屬於

「預算籌編階段的財務管理技術」中之何種技術？　(A)財務狀況的評估　(B)公債管理　(C)風險管理　(D)發展財政。

( )　14. 下列何者非建構多元評估模式理論的主要基礎？　(A)調查分析　(B)企業型政府　(C)全面品質管理　(D)員工發展回饋。

( )　15. 下列何者非公共預算四階段其中之一？　(A)預算的審計　(B)預算的審議　(C)預算的調查　(D)預算的執行。

( )　16. 下列何項財務管理技術是預算過程的最後階段，看似單純其實相當複雜？　(A)籌編階段　(B)決算與審計階段　(C)執行階段　(D)審議階段。

( )　17. 下列關於多元評估模式產生背景的敘述，何者錯誤？　(A)MSA源自於組織對於提高生產力的需求　(B)多元評估模式起源於四十年代的評估中心　(C)七十年代出現領導能力評估與選擇　(D)八十年代企業界出現才能評估與績效評量。

( )　18. 下列關於公私財務管理的差別，何者敘述錯誤？　(A)企業財務管理著重處理個人與企業的資產與負債，透過銷售財貨與勞物以獲取所得與利潤　(B)企業所得來自提供產品與服務，政府的稅收則來自個人與企業非自願的繳納　(C)私人財務管理著重處理預算限制下的收入與支出以達到資金的合法與有效使用　(D)企業財務的限制主要係生產要素供應以及市場條件等，政府財務的限制主要是政治環境、預算規模與法律規章等。

( )　19.「透過多元評估者的回饋，主管可以藉由部屬的觀點，瞭解其領導行為的優劣，部屬也可以瞭解自我的利基與潛能」此係屬於多元評估模式在人力資源管理上的何項功能？　(A)確保能蒐集客觀的資訊　(B)確保能蒐集均衡的資訊　(C)個人的成長與發展　(D)支持或增強個人或組織的發展目標。

( )　20. 將預算書由最高行政首長送達於立法機關時，立法機關代表人民行使同意權，預算案經立法審議通過完成立法程序，政府各機關始得動用國家資源。此一過程稱為：　(A)預算的籌編　(B)預算的審議　(C)預算的決算　(D)預算的審計。

( )　21. 下列何者非多元評估模式相對於傳統評估模式而言所具有的利基？　(A)修正單一來源的評估方式　(B)主管式的評估　(C)增加績效的全貌　(D)給予多元的利害關係人有表達的機會。

( ) 22. 關於公共預算與公共財務管理的區別，下列敘述何者是錯誤的？
(A)公共預算係由民意代表、政務官及高層公務員共同決定公共
收入與支出的多寡 (B)公共財務管理主要由基層公共組織執行
公共收入與支出 (C)公共預算的過程中包含了所有公共財務管
理技術 (D)公共預算關心的是政府將做什麼的低層次決定。

( ) 23. 指政府各機關依據未來年度施政方針，訂定施政計畫，並依據具
體資料確實估算收支預算，編製完成預算書。此為公共預算過
程之何項階段？ (A)預算的籌編 (B)預算的審議 (C)預算的
執行 (D)預算的決算。

( ) 24. 尼斯坎南的「官僚預算行為模型」提出後受到眾多批評，下列何
者非批評的觀點？ (A)官僚對於職位的保障與安定性之關心更
甚於預算的增加 (B)沒有足夠的證據支持「官僚從增加的預算
中獲利」此一說法 (C)出資機關有權力替換那些拒絕配合其需
求的官僚，且有權決定它想要的預算水準 (D)官僚極大化預算
的策略多半會成功。

( ) 25. 下列何種學派應用經濟學的觀念與方法論來解釋官僚行為，試圖
去研究官僚行為背後的個人動機？ (A)公共選擇學派 (B)理性
學派 (C)博奕理論 (D)系統理論。

( ) 26. 學者羅登（London）認為，建構多元回饋績效評估通常必須具備
特定互動的要件，其中第一要件是： (A)績效資訊的品質 (B)
將資訊的接受者視同資訊的處理者 (C)績效的標準與面向的訂
定 (D)處理多元回饋的結果。

( ) 27. 下列何者為成功執行多元評估模式的策略？ (A)策略性地反映
利害關係人的需求 (B)掌握自我職業生涯發展 (C)多元評估模
式是改變組織文化的工具 (D)以上皆是。

( ) 28. MSA必須要有下列何項原則，才能有效地提昇每位員工的水平：
(A)確認每位參與者能夠對評估過程有清楚的預期 (B)組織必須
提供適當的資源來提供訓練、諮商及技術發展等活動 (C)執行監
測的活動，以確保員工是順服於回饋資訊的結果 (D)以上皆是。

( ) 29. 有關企業化預算的特徵，下列何者為非？ (A)彈性 (B)量入為
出 (C)結果導向 (D)績效掛帥。

解答與解析

1.**(A)**。　2.**(C)**。　3.**(D)**。　4.**(B)**。　5.**(C)**。　6.**(B)**。

7.**(A)**。公共財務管理與財務行政兩者基本上所涵蓋的範圍是一致的，只是前者探討的內容較重視一個公共部門管理者必須面對的財務技術與概念，後者偏重一般財務行政制度與環境。

8.**(B)**。

9.**(C)**。多半能成功，如此更強化官僚追求擴大機關預算規模的動機，此論點是建立在官僚機關與其出資者（即國會裡的政客）之間的「雙邊獨占」關係上。

10.**(D)**。　11.**(D)**。　12.**(A)**。　13.**(D)**。　14.**(B)**。

15.**(C)**。應是「預算的籌編」。公共預算的最終目的在於資源的配置。預算的執行係將經立法通過的預算付諸實現，將預算轉化成行動與政策，此亦是預算成立的最原始目的。

16.**(B)**。

17.**(C)**。五十、六十年代出現領導能力評估與選擇。早期的績效評估工作重點皆置於員工輸出效能上。後來的績效評估方式不能以單純地站在主管或組織的立場來獎懲員工，而必須以員工發展本身為目的，並且以多元化的方式來評估員工的績效。

18.**(C)**。公共財務管理著重處理預算限制下的收入與支出以達到資金的合法與有效使用。

19.**(C)**。　20.**(B)**。

21.**(B)**。單一來源的評估主要是來自於主管的觀點，所提供員工績效的資料通常無法顯現員工之間的差異性。（孫本初，公共管理-多元評估模式之研究，頁169-184）

22.**(D)**。公共預算關心的是資源配置的選擇議題，它涉及的是政府將做什麼的高層次決定；公共財務管理處理的是如何作的低層次決策。

23.**(A)**。

24.**(D)**。彼得斯主張官僚最重要的目標是維持現狀，因此其最重要的價值觀是安定。（吳瓊恩、李允傑、陳銘薰，公共管理-公共選擇理論與官僚預算行為，頁363-375）

25.**(A)**。公共學派的研究，認為經濟理性是解析官僚現象的基本工具，而官僚行為被解釋為官僚面對誘因與限制的理性反應。

26.**(C)**。　27.**(D)**。　28.**(D)**。

29.**(B)**。企業化預算是1993年美國國家績效評鑑委員會（NPR）所採取的預算制度，指進行預算決策時，以「結果」而非「投入」為專注的目標。其特徵：(1)彈性：主管可以視情況需要，即時採取因應措施。(2)結果導向：指進行預算決策時，以結果而非投入或過程為專注目標。(3)績效掛帥：主張建立可衡量的目標和績效指標來對機關主管課責，才能同時信任授權。

第十章　公共管理模式
（多元化管理、績效管理、公眾關係）

壹、申論題

一、何謂公眾關係（Public Relations）？為有效推展公眾關係，在推展工作上應遵循那些原則？試論述之。

答： 「公眾關係」一詞，出現於19世紀末，時至今日已廣為世人所接受，並為管理部門的一項重要職能，其主要任務即在贏得社會公眾之瞭解、好感與支持；另一方面，負責將社會公意引入管理決策部門。「公眾關係」是政府行政系統與環境保持經常而長期互動的一項重要機制。就過程而言，係組織與公眾的雙向交流互動；就結果而言，則是組織與公眾的互惠互利。

(一)公眾關係意義

1.「國際公共關係協會」之定義：乃是一種持續性與計畫性的管理功能，使公、私機構團體藉此爭取並維持其有關或可能有關之公眾的瞭解、同情與支持。

2.張金鑑的看法：政府去瞭解人民對政府的期望，並向之解釋政府已經正如何滿足其期望，並保證過去錯誤不再發生；並告知大眾政府將為人民解決各種問題。

綜合上言，可歸納為兩方面意涵：

1.客觀而言：指一個人或機構與其公眾相處之關係，而不論此種關係是良好亦或惡劣關係。

2.主觀而言：政府機關或人員，以大眾利益為前提，以本身良好表現為基礎，運用各種溝通途徑，有計畫宣揚自己，以爭取大眾支持，進而建立維持健全、建設性的關係之活動。

(二)工作原則

1. 內部做起：欲作好公眾關係，其前提是先求本身的健全，亦即充實內涵。

2. 雙向溝通：務期作到『上情下達；下情上達』及『內外交流』的境界。

3. 誠信為本：公眾關係的基礎建立在『信譽』及『互信』之上。

4. 公開透明：若欲去除公眾疑慮，增進好感，事事透明化是一項重要原則。

5. 平時發展：應避免『平時不燒香，臨時報佛腳』，宜『未雨綢繆』才是正途。平時發展應注意普遍平衡、自然發展、對等互惠的關係。

6. 不斷創新：要在觀念、政策、措施、方法不斷創新設計。

7. 社會責任：不僅是消極之不損害公眾，而是積極的造福社會大眾福祉。

8. 服務大眾：服務具有作他人所需要的事及對他人有利之事意涵。而服務態度在消極上做到『有求必應』；在積極上做到『盡心盡力』。

9. 全體動員：公眾關係執行須仰賴各部門支援配合，故人人有責，係全體動員的協力工作。

10. 方略靈活：不論在策略、方法、技巧或媒介，均應視公眾特性、環境情事、公眾關係主體目的及條件不同，而有所差異，非一成不變。

（吳定、陳德禹等人，空大行政學下，環境系絡與政策投入）

二、『不衡量結果，就無法論成敗』（If you don't measure result, you can't tell success from failure）Osborne&Gaebler一語道出政府再造，以及政府為什麼要落實施政績效管理的關鍵所在。然而，政府部門畢竟不同於私部門，因此在實施績效管理的作法上，面對的諸多困難，試述其主要限制與挑戰為何？

答：公部門於實施績效管理，主要重點在於民眾與政治上監督是否能充分地使用績效資訊，並且以此作為民眾評估政府績效評估的標準。然而，公部門的績效資訊卻會面臨以下的限制：

(一)公部門對於實施成果取向的管理方式均抱持著懷疑態度，因為習慣於傳統對層級節制與依法行政的課責模式。

(二)績效管理易淪為政黨鬥爭工具，呈現泛政治化現象。

(三)政府部門提所供公共服務難以量化，且無民間相同的機構可加比較。

(四)成果資訊提供對於基層工作人員而言,似乎過於集中例行的文書作業。

(五)資訊紀錄無經常更新,缺乏反饋機制。

(六)對於成果測量技術具限制性,因政府業務有特殊性,無法有效加以衡量。

(七)對於資源與輸出成果兩者間關係,所知有限。

(八)其他所面臨瓶頸尚包括:機關分歧性、不明確的任務與目標、組織方案與系統多元目標的衝突、監督與評估資訊的需要、缺乏對整體輸出結果的考量、缺乏對整體環境的規範與顧客滿意資訊的評估等。

（孫本初,公共管理-政府績效管理,頁166-167）

三、「多元化管理」與傳統時期處理途徑有何不同?多元化管理的管理原則又為何?試略加說明之。

答:(一)多元化管理與傳統時期處理途徑的比較:可從下列指標來比較:（見表）

多元化管理與平等就業機會、弱勢優先、重視差異性的比較

	平等就業機會	弱勢優先	重視差異性	多元化管理
產生的目的	歧視的預防與抑制,以彌補過去的錯誤（消極地建立多元化的工作隊伍）	試圖達到特定群體的比例代表（積極地建立多元化的工作隊伍）	改善人際關係（建立彼此包容的工作隊伍）	加強組織管理能力以提高組織效能與競爭力（建立彼此尊重與有凝聚力、競爭力的工作團隊）
組織施行動機	負面回應外在驅動（避免外在規範機構的制裁）	負面回應外在驅動（避免外在規範機構的制裁）	前瞻積極內在激勵（加強人與人之間差異性的接納、瞭解與重視）	前瞻積極內在激勵（幫助組織生存適應與成長）

	平等就業機會	弱勢優先	重視差異性	多元化管理
主要導向	法律規範及社會責任	法律規範及社會責任	道德與倫理規範	策略導向與實用主義
對象關懷	所有群體（一視同仁）	特定群體（優待弱勢群體）	所有群體（接納與重視）	所有群體（整個組織改變）
對差異的認知	差異性是需要解決的問題、要避免的麻煩、要保護的缺陷與劣等者（弱勢者應該融入主流群體）	差異性是需要解決的問題、要避免的麻煩、要保護的缺陷與劣等者（弱勢者應該融入主流群體）	差異性是需要重視、瞭解、欣賞與接納的資源（彼此重視接納差異）	差異性是需要開發的資產與機會（彼此尊重、互動與合作）
展現多元化的方式	平等主義與實力社會	優惠待遇	瞭解、欣賞、接受與包容	改變組織，讓成員發揮潛能
活動的範圍	招募與甄選	招募、甄選與升遷	教育與訓練	組織效有關的人事功能：招募、甄選、升遷、保留、工作設計、薪資與福利、教育與訓練、績效衡量促進
層次影響	治標（避免與補救）維持現狀水準	治標（刻意補償）維持現狀水準	治本（改善人際關係）改善組織氣氛	治本（改變組織）增加組織競爭優勢
評估方式	法律訴訟的避免	統計報告與分析	組織態度與認知調查	不斷檢視目標與目的，並有回饋機制

資料來源：王雯君，民88：45～46。

(二)多元化管理的管理原則:

1.尋求多元化,但是建立在共享願景之上:組織對多元化的恐懼可能在於多元化所產生的差異性,會對組織造成混亂、複雜與無方向感。但是,理想的多元化管理,應該是能夠將多元化的優點予以極大化,而盡量降低其缺憾。因此,有效地鼓勵組織追求多元化,必須促使多元化在組織中,能形成團結且具有凝聚力的組織文化。理想的多元化管理應該讓組織成員可以分享願景,甚至可以從本身各異的背景洞察尋求解決辦法的共識。

2.以自我發展為主,外在規範為輔:多元化管理強調的不僅只是對不同背景的多元化成員予以尊重而已,組織更為期盼的是在於能夠讓組織成員(包括主流群體與弱勢群體)發揮他們各自的潛能,善用他們的才華來為組織創造競爭優勢。所以,多元化管理非常強調「自我發展」的概念。(孫本初,公共管理-多元化管理,頁221-247)

四、試說明多元文化組織的演進過程?

【說明】多元化管理的目標其實就是要建立一個組織中所有社會文化背景的成員,都能夠貢獻己力與完全發揮其潛能的組織。

答: 依據Cox看法,其認為多元文化組織是組織從事多元化管理所產生最成熟的組織,是從單一化的組織與多元論的組織所演進而來的。

(一)單一化的組織:單一化的組織(Monolithic Organization)主要採取同化的濡化方式,並且以摒除或拒絕的態度來面對多元化。因此,不具有主流群體背景的人若進入了組織,則必須適應既存於組織中的常規;對於無法適應主流社會型態的成員而言,不是被完全排拒在外,就是被要求順從支配群體的規範來減少組織的多元化,不然就是賦與弱勢群體邊際或次級的角色。權力成為組織的核心,管理者遵循的是重視同質性的傳統方法,組織不會因為外在環境的改變而實施變革。

1.就結構整合的程度而言,單一化的組織其最重要的特徵即在於結構整合程度極低,成員結構組成上意味著具有濃厚的文化同質性。

2.由於單一化的組織其結構整合相當低,所以組織中的文化差異是普遍被忽略的,在人力資源系統與制度上就會充滿不利於弱勢群體的文化偏誤,唯一正面的效果是團體衝突將因為工作隊伍的同質性而減少。

3.若將單一化的組織加以細分，可再分為排斥與俱樂部兩階段：

(1)階段一：排斥階段：由於差異被認為是一種缺點，所以主流群體為了能夠維持對其他團體的支配權，而在政策或僱用實務上產生了排外、拒絕的情形。

(2)階段二：俱樂部階段：此階段的組織是可以允許不同背景的群體加入；但是，正式與非正式的組織結構卻仍然由多數文化所支配。

(二)多元論的組織：就濡化觀點而言，多元論的組織（Plural Organization）仍然採取單向適應的同化方式，但是組織對多元化的態度開始能夠容忍多元文化，對於差異的組成儘管不能完全接受，卻也懂得以壓抑或孤立的方式，保持僅是表面上的多元化，但是真正的文化多元化事實上仍是受了限制。

1.多元論的組織對於多元化的問題是以「適應性」的方式來處理。例如默許順從平等就業機會與弱勢優先的措施。

2.而多元論組織在正式結構上已經要比單一的組織具有較多的異質成分。

3.多元論的組織在有效地管理不同文化背景的組織成員上，絕對要比單一的組織改善許多，但人力資源系統與制度實質上仍會普遍存在文化偏誤。

4.多元論的組織又可以再分為服從與弱勢優先兩階段：

(1)階段三：服從階段：決策制訂者承諾提供少數群體管道，並且採取正式的步驟以減少歧視。

(2)階段四：弱勢優先階段：此階段的組織在確保尊重與支持少數成員的承諾上採取積極的角色，不但採取行動接納多元化的成員，甚至對弱勢群體給予優惠待遇。

(三)多元文化的組織：多元文化組織強調多元文化的整合，此種觀點不以那一個群體作為支配與被支配的對象，而是不同背景的群體能夠立於平等的地位，彼此建立良善的關係與不斷互動與調適面。此種組織強調尊重多元化，而非僅是容忍多元化而已。

1.多元文化的組織旨在培養尊重文化差異的文化，不僅能保持本身文化的獨特性，尚能學習欣賞與重視其他不同的文化。

2.組織成員在彼此互動中即可以預見所可能遭遇到的問題，這種「前瞻性」的因應方式，將對多元化有較佳的覺察能力。

3.在結構整合面向上，多元文化組織不論在正式的結構或是非正式的網絡中皆能夠達到全然整合的現象，盡量讓成員在每一個組織階層與每種工作型態裡分享責任。同時，主流群體也期盼弱勢群體的加入。

4.多元文化的組織又可以由兩階段來劃分，而後者即是多元化管理的成熟階段：

(1)階段五：再界定階段：主流文化的觀點漸漸開始結合新的價值與實務，並且鼓勵所有成員參與對組織的成長有貢獻的活動；而且，高層管理者必須承諾對弱勢群體的發展，與對組織中不同的群體進行資源分配。

(2)階段六：多元文化階段：異質性文化的價值與特色已到完全發展、不受限制地步。（孫本初，公共管理-多元化管理，頁221-247）

五、試說明應如何建構多元文化組織模式？

答：(一)建立多元主義：

1.組織成員與新進成員的訓練計畫：最常使用引導組織改變的就是管理或重視文化多元化的訓練。而最普遍的兩種形式就是覺察性訓練與技巧建立訓練。

2.確保進用與接納弱勢群體：促使組織中所有階層都能達到文化的多元化，可以提昇弱勢群體直接且有效地影響組織的決策。因此，在重要的委員會中確保弱勢群體的參與是一個促進組織所有階層多元化的互補方法。

3.支持性或倡導性團體：在組織中，支持性或倡導性的團體，可以提供直接與組織的高層管理者直接接觸與溝通的管道。

4.發展彈性且高度包容的組織氣候：包括四種提昇多元主義的運作規範：

(1)鼓勵非正式且不具結構性的工作。

(2)彈性的工作計畫與監督權力的下放。

(3)給予組織成員對於目標的達成與運作有自由裁量的能力。

(4)研究者應該花費至少在組織中百分之十的時間來探索成員的意見。

(二)建立完整的結構整合：

1.教育上的努力：弱勢群體的組織成員應該要在組織的所有階層、所有功能與所有的工作群體中皆能夠具有充分的代表性。要達到這樣的組織目標，必須要在技術與教育資源上能夠公平地分配。

2.弱勢優先計畫：依據Cox的看法，認為在可預見的未來中，若要建立完整的結構整合仍然須持續進行弱勢優先計畫。

3.生涯發展。

4.改良回饋系統：確保組織績效評估與獎酬系統的完善，是建立組織結構整合的必要工具。

5.福利與工作計畫：弱勢群體的結構整合可以藉由人力資源政策以及福利計畫的改變，來平衡工作與家庭角色的需要。

(三)建立非正式網路的整合：

1.顧問輔導與社會活動：組織籌辦針對弱勢群體的顧問輔導計畫，讓弱勢群體融入組織中的非正式網絡中。

2.支持性的團體：在許多組織裡，弱勢群體已經形成了他們自己的專業協會與組織，提昇資訊的交流與獲取社會上的支持。

(四)建立無偏誤的組織：

1.平等機會研討會：大部分的組織皆利用平等機會研討會作為減低歧視行為的方法，包括關於性騷擾的研習會、公民權的訓練。

2.定點團體：利用組織內部的「焦點團體」作為持續對組織中不同文化的群體進行檢視的機制，從差異中調查分析組織成員的態度、信念、感覺與行為對工作的影響。

3.降低偏誤訓練：另一種減低偏誤的技術就是透過訓練來對態度產生改變，藉由揭發一般普遍存在卻不易顯現，或深藏於潛意識下的刻板印象，來幫助組織成員調整內心的負面態度。

4.影響內部的研究：降低歧視或偏見最有力的工具，就是利用文化群體來處理或執行僱用經驗的內部研究。

5.任務團隊：最後一種建立無偏誤組織的工具就是形成監督組織政策與實務的任務團隊。

(五)降低團體之間的衝突：

　　1.調查回饋：避免團體之間衝突最有效的工具就是調查回饋，其利用資料蒐集與圖表顯示，來對組織的多元化努力作例證與說明。

　　2.解決衝突的訓練：衝突解決技術的管理訓練，例如調停的技巧。（孫本初，公共管理-多元化管理，頁221-247）

六、 公共管理者面對民意機構的策略為何？

【說明】民主理論是預設了立法與行政兩部門的制衡關係，但制衡並不代表全面的衝突關係，二者也有合作的可能性與必要性。公共管理者需要民意代表對其預算分配的支持，而民意代表也希望公共管理者不僅在預算上，在政策的執行上，能作有利於他的安排。

答：(一)在政治知識方面：

　　1.要能精確掌握主要人物：立法院是一個相當個人化的國會，公共管理者不可能去應付每一個委員。在每一個議題上，往往只有少數主要的人物，公共管理者要能精確掌握這些主要的人物，包括支持者與反對者。

　　2.要能精確掌握委員所關心的問題：每一個委員都有它特別關心的議題，這些議題往往也與其本身利益有密切關係者，學者稱之為「議員問題」。

　　3.遇到強力反對，適時採取迂迴戰術：要避免、減輕或轉移民意機構所帶來的壓力，一個很重要的策略，就是在遊戲中引進更多支持自己的選手。

　　4.要能善用議題設定的優勢來擴大支持的力量：推動政策的過程，其實就是一種尋求支持的過程。根據公共選擇學派的理論，在多數決的基礎上，民主的投票會出現偏好循環的現象。因此，議題的設定會影響到偏好支持的多寡及結果。

　　(二)在政治溝通方面：

　　1.要能迅速回應委員的要求與問題：迅速回應代表重視，是建立雙方信任關係極重要的一環。委員的要求有書面、口頭、公開及私下的，公共管理者要能區分輕重緩急。

　　2.與立委幕僚建立良好的關係：如果能藉經常提供資訊、對政策問題交換意見，或出席參加立委舉辦的公聽會，與立委幕僚建立良好的關係，比較掌握民意代表質詢的議題。

3.建立信任的關係：公共管理者與民意代表及其助理的關係中，雙方的信任感是一個很重要的面向。

(三)在專業主義方面：立法委員本身的專業性不足，立法院也缺乏強化專業精神的制度；相對的，公共管理者擁有較多的資訊，專業的程度也比較高，如果可提供專業的協助，不僅有助關係的建立，亦可強化或改變立委或其助理對議題的認知與態度。

(四)在政治中立方面：避免過度的黨派色彩，公共管理者實際上雖很難避免黨派色彩。但公共管理者由於必須爭取各個政黨的支持，不能表現強烈的黨派色彩。此外，專業主義本身就是一種政治中立的表徵。

(馬紹章，民意機構與政務領導，頁190-217)

七、 傳統官僚政治所強調的是依法行政，其課責的機制乃是建立在對於法規制度的遵守。新近的行政改革卻強調對顧客的重視。此新的課責範型中，所強調的是對組織績效的重視。試問，與績效相關的指標為何？與績效管理相契合的新的課責範型，其執行方法（步驟）為何？

【說明】績效管理必須符合其所參與的組織文化才能夠成功，而且在引進新的管理技術時，每個機關都必須被授予足夠的權力與能力，才能有效地執行政策。

答：(一)與績效相關的指標：

1.效率：以相等或較少的資源能產生較大產量的能力。

2.品質：以一致性標準提供符合人性需求的產品或服務。

3.多樣化：能提供多樣的偏好與選擇需求。

4.顧客化：適合顧客需求的產品與服務。

5.便利性：發展便利使用者的產品，提供高品質的服務。

6.創新性：提供顧客創新及持續改善的標準，並發展新的應用手冊。

(二)與績效管理相契合的新的課責範型，其執行方法（步驟）：

1.第一個步驟是清楚地認清主要的績效價值及其技術的需要，包括組織整體的目標、主要的目標及成功的關鍵因素、每個部門或單位的工作目的，或員工被期望達成的工作目標及規模。

2.第二個步驟是能夠評估關鍵績效因素的影響，包括下列幾項因素：

(1)職員的管理與評估：管理者必須先清楚地瞭解職員評估機制的安排及其組織的文化，建立量化指標所能涵括的範圍，如此才能對此範圍中的績效行為加以測量。

(2)組織的結構：管理者必須先瞭解組織結構應該如何有效地因應組織內、外部環境的變遷，將組織結構視為績效改善的流程之一，清楚地定義報告的路徑（Report Lines）。

(3)報酬系統：報酬系統包括薪資、不同的福利制度、職位的未來發展或員工所認知的無形報酬（如社會地位）等都必須納入績效管理計畫考量的因素之中。

(4)管理訓練與發展：有效的績效管理必須根基於在組織的整體目標中是否能清楚地界定管理員工發展的過程，此也是指績效計畫必須能夠結合績效管理的訓練活動，讓所有員工都能夠藉由訓練來達到高績效。

(5)文化：文化能夠提供有效的觸媒來達成組織的目標，並且匯集組織的力量在成功的關鍵因素上；正確的文化會鼓勵組織團隊及改善溝通與決策等，並且員工會對它的工作績效表現感到榮耀。

3.第三個步驟要能夠明確地規劃變遷的優先順序及執行的計畫。管理者必須瞭解如何達成績效的改善及所要求的成果。（孫本初、公共管理－政府績效管理，頁141-156）

八、試說明「美國政府績效與成果法案」（GPRA）的內容、執行要件及執行步驟？

答：(一)績效成果法案的內容：績效與成果法案的主要內容係明定美國聯邦政府各機關應設計出組織績效計畫、建立績效目標及其衡量標準、設定組織績效目標作為衡量機關產出及服務水準，並據以對預算管理局提出報告。該法案的主要內容包括：目標及標準設定，衡量模式及回饋、獎懲的結合；也就是將任務、目標、衡量及評鑑等四個重要的概念相互結合，以提高政府的行政績效，其受評對象是以行政機關組織為主要對象。

(二)執行要件：GPRA的基本邏輯在於利用策略管理的思惟模式來執行政策，以提昇行政績效，其必須具備下列三個主要的要件：

1.第一，界定清楚的任務及所欲的成果。

2.第二，衡量績效以利測量進度。

3.第三，運用績效資訊以作為決策基礎。

依據這三個步驟，GPRA規定每一聯邦機關必須在1997年9月30日前發展出五年的策略性計畫，將可衡量的結果與各年度的績效計畫聯結，並於1999會計年度在聯邦政府全面施行。

(三)執行GPRA的步驟：

1.界定目標並對目標達成共識。　　2.從事設定目標的工作。

3.策略式的管理所要達成的目標。　4.建立績效評估的指標。

5.建立責任制度。

6.依據績效評估指標監督與報告進度。

7.發展與目標相關的報酬。（孫本初、公共管理-政府績效管理，頁141-156）

九、 美國政府績效與成果法案雖然具有一定的執行成效。但不可避免的，也遭致一些檢討之聲。試對此說明之。

答：(一)美國國家公共行政學院的檢討及建議：

認為GPRA能夠有效結合美國的政治制度，透過立法與行政的合作，對各單位執行的計畫或方案加以課責。其建議點如下：

1.以結果為基礎的管理是可行的，應立即去著手實行。

2.許多法案都必須在1998年完成，行政與立法部門要多加油。

3.法案的執行還在初步的階段，行政單位、立法部門與執行的單位都必須具有確切的執行慾望。

4.成功的執行必須來自高層行政與立法部門的承諾與支持，並且必須經由資深管理人員的身體力行。

5.不要對所執行的方案與策略作過早的判斷，以免過於武斷地判斷執行單位的成敗。

6.國家、地方政府與聯邦的行政機關都必須有共享的信念與目標，並且從整體與合作的成果為基礎的管理活動中來建立績效夥伴關係。

7.多數經由各單位小組所討論的計畫草案，都缺乏成果的要求。

8.OMB是領導與提供原則給各單位的重要角色，必須積極地監測單位的計畫與績效的測量。

(二)GPRA的機制與美國的政治結構、政策制定結構的相互衝突：

　1.政治結構的衝突：

　(1)制度的配置方面造成立法機關與行政機關的衝突：美國政治體制乃為三權分立制，行政、立法機關是相互制衡的關係，GPRA如何能夠有效地解決三權分立的關係呢？

　(2)立法部門零碎的責任：雖然我們通常將國會視為統一的整體，然而，國會之中仍有不同的聲音存在。

　(3)州際政府的關係：聯邦政府的角色應該如何扮演便是相當難以拿捏的問題，GPRA就要求聯邦政府與地方政府或執行的專門機構都同意績效的測量標準，但是卻造成地方政府必須不斷地衡量其裁量的標準，且有適度的政治敏感度。

　(4)造成聯邦預算管理局與部門及單位之間的緊張：通常聯邦政府的改革活動都放在預算管理局上，這也反映了聯邦政府將政府視為一個整體的觀點來進行改革。

　(5)不同部門與單位之中的責任：即長存於政治指派與常任文官之間相互衝突的問題。

　2.GPRA中多元功能間的衝突：在GPRA的大傘下所依附的包括策略計畫、預算與管理等多元的功能，雖然，GPRA將統合地處理這幾項功能。事實上，在實務的運作中要一起處理這些議題是相當困難的事情。

　3.政策制定的過程：政策規劃的過程是否能夠像GPRA所描述的過程一般，其運用是否能夠符合所有政策的運作過程是值得詳加考量。

十、 何謂「政府公關與行銷」？其包括那些基本概念？

【說明】政府公關與行銷並非單純政令宣導、教育民眾或形象廣告，亦非僅構建良好的人際網路或交際應酬，而是一種講求方法策略的社會科學。它的內涵除了在政策形成後，消極的運用行銷方法傳遞訊息，化解反對聲浪，進而改變內、外部顧客想法，達到預期行為外；更應在政策擬訂前，積極地擔任邊界偵測角色，蒐集內、外部顧客的期待與願望，建立大眾參與公共事務的管道。

答：(一)政府公關與行銷定義：政府公關與行銷是公共管理者為因應日益變動的政治與任務環境的挑戰，以「顧客導向」為中心思想，運用各種公共資訊的傳播技術，協助組織界定並生產公共價值、塑造有利形象，以爭取公眾最大支持。

(二)政府公關與行銷的基本概念：

1.公共管理者：公共管理者也就是組織的決策者，公共組織為了因應環境變化，其管理者透過各種資訊傳播機制，研擬各種政治管理策略，以維持組織的生存發展，乃是政府公關與行銷的功能。

2.公眾：公眾是政府公關與行銷的客體，也是構成組織環境的要素。公共組織為了達到操作目標，管理者必須經常與外部公眾保持良好關係，以爭取使用公共資源的授權。公共管理者只能運用說服的方法使公眾合作，無從要求他們服從。

3.顧客導向：政府公關與行銷的目的是要影響目標群眾的行為，其前提便是傾聽他們的聲音。所以具備「顧客導向」心態至為根本。

4.公共資訊傳播技術：公共管理者使用的各種政策工具都是權威、交換與說服三者的交相運用。公共管理者一般藉著政府合法權威通過法律並且頒布執行細則以執行政策，或利用釋放某些利益誘使民眾採納某一行為，更常運用媒體或其他傳播設計來說服民眾。

5.公共價值：公共組織存在的目的在於生產公共價值。政府公關與行銷的目的即在協助組織：

(1)判斷什麼是公共價值的實質。　　(2)瞭解公眾的政治期望。

(3)計算行政操作的可行性。

換句話說，公共組織在發展政府公關與行銷策略時，公共管理者的首要工作，是如何整合實質、政治、行政等策略三角。

6.形象塑造：組織形象又稱為公眾形象或公關形象，是一個組織機構在社會公眾中整體的、相對穩定的印象，或社會公眾對組織機構的全部看法、評價和整套要求及標準。公共組織的社會形象是由其自身的行為和政策，也包括個別高階層公共管理者的言行舉止所造成的。（黃榮護主編，黃榮護，政府公關與行銷，公共管理，頁520-574）

十一、公共管理者本身在促成形象公關與行銷方面，應掌握那些原則？

【說明】公關與行銷的專家愈來愈知道「形象公關與行銷」的效果。因為對政府機關而言，會贏得民眾的信賴與支持，增進施政的合法性與正當性。

答： (一)政治語言符號的運用：

1.公共管理者在塑造有利的政治形象時，往往曾發現這是一種語言（rhetoric）而非實質（substance）的工程。組織理論學者費佛（Pfeffer）曾指出：「語言、象徵符號與儀式都在管理這過程中被用來賦予活動和事件新意義」。

2.公共管理者必須要認識到名稱對形象的重要性，進而培養詮釋情境的語言或信息能力。換言之，培養豐富的政治語言與使用象徵符號的能力，是公共管理者塑造機關形象所必需。

3.在政治活動中，語言的運用對於合理化活動和觀點至為關鍵。如果政治指涉公共管理者行動方向的合理化，那麼語言就是使之合理化的工具。換言之，語言提供行動合理化，而此合理化又為政治選擇的正當性所必需。

4.在政治過程中，往往有兩組行動者，一組是在核心的地位並有很清楚的自我利益，另一組則在邊際，沒有太大利益和充份資訊；許多的公共政策常只是提供象徵性的價值給後者，而實質的活動則是為那有實質權力的前者服務。

(二)CIS的設計：詮釋主義者強調傳播的研究焦點應放在「認知」或「概念化」的事物上。所以，特別重視語言的意義和使用的符號。公共管理者在設計綜合識別系統CIS（企業識別系統）便需要有政治語言的知識與技能。CIS事實上是包括三個識別子系統：

1.MIS（Mind Identity System，理念識別系統）：理念就是一個機構的基本精神、宗旨、價值觀和經營管理哲學等抽象的識別標誌，可以從組織文化中表現出來或從公共管理者對情境所架構的信息體會出來，是組織最獨到之處。

2.BIS（Behavior Identity System，行為識別系統）：指理念指導下所形成的行政管理方式與活動，而直接或間接地可以從組織的策略窺其端倪。

3.VIS（Visual Identity System，視覺識別系統）：它是運用視覺傳達設計的方法。VIS是一個更為直接而且複雜的外顯系統，涉及許多符號性標識，如組織的LOGO、代表色、廣告口號、服飾、物飾等等。

（黃榮護主編，政府公關與行銷，公共管理，頁520-574）

十二、社會行銷的策略步驟為何？試說明之。

【說明】政府公關雖然也從事對各類公眾現時的態度和意識作研究，但其對資訊的提供比較偏向於告知，針對各種事件，廣泛並主動地運用媒體，目的在創造正面和有利的認知。社會行銷則非單純的教育、宣傳或廣告工作，其目的是更進一步地要影響目標公眾的行為。

答：(一)傾聽：社會行銷第一步驟，先要瞭解「群眾」想法與需求，所謂「群眾」，係指所要影響的人。因此，除行銷對象外，倘包括行銷計畫的對手及其他如專家、學者、媒體、利益團體等具影響力者。要瞭解目標對象想法與需求，需進行顧客調查。調查的進行，一般都以協助決策制定為重點，較經濟可行且具成效的方法包括：二手資料分析、深度訪談、焦點團體和雪球取樣法等四種。

(二)訂計畫：依據傾聽階段所獲得資訊，開始擬定行銷策略計畫，其工作範圍包括任務、目標及行動策略的制定：

　1.確立任務：社會行銷旨在影響行銷對象行為，為讓執行者有明確的行動指南與跨域溝通方向，任務宜簡單明確。

　2.轉化目標：將上述任務轉換設定行銷人員應達成的成果目標。

　3.量化目標：將上述成果目標進一步數據化，以作為執行及評核依據。

　4.規劃核心行銷策略：目標設立後，即需制定一個核心的行銷策略，做為行動綱領，以期有效改變行銷對象行為，達成預定目標。社會行銷因受資源限制，因此，通常採用市場區隔策略（market segmentation strategies）來選擇顧客，做為其行銷對象。

(三)籌編組織：核心行銷策略需要運作機制去執行。執行計畫的組織，有下述三種不同形態：

　1.功能性組織：依活動功能別，如行銷產品設計包裝、廣告宣傳、市場調查、公開活動等個別或數個相近者規劃指定一人或一組人負責執行。

　2.計畫型組織：以計畫為中心進行組織規劃，在此架構下，一行銷經理人需負責一項計畫各項功能的協調工作，並擔負成敗責任。

　3.顧客型組織：依顧客群體來編組員工，一個組織內若有多種不同的行銷計畫，事先針對其族群訓練一些專家，再予適當編組，將能充分瞭解其行銷市場，適切地執行其行銷計畫。

(四)試行：縱使再有效地傾聽顧客意見、所取得資訊仍屬有限，因此，所發展的行銷策略宜有試行階段。試行階段具有下述功能：

1.評估有無其他較佳策略或戰術，可供選擇。

2.確保所訂之策略及戰術無重大瑕疵。

3.執行計畫策略若稍有偏離，得即時獲得導正。

(五)執行：行銷策略經試行修妥後，接下來是實際執行，執行應把握重點包括：

1.明確區分工作權責：即每一工作成員或小組誰來負責那些事及何時應完成，落實每項應完成的工作並如期完成。

2.落實行動綱領：確實按所訂步驟去執行。

3.掌握工作進度時程：每項工作應接進度如期完成並儘可能注意各項工作細節。

4.隨時反映顧客意見：在執行過程中對群眾顧客的反映意見要立即回饋。

(六)監控：由於外界競爭環境時時在改變，協力夥伴基於利益考量，支持計畫程度亦會增減，加上顧客對行銷產品反應，可能會不如預期等原因，社會行銷者必須採行監控系統追蹤其結果，儘早發現其差異性，及時調整修正策略或執行技術。（黃榮護主編，政府公關與行銷，公共管理，頁520-574）

十三、政府公關與行銷首要的目標公眾（網路的主要行為者）為何？試加以說明之。

【類似題】大眾傳播媒體是政府與民眾間的溝通橋樑，也是公共管理者藉以進行政府公關、社會行銷與形象塑造的重要管道。試問公共管理者有那些具體方式來運用大眾傳播媒體達成政府公關、社會行銷與形象塑造等目標？而在運用大眾傳播媒體時又應謹守那些基本原則？

（91年高考三級二試）

答：(一)國會：

1.國會公關與行銷的重要性：隨著國內民主化過程，府會關係愈趨複雜，行政機關莫不以謹慎小心的態度，處理國會聯繫工作。對機關而言，公關與行銷工作猶如汽車引擎的潤滑劑，運用得當可發揮無比的力量，使機關預算及政策順利推展；反之，猶如一顆隱形炸彈，隨時可能會引爆問題。

2.依據喬治城大學安竹生（Andreasen）教授的看法，若行政部門推動的政策或法案，要獲得國會議員的支持，則需運用公關與行銷的技巧方式如下：
(1)視議員為顧客：行政部門首先要將國會議員當作「目標群眾」（亦即顧客），用「以客為尊」的心態，傾聽並瞭解議員們對法案或預算的看法及態度，並進而影響並改變其對法案及預算的想法及態度。影響議員的關鍵點大致有：
①Benefits：行政部門通常會站在自身的立場去遊說議員，用「法案甚佳，請予以支持」的模式進行遊說工作，但真正有效的遊說是把議員當顧客，找出議員支持此政策或法案對其本身將有何利益。
②Cost：找出該議員在經費上的利益點，或研究出該議員若支持某法案，則可獲得那些利益團體或個人贊助競選經費。
③Others：找出對該議員具有影響性的關鍵人物或團體，讓這些個人或團體去影響其行為。例如：支持樁腳、安排總統或部長與國會議員餐敘、總統或部長為議員競選站台造勢等。
④Self-efficacy：每個議員都希望在法案表決時自己是站在贏的一方，在法案表決前要充分蒐集資訊，提供實際數據。
(2)區隔顧客屬性：在傾聽、瞭解議員之個別需求後，並根據議員本身及客觀條件區隔出議員的個別屬性，不同的議員要用不同的策略方式來影響其行為。
(3)定位顧客利益點：以「顧客導向」的方式，瞭解每位議員之利益點，並予以定位，同時應不斷強化其利益點。
(4)運用合縱連橫戰術：廣泛運用各種足以影響議員行為的策略與戰術。例如發動選民寫信、直接拜訪、舉行市政廳會議、召開記者會、出席聽證會等。
(5)測試系統可行性：在訂出完整計畫前，要測試所擬計畫。事前要能充分蒐集相關資料，並對掌握之資訊作先期研判及分析。
(6)實際執行計畫：根據以上步驟訂定完善計畫，循環執行，並發覺執行計畫時其中的改變，則執行方式亦應立即隨之改變。
(7)建立回饋系統：在每個過程中都要監控，並循環檢查、修正做法，隨時注意是否按計畫執行，以建立回饋系統。

3.我國政府應有作法（策進作法）

(1)各機關國會組織法制化：由於組織係採任務編組而非正式法制化單位，各機關將「國會聯絡室」分置於不同單位下。在國會聯絡工作愈來愈重要的今天，其組織確有必要予法制化。

(2)提高國會聯絡人員位階與層級：由位階高之主管實際負責國會聯絡工作，除足以顯示機關重視此工作的程度，也能提昇溝通與互動效果。

(3)積極培養及訓練國會聯絡人才：各機關國會聯絡人員，在未取得正式法定地位前，成員均以調兼方式組成，流動性高，經驗傳承不易。

(4)公開透明的關說書面登記制度：國會議員對行政部門進行關說，是非常普遍且無法避免的事情。行政部門對處理議員的關說應建立公開透明之關說書面登記制度。

(5)訂定計畫與績效評價標準：一般而言，行政機關常以較保守的態度處理國會議員的質詢案件，婉拒提供所需資料或決策過程及作法，對府會互動關係是一大障礙。為改善此種缺失，應由各機關自行訂定聯繫計畫及預期績效。

(6)國會議員除了監督政府施政外，在面對競選壓力下，其最重視的是選民服務。行政部門在對國會議員的公關行銷工作上，最基本的是要能充分且迅速提供國會議員所需之資訊，建立一套橫向、縱向的回報系統。

(二)媒體：對公共管理者而言，媒體是最強勢的社會公器，也是政府公關行銷及形象塑造最強大的力量。

1.媒體行銷的最基本原則：

(1)誠信原則：秉持誠信原則，與媒體記者建立互信互惠的工作關係。

(2)以績效為基礎：政府機關的良好形象應建立在實質績效的基礎上，再透過媒體的強力行銷，才能發揮相輔相成的效果。

(3)主動積極精神：公共管理者必須能主動積極，建立媒體記者資料庫，經常與記者保持連繫，維持良好的伙伴關係。

(4)了解媒體特性：有效進行媒體行銷，必須先了解新聞媒體的本質、特性及運作方式。

(5)全員參與行銷：政府公關行銷所涉及的範圍甚廣，舉凡政策制訂、推動、公共參與及機關形象塑造，都是公關行銷的範疇。媒體行銷不是少數幾個人的責任。

2.媒體行銷方式：

(1)新聞發布：其較常見包括召開記者會、主動發布新聞稿、善用調查及研究資料和舉辦政策說明會或公聽會等方式。

(2)媒體採訪：機關首長或相關主管接受媒體訪問，為政策或形象行銷的重要管道，除平時媒體記者採訪外，亦可參加公共節目，與學者專家對談等。

(3)公關造勢活動：媒體對政府一般性的宣導活動通常不會有太大的興趣，但某些精心設計的公關造勢活動，卻是媒體競相追逐的焦點。

(4)媒體廣告：政府行銷如果經費許可，直接於媒體做廣告亦為可行方式之一。國內較常見的形式如由民間公司研提企劃案，政府機關贊助經費，配合擬宣導之政策或主題。

(三)利益團體：市民組織和利益團體也是公共組織的授權環境之一。這些團體組織的目的是促進他們成員的政治訴求和公共價值，有時也包括促進他們的經濟利益。

1.由於社會上許多的潛在的利益都沒有被組織起來，所以只要這些團體有主張並起而號召，往往便可以隨時動員一些潛在的利益團體。這些團體針對其一特定實質的議題而動員，往往企圖改變政治方向。

2.從公共管理的觀點，這些團體構成了公共管理者要注意的策略公眾。他們與各層的授權環境建立關係，並且常能上達組織的高層。公共管理者必須認識到，利益團體的網路關係像水，能載舟亦能覆舟，關鍵就在於兩者的目標是否一致。

3.一個單一利益團體的存在，常常突顯一個非常重要的公共價值的存在，而且為市民所支持。公共管理者有三種可能途徑來處理這些利益團體：

(1)找出另一個反制的團體或力量。

(2)引導這些力量到可容忍的路徑。

(3)找出某些能消耗掉這些能量的方法。

(四)跨域合作的伙伴：政府為有效推行政務、服務民眾，雖分級並分機構辦事，但政府施政終究是一體，面對日趨多元化的社會，跨政府及跨機構（包括非營利組織、民間團體）的合作，更顯重要。

1. 美國「政府績效及成果法」（GPRA）對各機構策略規劃評分，亦將如何與其他機構相同或類似計畫及功能的合作，列為標準之一。

2. 各級政府及各機構間，基於權責各有立場，有時甚或存在某種競爭或對立關係，例如經濟發展與環境保護、獎勵投資與租稅減免、產業保護與自由貿易等。因此如何使各級政府與各機構均能摒除本位，在在需要運用公關與行銷的理念和技巧。（黃榮護主編，政府公關與行銷，公共管理，頁520-574）

十四、公共管理者應具備那些公關與行銷的基本技能？

答： 一位稱職的公共管理者，要能發揮公關與行銷的效果，至少應具備下列六種政治管理的技能：

(一)企業精神倡導：企業精神倡導指公共管理者運用創新作法，以推動擬議中的政策被採納並且獲得最大的支持。此意味著政治管理必須部署一個綿密有力的聯盟網路，以確保其所偏好的政策能順利通過。公共管理者在評估過可能的參與者和預測這些參與者可能採取的立場之後，公共管理者可以採取：

1. 選擇最有利而方便的路徑。
2. 架構議題。
3. 等候有利時機。
4. 改變決策環境等行動策略來獲致權威性的決定。

(二)管理政策發展：公共管理者扮演企業精神倡導者與扮演政策管理者的角色是相當的不一樣。倡導者在心中早有定見，目標在於特定政策的被採納；相對地，管理者重在如何提高決策的品質，而非在某一特定的政策是被接納而已，其目標在於管理一個過程，使得任何決策都能獲得高正當性、授權和實質的正確性。

(三)談判：公共管理者希望某一政策被接納，但在分權的體制下，除非說服別人一起合作，否則很難達成，這是談判對管理者潛在的價值。但基於下列原因，談判分析一直不受公共管理者的重視：

1. 談判常被認為只是為了私利。
2. 談判分析只預測和評估談判結果，而非建議談判的行動策略。
3. 談判分析由於簡化情勢，造成與事實過大差距。

(四)公共集思廣益、社會學習與領導：這個技能並不是利用政府的權威來制定公共政策，而是政府有責任提供一種環境，允許遭遇集體問題的市民能一起來決定他們該怎麼做。

1.公共集思廣益：公共集思廣益鼓勵受到政策議題直接影響的市民，挺身面對並且參加一個正反意見同時存在的論壇。這樣的論壇鼓勵市民以開闊的胸襟，協調其他市民的意見，建構公共價值的市民探索。

2.社會學習與領導：社會學習的精神與公共集思廣益雷同，都是針對在政府結構以外、對政策有興趣、也有能力回應、並且利害相關的公眾，也都認識到鼓勵充份討論與集思廣益的潛在價值。

(五)策略傳播：策略傳播旨在協助政府成功地回應市民願望，所以其目的在於加強政府的責任與社會動員。

(六)危機處理：政府公關與行銷旨在形塑政府有利的形象，如果對於危機事件處理不當，則對政府形象將會造成損傷。危機的發展過程可分為：

1.潛伏期（prodromal stage）：危機意識，居安思危。

2.爆發期（acute crisis stage）：危機處理，臨危不亂。

3.後遺症期（chronic crisis stage）：危機控制，轉危為安。

4.解決期（crisis resolution stage）：危機化解，安然無恙。

大多數印象中的危機，通常是指危機的爆發期。而當危機發生時，應有下列作法：

1.面對問題時，要認清且不要迴避問題。

2.了解組織立場，界定危機的標準，分析問題的嚴重性。

3.組織應成立危機處理小組，其成員涵括以危機事件核心人員所組成的處理步驟小組、公關小組、人力資源小組、法律專才以及人事人員。

4.組織要明快地確定齊一的處理步驟。

5.即時發布正確訊息，對於組織負面影響的報導要迅速澄清處理，如情況不明時則不可任意發布訊息。

6.對於已發生的問題，應表示關心及遺憾。

7.建立發言人制度，代表組織的發言人應確實掌握危機狀況，立場必須要堅定一致，其一言一行必須令人信服。（黃榮護主編，政府公關與行銷，公共管理，頁520-574）

十五、何謂「績效管理」（Performance Management）？績效組織體具有何種特徵？績效管理需考量的面向為何？

【說明】績效管理的過程包含計畫、控制、評估、契約方式的人力運用（如委外服務）、顧客關係、生產力（績效成果）的衡量與改進，品質管理的實施，以顧客導向的途徑，獲致公共服務的績效成果。績效管理的目的，在於建構「高績效組織體」。

答：(一)績效管理：「績效」是行政效率（量）、效能（質）與總體生產力（施政服務成果）的綜合體，而績效管理即以績效取向為依據的管理目標與技術文化體制。績效管理必須包含組織目標與績效成果的衡量方法與技術、對績效品質的考評、績效薪資、管理資源與預算循環的配合、策略計畫的評估及改進。

　　1.學者丘昌泰教授將績效管理定義為：「對於公共服務或計畫目標進行設定及實現，並對實現結果進行系統性的評鑑過程，包括「績效評估」、「績效衡量」及「績效追蹤」等功能性活動。

　　2.李長貴：「所謂績效管理，係指組織有意圖的、積極的運用管理工具、以管理的手段提昇及改進績效表現的相關活動及過程而言。」

　　(二)績效組織體的特徵：Golembiewski與Kiepper曾提出高績效組織體主要特徵：

　　1.就外界一般的評估標準而言，組織運作的績效遠遠超過一般所認定平均的、可接受的績效標準。

　　2.組織實際的績效產出水準，超過對此一組織預期的績效產出水準。

　　3.相較於過去某一時間點的績效表現而言，組織當前的績效產出已有明顯的成長。

　　4.經由外在客觀觀察者的評斷，相較於其他組織系統而言，有明顯較佳的績效表現。

　　5.在維持一定品質的前提之下，組織實際所耗費的資源水準，還低於完成同樣工作原預期需投入的資源水準。

　　6.組織的運作方式成為其他組織仿效學習的對象，並能在組織中發揮創新能力，開發競爭優勢及利基。

　　7.組織對其存在充滿高度自我認同及自我實現的成就感。

　　8.即使組織的產出或技術似乎並不困難或難以理解，但其卻是唯一具備此種能力的組織。

(三)績效管理需考量的面向：主要包括有管理目標、管理途徑、相關制度安排、績效資訊系統以及績效誘因。目標表示管理本身有目的性，是一種有意圖的、積極的活動，顯示組織進行績效管理所欲實現的境界；途徑代表實施績效管理所採取的策略及方法；制度安排代表實施管理過程中所涉及的結構權責分工；管理資訊系統則代表組織瞭解其績效狀況的相關作為；至於有效的誘因，則是引導組織成員發揮績效。因此，績效管理主要涉及以下活動：

1.目標設定。	2.策略選擇。
3.制度設計及安排。	4.績效衡量。

5.誘因提供。

以上五種績效管理的活動，彼此相互連貫，必須相互配合，才能提高管理的報酬率。其中前三項可視為是相關的程序性作業，至於績效衡量及誘因的提供，可視為是績效管理實質核心活動。（范祥偉、王崇斌，政府績效管理：分析架構與實務策略中國行政評論第十卷第一期，頁156-179）

十六、績效衡量的三種基本要素之一即為「衡量方法」。試說明績效衡量有那些「衡量方法」？

【說明】在設定指標之後，就要進一步將各指標所呈現的內容進行處理，以得出一個總的績效結果，也就是要討論方法的問題。

答：(一)標竿水準法：標竿水準法是一種「比較評量」的方法。此法具有目標管理的基本精神，是先就指標內涵設定一定期間內所要達到的目標水準，並以此一目標水準作為比較的參考點，再衡量實際成果與參考點所代表之績效水準間的「績效差距」，此一參考點即為績效「標竿」。標竿學習法具有「結果導向」與「策略導向」的特性，與當前政府再造的理念相吻合，許多國家推動政府再造工作時實施績效衡量均採此法。

(二)評分量表法：評分量表法是將指標所指陳的內涵先區分出若干程度（如非常滿意、滿意、無意見、不滿意、很不滿意等），每個程度均給予一個固定的分數，也就是區分「分數區間」，再衡量各指標的實際表現屬於那一個分數區間以決定分數。

(三)公式法：此法通常是用於計量性指標的衡量。做法是先設計一定的數學公式，再依公式運算的需要，蒐集相關的數據資料，再將數據套入公式中計算出績效結果。此法的優點是較具客觀性及精確性，但在作業方面的困難度較高，若公式設計過於繁複將使實施較為不易。

(四)平衡計分卡法：平衡計分卡法原係運用於企業財務執行績效評估的方法，美國前副總統高爾於推行「國家績效評估」時採用此種方法進行績效衡量。此種方法的特徵，在於同時進行多個面向的衡量，並強調衡量面向之間必須要有因果關係；平衡計分卡法的特色，在於配合「全面性」績效管理的理念。平衡計分卡法具有以下特點：

1.自我評量及外部評量的平衡：同時注重組織自身的檢討及外部顧客滿意度的檢討。

2.財務及非財務評量的平衡：以往組織績效評量的方式，多半著重於財務運用層面，平衡計分卡則將涉及面向擴及顧客、品質、流程、人力發展等非財務性的面向。

3.策略取向：平衡計分卡強調組織績效的衡量，必須要與組織發展的重要策略相結合，以有利於組織對策略的達成進度進行控管。

4.全員參與：績效衡量的內容必須經由組織各層級、各部門成員廣泛及充分的討論；且其內容必須要使組織成員、管理者、利害關係人及外部顧客充分了解。

由以上可知，平衡計分卡法企圖「對組織的健康進行全像性的檢補」。此法目前已從企業績效衡量的領域，逐漸擴展在政府中適用。（范祥偉、王崇斌，政府績效管理：分析架構與實務策略中國行政評論第十卷第一期，頁156-179）

貳、選擇題

(　)　1.下列有關多元化管理之敘述何者正確？　a.係針對異質性工作隊伍所進行管理　b.始於「文官改革法」的推動　c.源於人口與經濟結構的改變　d.其管理原則為尋求多元，建立在共享願景之上；以自我發展為主，內在規範為輔　e.其強調重點為差異性的包容　f.身心障礙者與少數組群的進用與管理為多元化管理具體體現。　(A)abcf　(B)abcdef　(C)acef　(D)acdef。

（　）　2. 平衡計分卡（BSC）用以衡量組織績效不包含下列那一個構面？
　　　　(A)策略構面　(B)顧客構面　(C)財務構面　(D)流程構面。

（　）　3. 政府公眾關係與行銷最重要工作在於：　(A)報導　(B)宣傳
　　　　(C)廣告　(D)調查研究。

（　）　4. 下列那項敘述，不是公眾關係的正確理念？　(A)公眾關係的基礎
　　　　在於組織形象　(B)公眾關係的手段為有效之溝通　(C)公眾關係
　　　　的主題包括組織與個人　(D)公眾關係是長期有計劃努力的結果。

（　）　5. 有關公眾關係的敘述，下列那項最為正確？　(A)公眾關係的重點
　　　　在於宣傳　(B)任何組織均有二類共通公眾（社區與新聞界關係）
　　　　(C)政府機關的公眾關係目標有二即宣揚政令與瞭解輿情　(D)公
　　　　眾關係之責任雖為首長的基本職責之一，但可託付公關公司。

（　）　6. 藉由規劃與執行組織系統和實務來管理組織成員，俾達到多元
　　　　化的潛在優勢得以極大化，同時潛在的威脅得以降到最小的管
　　　　理，稱為：　(A)多目標管理　(B)多管道管理　(C)多元化管理
　　　　(D)績效管理。

（　）　7. 下列何者不是構成啟動組織管理多元化的力量？　(A)從農業經
　　　　濟移轉至製造業經濟　(B)市場全球化　(C)合併（Mergers）與
　　　　聯盟（Alliances）需要管理不同的文化　(D)勞動市場的改變。

（　）　8. 「公共管理者運用創新作法，以推動擬議中的政策被採納並且獲
　　　　得最大的支持。」此種作法稱為：　(A)企業精神倡導　(B)工作
　　　　豐富化　(C)去官僚化　(D)企業型政府。

（　）　9. 社會行銷第一步驟，先要：　(A)瞭解「群眾」想法與需求　(B)製
　　　　定行銷計畫書　(C)實行行銷計畫　(D)評估行銷方案執行成果。

（　）　10. 關於多元化管理（Diversity Management）的發展時期，下列何者
　　　　正確？　(A)平等就業機會時期→重視差異性時期→弱勢優先時期
　　　　→多元化管理時期　(B)平等就業機會時期→弱勢優先時期→重視
　　　　差異性時期→多元化管理時期　(C)重視差異性時期→弱勢優先時
　　　　期→平等就業機會時期→多元化管理時期　(D)平等就業機會時期
　　　　→重視差異性時期→多元化管理時期→弱勢優先時期。

( )　11. 多元化管理重視何種觀點？　(A)差異性　(B)一致性　(C)同質性　(D)創意性。

( )　12. 針對異質性的工作隊伍，從事組織本身的變革，以建立一個能讓多元化的組織成員相互尊重，並且能夠將自我潛能極大化的工作環境的管理，稱為：　(A)組織管理　(B)多元化管理　(C)工作管理　(D)團隊管理。

( )　13. 要瞭解行銷目標對象想法與需求，需進行顧客調查。調查的進行，一般都以協助決策制定為重點，較經濟可行且具成效的方法為：　(A)二手資料分析　(B)深度訪談　(C)焦點團體　(D)以上皆是。

( )　14. 下列何者非公共管理者面對民意機構所應實行的策略？　(A)在政治知識方面，要能精確掌握主要人物　(B)在政治溝通方面，要能迅速回應委員的要求與問題　(C)在政治立場方面，應全力支持執政黨　(D)要能善用議題設定的優勢來擴大支持的力量。

( )　15. 「指行政人員為維持公眾的信任，並且以公共利益為目的，用以獎優汰劣的一套系統，讓行政人員能夠確實負責。」此係公共管理之何項專有名詞的定義？　(A)究責　(B)賞罰　(C)專業專制　(D)課責。

( )　16. 美國政府績效與成果法的內容之一，係將任務、目標、衡量及何項概念相結合，以提高政府的行政績效？　(A)需求　(B)供給　(C)回饋　(D)評鑑。

( )　17. 下列何者為與績效相關的指標？　(A)顧客化　(B)便利性　(C)創新性　(D)以上皆是。

( )　18. 下列何者非建構多元化組織的作法？　(A)彈性的工作計畫與監督權力的下放　(B)給予組織成員對於目標的達成與運作有自由裁量的能力　(C)研究者應該花費至少在組織中百分之十的時間來探索成員的意見　(D)鼓勵正式且結構性的工作。

( )　19. 社會行銷的目標設立後，即需制定一個核心的行銷策略做為行動綱領，為期達成預定目標，社會行銷通常採用何種策略來選擇顧客，做為其行銷對象？　(A)市場一致性策略　(B)市場異質性策略　(C)市場同質化策略　(D)市場區隔策略。

（　）20. 執行「美國政府績效與成果法案」（GPRA），必須具備下列何項要件？　(A)界定清楚的任務及所欲的成果　(B)衡量績效以利測量進度　(C)運用績效資訊以作為決策基礎　(D)以上皆是。

（　）21. 下列何者為多元化管理的特質？　(A)多元化管理是種尊重與發展多元化的新思維　(B)多元化管理是具有競爭力的企業策略　(C)多元化管理是前瞻性地改變組織整體的長期過程　(D)以上皆是。

（　）22. 單一化的組織（Monolithic Organization）主要採取何種方式，並且以摒除或拒絕的態度來面對多元化？　(A)同化的濡化　(B)同化的異化　(C)異化的濡化　(D)異化的變動。

（　）23. 公共管理者在設計綜合識別系統CIS（企業識別系統）便需要有政治語言的知識與技能。其中，「MIS」代表CIS的何項識別子系統？　(A)行為識別系統　(B)視覺識別系統　(C)理念識別系統　(D)感官識別系統。

（　）24. 一位稱職的公共管理者，要能發揮公關與行銷的效果，至少應具備六種政治管理的技能，其中不包括下列何項？　(A)集權領導及構思　(B)企業精神倡導　(C)管理政策發展　(D)危機處理。

（　）25. 下列何者非媒體行銷的最基本原則？　(A)主動積極精神　(B)個別參與行銷　(C)以績效為基礎　(D)了解媒體特性。

（　）26. 指公共管理者為因應日益變動的政治與任務環境的挑戰，以「顧客導向」為中心思想，運用各種公共資訊的傳播技術，協助組織界定並生產公共價值、塑造有利形象，以爭取公眾最大支持的做法，一般稱為：　(A)政府社交活動　(B)政府公關與行銷　(C)政府民意調查與解析　(D)以上皆非。

（　）27. 政府公關與行銷是公共管理者為因應日益變動的政治與任務環境的挑戰，以何種觀念為中心思想的管理方法？　(A)生產導向　(B)銷售導向　(C)成本導向　(D)顧客導向。

解答與解析

1.(C)。美國1978年「文官改革法」非第一個推動多元化管理法案，但卻是最顯著，因其強調真正有效的工作團隊應該要能夠反應「人口結構上的異質性」，來呈現國家多元化輪廓。其管理原則為以自我發展為主，外在規範為輔。

2.(**A**)。 3.(**D**)。 4.(**A**)。 5.(**C**)。 6.(**C**)。7.(**A**)。

8.(**A**)。其中，公共管理者可以採取：
　　　1.選擇最有利而方便的路徑。
　　　2.架構議題。
　　　3.等候有利時機。
　　　4.改變決策環境等行動策略來獲致權威性的決定。

9.(**A**)。所謂「群眾」，係指所要影響的人。因此，除行銷對象外，倘包括
　　　行銷計畫的對手及其他如專家、學者、媒體、利益團體等具影響力
　　　者。

10.(**B**)。

11.(**A**)。多元化管理是對傳統「一體適用」管理時期的一種突破。多元化應
　　　該是體驗新價值的機會重視價值的學習過程。

12.(**B**)。 13.(**D**)。 14.(**C**)。 15.(**D**)。 16.(**D**)。 17.(**D**)。 18.(**D**)。

19.(**D**)。

20.(**D**)。GPRA的評估方法包括：策略計畫、每一年的績效計畫書與計畫績
　　　效報告。

21.(**D**)。

22.(**A**)。Cox認為，多元文化組織是組織從事多元化管理所產生最成熟的組
　　　織，是從單一化的組織與多元論的組織所演進而來的。

23.(**C**)。公共管理者本身在促成形象公關與行銷方面，應掌握下列原則：
　　　政治語言符號的運用、CIS的設計（理念識別系統、行為識別系統
　　　（BIS）、視覺識別系統（VIS））。

24.(**A**)。

25.(**B**)。應是「全員參與行銷」。對公共管理者而言，媒體是最強勢的社會
　　　公器，也是政府公關行銷及形象塑造最強大的力量。其行銷方式
　　　有：新聞發布、接受媒體採訪、公關造勢活動、媒體廣告。

26.(**B**)。

27.(**D**)。「政府公關與行銷」是指公共管理者為因應日益變動的政府與任務
　　　環境挑戰，以「顧客導向」為中心思想，運用各種公共資訊的傳播
　　　技術，協助組織界定並生產公共價值、塑造有利形象，以爭取大眾
　　　的支持。

第十一章　團隊建立與工作生活品質

壹、申論題

一、試說明團隊對公共管理的意涵？

答：傳統的公共組織及制度設計，著眼於組織的穩定發展，然而面對今日複雜多變的環境，已無法應付自如，因而產生諸多問題如資源浪費、計畫無效等問題。爰此，團隊對公共組織具有以下特殊的意義：

(一)團隊建立與行政革新：傳統組織設計不但無法應付外在變遷，亦限制了管理者組織發展能力，更降低了團體的凝聚力。有鑑於此，1980年代以後各國紛紛導引入品管圈、全品質管理等技術以提昇組織的效率與服務品質，其中團隊建立與運作更是決定行政革新能否成功的關鍵因素。

(二)工作關係之再界定

1.個人層面上：團隊所強調的是對個人的授能（empowerment），以使個人能有更多參與自主的機會，如此方能使個人與組織相互融合。因此，團隊運用的要求是個人能採自我管理原則，不斷地充實自我，以達到組織目標。同樣的，管理者亦應融入團隊，扮演幕後策劃與嚮導的角色。

2.組織層面上：現代組織結構依恃的是自我引導團隊模式，因此在結構設計上強調水平式的團隊合作功能，工作設計上則強調整體過程與多元任務的架構。而於領導方面管理者擔任教練的角色，形領導式則採團隊成員分享制。

(三)組織定位的重新思考

　　從傳統組織到現代團隊建立，所必須考量的是技術、制度甚至是結構的變革，必然會導引組織成員改變原有的行動與認知。而其中新文化的構成，便是一個值得思考的問題。而團隊的概念便是一種經由授能、參與與共享方式，以激發出個人潛能，並透過團隊協調與整合，而產生綜融性的效果，真正達到組織效率與效能的提昇。（孫本初，公共管理，團隊建立）

二、何謂「團體」？團隊的策略實際運用時所遭遇的困難為何？團隊為何重要，其理由為何？

【說明】自八十年代中期以來，隨著品管圈等日本式管理原則在全球引起廣泛重視後，運用團隊的管理策略亦成為許多公、私部門組織所競相採用，希望藉由團隊的建立與運作，使組織能大幅地提昇其效能與效率。

答：(一)團體的定義：Klimoski與Mohammed兩人認為，團體是不同個人的結合，享有相當的職位條件及不同的職責分工。張潤書教授認為團體「乃為執行工作以達成一個共同的目的或目標，而相互依賴及互動的兩個以上的人的聚集。」「團體」已超越了傳統「組織—個人」為中心的二元分析單元，成為個人與組織間衝突的中介與整合角色。就個人言，團體的作用是在於將具有相同職位、條件或職責分工的人員組合起來；就組織言，團體將分散的個人努力加以初步整合，以達成組織的整體目標。

(二)團隊的策略實際運用時所遭遇的困難：

1.許多人常認為團隊精神或團隊建立僅是特定人所從事的特殊工作。

2.許多人對成為團隊成員預設了不正確的期望，例如加入團隊必須脫離原來所屬的工作團體。

3.團隊與原有組織是平行的，故兩者可能在時間、人員或資源運用上產生衝突。

4.團隊建立時未能包括監督人員、管理者等組織的領導者。

(三)理由：

1.許多個人行為係植基於工作團隊的社會文化規範與價值。一旦團隊改變了既有的規範與價值，將立即並持續影響個人行為。

2.許多工作過於複雜，無法由個人完成，人們必須通力合作來完成。

3.團隊可以創造綜能，亦即，團隊成員所共同創造的價值遠大於個人獨力工作結果之總和，而綜能也是說明了團隊重要之主要理由。

4.團隊可以滿足對社會互動、地位和尊榮感之需求。

三、團隊工作的建立不是一朝一夕便可建立而成的，試說明團隊概念的發展過程？

答：(一)早期人群關係理論的團隊內涵：

1.對於團隊問題的研究，學者多認為可追溯至二十年代的霍桑實驗及二十、三十年代的人群關係研究。此一時期對團體的研究多傾向於將其視為是組織運作的非正式問題，故此種人群的結合被稱為是「非正式團體」、「非正式組織」。

2.此一時期的學者將團隊概念排除於組織正式結構之外，除了符合個人與組織關係的時代背景外，亦顯示了西方特有的文化內涵。包括美國傳統文化受到個人英雄主義、權力分化等觀念影響，因此組織傾向於重視個人努力的價值及鼓勵彼此間的競爭行為，在此種以個人為中心的認知下，團體的問題自然容易被化約為「個人-組織」的非正式關係了。

(二)組織發展理論的團隊內涵：

1.四十年代後期開始，由於一連串對組織行為的研究，使團隊產生相當不同的內涵，包括McGregor、Likert、Blake與Mouton等人，均對工作團體或團隊與傳統觀念的看法有相當不同的見解，其中McGrego更列出其對有效能工作團隊特徵之界定。

2.上述學者認為，團隊不再只是組織中的非正式現象，而是成員彼此信賴、合作，以順利達成組織目標的重要設計。此外，由於對組織中「人」的問題全面重視，故團隊形成了整個組織發展策略中重要的一環。

3.承接McGregor等人的結論，French與Bell兩人主張「對工作團隊文化的合作管理是組織發展計畫的基本要求」，他們亦認為團隊成員應藉由各種干預技術或團體分析方式，使每一個組織成員都能具有互信互賴、合作的團隊精神，以期在集體合作的基礎上，以問題為導向達成組織目標。

4.此時期對團隊的界定方式，雖已大量減弱個人主義的色彩，但卻也同時反映出相當程度地以組織為導向，亦即團隊的建立、團隊成員間的合作、溝通等，似乎均以組織問題的解決或組織目標的達成為依歸；但相對地，對個人角色、心態等問題卻似乎未有更細緻的討論。故作者認為這種對團隊內涵的處理方式可能出現兩個問題：一是團隊仍是人群的「結合」而非「融合」；二是將團隊策略視為是另一種管理控制的技術，或是將人性視為是管理控制的誘因。

(三)Z理論以後的團隊內涵：

1.上述兩個階段對團隊內涵的界定，由於受到「個人-組織」為中心的二元分析單元與傳統重視個人的文化因素影響，故對團隊的考量或設計仍未脫離以個人與組織為研究的主體。換言之，團隊或可稱為是團體觀念的精緻化。

2.而Ouchi在「Z理論」一書中，更進一步將團隊的概念具體化，他藉由日本傳統社會中「派系」的觀念來說明團隊的意義：「派系是人群在參與經濟活動時彼此親近的組合，同時由不同的約定來規範部族與個人的關係，其不同於層級節制，亦不同於自由競爭的市場律則。」在部族中，個人與個人間習慣於彼此依賴，並對其工作關係具有長期的承諾；部族成員由於長期的良好配合，故能形成具有凝聚力的團體，並且自然而熟練地解決部族的共同問題，Z型組織就是由許多部族型式的團隊所整合而成的。

3.Ouchi的說法，使團隊內涵得以超越「個人-組織」兩大主體的限制，而呈現出屬於其自我的特有性質。另一方面，團隊概念隨著日本式管理策略（如品管圈、品質運動）的受到重視與研究，亦逐漸使西方學者重新檢視團隊的內涵與意義，Parker即認為，由於八十年代組織所處環境的急遽變遷，連帶影響組織運作的規則，故對團隊的觀念應有如下認知：

(1)從非正式體系中所衍生的積極性規範（如相互支援），應藉由正式組織中的政策與程序予以補充。

(2)建立與維持在團隊過程中的各項行為，同時付諸實際的合作行動，以提昇團隊基本任務的完成。

(3)非正式的、輕鬆的團隊氣候應推廣至團隊以外的重要成員，並對其給予同等的關切，期能建立雙方的良好關係。

(4)對生產工作及人員的關切，必須是在一個能擁有共同願景（Vision），注重長期目標的組織系絡中來進行瞭解。

(5)除非能有一個完整行動步驟的支持與指引，否則團隊的願景、對任務的陳述、團隊目標等的價值均是有限的。

(6)若不能明確地對每一團隊成員的角色期望有所界定時，則團隊任務、目標、行動方案等均將歸於失敗。

4.代表上述對團隊觀念改變最明顯的例子應屬於「自我引導團隊」（Self Directed Team）的應用，原始的構想雖起源於六十年代末期，但真正受到廣泛重視與應用則是在八十年代以後。自我引導團隊概念主張工作技能與任務的分配、成員對本身工作負責以完成其對團隊的義務、領導與管理權責的共享等，均是現代團隊建立的主要內涵。綜合上述三個時期的說明，孫本初教授認為對於團隊概念的演進可以有下列的結論：

(1)團隊觀念在傳統西方即使不是全然缺乏，亦應是淡薄的；相反地，日本或東方的部族或家族觀念反而與團隊相契合。

(2)團隊不同於團體，其不僅是個人的組合，更是個人與個人間自願性的融合，其中的任務、情感是一體的，而非分散的。

(3)對於現代團隊內涵的理解，不能再以個人或組織為主體來予以分解或綜合，即不能再使用傳統的二元分析單元。（孫本初，公共管理-團隊建立，頁499-531）

四、 團隊可分為那些種類？試依不同指標說明之。

答： (一)按團隊效能層級與績效來分：根據Katzenbach與Smith兩人提出的「團隊績效曲線」可分為：

1.工作團體（the Working Group）：此階段團體績效的表現乃是建立在團體成員個別表現的總和上，他們並不尋求透過共同努力來完成工作。

2.假團隊（the Pseudo-Team）：為了超越工作團體階段，組織成員必須承諾去因應可能的衝突，共同合作生產，並採取必要的集體行動來建立共同目的及設定目標與途徑。至此階段，成員常以為已完成團隊的建立但不想承擔任何風險，但這只是「假團隊」。

3.潛在團隊（the Potential-Team）：在此階段，團體已定義出主要的績效需求，此型態的團隊明顯努力嘗試改進其績效，共同的目標與工作成果在本階段已獲建立。但是，團隊成員依然沒有共同的責任感。

4.真正團隊（the Real Team）：到達本階段，團隊已發展出一小群具有技能互補性，且藉著平等承諾、共同目的、目標以及工作方式等結合共同責任的團隊成員。此階段，團隊效能已獲得大幅提昇，連帶創造更高的總體績效。

5.高績效團隊（the High-Performance Team）：該團隊對「真正團隊」的所有品質具有整體支配能力，團隊運作的效能與其總體績效在此一階段呈現顛峰的表現。

(二)按類型或功能來分：

1.顧問-涉入團隊：差異性低整合性低，工作週期不是短暫即長久，代表的產出為決策、選擇、建議及推薦。

2.生產-服務團隊：差異性低整合性低，工作週期為不斷重複或持續流程，代表的產出為製造業、加工過程零售業、顧問服務業等。

3.方案-發展團隊：差異性低整合性低，工作週期經常是一個週期，代表的產出為計畫、設計、調查等。

4.行動-協商團隊：差異性低整合性低，工作週期為經常重複的短暫績效事項，代表的產出為競爭、比賽、探險等活動。

(三)依品質改善過程來區分：Mears與Voehl兩人，依據品質改善過程，將團隊分為以下六種：

1.品管圈：品管圈（Quality Circles）是組織促使員工涉入的方法中，最普遍的一種形式。係由一小群人所組成，從事相類似或相關的工作，同時會定期集會去分析與解決有關產品及流程品質上的問題。

2.工作團隊：工作團隊（Task Teams）是團隊結構最簡單的一種形式，也是品管圈概念的修正。工作團隊本身是一種暫時性的組合，而成員也多半來自相同的部門。工作團隊可以適用在任何層級，不過大部分的議題是被先安排好了，反觀品管圈則較不受限。

3.跨功能方案團隊：跨功能方案團隊（Cross-Functional Project Teams）經常是由來自不同部門的員工所組成，他們會被安排在重要但相關的工作上。議題將會往方案團隊中討論，但他們所作的承諾必須都先經過原來部門的批准。

4.功能團隊：功能團隊（Functional Teams）的工作設計是跨各功能部門，其成員是由不同部門的代表所組成，同時被高層管理者賦予決策的全權，而無須獲得原來部門的同意。

5.自我導向團隊：自我導向團隊（Self-Directed Teams）又稱自主管理團隊或授能團隊（Empowered Teams），通常負責更廣泛與工作相關的活動，該類型團隊通常控制他們所有的工作，以期所有流程都能有效地進行，而非只是針對個別的活動。

6.設計團隊：一個特定功能的團隊稱為設計團隊，其通常會安排一位領導者來發展組織改善的計畫。此類型團隊雖相似於自主導向團隊，不過其側重在發展計畫而非執行生產安排。例如，六至十人的設計團隊乃是由品質會議所任命，團隊通常會先評估其他組織所從事的工作，然後再引導內部團體討論回應顧客需求的方式，設計團隊必須把重心放在良好服務品質的議題上，並循此作組織再設計。（孫本初，公共管理-團隊建立，頁499-531）

五、團隊的建立不是一蹴可幾的，也不是一句口號或一聲命令就能圓滿達成團隊的建立。試說明團隊建立途徑有那些？

【說明】建立團隊經常涉及了在組織中的全面互動，同時亦創造了讓團隊成員得以表現得更有效率的情境。

答：(一)人際途徑：此途徑主要強調團隊成員與其他成員間的互動。團隊建立運用此途徑在於欲確保團隊成員可在誠實與個人的基礎上與其他成員保持互動，目的在追求團隊成員間高標準的社會與個人知覺。例如，協助團隊成員學習如何去傾聽其他人的想法，或者去吸取其他團隊成員的過去經驗。在此途徑下，鼓勵個人把其他團隊成員視為「我們一體」，而非只是將其看待成一群工作的結合。

(二)角色界定途徑：此途徑之焦點乃在於團隊中的角色與規範。目的在於使個人可以瞭解對組織有貢獻的類型，同時也使團隊瞭解認識有利於組織發展但經常在職場上被遺忘的特定類型。換言之，角色途徑的目的在確定對每個角色的期待、團體的規範以及不同團體成員所應分擔的責任。

(三)價值途徑：此途徑強調團隊應有其明確價值觀的重要性，而這些價值必須為所有團隊成員所共享，並藉此引領個人以一致、協調的方式來採取行動。在此模式下，團隊管理發展出十分詳盡的職務說明，並由參與團隊的成員所共享。

(四)工作導向途徑：工作導向途徑，主要強調團隊工作與每個團隊成員可以完成被交付任務的特有方式。易言之，它不再特別重視個人應如何扮演其角色，而是強調成員如何運用其特有技能來奉獻整個組織；此途徑非常重視不同團隊成員間資訊的交流，同時也強調從完成工作所需的資源、技術、實際步驟等觀點來分析團隊工作。

(五)社會認同途徑：上述四種途徑僅能被視為有效率完成工作的需要工具之一，而團隊建立的社會認同途徑則是揉合現存的其他途徑而成。社會認同途徑主要透過建立明確的團隊界線來培養堅實的團隊認同感，透過有效率的溝通來提昇凝聚力，以及透過成就與專業來鼓勵成員以團隊為榮。（孫本初，公共管理-團隊建立，頁499-531）

六、何謂「工作生活品質」（QWL）？不同時期對工作生活品質的定義又為何？試分別說明之。

答：(一)工作生活品質的普遍定義：工作生活品質是經由計畫性的組織變革干預技術，以改善組織效能與個別成員的福祉，增進員工在工作場所自由的一種持續的、動態的過程，期望增進生產力與滿足感。不同學者對它的定義不同：

1.Delamotte與Walker認為，工作生活品質最重要的意義是工作者對有意義而滿意的工作，及參與各種影響其工作地位決策之需求。

2.Hackman與Suttle將工作生活品質定義為組織成員在組織經驗中，能夠滿足個人重要需求的程度。

3.Guest視工作生活品質為一個組織由其成員共同決定其工作生活的方式與作法，以促使成員發揮最大潛能的過程。

4.Ahmed則認為工作生活品質應涵蓋一個人對工作中每個範圍的感受，包括經濟報酬與福利、安全感、工作環境的安全性與健康、組織與人際關係在個人生活中的內在意義。

5.Shamir與Salomon則認為，工作生活品質是指與個人工作有關的福祉及工作者在工作中，所經驗到的獎勵、滿足、壓力與避免其他負面結果的程度。

6.Efraty與Sirgy則主張工作生活品質就是指個人需求在組織內被滿足的程度。Sun則認為，上述這些不同的定義可概略分為三大類：第一類的定義著重在工作場所中某些條件的品質提升及延伸；第二類的定義著重於工作生活品質的領域內，工作環境能滿足個人基本需求的程度；第三類的定義則著重在工作生活品質有關改善個人福祉及組織效能的方法。

(二)不同時期的定義：Nadler與Lawler整理出五個不同時期的工作生活品質定義：

1.QWL是一個變數：1957年到1975年間的第一個定義，QWL被視為是一個變數（Variable），其觀點集中在工作滿足感或心理健康等個人的面向，亦即強調工作對個人的影響。

2.QWL是一研究取向：1969年到1974年間，視QWL為一研究取向（Approach），基本焦點仍擺在個人面向，但也被看作是有意義的勞僱合作專案，藉以改善個人與組織的結果。

3.QWL是一種方法：1972年到1975年間的第三個定義則視QWL為一種方法，用以改善環境品質及創造更具生產性與更為人滿意的環境。例如與自主性的工作團隊及工作豐富化。

4.QWL是一種運動：1975年到1980年產生第四種定義，QWL如同一種運動（Movement），被認為是對工作本質及員工與組織間關係的一種較具意識型態的敘述。在此同時，參與管理和工業民主（Industrial Democracy）的概念已常被當作是QWL運動的理想。

5.QWL等同於一切事務：在1972年到1982年間出現第五個定義，將QWL等同於一切事務，所有有關組織發展或組織效能的努力都被貼上QWL的標籤，QWL被視為全球性的概念，也被當作是應付外國競爭、抱怨問題、品質問題、低生產力及任何其他疑難雜症的萬靈丹。

（孫本初，公共管理-工作生活品質，頁545-558）

七、 工作生活品質的評估指標為何？

答： (一)有關QWL面向的先驗假定：海瑞克（Harrick）與麥克比強調公平與
　　 民主的政治特徵；相對地，阿布雷特（Albrecht）與史蒂恩（Stein）
　　 則強調個人的需求，例如對員工努力的適當獎賞與肯定，以及提供員
　　 工舒適的環境；瓦頓則是強調政治與個人的需求，以及工作對員工工
　　 作生活之外其他面向的影響。阿布雷特則從個別員工的慾望、需求與
　　 價值面向，認為QWL包括十個面向：
　　 1.有價值的工作。　　　　　　　 2.適當的工作條件。
　　 3.適當的薪資與利益以回報工作能力。
　　 4.工作安全。　　　　　　　　　 5.適切的監督。
　　 6.對工作結果的回饋。　　　　　 7.在工作技術、責任發展與成長的機會。
　　 8.實施更公平的功績制、訓練機會及高級管理技術，以贏得更高的升遷
　　 機會。
　　 9.正面的社會氣候。　　　　　　 10.正義與公平的遊戲規則。
　 (二)有關QWL面向的經驗研究：許多研究者試圖從分析或統計方面來區
　　 分QWL的面向，例如伯斯丁（Bernstein）以促進工作場所民主化六
　　 項必要性要素來建立模型，他運用三項指標：
　　 1.系統的生存能力。　　　　　　　 2.經濟生存能力。
　　 3.民主化與人性化的管理過程，作為經驗研究法驗證工作場所民主化工
　　 作的標準。（孫本初，公共管理-工作生活品質，頁545-558）

貳、選擇題

(　) 1. 何種理論之組織型態，係基於族系的團隊形式所整合而成的？
　　 (A)X理論　 (B)Y理論　 (C)Z理論　 (D)W理論。

(　) 2. 下列何者不是Blanchard等人所認為，欲建立一個高績效團隊必須
　　 具備的特質？　 (A)目標與價值　 (B)授能　 (C)生產力　 (D)衡量。

(　) 3. 在1975至1980年間工作生活品質（QWL）被視為一種「運
　　 動」，與此同時除「工業民主」外何種概念被視為QWL運動的
　　 理想？　 (A)品管圈　 (B)參與管理　 (C)目標管理　 (D)全面品質
　　 管理。

( )　4. 下列何者不是工作生活品質運動蔚為風潮的原因？　(A)被管理者對於機關信心的減退　(B)對機關權威的質疑　(C)對自我權利意識的提昇　(D)希望獲致更多的保障與監督。

( )　5. 「指一個具高度信任的團體，成員之間相互支持合作，以每個人本身相輔相成的才能，共同為團隊的使命及共同的目標而努力。」此係指：　(A)團體　(B)組織　(C)團隊　(D)協會。

( )　6. 下列關於團隊與團體差異的敘述，何者錯誤？　(A)團體有一個明確且強而有力的領導者　(B)而團隊則傾向於共享領導權角色　(C)團隊多講求個人的責任　(D)團體的目的類同於組織的使命。

( )　7. 下列那一實驗對小團體的研究，即主張應重視小團體與正式組織運作的不同，並認為團體成員間的行為是不固定或無意識的心理結合，有別於正式組織中的法規程序？　(A)品管圈實驗　(B)聖嬰實驗　(C)霍桑實驗　(D)指標績效實驗。

( )　8. 強調團隊成員與其他成員間的互動的團隊建立途徑是那一途徑？　(A)人際途徑　(B)角色界定途徑　(C)價值途徑　(D)工作導向途徑。

( )　9. 下列敘述何者正確？　(A)認為工作生活品質表示組織員工在廣義的工作生活中，個人的許多需求能夠被滿足的程度，滿足程度愈高，則表示其工作生活品質愈高　(B)團隊則是在討論及決策後，一起工作　(C)團隊經由自我引導、計畫、組織的方式，建構其活動內容以完成工作　(D)以上皆是。

( )　10. 下列敘述何者錯誤？　(A)團隊觀念在傳統西方是全然受重視的　(B)日本或東方的部族或家族觀念與團隊相契合　(C)團隊不同於團體，其不僅是個人的組合，更是個人與個人間自願性的融合　(D)對於現代團隊內涵的理解，不能再以個人或組織為主體來予以分解或綜合。

( )　11. 指透過建立明確的團隊界線來培養堅實的團隊認同感，透過有效率的溝通來提昇凝聚力，以及透過成就與專業來鼓勵成員以團隊為榮。此種團隊建立途徑係指：　(A)角色界定途徑　(B)社會認同途徑　(C)價值途徑　(D)工作導向途徑。

( ) 12. 下列關於團隊與團體差異的敘述，何者錯誤？
(A)團體講求個人的工作成果
(B)團隊要求開會要有效率
(C)團隊是以集體的工作成果作為衡量標準
(D)團體在經過討論後，就決定指派或授權個人去進行任務。

( ) 13. 下列何者為團隊重要的理由？ (A)許多工作過於複雜，無法由個人完成，人們必須通力合作來完成 (B)團隊可以創造綜能 (C)團隊可以滿足對社會互動、地位和尊榮感之需求 (D)以上皆是。

( ) 14. 下列那一團隊通常被賦與廣泛須完成的任務，然後團隊成員也必須自行確認一特定步驟完成？ (A)自我導向團隊 (B)品管圈 (C)跨功能方案團隊 (D)功能團隊。

( ) 15. 下列敘述何者有誤？ (A)團隊成員之間講求溝通及意見參與，共同為績效的設定及達成而貢獻才華，其定義要比團體來得嚴格 (B)Mohammed視工作生活品質為一個組織由其成員共同決定其工作生活的方式與作法，以促使成員發揮最大潛能的過程 (C)就個人言，團體的作用是在於將具有相同職位、條件或職責分工的人員組合起來 (D)就組織言，團體將分散的個人努力加以初步整合，以達成組織的整體目標。

( ) 16. 指經由計畫性的組織變革干預技術，以改善組織效能與個別成員的福祉，增進員工在工作場所自由的一種持續的、動態的過程，期望增進生產力與滿足感。此稱為： (A)全面品質管理 (B)團隊建立 (C)工作生活品質 (D)目標管理。

( ) 17. 下列那一團隊的優點為可以因應快速變遷環境之需求，缺點則是組織中管理者常會覺得受到此類團隊的威脅？ (A)自我導向團隊 (B)品管圈 (C)跨功能方案團隊 (D)功能團隊。

( ) 18. 阿布雷特從個別員工的慾望、需求與價值面向，認為QWL包括十個面向，其中不包括下列何者？ (A)負面競爭的社會氣候 (B)有價值的工作 (C)實施更公平的功績制、訓練機會及高級管理技術，以贏得更高的升遷機會 (D)適當的薪資與利益以回報工作能力。

（　） 19. 指強調團隊應有其明確價值觀的重要性，而這些價值必須為所有團隊成員所共享，並藉此引領個人以一致、協調的方式來採取行動。此種途徑一般稱為：　(A)人際途徑　(B)價值途徑　(C)角色界定途徑　(D)社會認同途徑。

（　） 20. 下列何者指強調團隊工作與每個團隊成員可以完成被交付任務的特有方式的團隊建立途徑？　(A)工作導向途徑　(B)價值途徑　(C)角色界定途徑　(D)社會認同途徑。

（　） 21. 下列何者非團隊建立的途徑？　(A)人際途徑　(B)工作導向途徑　(C)功利追求途徑　(D)社會認同途徑。

（　） 22. 由一小群人所組成，從事相類似或相關的工作，同時會定期集會去分析與解決有關產品及流程品質上的問題。此係指何種團隊？　(A)工作團隊　(B)品管圈　(C)跨功能方案團　(D)自我導向團隊。

（　） 23. 「差異性低整合性低，工作週期為不斷重複或持續流程，代表的產出為製造業、加工過程零售業等。」此係屬於何種團隊？　(A)顧問-涉入團隊　(B)生產-服務團　(C)方案-發展團隊　(D)行動-協商團隊。

（　） 24. 不同時期的工作生活品質有不同的定義。「用以改善環境品質及創造更具生產性與更為人滿意的環境。例如與自主性的工作團隊及工作豐富化。」此係屬於何種類型的定義？　(A)QWL是一個變數　(B)QWL是一研究取向　(C)QWL是一種運動　(D)QWL是一種方法。

（　） 25. 指團隊成員經常是由來自不同部門的員工所組成，他們會被安排在重要但相關的工作上，議題將會往方案團隊中討論，但他們所作的承諾必須都先經過原來部門的批准。此種團隊稱為：　(A)功能團隊　(B)設計團隊　(C)跨功能方案團隊　(D)工作團隊。

（　） 26. 何種團隊又稱自主管理團隊或授能團隊（Empowered Teams）？(A)設計團隊　(B)功能團隊　(C)跨功能方案團隊　(D)自我導向團隊。

（　） 27. 「差異性低整合性低，工作週期為經常重複的短暫績效事項，代表的產出為競爭、比賽、探險等活動。」此係屬於團隊？　(A)顧問-涉入團隊　(B)生產-服務團隊　(C)方案-發展團隊　(D)行動-協商團隊。

解答與解析

1.(**C**)。

2.(**D**)。高績效團隊的建立必須具備「PERFORM」特質：對組織目標與價值具有共識（Purpose and Values）；授能（Empowerment）良好的工作關係及溝通（Relationships and Communication）；彈性（Flexibility）；追求最適的生產力（Optimal Productivity）；肯定與賞識（Recognition and Appreciation）；高度的士氣（Morale）。

3.(**B**)。　4.(**D**)。　5.(**C**)。

6.(**C**)。團體多講求個人的責任，團隊則是個人及彼此相互責任兼籌並顧。

7.(**C**)。　8.(**A**)。　9.(**D**)。

10.(**A**)。團隊觀念在傳統西方即使不是全然缺乏，亦應是淡薄的。（孫本初，公共管理-團隊建立，頁499-531）

11.(**B**)。

12.(**B**)。團體要求開會要有效率，團隊多半會鼓勵公開的討論及主動召開解決問題的會議。（孫本初，公共管理-團隊建立，頁499-531）

13.(**D**)。　14.(**A**)。

15.(**B**)。Guest視工作生活品質為一個組織，由其成員共同決定其工作生活的方式與作法，以促使成員發揮最大潛能的過程。

16.(**C**)。　17.(**A**)。

18.(**A**)。應是「正面的社會氣候」。

19.(**B**)。　20.(**A**)。　21.(**C**)。

22.(**B**)。品管圈（Quality Circles）是組織促使員工涉入的方法中，最普遍的一種形式。

23.(**B**)。　24.(**D**)。

25.(**C**)。功能團隊（Functional Teams）的成員是由不同部門的代表所組成，同時被高層管理者賦與決策的全權，但無須獲得原來部門的同意。

26.(**D**)。該類型團隊通常控制他們所有的工作，以期所有流程都能有效地進行，而非只是針對個別的活動。

27.(**D**)。

第十二章　其他公共管理議題

壹、申論題

一、何謂「工作倦怠」（burnout）？組織為何日益重視此問題？

答：又稱為「職業倦怠」或「工作疲乏」，近年來為國內外學者所重視，因其產生會對組織績效造成不利的影響。

(一)意涵

1.張曉春教授見解：係一種過程，因長期的工作壓力而引起的。通常工作壓力導致工作緊張，工作人員在心理上因而造成對工作的疏離，並且以冷漠、憤世俗等防衛態度與行動抗衡工作壓力。

2.Maslach看法：認為不同的工作倦怠有三個核心：

(1)它雖然發生在個人身上，但會影響整個組織。

(2)它較重視個人內在的心理經驗，包括感覺、態度、動機與期望。

(3)它就個人而言是消極性的經驗，包括困難問題、失望、身心不適、功能失調等。

(二)重要性

1.員工健康與福利：工作倦怠會使人產生疲勞、沮喪、情緒耗竭、不眠症、厭食症等，其結果將會影響其家庭、同事、顧客。是故，工作壓力與倦怠可用以衡量組織中之生活品質。

2.組織成本：工作倦怠與壓力會使組織成員產生低的工作滿足感和高的流動性，其影響組織員工成本極高。可以說工作倦怠與組織績效具有密切關聯性。

3.工作倦怠是普遍的存在：工作倦怠似乎是普及性的，而且工作倦怠與工作者職業密切相關，研究顯示下列工作者：警察、教師、托兒工作者、心理治療師、社會工作者等，較易發生工作倦怠現象。（黃臺生，工作倦怠相關理論探述，新世紀行政理論與實務，頁292-322）

二、何謂『轉換型領導』？其理論基礎與構成要素為何？而行政組織在推動轉換型領導其管理者應具備哪些特質，及採取何種有效的策略？

答：轉換型領導一辭，最早出現在柏恩斯（J.Burns）於西元1978年所著『領導』（Leadership）一書，他認為領導是一種領導者與部屬之間相互影響關係之演進過程，透過此一歷程，領導者與部屬的工作動機與合作道德可獲提昇，並經由人際互動得以促進組織社會系統之改變與組織體制的變革。

(一)意涵：是一種能夠結合組織成員共同需求與願望的組織變革過程，透過領導作用建立起人員對組織目標的共識與承諾，基於此種共識承諾，領導者能夠成功的創造與轉變組織原有價值觀點、人際關係、組織文化與行為模式，使成為有利的條件。

(二)轉換型領導理論來源：轉換型領導係源自於魅力領導與交易領導兩種理論，其主要論點如下：

1.魅力領導：韋伯認為合法權威歷程經傳統權威、魅力權威與合法合理權威三個階段，所謂魅力權威，其來源得自於領導者個人具備天賦、超世俗之人格特質，透過個人意志與遠見，跟隨者無不由衷信服。

2.交易領導：可追溯至巴納德（C.Barnard）之貢獻滿足平衡理論，影響力的來源得自於領導者能使部屬相信貢獻與報酬是公平合理的，而部屬對於領導者交付忠誠與順服是建立在交換互惠基礎上，如物質、金錢甚至是精神、感情的交流上。

(三)構成要素

1.個別關懷：轉換型領導同時關注工作與人員兩個面向，但更重要的是針對人員性情、能力與個別差異，關懷其思想與行為的改變。一般而言對部屬個別關懷，可分為發展取向、親和取向及輔導取向三方面。

2.動機啟發與精神感召：領導者須揭示一個能夠結合組織發展與個人成長的未來發展，同時考量組織所處情境與個別需要，使此共通遠景成為人員工作的動機源頭。而精神感召則是來自領導者所提示共同目標和哲學信念，透過真誠交流所塑造出的互信與分享關係。

3.才智的激發：領導者之職責在於建立一個能夠激發組織上下才智的互動創造過程。而才智激發領導方式又以理想導向與存在導向途徑比較合適。

4.相互的影響關係：轉換型領導隻領導者與部屬間關係，是一種相互影響的關係，此種關係產生可能基於事業上尊重、社會影響力、或是情感交流，但基本上是超越層級職位權力。

(四)轉換型領導者特質

1.創造前瞻遠見：轉換型領導者的個人魅力來源，在於其能創造組織前瞻之願景，藉以凝聚內部向心力與信任感，使人員的努力有了可以期待的目標，而不至於徬徨無措。

2.啟發自覺意識：轉換型領導並非透過強制的方式以獲取權力，而是領導者能夠洞察人員不同的長處與潛能，循循善誘加以啟發，而部屬可從授權的過程中得到自我發展，並衷心悅服。

3.掌握人性需求：如何掌握人性需求並予滿足，以促進績效表現，是領導者之要務，而轉換領導亦必須能夠瞭解人員需求之個別差異問題，給予適當的回應。

4.鼓舞學習動機：在科技日新月異、競爭激烈的現代環境中，資訊與知識是組織圖存發展的唯一利器。轉換領導者本身不但有渴求新知的強烈學習慾望外，還要能培養部屬不斷學習新知的習慣。

5.樹立個人價值：轉換領導過程中，領導者是組織上下信仰的對象，操縱組織存續的重要關鍵，故轉換領導者必須樹立起誠實、信用、正義與公道等價值信念，以作為人員奉行的依據，並透過個人的躬身力行，產生風行景從的教化效果。

6.樂在工作：轉換領導之實行，奠基於工作的倫理觀念。領導者要求部屬全力投入工作，自己也必須展現對工作的高度熱情，並將此份熱情加以擴散，以感染所有的組織成員。

(五)推展的策略：班尼斯（W.Bennis）與納魯斯（B.Nanus）於西元1985年出版《領導者》（Leaders）一書中，提出達成轉換領導的四種策略：

1.透過願景引起注意：身為領導者為了選定組織方向，必須先在心理上為組織描繪出一個合意，且可能達到的未來狀態，即是所謂的『願景』，願景對組織而言代表的是一個實際、可行、迷人的未來。

2.透過溝通傳達意義：領導者如何為新願景凝聚向心力，扮演社會建築師，包括發佈、修訂招募新人的方法與目標、訓練員工響應新的組織價值觀、採用足以彰顯與強化新藍圖的共同符號。

3.透過定位尋求信任：信賴感是維繫部屬與領導者之間關係的情感黏著劑，是所有組織的基本要素，以及維持組織的潤滑劑。

4.自我肯定，施展自己的才能：基本上肯定自我的能力包括三個要件：瞭解自己的優點和彌補自己的缺點、培養與發展自己優點的能力、區分自己的優缺點與組織所需的優缺點。（張潤書，行政學，頁425-432；林鍾沂，行政學，頁281-283）

三、 何謂衝突與衝突管理？並說明組織中部門間衝突之解決途徑。

答： (一)衝突的定義

1.政治學家藍尼（A.Ranney）的界定：係人類為了達成不同目標與滿足相對的利益所形成的某種形式的鬥爭。

2.社會學家龍冠海的定義：衝突是兩個或兩個以上人或團體之直接和公開的鬥爭，彼此表現敵對的態度或行為。

綜合上述而言，衝突可發生於個人與個人之間，個人與團體之間，及團體與團體之間，其要素包括：敵對者、競爭或鬥爭、目標或利益、交互行為。

(二)衝突管理：係針對衝突發生的原因，由主管或衝突攸關者、超然獨立第三者，嘗試運用各種策略、方法、技術與行動，以求化解衝突原因，將阻力轉變成助力使有利於組織目標達成，亦即衝突管理著重在管理過程。

(三)解決途徑：強調消除衝突之手段或方法，乃意謂著衝突的減少或消除。

1.勞倫斯（P.Lawrence）看法

認為解決方式有三：

(1)面對問題：即面對問題由上級居中協調，使衝突雙方不再各執己見，消弭紛爭， 是三者最有效方式。

(2)滑潤歧異：只能減少雙方的摩擦，如潤滑油可減低機器間摩擦一般。

(3)強迫決定：迫使衝突雙方，對問題採行某種共同的行動，此種方式雖可收一時之效，但難以持久。

2.賽蒙（H.Simon）見解：認為必須經由四個過程來反應衝突：

(1)問題解決：針對引發衝突問題，提出方法加以解決。

(2)說服：游說衝突雙方，能接受另一方意見。

(3)協商：以協商方式，使雙方認知趨於一致。

(4)政治手段：運用各種政治手段，以解決團體間的衝突。

　　（張潤書，行政學，組織的社會動態-組織衝突的管理）

四、公共經理人所具備的角色為何？地方政府公共經理人的角色又為何？

【說明】由Mintzberg管理主義的觀點，可以發現一位成功經理者必須具備至少下列之專業才能：領導、溝通、資訊、決策、危機處理、談判。

答：(一)公共經理人所具備的角色：公共經理人應有下列三種不同角色：

　　1.人際角色：組織代表人、機關領導人及組織內外聯絡人。

　　2.資訊角色：神經中樞、擴散者、發言人。

　　3.決策角色：企業家、危機處理者、資源分配者及談判者。

　　(二)地方政府公共經理人的角色：

　　1.共識建立者：公共經理人不但要努力建立本身地方政府內部的政策執行共識，而且尋求地方議會的政策議題共識。

　　2.社區（地方）議題教育者：公共經理人不但有提供資訊以教育民眾的責任，而且必須向地方議會告知重要政策資訊的義務。

　　3.社區（地方）價值詮釋者：公共經理人不但要對地方的價值偏好有正確的辨識，同時要試圖介紹引導有利於地方發展的價值。

　　4.問題解決者：公共經理人不只是扮演早期基礎公共建設的工作，同時更是現代社會問題的解決者。

　　5.程序領導人：針對地方政府因應經濟及財政挑戰、全球化、多元文化主義、民眾需求等議題，如何建立一套可以用來激勵部屬、滿足民眾（顧客）、尋求創新、解決問題的程序，將是公共經理人的重要角色。

　　6.分歧利益團體及社區群眾之整合者：公共經理人不只是衝突解決的促進人，更是各種不同價值及觀點的整合人。

7.團隊建構者：公共經理人應不斷的為自己的團隊（地方政府同仁及民眾）創造願景，並且提供社區「授能」的來源。

8.變遷經紀人：公共經理人針對社區的價值及需求變遷，形塑（或改變）地方政府組織的「工作文化」。

9.新科技領航者：公共經理人運用新的科技，使地方政府更加主動而有生產力。

10.倫理道德維護者：公共經理人是地方政府內外的道德價值表徵。

11.領導發展（領航者）：公共經理人應領導民眾主動參與地方事務，並同時協助議會及議員在地方事務之領導權。（詹中原、朱鎮明，公共經理人與地方政治發展，兩岸地方政府與政治）

五、 現代公私部門協力關係已漸漸形成「新結盟主義」，BOT即是一例。試以BOT說明「新結盟主義」具有何種特徵？

【說明】公、私部門協力關係（Partnership）或稱合夥、夥伴關係，協力是「合作」之另一種形態，「合作」係指在公、私部門水平互動之過程中，公部門扮演支援性角色，私部門扮演配合性角色；而「協力」關係係指公、私部門互動過程中，雙方形成平等、共同參與及責任分擔的關係。新結盟主義意指在新公共管理思潮影響下，基於國際政經影響及國家內部實際需求，所逐漸興起之一股主張政府與企業財團進行深入、法制化、精緻化合夥關係之意識形態。

答： 一般來說，新結盟主義具有下列特徵：

(一)民間參與VS政商合作：BOT協力模式係以政府公部門及民間企業為主體，與籠統的公民參與並不相同。國家機關以外之社會可區分為「公民社會」、由政治性團體或公眾形成之「政治社會」及由民間企業、合作社等組成之「經濟社會」。一般而言，市民社會被認為是自理自治、自我動員及自主整合者（即不直接涉入公權力與經濟生產），以BOT協力模式而言，主要係指公共工程之民營化屬性，希求之民間對象為具有龐大資金、人才及技術之企業、財團、甚至跨國企業。美國前副總統高爾（Gore）主持之「國家績效評估」，已於1998年正式更名為「國家政府再造之夥伴關係」，以強調公、私合夥時代之來臨。

(二)理想主義VS實用主義：許多民營化政策多來自於各國政府普遍性之財政困難與人民對政府提高效能之要求，而產生了現代的政府應是高生產力、高效率的「實用性」政府主張。以BOT政策而言，可以引進民間充沛資源與活力及民間企業之經營效率；就民間而言，公共建設之興建、營運能為其帶來豐厚之利潤。

(三)政府主導VS國際力量之驅力：BOT模式主要是政府公共建設將建造權及經營權移轉給企業及財團，形式上是屬於政府主導，BOT政策係屬於「競爭性管制政策」（如甲公司得標並於興建完工後之營運期間，政府應管制其他公司不得另建第二條高鐵）。另外，BOT除肇因1970年代末期英國民營化風潮外，另有下列原因：

1.世界銀行、亞洲開發銀行等其他國際性銀行之倡導。

2.跨國營建商及供應商在1982年國際債務危機後所面臨之人員及機具閒置問題，為尋找出路，轉而由消極之風險承擔者變成積極之促銷者。

3.專案融資技術之成熟與跨國銀行在1982年債務危機後，為增加利潤，而尋求專案融資業務。

(四)單一之「雇主-受託者」關係VS複雜之組際關係：民營化風潮下，公部門與私部門之接觸，除了招標時之競爭外，一般為單一政府部門與單一民間（團體）之合作或委託關係，一旦得標後委託事務仍在承包商之自有領域中進行，BOT協力模式因涉及複雜之公共工程建設反龐大資金，非單一企業單位所能承擔。

(五)由浪漫之合作熱情VS理性之法律關係：公、私部門建立協力關係之主要動力，在於對私部門活潑、積極、冒險和進取等精神之嚮往，及私部門對公共事務之積極參與。但是由於公、私部門在動機與目標方面先天性存在差異，使得雙方一旦進行長期、深入且牽涉公共利益及參與者重要利益之合作時，浪漫的合作意識終須落實到理性法律關係之建立與規範。

(六)強調「信任」VS文化因素：信任是人類一項古老的傳統，但在後工業社會，這項構成人類合作、團結、形成共識之基礎已嚴重受到腐蝕。法蘭西斯‧福山認為，西方經濟學家向來嚴重忽略經濟生活中之文化因素，原因是文化因素無法吻合經濟學界發展出來通用之成長模式；他指出，經濟活動實根植於更廣之社會習慣與道德中。

(七)專業主義VS相互學習：公、私部門協力關係不只是專業之結合，並透過對非零和關係之認知所形成之互補、合作關係；亦是一種相互學習與試誤的過程。在BOT合作模式中，BOT案例即屬於封閉性目標下之開放性合作過程。在倡導公、私協力合作關係之時代，「新結盟主義」下的合作關係，其特色包括：

1.以企業、財團為主體之民間參與。

2.係政府與企業、財團之協力關係，並共同分擔責任與風險。

3.政府與企業、財團之合作取得法律之正當性基礎。

4.實用主義下之政府與企業財團雙贏策略。

5.國際政經力量之推波助瀾。

6.以法律、契約為基礎之合作關係。

7.以策略聯盟為主要合作機制。

8.有賴高度社會信任。

9.異質性組織間之相互學習與文化融合過程。（鄭錫鍇，新結盟主義之BOT模式本質，頁344-357）

六、 何謂「BOT」模式？從新結盟主義觀點分析，BOT模式具有何種意義？

【說明】BOT模式是公、私部門協力模式之具體代表，亦為新結盟主義下之典型產物。BOT主要係指特許或公部門經營權之租用，最具體之政策表現便是公共工程之民營化。BOT模式可溯源至十八世紀中期大不列顛經濟學者Edwin Chadwick發展出之所謂「土地競標」原則，將獨占之公共工程基礎建設權予以拍賣，不過BOT模式之盛行是1980年代民營化風潮以後才產生。

答：(一)BOT模式之意涵：BOT模式是指「興建（Build）、營運（Operate）、移轉（Transfer）三階段，即由民間單位組成特許公司，與政府簽訂合約，在政府特許年限內由特許公司自備資金「興建」，在完工後由政府在某個年限給予特許經營權，以回收成本，並取得合理利潤，期限屆滿後再將產權及經營權「移轉」給政府，亦即政府借重民間資金及經營能力興建公共建設，而政府給予相關特許權利以確保獲利，作為回報之合作方式。合作的對象通常包括工程顧問公司、營造業、銀行、律師等作業。就廣義而言，BOT泛指各項以特許合約方式進行之所有有關所有權與經營權移轉之計畫。

(二)從新結盟主義觀點分析，BOT模式具有以下意義：

1. BOT屬於民間參與公共建設性質，但因涉及BOT案例多屬重大工程，故其所謂「民間」參與，係屬狹義之企業、財團及相關專業團體，一般民眾只能就得標聯盟成立特許公司，公開發行股票後，藉持股而進行邊際性之參與。

2. BOT屬於公部門與私部門之協力合夥性質，故雙方係立於平等互惠立場，政府需保證承包公司之獲利及執行相關公權力措施，承包公司亦需履行契約內容，完成興建、營運及移轉。

3. BOT模式之公、私部門協力關係有其特殊性，為避免圖利財團或政府藉以轉移公共責任，多係靠一般立法或特別立法方式，將政府部門與承包團體之合作關係予以法制化與正當化。

4. BOT為政府與私部門之新合作關係，在公共工程辦理方式上，採取以特許合約興建及營運方式，代替傳統發包（政府全程主導規劃，設計委由工程顧問辦理，興建委由包商辦理）及統包（指在完成規劃確定工程需求或完成基本設計後，將細部設計與興建均委由同一包商辦理）；亦即民間在整個公共工程興建及營運過程中擁最高之自主權。

5. BOT中之公、私部門合作關係，屬於行政性質，較不涉政治層面之國家與民間社會之權力關係。

6. BOT模式雖受國際力量之推助，惟發動權仍握在政府手中，故屬於管制性之競爭政策。

7. 因全球金融市場走向自由開放，不斷創造新金融商品，各國有關金融之政策、法規及經營體制大幅改變，使得BOT模式得以「專案融資」進行（即以個別計畫建設完成後之預期營運收益，作為建設期間融資之還款來源及保障）。簡言之，即無抵押品貸款。

8. 在新結盟主義之下，為有效汲取民間之資源及合作，BOT模式尚有許多變形，供各國政府採取，如：

(1) BOT（Build，Operate and Transfer或Build，Own and Transfer-興建、擁有及移轉）。

(2) BOO（Build，Own and Operate-興建、擁有及營運）、BOR（Build，Operate and Renewal of concession-興建營運及特許權更新）。

(3)BOOT（Build，Own，Operate and Transfer-興建、擁有、營運及移轉）。

(4)BLT（Build，Lease and Transfer-興建、租賃反移轉）。

(5)BTL（Build，Transfer and Livery-興建、移轉及出租）。

(6)BRT（Build，Rent and Transfer-興建、租賃及移轉）。

(7)BT（Build and Transfer-興建及移轉）。

(8)BTO（Build，Transfer and Operate-興建、移轉及營運）。

(9)BBO（Buy，Build and Operate-價購、興建及營運）

(10)DBFO（Design，Build，Finance and Operate-設計、興建、融資及營運）。

(11)DCMF（Design，Construct，Manage and Finance-設計、施工、管理及融資）。

(12)LDO（Lease，Develop and Operate-租賃、開發及營運）。

(13)MOT（Modernize，Own/Operate and Transfer-現代化、擁有／營運及移轉）。

(14)ROO（Rehabilitate，Own and Operate-修建、擁有及營運）。

(15)ROT（Rehabilitate，Own and Transfer-修建、擁有及營運）。

（鄭錫鍇，新結盟主義之BOT模式本質，頁344-357）

七、何謂「國家競爭力」？其所包括的內容為何？

【說明】國家競爭力是一個指涉「國家政府政策能力與企業實力結合，共同創造優勢發展系絡，以達經濟永續成長系格的能力」。

答：(一)國家競爭力定義：

1.WEF（世界經濟論壇）的定義：係指一個國家達到永續經濟成長及高國民平均所得目標的總體能力。在這個定義中，所強調的是國家目標在追求一項穩定而持續之經濟成長率。為達到此一目標，政府必須蘊釀一項永續經營的政經系絡，而企業及私部門亦應展現優勢之經營及市場策略，並且擔負企業社會責任。

2.IMD的定義：一個國家創造資源附加價值，並增進全體國民財富的實力。此實力包括三組要素：

(1)資產物（Asset）與過程（Process）。

(2)內引性（Attractiveness）與外張性（Aggressiveness）。

(3)全球性（Globality）及地區性（Proximity）。

國家將此三項要素給予政策定位，並應用於整體社會經濟發展中。該定義中之資源指涉的是國家創造國民財富之資源；而如何運用資源，以創造財富的規範機制，即是過程；內引性是國家有利於國內外投資生產的政經環境；外張性則是國家應用國際經濟市場環境的因素，例如對外投資及出口貿易策略；全球性與地區性，則代表產業之跨國發展策略面向定位。

3. Michael Porter：在其《國家競爭力優勢》一書中，則強調國家競爭力之高低，取決於國內企業經營環境之良窳。Porter將國家競爭力定義為：「國家為其產業創造良好的發展成長環境，進而使該國企業具備競爭優勢，產業亦擁有國際競爭力之能力。」

4. 哈佛大學Sachs教授認為，國家與國家間之競爭，並非是你輸我贏的零和遊戲，而是一種正和遊戲。而所謂正和遊戲的賽局，表現各國追求自身之國家目標時，由於：

(1)企業策略、企業結構及同業競爭。

(2)需求條件。　　　　　　　　　(3)生產因素。

(4)相關支援產業的互動，而生產出互補非互斥的經濟活動，此種經濟活動，在國家競爭力的指導下，有利於各國的永續成長及發展。

(二)國家競爭力的內容：

1. IMD國家競爭力指標分為八大項及二百二十四分項，其內容如下：

(1)政府職能：中央政府國內外債務水準、政府干預市場程度、政府效率及決策過程透明度、財政政策及經濟穩定度。

(2)國內經濟：生產附加價值（GDP及平均所得）、資本形成的民間消費、生活成本、經濟活動（工業生產與業務成長）、經濟預測。

(3)人力素質及生活：工作機會、技術勞工就業機會、就業人數、失業率、教育素質、公共教育預算支出。

(4)科技實力：研發支出、科技研究、專利權及科技管理。

(5)企業管理：企業生產力、公司經營及社會責任、企業家精神、企業誠信、勞資爭議及勞資關係。

(6)金融實力：資金成本及投資報酬、融資便利程度、股票市場規模與健全程度。

(7)國際化程度：貿易績效、商品與勞務進出口、貿易保護程度、外人直接投資及文化開放程度。

(8)基礎建設：能源消耗與使用效率、廢水處理普及程度及都市化程度。

2.WEF亦是以八大要素來測量國家競爭力，分別為：

(1)政府職能。　　　　　　　　(2)國內司法政治體制。

(3)勞動市場之競爭程度。　　　(4)科技實力。

(5)企業管理之品質。　　　　　(6)財務金融。

(7)貿易與金融開放程度。　　　(8)基礎建設。

3.Porter在「國家競爭力優勢」中，提出了所謂「菱形理論」決定國家經濟優勢的鑽石體系。在鑽石體系中，分別臚列了「基本因素」及「附加因素」的競爭力影響變數。基本因素包括：

(1)生產要素：包括人力資源、自然資源、知識資源、資本資源、基礎建設。

(2)需求條件：本國市場對某項產業，所提供產品或服務之需求為何。

(3)相關產業與支援產業之表現：相關產業及上游產業是否具備國際競爭力。

4.企業策略、結構及競爭對手企業之基礎、組織及管理形態，以及國內競爭對手之表現。而附加因素則包括「機會」與「政府」。所謂機會係指：

(1)基礎科技之發明創新。　　　(2)傳統技術出現斷層。

(3)生產成本突然提高。　　　　(4)全球金融市場變化。

(5)全球或區域市場需求劇增。　(6)外國政府重大政策變遷。

(7)戰爭。

附加因素另一項是「政府」，政府的角色會影響到前述的各項條件，相對的，政府也受到競爭力中其他關鍵要素之影響。（詹中原，國家競爭力與政府再造，新公共管理政府再造的理論與實際，頁45-69）

八、名詞解釋：
(一)弱勢優先（Affirmative Action）。
(二)弊端揭發（Whistle-Blowing）。
(三)市場失靈（Market Failure）。
(四)政府失靈（Government Failure）。
(五)管理失靈（Management Failure）。

答：(一)弱勢優先：各國政府重視「公平就業機會」，以維護政府機關人事任用或進用方面之反歧視與公平性，其延伸則為：顧及對少數族裔或弱勢團體之特別保障，稱之為弱勢優先。如美國聯邦政府於1972年制定公平就業機會法」、1978年設立「公平就業機會委員會」、1979年訂頒「弱勢優先方案」。「弱勢優先」的原則已逐漸成為積極性「反歧視」措施之人事體制。

(二)弊端揭發：政府機關公職人員基於憲法言論自由權利之行使與文官法規中功績制原則之引申，對於公共事務中的弊端，損及公共安全的事件，或違法不法事項，均得提供檢舉或揭發相關資料。公職人員享有弊端揭發權，即顯示公職人員對全民的忠誠與責任。弊端揭發即合法合理的告密，絕不可刻意抹黑或誣告；對政府公職人員之合法揭露資料，均強調予以保障其權利。

(三)市場失靈：當自由經濟市場之「看不見的手」失去正常競爭，而導致生產者與消費者相互關係破壞，即市場失靈。市場失去其自由經濟基本機制秩序，亦稱為市場失靈。傳統以來自由經濟學派及現代公共選擇理論學派，均認為市場的供需關係與自由競爭，自然形成市場的經濟活動，達到生產者與消費者之最大利益，政府的干預愈少愈好，此為市場基本機制（完全競爭的自由市場），但此一情況會因景氣或人為操控失靈。市場失靈來自：

1.獨佔價格引起的問題。　　　　　　2.外在性經濟。
3.自由市場無法提供足夠的公共財。
4.交易成本極不穩定。　　　　　　　5.市場資訊不完整。

(四)政府失靈：政府為解決市場失靈而採取解決方案措施，卻因政府政策錯誤（政策失靈、行政能力不足）等因素，而無法發揮政府「功能財政」（公共經濟機制）影響能力，無法解決市場機制的困境等問題，此即「政府失靈」。新公共管理學派認為政府失靈，係來自：

1.經濟體制敗壞。

2.政府無法適當提供公共財。

3.政府無法維護各種社會團體的多元利益。

4.政府失去管理市場競爭機制的能力。

5.對自然資源未能事先預作有效管理。

6.社會福利體制失去功能。

7.經濟景氣不佳。廣義的政府失靈，實包含政策失靈與行政失靈在內。

(五)管理失靈：政府機關的管理者（首長主管）無法有效領導，無從駕馭管理體系，以致決策失誤，行政程序失當，績效低落，不足以擔負公共行政的公共責任，行政學學者稱之為「管理失靈」。此說重點在顯示行政首長主管擔負公共責任之角色的重要性。（許南雄，行政學術語）

九、 何謂「公共服務品質」？其特性為何？並試略說明各國公共服務品質的實施概況？

答：(一)公共服務品質（Quality of Public Service）：服務品質指民眾對於政府施政服務的滿意度，亦即民眾對其公僕為民服務的認可與支持程度。服務品質實與公僕之「服務化」、「適量化」、「優質化」、「便民化」、「效能化」均密切相關。政府之決策與施政均須落實於其服務品質，才是現代政府體制的精髓。服務品質不可扭曲為譁眾取寵，是以公共利益及民眾福祉為基礎的施政成果。服務品質亦不能任由政府官吏徒託空言，口惠實不至，而是來自政府施政的行政革新、行政績效、文官素質、便民措施與品質管理成效，並在民意監督下獲致民眾的信賴、稱許與認可。服務品質來自下列各因素之相輔相成：

1.服務之態度、能力與績效。

2.公僕之適量、優質：維持適量員額與人力素質，始能提升公僕服務品質。

3.便民措施與行政效能：如戶政電腦化。

4.政府改造與品管目標的推行。（許南雄，行政學術語）

(二)服務品質特性：

1.服務品質是民眾對政府施政服務具滿意度或認可程度，基本上係政府改變內部官僚化作風而追求品質化服務盡職的過程。

2.服務品質是由「衙門取向」（Agency-oriented）改變為「顧客取向」的管理革新，即高品質取決於民眾福祉與民意輿情。

3.政府與企業有別，政府服務之目標在獲得民眾的滿足與支持，企業品管目標則在利潤。現代政府須以分權化、授能化、民營化方式強化服務品質。

4.服務品質之提升端賴持續不斷之行政革新、行政績效與行政效能、便民措施及申訴體制之相互配合進行。

5.「已開發國家」與「開發中國家」其政府服務品質之主要差別不在法令規定，而在法令實施成效；不在紙上談兵而在行政文化基礎與品質管理及便民措施之塑造，且政務官與事務官的政績，素質能力，又為高品質服務之關鍵。（許南雄，行政學術語）

(三)各國公共服務品質概況：

1.政府施政之服務品質建立在「民主法治」與「效率效能」之行政文化的基礎之上。英、美、法、德、日等國政府皆屬「已開發」民主先進國家，均具此一特質。

2.從「便民服務」的觀點來看，英國以「公民憲章」體制貫徹便民服務，融鑄服務管理、效能管理與品質管理於一爐，實開現代各國「服務品質」體制之先河。

3.從「便民措施」以提升服務品質觀點比較來看，政府施政必建立在民眾福祉之基礎上。如英國「續階改革」、「公民憲章」皆有其連貫性之「市場測試」與「民眾申訴」途徑；美國「國家績效改革」，亦連帶舉辦服務調查與推廣「單一窗口服務」。

4.就現代政府服務品質之主要特性而言，奧斯本與蓋伯樂在其名著《政府改造》一書指出，「授能」重於服務，即指出現代政府應逐步由「龐大」趨於「精簡」，由「萬能」趨於「授能」；政府應以分權化、授能化方式，賦予民間企業或非營利組織等團體具有民營活力及機能。英、美、日等國的改革精神皆符合之。

5.公務人力素質與其服務品質有關。公僕係為民服務的主體，其素質好壞自能影響其服務品質。英、美、法、德、日等國人事制度皆重視人才培育，即服務品質之有利條件。（許南雄，行政學術語）

十、名詞解釋

(一)工作豐富化、工作擴大化。

(二)工作簡化（Work Simplification）。

(三)時間管理（Time Management）。

(四)節約（精簡）管理。

(五)流線型政府（Streamline Government）。

答：(一)工作豐富化、工作擴大化：工作設計的重點在輔助組織員工學習更多知能技術而非僅限於專業性的工作。工作設計的各種改革管理措施包含工作豐富化、工作擴大化、工作改造、工作自動化、工作簡化、彈性工時、工作分擔、工作輪任等等措施。

1.工作豐富化，是指縱向（垂直）工作調整（職務權責調適），使工作性質擴展加載，授能員工而配合分權管理，增加員工的自主與職權。

2.工作擴大化，是橫向（水平）工作內容的擴增，充實員工的多樣多種技能，非僅專精於一行一技，如此得以擴充工作範圍。不論工作豐富化或擴大化，都屬於工作設計的項目，目標在促進挑戰能力而具工作興趣與工作滿足感。

(二)工作簡化：企業管理盛行工作簡化的觀念與各種相關簡化管理措施，此一管理革新的措施自六十年代起亦逐漸引進於政府機關，凡公、私機關著重於工作設計與工作管理改進，而採行業務精簡、程序簡化、工作方法執簡御繁、減低工作成本、增進工作效率，皆屬工作簡化的內涵。

(三)管理（Time Management）：控制與運用時間的管理方式，稱之為時間管理。時間管理的內容在增進工作創思、工作效能與服務品質，以避免工作推拖或無事忙。行政學學者丹哈特（R. B. Denhardt）指出，時間管理主要課題在確立目標，目標是時間管理的核心，目標可以更易，也有優先順序，必依目標而有步驟進行。

(四)節約（精簡）管理：指組織資源的撙節與精簡管理方式，組織資源包括人力，財物等項。節約管理的主要內容包括：

1.組織人力或員額的精簡（如緊縮編制、遇缺不補、分批裁員、淘汰冗員、資遣退休等措施）。

2.撙節經費（如緊縮經費支出、嚴格執行預算）。

3.健全財產與公物的管理，以防浪費、濫用或破壞。

(五)流線型政府：指政府改造的成果之一在使政府機關的工作流程更簡化流暢，更具服務效率，行政手續更為簡便，此等政府管理形態稱之為「流線型」管理之政府制度。「流線型政府」一詞最早出自凱登所指「去官僚化」，主要措施之一在建立流線型政府。（許南雄，行政學術語）

十一、關於「工作倦怠」的理論研究，行政學者從不同的背景或角度來研究而形成不同的理論模式。試說明工作倦怠具有那些理論模式？

答： (一)生態模式：環境是造成工作倦怠的重要來源之一。Carroll與White認為要瞭解工作倦怠複雜的原因，須採用生態學的參考架構。根據此一觀點，工作倦怠被認為是一種生態方面功能不良的形式，生態學係研究個體與環境或生態系統間的關係。在Carroll與White所提生態模式的基本架構中指出，可能影響工作倦怠的因素包括：

1.個人：包括任何影響個人工作表現的事務，例如：身心健康狀況、教育水準、挫折忍受力、興趣、價值觀等。

2.微系統：是指個人完成工作的最小的有組織的系統，例如：辦公室、生產線、營業處、家庭等。

3.中間系統：代表工作環境中組織化程度較高的系統。例如：部門、公司、機構等。

4.外圍系統：指在整個大環境中一些重要的組織及機構，它們會直接或經常的影響中間系統者，例如：社區、監督機構、基金會等。

5.大系統：在外圍系統之外所有會影響個人生活的因素，例如高利率、高失業、種族與性別偏見等。

(二)流行病學模式：在前述生態模式中，只是將各種可能的變項一一條列，然而在Kamis的流行病學模式中，則進一步地將有關的變項區分為：

1.預測變項：包括決定性的和可改變的壓力源，這些變項與工作倦怠有直接的關係。

2.催化變項：包括發展的與情境的變項，是有助於產生工作倦怠的中介變項。

3.穩固變項：包括技巧與支持。流行病學模式係建立在個人心理失調因
　果關係的基礎上，此模式主要功能為：

　(1)瞭解與控制。

　(2)預測並鑑別相關的因素與需求。

　(3)發現高危險群與高危險因素。

　(4)提供研究與評鑑的方向。

(三)社會能力模式：Harrison認為工作倦怠與個人的能力是否能適任其工
　　作有關，因此他提出社會能力模式，認為工作者能否達成其助人的目
　　標，主要受到下列三種因素的影響：

　1.工作中對象問題嚴重的程度。

　2.工作環境的資源或障礙。

　3.工作者的才能，包括技術、判斷以及是否能有效的發揮自己的能力。

　以上三種因素對於助人目標的達成，可能有些是屬於助長的因素，有
　些可能是屬於障礙的因素，共同構成一個特殊的社會環境。Harrison認
　為，每個工作後，個人所察覺到效果的高低（即所得到的報酬），決定
　了個人感覺是否勝任或是產生工作倦怠的狀況；當工作者認為工作效果
　高時，則會產生勝任感，進而能維持與增強其助人的動機，相反的，如
　果工作者認為工作效果低落，則會缺乏勝任感及目標的失落感、以及對
　有價值的效果無法回饋，工作倦怠因而產生。

(四)疏離模式：Karger認為工作倦怠類似Karl Marx所謂的「疏離」現
　　象。若以Marx的術語解釋，工作倦怠是工作者生產方式的物化，工
　　作者人際互動技術變成市場中的商品，而工作者在使用技能時，往往
　　僅將其當做一種生產工具，造成了工作者與當事人間距離，並將兩者
　　間的關係轉化為商品交易的形式，使得助人者與受助者產生了疏離。

　　Marx認為疏離現象可以三個方面加以說明：

　1.人從他們所製造但沒有分配權的產品分離。

　2.人因工作中不同的階級而彼此分離。

　3.人從個人所認同的工作中分離出來。因此，Marx認為工人無法避免的
　　要與工作疏離，而Karger認為工作倦怠的現象也是如此。

(五)技術典範模式：Martin所提出的工作倦怠的歷史模式，稱之為技術典
　　範。他認為技術典範是現代社會的特色，工作倦怠是其產生的結果。
　　而過去個人的地位決定於其家庭、文化、出生與鄰居，然而現代人之

價值則建立於其成就上。個人唯一的目標是尋找獲得進步與成長的方法，此種技術導向的思考，逐漸地深入生活各個層面，使現代人變得像工廠中的機械，生活被各種「操作手冊」左右，因而有太多事情會面臨失敗。Lauderdale認為工作倦怠係由於角色選擇、角色替換、對時間的失落感以及必須為自己做出一些有意義與價值的事等因素使然。技術典範與Marx主義者的觀點，均一致強調工作倦怠是現代社會結構改變下的產物，而不是工作者的獨特現象。

(六)精神分析模式：Fischer根據他從事心理治療的臨床工作中發現，工作理想化的人，當無法改變或達成理想時，則工作倦怠就產生了。Fischer認為工作者往往將職業理想化而全然投入，在遭遇挫折、失望後，有部分人會減少理想與投入，或者離開，另一部分人卻仍堅持其理想，並更加辛苦的工作，這些已違背人的天性（快樂原則、求生原則）的人，正是會產生工作倦怠的人。

(七)控制論模式：Heifetz和Bersani以個人成長的控制過程中產生的瓦解分裂現象，來說明工作倦怠的產生。他們認為工作倦怠有兩個基本。假設：

　1.先有承諾才有可能產生工作倦怠。

　2.人有追求精熟（mastery）的動機，因為工作者希望受助者能獲得成長，而工作的精熟即是工作者成長的動力。本模式提出一種假定，當工作者知覺到受助者與自己超越或達成了其一成長目標，他會有強烈的成長滿足感；相反的，工作倦怠是因為其一個或數個階段性的目標，未圓滿達成而產生的現象。

(八)存在觀點的模式：Pines係以存在的觀點，來解釋工作倦怠的形成過程。存在觀點的模式是假定工作倦怠的基本原因，就是我們相信吾人的生活是有意義的，所做的事是有用的與重要的。目前許多人都期望能從工作中，感覺到有其存在的意義，如果無此感覺，就會覺得有倦怠之感。這就是為何有高度工作動機與理想的人，會為工作倦怠所苦惱之原因。Pines認為有高度工作動機的人會產生工作倦怠，因為工作動機高的人對工作目標的設定與期望均要求甚高。

(九)溝通模式：Leiter針對人群服務工作者，發展出一個用來預測工作倦怠的模式，主要是以工作者的社會投入與工作滿足為其立論基礎。Leiter所建構的工作倦怠溝通模式，包含下列四部分：

1.工作倦怠的三個面向彼此之間是相互關連的。Leiter認為，假如非人性化此一面向發生時，視為是一個中介變項，那麼情緒耗竭將會導致個人成就感的降低。

2.假定工作滿足與工作倦怠之間是負面的關係，則工作滿足與情緒耗竭是負面的關係，與個人成就感是正面的關係，至於與非人性化則是屬於非直接的關係。

3.有兩種社會接觸是與工作倦怠有關，一種是個人接觸（亦稱非正式接觸），另一種則是工作接觸，係指正常的社會接觸均與工作取向的問題有關。Leiter認為情緒耗竭高的工作者有很多的工作接觸，但是在非正式接觸上則相當的少。

4.工作滿足被期望與非正式接觸以及工作接觸有正面的關係，亦即期望工作滿足者在組織中能維持大量的工作接觸與友誼關係。

(十)知覺回饋的模式：Perlman與Hartman提出了知覺-回饋的工作倦怠模式。他們認為工作倦怠與下列變項有極為密切的關係：組織的特性、對組織的理解、角色的理解、個人的特性與結果等。知覺-回饋模式所涉及的變項甚多，並包括四個階段：

1.第一階段是助長工作倦怠的情境。有兩種情境會使工作倦怠產生，一種是個人的能力無法符合組織的要求，另一種是個人與工作環境之間無法調適或有差異存在。

2.第二階段是對工作倦怠的知覺。助長工作倦怠的情境並不會使個人有工作倦怠之感覺，此完全要視個人的背景、角色與組織的變項而定。

3.第三階段是對工作倦怠的回應，有下列三種：

　(1)生理的，特別是身體上的症狀。

　(2)情感的（認知的），特別是在態度與情緒方面。

　(3)行為的，特別是具有徵候的行為。

　(4)四階段是工作倦怠的結果，包括工作滿足、工作績效、心理與身體上的症狀、離開工作與組織等。

(十一)工作倦怠研究模式：

國內學者張曉春教授曾建構一個「以我國社會工作員為例的工作倦怠的研究模式」。張教授認為，工作倦怠乃是工作員因工作需求與個人能力及可用資源失去平衡，無論這種平衡失調，是由於需求超過或不及個人能力與可用資源，都會形成工作壓力，引起心理緊

張，並且產生負向反應而採取各種防衛性抗衡。其中，工作壓力、心理緊張以及防衛性抗衡，係構成工作倦怠產生的三個過程。

(十二)工作倦怠階段模式：工作倦怠階段理論係由R. T. Golembiewski與R. F. Munzenrider於1983年提出。工作倦怠的階段模式之內涵，可分以下兩方面來加以說明：

1.理論基礎：大多數研究者均同意個人工作倦怠之程度可以表現於三個面向，包括：

(1)非人性化：此係指特別將人當成無知覺與無生命的物品一般看待，缺乏感情與價值。

(2)缺乏個人成就感：個人成就感係指個人認為自己在值得做的事務方面做得很好的程度。

(3)情緒耗竭：係指與個人平常處理工作之調適技巧及態度有關之緊張經驗之程度。

高工作倦怠階段意謂著實質的非人性化、較差的工作績效與工作不滿意，具有其種程度的心理緊張且超過個人正常所能調適的技巧與態度的範圍之外。

2.基本原則：工作倦怠階段理論根據上述三個面向，建構成階段的工作倦怠漸進模式，其基本原則：

(1)對個人在此三個面向得分情形之高或低，劃分成高低兩大群體。

(2)此三個面向在工作倦怠中之影響程度不一，非人性化對工作倦怠之影響程度最低，而情緒耗竭影響程度最高，缺乏個人成就感則介於兩者中間。（黃臺生，工作倦怠相關理論探述，新世紀的行政理論與實務，頁292-322）

十二、名詞解釋：

(一)**權變管理**（Contingency Management）。

(二)**工作管理**（Job Management）。

(三)**計畫評核術**（Program Evaluation and Review Technique，PERT）。

(四)**一線管理**（First-line Management）。

(五)**環境保護管理**。

答：(一)權變管理：權變管理亦稱「情勢管理」（Situiational Management），指管理理論或管理措施均應顧及情勢而有權變，因時因勢

制宜,而非一成不變。權變理論認為「最好的途徑」在「情勢」原理的運用;權變理論的基礎來自工具論、實證論與適應論,故重視組織與環境的關係。

(二)工作管理:工作管理的措施有以下各項:

　1.工作分析及工作品評制:此係評定工作性質與難易程度的管理制度,由企業引進於政府機關而成為職位分類制。

　2.工作設計:規劃工作的內容、職責、條件、程序與功能等項範圍,並滿足員工的需求。

　3.工作輪調或調整:工作設計所採行的途徑之一,使工作人員歷練不同種類的工作,而在工作中學習,以養成工作能力。

　4.工作擴充(橫向-工作擴大化):久任同樣的工作容易產生工作單調或枯燥乏味,為增進工作興趣,再增加若干工作範圍與內容。

　5.工作充實(縱向-工作豐富化):從工作的環境與相關條件加以改進配合,擴充職權與性質。

　6.工作簡化:工作量常增加,工作的內容也漸多,為執簡御繁,以收成效,而採工作簡化途徑,如採取自動化技術以節省人力。

　7.工作分享或分擔制:由若干人共同負擔一件工作,各自的時間與工作範圍及責任相互分開的工作方式。(許南雄,行政學術語)

(三)計畫評核術:1958年美國管理學界為美國海軍部提出的企劃管理方案,基本上係應用系統分析的計畫與評核技術。主要內容包含:

　1.各項管理措施必納入計畫中,且確立計畫的順序與所需的時日經費等資源。

　2.預估每項工作步驟的進行與完成期限。

　3.各項工作與管理措施得適時調整,但皆在計畫與控制中。

　4.此一管理技術利用網狀圖將計畫內容分成若干單元,排定順序與所需時間,配置資源,使計畫如期完成。計畫評核術包含計畫、配當與管考;計畫評核術的基本理念在計畫、控制與協調,且各階層均參與管理,是多層面的管理途徑。

(四)第一線管理:凡機關組織職掌基層工作或直接面對民眾服務的層級,均稱為「第一線」,包括第一線主管及第一線員工,其工作特性是直接面對民眾提供服務,負責法規的執行,並即時處理問題或事件。有學者稱此類員工為官僚組織的「末端職員」。至於「第一線主管人員」,學理上則稱為「即時管理」的監督者與控制者。

(五)環境保護管理：自1970年代起，各國政府對於環境保護問題極為重
視，環境管理成為政府重大的公共政策之一，環保管理也成為現代行
政管理的主要焦點。環境保護與管理的問題來自於：

1.自然景觀遭受人為破壞。　　　　2.人類居住環境的污染。

3.環境品質的下降。

上述的問題在各國工業化環境下，已逐漸成為全球性的環保問題。環保
管理的主要措施為：

1.制定環保政策。　　　　　　　　2.訂頒環保法令。

3.設立環保機構。　　　　　　　　4.採行環保措施。

　　（許南雄，行政學術語）

十三、名詞解釋：
　　(一)即時管理。　　　　　　　　(二)墨飛定律（Murphy's Law）。
　　(三)比較管理。

答：(一)即時管理（Real-Time Management）：機關組織中需予即時處理問題
的管理方式，稱為即時管理。即時管理如係緊急與危機事件的處理，
則應屬危機管理（Crisis Management）。危機事件以外，需即時處
理的事項大都屬於基層服務或面對面接觸的工作，管理學上對於掌握
「即時資訊與控制」的工作流程極為重視。即時管理應兼顧資訊、控
制與時效，避免錯誤而能快速處理，係高度的應變管理措施。

(二)墨飛定律（Murphy's Law）：墨飛定律係指，事情如有可能出錯，
就會出錯」，管理領域固也有嘗試與錯誤情況，但總以減少錯誤達成
最大效果為主要途徑。行政管理的「控制程序」（Control Process）
主要步驟包括：設定標準、檢驗複核與正確途徑，即力求減少錯誤的
管理方式。墨飛定律可襯托行政管理方面「控制程序」的意義，並採
取正確途徑的重要性。

(三)比較管理（Comparative Management）：以比較途徑的方法應用於
管理研究，即稱為「比較管理」，亦即對各種的管理體制與功能予以
比較探討的途徑，各國管理學術之發展趨向是：從「規範性」到「實
證性」，自「封閉型」系統理論到「開放型」系統理論，從「個別
型」發展為「比較型」。（許南雄，行政學術語）

十四、名詞解釋：

(一)**衝突管理**（Conflict Management）。

(二)**方案管理**（Projector Program Management）。

(三)**第三種選擇**（A Third Choice）。

(四)**重疊管理**（Over Management）。

(五)**知能管理**（Knowledge Management）。

答：(一)衝突管理：狹義的衝突管理指「組織衝突」的管理方式，如機關組織內幕僚單位與業務單位的衝突、個人與組織目標的衝突、政務官與事務官的衝突，此類衝突可由行政首長與主管以決策、協調、溝通等管理技巧解決。廣義的衝突管理則又包含組織與環境、組織與社會、工會與組織、朝野黨派的衝突對立與管理方式，此類衝突形成對抗與緊張情勢，政府機關必須面對問題提出因應與解決方案。行政學學者瓦爾多（Waldo）指出，面臨新世紀挑戰，行政學急待解決的十四項問題，最後一項即是「如何因應衝突管理與危機管理」。傳統以來衝突管理的解決途徑在談判、諮商、說服、妥協與共識等方式，但這不足以應付未來的危難管理與緊急管理引起的衝突性，尚需要專業的理性、秩序、預測與效率等管理技術能力。

(二)方案管理：任何機關組織基於業務需要，規劃某項方案以達到特殊目的，此一方案應列入計畫、執行與評估的管理循環作業中，使此一方案能在預定期限內完成，此稱為方案管理。方案管理的成功條件在於管理目標的明確，管理權威的授受，有效資源的配合及主管人員的有效監督。其中擔負執行方案的主管人員稱為「方案主管」，職掌方案的推動。

(三)第三種選擇：傳統改革論者，多強調公共危機的解決途徑主要來自增加稅收與縮減支出，即一般所說開源節流的方式。但晚近各國均發現民眾既要求減少稅負而又期望政府增加對教育、財經建設與社會福利等等的支出以改善生活品質，如此的矛盾現象，遂帶來政府改造的「第三種選擇」途徑。簡言之，使政府結構與職能縮簡而強化其治能績效。第三種選擇即由官僚型政府改變為企業型政府。（許南雄，行政學術語）

(四)重疊管理：行政學學者夏弗里滋（J. M. Shafritz）等人在其所著《行政學》一書中論及行政領導的異態類型，即所謂「過度型領導」，即首長主管對其屬下管得大多、監控太嚴，過於瑣碎，而無實際效能之領導方式。此一領導形態之下，屬員無法擁有管理權責能力，個個成為忙於細務的「應聲蟲」。過度型領導包含兩種形態，即「重疊管理」與「雜碎管理」，前者監管體系疊床架屋而又交互監察，顧此細微末節，卻又失之精簡效能，此類管理方式又日漸形成雜碎管理；「雜碎管理」即只管末端細務，而忽略提綱挈領的領導重點。

(五)知能管理：行政學學者亨利（N. Henry）在闡述民主制度與官僚組織的關係時指出，「知能管理」是官僚權力的基礎」，行政即知識，知識即力量，故行政即力量。現代行政問題有通識有專技，行政權力的另一基礎即掌握資訊，知問題之所在並處理得當，各種情報信息資訊之蒐整運用以成為資訊管理之中心，亦即知能管理之另一涵義。

十五、公共管理者所處的官僚體系，因為它的專業穩定，是議程形成過程中，僅次於民選首長與民意代表，握有最多議程設定權力的組織。試從民意議程設定的角度，說明政黨、媒體與利益團體如何藉由民意系統來影響官僚體系公共管理者的議程設定？

答：(一)政黨：政黨是影響人民政策偏好形成最重要的團體，它也是一個社會當中政治社會化最重要的執行者。藉由政黨政綱的提出，政黨有組織地一方面宣揚理念，影響人民的政策偏好，一方面爭取人民的支持，以求在選舉中獲勝。政黨有三種途徑影響公共管理者的議程設定權力：

　1.藉由黨部組織系統、從政同志發出依照黨綱制定政策的要求。過去戒嚴時期黨國體制不分，民主轉型之後，國民黨日漸與國家體制脫鉤，成為國家體制之下的政黨之一，文官體系日漸走上「行政中立」之路，專業主義（professionalism）也逐漸凌駕黨派考量。

　2.政黨可以藉由其民選首長與議員，由行政領導與民意機關監督的角色，影響官僚體系的政策作為。為此，黨意可以經由勝選，取得執政的地位之後，直接指揮與監督公共管理者，設定議程，依照該黨的政策方向改變。

3.政黨可以直接召集人民，經由請願、示威遊行等方式，向行政機關直接施壓。最後一種方式，可以說是前二種管道不順暢或是政黨勢力薄弱時所用的方式，民眾經由政黨的號召，同文官體系施壓，以求改變某項政策目標或執行力式。

(二)媒體：媒體是民主社會資訊的傳輸者，幫助人民在最短的時間內，了解最多週遭發生的事。媒體在公共事務領域當中，是重要的議程設定者。公共管理者對於媒體的基本心態，是又愛又恨的，有時媒體是嗜血的「吹號者」；另一方面，媒體有時也能協助公共管理者有效地面對大眾，完成回應民眾的工作。一般而言，媒體有三種途徑，影響公共議程設定，對公共管理者產生壓力：

1.媒體可為中立的信差，將人民的需要與批判，藉由民調、深入採訪、專題報導等方式，從民眾個人、利益團體、政黨的意見中，萃取重要訊息，傳達給官僚體系。

2.媒體也可能從純商業競爭的角度，追逐議題。藉由放大議題的新聞強度與爭議面，爭取最大多數資訊消費者的熱列反應，也對公共管理者造成施政壓力。

3.媒體本身也可能具有立場或價值偏好，一方面影響民眾觀念進而影響政府施政，另一方面直接由報導內容，影響政府政策方向。另外，下列三項政府的媒體策略是公共管理者所必須知道的：

(1)媒體與政府是一種長期的互利共生的關係。

(2)公共管理者必須隨時準備為政策說明。

(3)設置專門的公關幕僚機構。

(三)利益團體：利益團體是不直接介入政權競爭，但試圖影響政府政策方向的民間組織，這些團體常被稱為壓力團體；意指這些團體向握有議程設定權的政府部門施壓，以求政策產出能夠滿足各自所代表的社會利益。學者威爾森（Wilson）將利益團體政治環境分成四類，以幫助公共管理者了解其所處的環境：

1.客戶政治型態：該型態中政策執行成本是由全民負擔，但是利益卻是由少數人獲得，如公園、學校等公共建設、殘障或貧民救助或甚至是老人年金等社會福利政策。

2.企業政治型態：政策執行成本由少數人負擔，但是利益卻由全民均霑，
如各項環保管制與消費者保護措施，菸害防制法、商品標示法等。

3.利益團體政治型態：政策執行成本與利益，都由少數人所承擔與享受
的，如政府的醫藥分業政策。

4.多數決政治型態：政策執行成本與利益都是由全民負擔與享用的，如
兵役政策、教育政策等。（陳敦源，民意與公共管理，黃榮護主編，
公共管理，頁127-161）

十六、從選舉、民調、公投的結果當中，政治人物無時不想萃取出利
於自己的民意精髓，為自身行為正當性辯護。面對這種充滿不
確定的政治環境，今日台灣公共管理者從事政治管理應具備那
些認知？

答：(一)真實面對民主社會的本質：因為統治正當性的原因，探訪民意成為
民主社會的必要元素，但是由於民意表達先天上的限制，它的展現是
相對的，並且充滿了人為操控而產生的不確定，公共管理者應接受這
種矛盾且複雜的情況，從真實面解讀自身所處的政治環境，謹慎但用
心地解讀從各種管道所傳來關於民意的訊息。

(二)專業責任是公共管理者面對民意的最佳策略：公共管理者與追逐民
意的政治人物最大的不同是，公共管理者除了回應人民的需要之外，
也負有維繫正義公平社會的責任，這種對公共利益負責的聲音，只有
在官僚體系的專業意見中才能充分表達。民主政治運作，不應止於選
舉，而是完成於公共領域充分討論的過程之中。

(三)公共管理者應積極扮演引導民意的角色：因為自身的專業與穩定，
公共管理者很自然成為公共事務決策執行過程中的焦點，公共管理
者都是不可或缺的民意議程設定者。因此，與其消極地等待民意的監
督，不如積極地扮演引導人民偏好形成的資訊提供者，主動創造社會
共識，為政府的政策執行打前鋒。而有效的溝通是傳達官僚體系政策
理念的必備技能。（陳敦源，民意與公共管理，黃榮護主編，公共管
理，頁127-161）

十七、名詞解釋
　　(一)**壓力管理**（Stress Management）。
　　(二)**變革管理**（Change Management）。

答： (一)壓力管理：行政首長與主管或員工面臨工作困境的挑戰，體認壓力難
　　　　處而有效地運用能力抒解壓力，進而舒展工作意志與創升工作績效，
　　　　稱之為壓力管理。行政學學者丹哈特（R. B. Denhardt）認為，機關
　　　　組織內不可避免地出現壓力困境，所有的管理職位皆屬「壓力職」與
　　　　「挑戰職」。壓力的形成多來自角色衝突、工作繁難不易解決，或來
　　　　自情感上與關係上的包袱；壓力抒解途徑則包含改善工作條件、改進
　　　　制度規範、改變工作環境、調適身心健康等等協助方案。
　　　(二)變革管理：變革管理包含兩項涵義，第一指管理革新與組織變革
　　　　（Organizational Change），偏重組織結構、管理技術與組織行為的
　　　　改變、革新與適應過程；其中組織變革來自外在與內在改革壓力而
　　　　形成變革需求，經由管理程序提出組織管理革新方案，並進行改革措
　　　　施。其次另一涵義指組織文化的變遷與重塑，此為「政府改造」論者
　　　　所指「組織改造策略與持續變遷」。（許南雄，行政學術語）

十八、網絡社會的來臨，代表浮現出新的社會型態。此種新型態社會對人類會帶來何種衝擊？試說明之。

【說明】由於資訊技術的協助，使得全球得以整合成一個網絡化的單位，
　　　　並在即時（real time）的運作方式，呈現出無時間性時間的現象。
　　　　另方面，資本主義經濟在資訊技術成熟之二十世紀末，將生產、
　　　　設計、銷售與消費結合在同一空間與時間尺度上，使得世界經濟
　　　　體系真正成為全球性經濟。

答： (一)新技術革命所具有的支配性特質，使得將人類生活的面向日益朝向網
　　　　絡化發展，我們既有的傳統社會社群已被網絡式的有機社群所取代。
　　　(二)雖然社會組織的網絡形式早已存在於其他的時空中，然而新技術典
　　　　範則提供其全面性滲透至整個社會層面的物質基礎，以致其連結程度
　　　　已非既有的網絡形式所能比擬。
　　　(三)以資訊為基礎的全球經濟的其特徵為：互賴性、不對稱性、區域性、
　　　　選擇性及排他性。因此，此新經濟體之結構特徵是一種耐久性的結構
　　　　與變動之幾何形勢的結合，並傾向於分解歷史既有之經濟形勢。

(四)企業組織間以不同幾何型態的網絡化結合，超過傳統公司與企業間的結合。因此，工作流程逐漸個體化並藉由不同地點的工作單位相互連結，來重新結合其生產的成果。

(五)資訊化／全球化經濟體的成形，使得人類之經濟活動不再受限於固定空間與時間之尺度上，並同時徹底打破以固定空間及時間為基礎的任何形勢的組織、國家與社會。

十九、網絡社會的概念建立何種前提下？網絡社會亦具備何種特質？

答：(一)前提：

1.在網絡社會中，規模擴張（scale extension）與規模縮減（scale reduction）的兩股矛盾力量激盪下，「傳統社群」將逐漸凋零，為其他類型的社群所取代。

2.在網絡社會下，政府統治的方式必須採用共同治理的方式來運作。因此，網絡社會的特徵之一便是統治權的分化與共享。

(二)網絡社會所具備的特質：

1.資訊通信技術的普及性：在網絡社會中，由於行動者間交錯複雜的連結關係，使得協調、控制、整編能力的重要性日益增強。

2.回應性的增強：在網絡社會中，新資訊通信技術及資訊所累積的知識和經驗，建構了當前的社會行動，並成為人類活動及社會的結構特徵。

3.時間與空間的模糊化：傳統社會中人員或組織的互動均是建立在臨近的地域或家庭組織間；然而新型態的社會，人員及組織的互動則不再受到空間距離及時間上的限制。

4.規模的擴張與縮小化：這兩股衝突的向量，正在這新型態的社會中發展著。例如，貿易的國際化及市場的全球化，使得企業組織得以擴張至全球各地，但相對的各公司組織的規模在過去五十年間有大幅下降的趨勢。

5.時空的壓縮：在空間方面，對於地方之間互動性的強調形成流動性的交換網絡，這其中隱含著新型態空間的出現-「流動空間」；在時間方面，過去那種線性、可量度性及可預測性的機械性時間正被粉碎著，取而代之的是各種時態的混合並且選擇性的使用每個時間脈絡-「無時間性時間」。

6.片段性：網絡社會不再是以整體的組合做為基礎，而是強調跨區域間及跨時間的組合。

7.社會結構網絡化：在資訊科技帶動下，社會各結構面向間的邊界日益模糊化。人們可借助網路將人際間、組織間及社群間的互動聯繫起來，這意謂著個人將全世界帶入住家及工作場所中。（史美強、蔡式軒，網路社會與治理概念之探討，中國行政評論第十卷第一期，頁42-65）

二十、BOT模式執行之過程中，在各階段可能產生那些風險、困難及應注意之問題？

答：(一)規劃階段：在規劃投標時期，主管機關可能產生審標期過長，評選結果遭疑義，民間參與投資者可能產生投標規劃不完善、投標須知規定不明確，衍生審標期過長；在訂定契約時期，主管機關可能產生契約文意混淆、協商期過長延誤計畫進度、協商不成導致流標。此外，BOT計畫因涉及政治、經濟、財務、技術、法律等層面與所需人才，而政府公務人員在此方面的經驗不足，此將造成BOT計畫規劃不完善及未來無法順利執行等問題。

(二)建造階段：主管機關可能產生土地徵收延誤，影響民間參與投資者之工程建造成本，而向政府求償，增加政府負擔，甚而影響工程品質，致使民間參與投資違約或倒閉；民間參與投資者在建造階段亦可能發生設計錯誤或變更、資金週轉困難、成本估計錯誤、材料設備缺乏、施工技術缺失與政府應辦工程未能及時配合等問題。

(三)營運階段：主管機關可能面臨到民間參與投資者發生財務危機倒閉、營運災害或服務品質不良等問題；民間參與投資者亦可能產生營運發生災害之賠償或營運收入不如預期等問題。

(四)移轉階段：主管機關可能產生接收老舊設備，致須耗費大量維修經費，所以在特許經營期滿之前幾年即應進行工程檢查，使建物及設備符合維修標準；民間參與投資者亦可能產生總收入未達投資效益之現象。（吳英明，公共管理3P原則-以BOT為例，黃榮護主編，公共管理，頁598-615）

二十一、全面品質管理在許多國家一開始即被推崇為一種必然可成功且絕對適用於公共行政領域的新管理經典。但某些學者已開始質疑，全盤轉移私人企業之全面品質管理模式的適當性與可行性。試問，全面品質管理於公共組織實施的困難為何？

答： (一)全面品質管理的本質與公共服務無法相容：因為全面品質管理的原始內涵乃純為工業與製造業的操作環境而設計，而工業與製造業的操作環境與政府機構的運作環境可謂有天壤之別，因此以全面品質管理來控制公共服務的效能可能產生互斥的效果。

(二)公共管理的本質排斥全面品質管理的運用：這些公共部門本身的特性為：

1.公共部門抗拒改變的力量較大。有學者認為組織成員原有對組織使命感之的固有概念，極易阻礙其對新管理理念的認識，並造成對大幅度組織變革的抗拒，而這種現象又因為公共組織科層化的傾向而更為明顯。

2.公共管理者即使績效提昇，也不易獲得實質的獎勵；但若不依循舊規，試圖引進創新的方法，一旦犯錯又得承受政客與媒體的指責，所以難以激勵公共管理者進行大幅度的改變。

3.公共管理者並無自由任意改變管理的模式。

(三)公共組織專業人員之工作文化與全面品質管理相斥：此種觀點主要基於三個理由：

1.公共組織中多種專業人員的並立：大多數公共組織內部配置的一大特徵是多種不同專業人員的共存，且這些不同專業的人員通常非常堅持本身專業的立場，而無法與其他組織成員產生協調合作的工作關係，形成全面品質管理要求摒除單位間障礙的一大困難。

2.許多專業的公共服務並不應以顧客的滿意為目的：許多公共服務的主旨在於約束、規範人民的行為，例如交通違規的處理、環保法規的執行、監獄的管理等都不以所謂「顧客」的滿意為工作的目標。

3.公共組織中明顯的上下級關係與權威性的組織文化：公共組織中明顯的上下級關係與權威性通常比私人企業明顯而強烈許多，此與全面品質管理追求向下授權及廣泛的參與式管理相互牴觸。

(四)對公共組織而言，「顧客」是一個相當有問題的概念：許多學者認為，定義顧客對政府機構而言往往是非常困難且具相當的政治危險

性。全面品質管理的第一個原則，要求以顧客的滿意程度作為服務品
質的決定標準，對許多公共組織而言，由於顧客對象的多樣性與顧客
間目標的衝突性，「顧客至上」便成了一個非常不明確的無用口號。

(五)公共服務品質與成本的關係較私人企業複雜許多：全面品質管理的
最重要目的之一，是在不增加成本的前提下，提高產品的品質，但
對於公共服務而言，提高品質而不增加成本卻有相當的困難。（黃朝
萌，全面品質管理策略，黃榮護主編，公共管理，頁658-666）

**二十二、雖然有學者反對全面品質管理於公共組織的應用。但也有學者
從另一個角度觀察，認為全面品質管理並非真的完全無法適用
於公共服務的領域，試說明這些學者的論點？**

答：(一)史塔派與蓋絡提（Stupak&Garrity）認為公共部門近年的五大改變，
已經為全面品質管理的應用提供良好的環境，此五項改變為：

1.政府部門因為外在競爭的增加與經濟的壓力，已開始重視績效的改進。

2.民眾期望的急速提高，使得政府部門必須重視顧客的需求。

3.政府事務的複雜化，使得授權與參與成為必要的管理模式。

4.外界團體對公共服務的評估，使得政府的施政必須以事實資訊為依據。

5.國際經濟的緊密關聯與國際政治的變化，使得政治領導者必須有較長
遠的眼光。

(二)摩根與馬加特依（Morgan&Murgatroyd）提出下列論點，以反駁全
面品質管理無法適用於公共部門的各種理由：

1.全面品質管理原始之發展，於製造業的本質並不必然排斥其於公共部
門的應用。反對全面品質管理於公共部門適用的最主要理由之一，是
全面品質管理乃針對製造業的生產過程而設計，無法適用於以服務為
中心的公共組織。這個理由乃是只從全面品質管理的表面字義來解釋
其適用性。實際上，全面品質管理應追求服務過程的標準化，以提供
每一位顧客個別的服務。事實上，全面品質管理早已成功地應用於許
多服務業中，所以全面品質管理與公共服務並無先天的排斥性。

2. 公共管理者的本質是可以改變的。反對者認為公共部門抗拒改變的力量較大、公共管理者的績效與獎勵不一定有關。但正如私人企業組織一樣，絕大部分管理方式的改變，端視組織高層的承諾與決心，這些因素並不足以成為全面品質管理的必然障礙。

3. 公共組織定義「顧客」仍有相當的作用。樂納（Lerner）將公共組織服務的多種對象，依其與組織之核心目的的遠近分為法定的目標對象、間接對象及一般大眾三種。公共組織雖然因為同時面對許多不同的要求與壓力，使得公共服務在界定「顧客」的對象上有較大的困難，但試圖去界定並滿足法定目標對象之需求，對公共組織存在的目的而言仍有其必要。

4. 公共服務品質與成本的關係較私人企業複雜，但非不可改善。政治力對公共管理的不當影響，通常只在目標不明或績效難以衡量的政策範疇之中最為明顯，對於其他的政策則影響的程度有限，因此仍有評估品質與成本的依據。此外，從近來各國政府革新運動趨勢來看，策略規劃、績效預算、市場競爭模式與民營化等控制管理績效之方法，已廣泛地應用於公共組織之中，使得公共組織漸漸必須追求服務品質與成本效益的提昇。（黃朝萌，全面品質管理策略，黃榮護主編，公共管理，頁658-666）

貳、選擇題

( )　1. 根據民營化的類型分析，「BOT」屬於政府與企業之何種合作關係？　(A)合資　(B)共同生產　(C)契約外包　(D)公私協力。

( )　2. 教師、警察、稅務官、醫師等是教科書所稱之「Street-Level Administrator」此英文名詞在書中的中文稱呼是：
(A)基層行政人員　　　　　(B)街頭公權力人員
(C)第一線行政人員　　　　(D)市井小民保護官。

( )　3. 近年來，經濟理論應用在公共行政的情形愈來愈普遍，下列何者不是來自於經濟學領域？
(A)公共選擇理論　　　　　(B)政策網絡理論
(C)交易成本理論　　　　　(D)委託－代理人理論。

（　）　4. 下列對公民社會之各項論述，何者有誤？　(A)公民社會其成員的社群意識很重要　(B)其範圍包括私人領域、志願領域、公共領域　(C)個人自掃門前雪，彼此不相聯合　(D)獨立於國家政府體制以外，由公民個人所組成的多元且自主的領域。

（　）　5. 組織成員對革新計畫及新管理方法，採取抵制態度，視為「舊酒新瓶」的管理技倆，認為只要人忍耐和刻意忽視，久而久之，革新計畫及新管理方法，最後必然無疾而終，稱為：　(A)墨菲定律　(B)律邁爾斯定律　(C)白京生定律　(D)不稀罕定律。

（　）　6. 除增加員工的工作項目外，還提供員工更多的自主性及責任，使員工利用更高層次的知識和技術，以獲得成長機會的激勵方法，稱之為：　(A)工作豐富化（job enrichment）　(B)工作分享（job sharing）　(C)工作輪調（job rotation）　(D)工作擴大化（job enlargement）。

（　）　7. 下列所敘何者為後工業社會的特徵？　(A)以勞力從事的農、漁、礦業生產　(B)以資訊為核心的知識生產活動　(C)以財力為基礎的生產活動　(D)以機器、能源、技術為基礎的大量生產活動。

（　）　8. 公共經理人應具備下列何種角色？　(A)人際角色　(B)資訊角色　(C)決策角色　(D)以上皆是。

（　）　9. 下列關於公、私部門協力關係的敘述，何者錯誤？　(A)公、私部門協力關係或稱合夥、夥伴關係　(B)「合作」係指在公、私部門水平互動之過程中，公部門扮演支援性角色，私部門扮演配合性角色　(C)合作是「協力」之另一種型態　(D)「協力」關係係指公、私部門互動過程中，雙方形成平等、共同參與及責任分擔的關係。

（　）　10. BOT模式主要是政府公共建設將建造權及經營權移轉給企業及財團，形式上是屬於政府主導，BOT政策係屬於：　(A)競爭性管制政策　(B)合作性管制政策　(C)共享性管制政策　(D)私利性管制政策。

（　）　11. 哈佛大學Sachs教授認為，國家與國家間的競爭，是一種：　(A)零和遊戲　(B)正負遊戲　(C)正和遊戲　(D)一勝一負遊戲。

( )　12. 指民眾對於政府施政服務的滿意度，亦即民眾對其公僕為民服務的認可與支持程度。一般稱為：　(A)服務水準　(B)服務品質　(C)服務質等　(D)績效標準。

( )　13. 下列何者非服務品質的特性？　(A)服務品質是政府對企業服務具滿意度或認可程度　(B)服務品質是由「衙門取向」改變為「顧客取向」的管理革新　(C)政府服務之目標在獲得民眾的滿足與支持，企業品管目標則在利潤　(D)服務品質之提升端賴持續不斷之行政革新、行政績效與行政效能、便民措施及申訴體制之相互配合進行。

( )　14. 公共組織的財務管理應該考量三個層面的導向，即控制導向、管理導向與：　(A)職權導向　(B)計畫導向　(C)會計導向　(D)利潤導向。

( )　15. 當自由經濟市場之「看不見的手」失去正常競爭，而導致生產者與消費者相互關係破壞，即稱為：　(A)政府失靈　(B)市場失靈　(C)管理失靈　(D)官僚失靈。

( )　16. 下列何者符合BOT的精神？　(A)以法律、契約為基礎之合作關係　(B)以策略聯盟為主要合作機制　(C)異質性組織間之相互學習與文化融合過程　(D)以上皆是。

( )　17. 在新結盟主義之下，為有效汲取民間之資源及合作，BOT模式尚有許多變形。其中，「LDO」係指：　(A)修建、擁有及營運　(B)價購、興建及營運　(C)興建、移轉及營運　(D)租賃、開發及營運。

( )　18. 下列何者為七十年代BOT形成風潮的原因？　(A)世界銀行、亞洲開發銀行等其他國際性銀行之倡導　(B)跨國營建商及供應商在1982年國際債務危機後所面臨之人員及機具閒置問題　(C)專案融資技術之成熟與跨國銀行在1982年債務危機後，為增加利潤，而尋求專案融資業務
(D)以上皆是。

( )　19. 何種領導又稱為「道德性的領導」？　(A)交換型領導　(B)轉換型領導　(C)交易型領導　(D)利益型領導。

( )　20. 現代公私部門協力關係已漸漸形成「新結盟主義」，一般來說，下列何者不是新結盟主義所具有的特徵？　(A)民間參與VS政商合作　(B)民間主導VS國際力量之驅力　(C)單一之「雇主受託者」關係VS複雜之組際關係　(D)專業主義VS相互學習。

( )　21. 下列何者非地方政府公共經理人所應具備的角色？　(A)共識分歧者　(B)社區（地方）議題教育者　(C)分歧利益團體及社區群眾之整合者　(D)程序領導人。

( )　22. 下列何位學者指出，社會行銷係為改善個人及社會福利，就特定目標群眾的自願性行為方案，運用商業行銷技術，予以分析、規劃、執行與評估？　(A)旁德　(B)安竹生　(C)杜拉克　(D)朱朗。

( )　23. 何項指標是一個指涉國家政府政策能力與企業實力結合，共同創造優勢發展系絡，以達經濟永續成長系絡的能力？　(A)國家生產力　(B)國家儲蓄率　(C)國家競爭力　(D)國家外匯存底。

( )　24. 從「便民服務」的觀點來看，英國以何種體制貫徹便民服務，實開現代各國「服務品質」體制之先河？　(A)公民憲章　(B)續階改革　(C)第二共和　(D)國家憲章。

( )　25. 「參與管理」在組織設計方面相對的可作如何的調整？　(A)增加管理層級　(B)扁平結構的設計　(C)維持傳統的科層體制結構　(D)以上皆非。

( )　26. 下列何者不是公、私協力合作關係時代下「新結盟主義」下合作關係的特色？　(A)以企業、財團為主體之民間參與　(B)為政府與企業、財團之協力關係，並由政府負擔較大的責任與風險　(C)實用主義下之政府與企業財團雙贏策略　(D)政府與企業、財團之合作取得法律之正當性基礎。

( )　27. 政府為解決市場失靈而採取解決方案措施，卻因政府政策錯誤，而無法發揮政府「功能財政」影響能力，無法解決市場機制的困境等問題，此稱為：　(A)管理失靈　(B)市場失靈　(C)政府失靈　(D)國家失靈。

( )　28. 在新結盟主義之下，為有效汲取民間之資源及合作，BOT模式尚有許多變形。其中，「BOT」係指：　(A)興建、擁有及營運　(B)興建、擁有及移轉　(C)興建營運及特許權更新　(D)興建、租賃反移轉。

( )　29. 指一個人由於過分追求不實際的工作目標之後，身心完全精疲力
竭無法或不願意重新嘗試工作的感覺。此種稱為：　(A)工作滿
足　(B)工作豐富化　(C)工作設計　(D)工作倦怠。

( )　30. 下列何者為「工作倦怠」此一名詞所具有的特性？　(A)工作
者的工作倦怠是發生於個人層面，且會感染與擴及到整個組織
(B)工作倦怠是工作者長期處於過度追求不切實際的目標或工作
環境所造成的壓力之下　(C)在因應的過程中，因為用人過度的
負荷，逐漸產生一系列症狀的負面反應之過程　(D)以上皆是。

( )　31. Porter在「國家競爭力優勢」中，提出了何項理論來決定國家經
濟優勢的鑽石體系？　(A)菱形理論　(B)三角形理論　(C)正方
形理論　(D)五角形理論。

( )　32. WEF以八大要素來測量國家競爭力，其中不包括下列何者？
(A)政府職能　(B)企業管理之品質　(C)人力素質及生活　(D)貿
易與金融開放程度。

( )　33. 「事情如有可能出錯，就會出錯。管理領域固也有嘗試與錯誤
情況，但總以減少錯誤達成最大效果為主要途徑。」此稱為：
(A)墨飛定律（Murphy's Law）　(B)社會能力模式　(C)即時管
理（Real-Time Management）　(D)節約（精簡）管理。

( )　34. 「工作倦怠是工作者生產方式的物化，工作者人際互動技術變成
市場中的商品。」此句話符合工作倦怠之何種模式？　(A)技術典
範模式　(B)精神分析模式　(C)存在觀點的模式　(D)疏離模式。

( )　35. 指政府改造的成果之一在使政府機關的工作流程更簡化流暢，更具
服務效率，行政手續更為簡便，此等政府管理形態稱之為：　(A)
一致型政府　(B)固定型政府　(C)僵固型政府　(D)流線型政府。

( )　36. 任何機關組織基於業務需要，規劃某項方案以達到特殊目的，此
一方案應列入計畫、執行與評估的管理循環作業中，使此一方
案能在預定期限內完成，此稱為：　(A)衝突管理　(B)例外管理
(C)方案管理　(D)重疊管理。

( )　37. 學者威爾森（Wilson）將利益團體政治環境分成四類。如果政策
執行成本是由全民負擔，但是利益卻是由少數人獲得。此係屬
何種類型的利益團體政治環境？　(A)企業型政治型態　(B)利益
型政治型態　(C)客戶政治型態　(D)多數決型政治型態。

( )｜38. 行政學學者亨利（N.Henry）在闡述民主制度與官僚組織的關係時指出，何種管理是官僚權力的基礎？　(A)知識管理　(B)智慧管理　(C)知能管理　(D)壓力管理。

( )｜39. 對於網絡式治理的敘述，下列何者最正確？　(A)以層級節制的命令指揮體系，作為運作的根本　(B)以成員之間的信賴感與相互調適，作為主要的運作機制　(C)以追求自我效益極大化的交易行為，作為運作的基礎　(D)以競逐政治利益的談判妥協，作為運作的關鍵。

( )｜40. 羅聖朋（D. Rosenbloom）指出，政府授予民間機構經營或提供特定的公共服務，而由廠商對所提供服務的民眾收取費用，且政府也會設計一套費率與績效標準，以持續考核這些民間機構，例如：電力提供、有線電視、急診服務等，此種方式是指下列那項作法？　(A)補助　(B)抵用券　(D)外包　(C)特許權。

解答與解析

1.(**D**)。 2.(**C**)。　3.(**B**)。　4.(**C**)。　5.(**D**)。

6.(**A**)。屬於工作的縱向加載，係給予工作者對於所擔任工作有較多的機會參與規劃、組織與控制功能，以追求發展與成長的機會。

7.(**B**)。

8.(**D**)。由Mintzberg管理主義的觀點，可以發現一位成功經理者必須具備至少下列之專業才能：領導、溝通、資訊、決策、危機處理、談判。

9.(**C**)。 10.(**A**)。 11.(**C**)。

12.(**B**)。服務品質與公僕之服務化、適量化、優質化、便民化、效能化均密切相關。政府之決策與施政均須落實於其服務品質，才是現代政府體制的精髓。

13.(**A**)。 14.(**B**)。

15.(**B**)。市場失去其自由經濟基本機制秩序，亦稱為市場失靈。市場失靈來自：
1.獨佔價格引起的問題。　　　　　　2.外在性經濟。
3.自由市場無法提供足夠的公共財。　4.交易成本極不穩定。
5.市場資訊不完整。

16.(**D**)。

17.(**D**)。ROO（Rehabilitate，Own and Operate-修建、擁有及營運）；BBO（Buy，Build and Operate-價購、興建及營運）；BTO（Build，Transfer and Operate-興建、移轉及營運）。

18.(**D**)。 19.(**B**)。

20.(**B**)。應是「政府主導VS國際力量之驅力」。

21.(**A**)。

22.(**B**)。社會行銷採取商業行銷學上的四P技術，即產品定位、價格、通路及促銷。除以上四P之外，社會行銷策略旨在推行公共利益政策，而公共政策本身即具複雜性，常非單一機關組織得以獨立推行，尚須與其他機關組織，甚至政府建立夥伴關係，以協力達成政策。此夥伴（協力）關係可列為第五P。（黃榮護主編，黃榮護，政府公關與行銷，公共管理，頁520-574）

23.(**C**)。 24.(**A**)。 25.(**B**)。 26.(**B**)。 27.(**C**)。

28.(**B**)。BOO（Build，Own and Operate-興建、擁有及營運）；BOR（Build，Operate and Renewal of concession-興建營運及特許權更新）；BLT（Build，Lease and Transfer-興建、租賃反移轉）

29.(**D**)。工作倦怠是一種過程，這種過程因長期或過度的工作壓力而引起的。亦有學者將工作倦怠稱之為「燃燒竭盡」。

30.(**D**)。

31.(**A**)。在鑽石體系中，分別臚列了「基本因素」及「附加因素」的競爭力影響變數。

32.(**D**)。IMD國家競爭力指標：

1.政府職能。　　　2.國內經濟。　　　3.人力素質及生活。
4.科技實力。　　　5.企業管理。　　　6.金融實力。
7.國際化程度。　　8.基礎建設。

33.(**A**)。 34.(**D**)。

35.(**D**)。「流線型政府」一詞最早出自凱登所指「去官僚化」，主要措施之一在建立流線型政府。

36.(**C**)。

37.(**C**)。企業政治型態：政策執行成本由少數人負擔，但是利益卻由全民均霑；利益團體政治型態：政策執行成本與利益，都由少數人所承擔與享受的；多數決政治型態：政策執行成本與利益都是由全民負擔與享用的。

38.(**C**)。行政首長與主管或員工面臨工作困境的挑戰，體認壓力難處而有效地運用能力抒解壓力，進而舒展工作意志與創升工作績效，稱之為壓力管理。

39.(**B**)。網路化治理指在民主協商的基礎上，透過政府、企業、社會組織與公民的合作，共享資源和資訊，共同達成治理目標的過程。

40.(**B**)。

第十三章　公共管理發展的新趨勢

壹、申論題

> 一、1980至1990年代各國政府均積極厲行政府再造工程，新公共管理風潮因而迅速竄起並蓬勃發展，儼然成為行政革新的代言人，然而其所標榜的願景「企業型政府」，回歸市場機制，雖引起廣大的迴響，但亦有許多學者提出質疑，如瓦爾多認為會形成「空洞的國家」。到底新公共管理存在那些盲點與限制？又新公共服務為何受到重視及其主張為何？

答：新公共管理之出現立刻成為行政學界的主流，實乃因人們普遍對官僚體系的刻板印象－「保守僵化，效率低落」存在強烈的感受，而新公共管理所提出的若干願景，恰恰是官僚體系所缺少的。但亦存在以下盲點：

(一)授權與分權的問題：新公共管理主張彈性授權給執行者，將權力下放。但是現實政策過程中，授予執行者較大的行政裁量權，無異是降低決策者對行政官僚體系的控制力，形同削弱政治人物在行政體系的影響力，恐非政治決策者所願見。正如Maor如所言，增加行政官僚的管理資本，將會減少政務官的政治資本。

(二)鼓勵公務人員創新冒險的問題：新公共管理鼓勵公務人員應積極創新冒險，以提升效率，樽節成本。但公務員最在乎的卻是文官保障，因此，大部份的行政行為模式是傾向於「規避風險」，而非積極冒險。

(三)市場導向的問題：新公共管理常強調採市場導向的管理模式，政府應減少管制干預，回歸市場機制，並能藉助市場力量（如BOT或公私協力）來達成政策目標。這其實意味著政府的撤退或萎縮成為小

政府。但實際上，所謂「小而能」政府幾乎是難以實現的空中樓閣。由市場失靈現象須借助政府扮演管制者角色或社會福利支出膨脹的「褓母政府」可以窺見，仍是遙遠之路。

(四)偏重經濟效率的問題：新公共管理向企業取經，其目的在提高生產效率，但在公部門的施政過程中，更重要的價值可能是公平（equity）、正義（justice）、倫理（ethics）及責任（responsibility）。尤其政府公權力具強制性，政策決策又多涉及資源重分配，公平與正義的價值更形重要。譬如照顧弱勢團體的福利政策，不可能僅考量「效率」問題，而完全不考慮公平正義與社會責任問題。

新公共管理固然為行政界與實務界提供了美麗的願景與改革藍圖，但由於缺乏嚴謹的理論基礎，遭受不少批評，如D.Williams借用Gulick的術語，認為新公共管理不過是「再造政府的諺語」。並認為Osborne等人只不過是將一些舊的東西與實務經驗加以拼湊而成，談不上新的典範。

新公共管理建立在個人主義的哲學及公共選擇的自利邏輯上，主張政府應向企業學習賴進行改革與再造工程。不過近年來陸續出現反省與批判的聲音。

丹哈特夫婦（R.Denhardt&J.Denhardt）在2000年於「美國公共行政評論」提出以「新公共服務」取代「新公共管理」。主張政府與人民之間的關係不應像經濟市場中之廠商與顧客；而應從社區與公民社會中之公民角度出發，政府是公僕，為公民服務，以公共利益為目的。因此，政府應透過協商、開放討論、尋求共識，以進一步創造共同價值方式來提供服務，而不應如新公共管理所主張導航。「新公共服務」認為公平、正義、責任才是政府施政中重要的價值基礎。誠如丹哈特所言：「我們並不反對效率與生產力，但是在一個民主社會中，民主政治所追求的價值，應有其最高的位階與優先性，我們應將效率與生產力放入民主、社區和公眾利益的廣泛系絡中思考」。

綜合而言，新公共管理現階段只是一股潮流，公共管理之未來走向與定位仍有極大發展空間。（吳瓊恩、李允傑、陳銘薰編著，公共管理，頁428-437）

二、面對新世紀及知識經濟的到來，公共管理與政府再造兩者間具有何種關係？

答： (一)從事政府再造的主要方法有三種：一為由上而下（Top-Down），一為由下而上（Bottom-Up），另一為由中間管理階層開始（Middle-Out）。美國所進行的「國家績效評估」（NPR）的政府再造運動，係由下而上的方法，英國所從事「續階計畫」的政府再造運動，則是採行由上而下的方法。

(二)從事政府再造所採用的主要策略有三種：一為漸進式的改革，一為激進式的改革，另一為斷絕式的改革，此為最激烈的方式。不論採用那一種方式，都要以一種進化式的過程（Evolutionary Process）來從事方能成功。

(三)政府再造是否能成功，一定要獲得上級的強烈支持，亦即任何改革措施都不具有萬靈丹的藥效，改革的成敗一定要看領導人對改革是否具有誠意；此外，還要看他們對改革是否有正確的認識和堅持。

(四)政府的再造工作必須被視為「途徑」（Approach），而不能被視為「技術工具」（Techinical Tools）。因此，再造工作必須由「器物層次」的改革提昇到「思想和政治層面」的改革，亦即政府再造只尋求提昇生產力或提高效率的方法仍不足有為。

(五)從事政府再造工作，最好能夠激發全員參與或有關人士的積極投入，因為改革必然會影響既得利益者，權力結構勢必重新調整，是以，愈多層級人員的參與，其阻力愈小。

(六)對於改革的結果能不斷地從事評估，而且改革的途徑最好能夠配合結果隨時調整；若想知道改革是否成功，必須有一些客觀的評估標準，這些標準一定要明確、可測量，並且能夠依情勢變化而隨時更動指標。

(七)政府再造應是一種創新，改革者必須能夠培養出一個有利於創新的組織文化與環境。改革的目的是福利均享，是為了改善人民生活，開拓生活空間，終極目標則為保障人性的基本尊嚴；改革者倘若悖離這些知識與價值，再多的改革方案也終將成為夢幻泡影。（孫本初，公共管理-公共管理發展的新趨勢，頁587-602）

三、 杜克大學教授Behn曾指出，倘若公共管理想要成為一門科學，就必須學會從尋找問題開始。而當代的公共管理，必須仔細認真地思考並研究處理那三大問題（3M問題）？

答： (一)微觀管理的問題：即公經理人如何突破憲政體制及程序規則等微觀管理的循環。此是一個實際存在的問題，是一種如何治理的問題，例如公經理人必須能夠協助立法者、政治首長及永業化的文官等，釐清政策制定和執行過程中的權責歸屬。

(二)激勵的問題：即公經理人如何激勵組織成員盡心盡力來達成公共目的。在「委託-代理」的觀點下，國會如何來控制行政首長，民選官員又如何來控制文官，以及公經理人如何激勵公職人員。

(三)測量的問題：即公經理人要能夠測量出他們自己及機關的績效，包括輸入（Input）、產出（Output）、結果（Outcome）及影響（Impact）等的測量；同時公經理人也要能夠協助公民瞭解如何能適當且實際地測量出政府的績效，並據此確立本身的責任。

四、 Emmert與Shangraw從未來學的觀點，歸納出公共管理未來環境的系絡風貌為何？

答： (一)社會與組織將會日趨複雜：由於科技的不斷更新及全球性的互動等因素的影響，人類原有的組織及社會結構將會變得更為複雜。在這種趨勢下，政府的組織結構、運作程序及管理方法必須與時俱進。

(二)民營化與公、私部門間的互動將會日趨頻繁：未來主義者認為在未來的年代，大規模的企業（特別是跨國性的企業）將會降低政府組織的重要性，經濟性的機構將會取代政府的職能，迫使公部門必須有效地回應市場的需求。

(三)持續的技術變遷：技術的創新與變遷將對組織產生諸多影響，而資訊的超載（over-load）與資訊的整合將會是政府所需要面臨的新課題。

(四)公部門的資源及其成長將會受限：由於資源有限，政府部門的規模因而受到限制，使其必須以最有效率的方式來提供服務，例如以契約方式委託民間經營的民營化方式。

(五)工作團隊與服務對象的多元化：以美國為例，由於種族及文化因素的影響，已使整個社會的工作隊及公民需求呈現多元分歧的現象，公部門在面對此種情況，必須將原有的管理通則作適度的修正。

(六)個人主義與個人責任的強調：由於個人主義的盛行及自我責任的強調，傳統上由政府機關主導一切的情勢已有所轉變。在此風潮下，民營化與志工主義的興起，更改變了個人對政府機關的期許與看法，公務員也由此而獲得更多的工作自主權。

(七)生活品質的重視與環保主義的抬頭：對員工本身而言，工作不再是生命中的唯一目標，其所關切的是人身安全與健康及家居生活的重視。

(八)持續漸進式的改進與轉換，而非激烈的變革：大多數的未來主義學者均認為，即使有所變革，亦應在現在的制度下進行持續的改革與轉換，勿需對現行體制作激烈的變革，以避免引發劇烈的反彈與新的危機。（孫本初，公共管理-公共管理發展的新趨勢，頁587-602）

五、解釋名詞：
(一)後現代公共行政學。　　(二)公共利益。
(三)公意政府。　　　　　　(四)民主行政。

答：(一)後現代公共行政學：此指公共行政學之未來趨勢，學者弗克斯（C.J.Fox）著有《後現代公共行政》一書，強調所謂「對話理論」，從現象、結構與能源層面，融合社會、人文與自然學科的內容，以充實行政學的新理論基礎：正統主義、憲政主義與社群主義。由現代邁向後現代，其主要趨勢可綜合下列各家說法：

1.英國行政學學者格林烏（J. Greenwood）等認為，新的行政管理建立在公共責任，社會平等，合法性與多元性的基礎上。

2.日本東京大學、京都大學教授西尾勝、加藤一明等人則強調現代公共行政即「技術的行政」，而行政學的發展仍將是由官僚制趨向於民主制，且融合政策科學與管理科學之持續發展；公共行政學之未來趨勢為公民參與、資訊開放與公共責任制度的確立。

3.美國學者：賴格羅（Nigro）稱公共行政的未來將遭逢社會、技術、管理、交通、環保與危機處理的更大挑戰，效能與績效管理將愈形顯要。

4.強森（W. C. Johnson）則稱公共行政的公共性與行政責任的實踐之迫切性。

5.考克斯（R. W. Cox）等人稱述未來公共行政將朝向「非官僚化」與反機械式層級化的民主型政府。

6.丹哈特（R. B. Denhardt）稱以公共行政的行動理論因應未來：由生產化朝向服務化，由本土化走向國際化，由萬能化轉為有限化。其次，民營化、技術革新與文官制度所受到衝擊將更激烈。

7.史提爾曼（R. Stillman）則闡述未來公共行政與行政倫理及公共利益的緊密性。

8.夏弗里滋（J. M. Shafritz）則認為，行政學將朝向為「跨政府間研究領域」，公共服務與行政人員的服務革新是未來趨向。

9.羅森姆（D. H. Rosenbloom）則認為，行政學之未來趨勢在建構新的行政文化。

10.亨利（N. Henry）則認為未來將益形凸顯責任性與人文性的「倫理型公共行政」。

(二)公共利益：公共利益，即社會公益而非私利私益，不論指國家利益或國家公益，皆蘊含公道、誠信、正義、平等與自由之公共理念。公共利益必具全體性、公德性與福祉性，而能由民主程序體現。

1.1983年新公共行政「黑堡宣言」所稱「行政人員是公共利益的受託者」，充分顯示現代行政人員為公僕角色與服膺民意的重要。對公僕而言，公共利益即公眾民意，執行公共利益，即執行公共職務而為行政人員之基本職責。

2.公共利益亦強調公共價值：行政學學者哈蒙（M. Harmon）指出，前瞻型決策不受「自私利益」影響，而經由調和的社會程序則有助於公共利益的體認與實現。

(三)公意政府：

1.公意（Common sense）原義非指「常識」而是「公意」，指民主體制重視之全民公意，民主政府以全民公意為尊，符合國家最大利益。

2.公意政府係以「社會公意」為基準，即由「國家取向」朝向以「公民社會」取向之公共利益與輿情民意。

3.公意政府係現代政府改造所強調服膺公益與回應民意之政府治理型態，此說來自柴契爾主義所謂：由「官僚化政府」改革為「代表性政府」，以回應民意需求。

4.公意政府係「顧客導向」的企業型政府體制。

(四)民主行政：民主行政為現代公共行政的核心價值，其主要內容在重
　　視行政組織與管理資源的有效運用，亦強調現代公共服務之實現社會
　　公平與正義之理念。民主行政的主要論點：
　1.民主行政在實現（代表）公共利益。
　2.民主行政應具有社會各階層利益的代表性。
　3.民主行政對於民眾「知的權利」須具開放性。
　4.民主行政超越黨團、派系或少數權要利益之上。
　5.民主行政應嚴防專業主義的設限。
　6.民主行政重視參與管理。
　　現代公共政策學者亦強調政府的角色（5R），實亦為「民主行政」之極
　　佳註腳。5R係指：回應（Responsiveness）、代表（Representation）、責
　　任（Responsibility）、信賴（可靠）（Reliability）與務實（Realism）。
　　（許南雄，行政學術語）

六、何謂「公共哲學」？「現代新公共管理」（NPM）其主要哲學基礎為何？

答：(一)公共哲學：「政府改造」論者所謂公共哲學，即新公共管理之
　　　哲學理念基礎。凡屬新右派主義、柴契爾（夫人）主義（That
　　　-cherism）、新公共管理者主義（NPM）、後官僚主義與市場導向機
　　　制均屬公共哲學之範疇。
　　(二)現代「新公共管理」（NPM）之主要哲學基礎：
　　1.社會價值：重視國家、亦兼重社會因素，政府係社會多元利益之代表。
　　2.公共利益：公共利益是國家與社會共同有利、有價值之體系，公共行
　　　政即實現公共利益之組織管理體制。
　　3.社會公平與社會正義自新公共行政學派以來，即倡導公共行政與社會
　　　各族群、團體在公平機會與正義原則下共同參與公職事務。
　　4.公共責任：政府機關不能獨占公共管理責任，有「不可治理性」之
　　　問題，應使公共服務開放由企業、非營利性組織、義工等團體共同參
　　　與，但政府基本職能有「非政府機關」不能承擔者，則不能推卸。
　　5.政治社會資源共享與分配公正：公共選擇與民主行政之原理。
　　6.多元參與（如公民參與、社區參與）與公共服務品質提升。（許南
　　　雄，行政學術語）

貳、選擇題

(　)　1. 下列何者不是未來公共管理的環境特徵？　(A)政府部門規模受到限制　(B)個人主義盛行　(C)持續的技術變遷　(D)政治體系激烈變革。

(　)　2. 歐斯本與傅瑞祺（D.Osborne&P.Plastrik）所提政府再造之「5C策略」中，哪一種策略是涉及價值層次且效果較難測者？　(A)顧客策略　(B)文化策略　(C)控制策略　(D)核心策略。

(　)　3. 下列何者是新公共管理所強調的主要理念之一？　(A)顧客導向　(B)民主行政　(C)公民參與　(D)公共服務。

(　)　4. 歐斯洞（V.Ostrom）認為民主行政不應建立在何種基礎之上？　(A)權威的割裂　(B)重疊的職權　(C)多元的決策中心　(D)政府結構的普遍雷同。

(　)　5. 下列何者非屬政策網絡理論（policy network theory）的主要論點？　(A)參與者是多元的　(B)參與者之間是資源互賴的　(C)國家機關扮演積極仲裁者的角色　(D)利益相同的參與者易形成聯盟關係。

(　)　6. 下列何者不是Emmert與Shangraw從未來學的觀點所歸納出的公共管理未來環境系絡風貌？　(A)群體主義與全體責任的強調　(B)民營化與公、私部門間的互動將會日趨頻繁　(C)公部門的資源及其成長將會受限　(D)生活品質的重視與環保主義的抬頭。

(　)　7. 下列何者屬於公共哲學之範疇？　(A)新右派主義　(B)新公共管理者主義　(C)後官僚主義與市場導向機制　(D)以上皆是。

(　)　8. 杜克大學教授Behn曾指出，倘若公共管理想要成為一門科學，就必須學會從尋找問題開始。而當代的公共管理，必須仔細認真地思考並研究處理的三大問題，不包括下列何者？　(A)公經理人如何突破憲政體制及程序規則等微觀管理的循環　(B)公經理人如何激勵組織成員盡心盡力來達成公共目的　(C)公經理人如何實行集中作業管理，來達成公共目的　(D)公經理人要能夠測量出他們自己及機關的績效。

(　)　9. 根據Robert T. Golembiewski、Hal G. Rainey等學者觀察，公共管理將日趨倚重：　(A)組織發展的干預策略　(B)個人生涯發展的干預策略　(C)企業利潤發展的干預策略　(D)工作品質發展的干預策略。

(　)　10. 下列何者是Emmert與Shangraw從未來學的觀點所歸納出的公共管理未來環境系絡風貌？　(A)社會與組織將會日趨複雜　(B)工作團隊與服務對象的多元化　(C)持續漸進式的改進與轉換，而非激烈的變革　(D)以上皆是。

(　)　11. 新公共行政的主要內容為下列那一項？　(A)社會公平　(B)法規制度　(C)組織結構　(D)人群關係。

(　)　12. 下列何者是現代「新公共管理」（NPM）之主要哲學基礎？　(A)社會價值　(B)社會公平與社會正義　(C)政治社會資源共享與分配公正　(D)以上皆是。

(　)　13. 現代公共政策學者亦強調政府的「5R角色」亦為「民主行政」之極佳註腳，其中此「5R」不包括下列何項？　(A)回應（Responsiveness）　(B)代表（Representation）　(C)責任（Responsibility）　(D)快速（Rapid）。

(　)　14. 1983年新公共行政「黑堡宣言」所稱「行政人員是公共利益的受託者，充分顯示現代行政人員為公僕角色與：　(A)服膺民意的重要　(B)實行考績的重要　(C)升官發財的重要　(D)擴大組織影響力的重要。

(　)　15. 下列關於「公共利益」的敘述，何者錯誤？　(A)公共利益，即社會公益而非私利私益　(B)公共利益必具個人性、私德性與福祉性　(C)不論指國家利益或國家公益，皆蘊含公道、誠信、正義、平等與自由之公共理念　(D)公共利益即公眾民意，執行公共利益，即執行公共職務而為行政人員之基本職責。

(　)　16. 下列對「公意政府」的敘述，何者錯誤？(A)公意係指民主體制重視之全民公意　(B)公意政府係以「社會公意」為基準　(C)公意政府係現代政府改造所強調服膺公益與回應民意之政府治理型態　(D)公意政府係「機關導向」的企業型政府體制。

( )　17. 公共管理學者kittl指出，歷史或許將記載公共管理是資訊時代的第一次真正革命，但有下列何項議題必須小心處理？　(A)公共管理的許多改革理念應予重新檢視　(B)公共管理是否與一些核心程序相連接，例如預算、人事等　(C)公共管理的過程是否與治理的結構相聯結，例如與憲政體制、民主政體等　(D)以上皆是。

( )　18. 自1980年代以來，先進工業化國家為因應全球市場化的競爭壓力及愈來愈嚴格的服務品質要求，紛紛採取：　(A)全自動作業流成程　(B)集中化的統籌管理方式　(C)策略性的人力資源管理　(D)單打獨鬥的人力管理方式。

( )　19. 下列何者不是公共管理的最新發展趨勢？　(A)公共管理所採取的研究途徑是兼具實務性與規範性　(B)重視政府再造的方法與過程　(C)公共管理排斥私部門所使用的方法　(D)公共管理強調創新與系統思考。

( )　20. 公共管理在主張行政自主化和彈性化的同時，也強調何項重要性？　(A)課責　(B)卸責　(C)逃避　(D)靈活閃躲。

( )　21. 下列何者是公共管理的最新發展趨勢？　(A)重視虛擬網絡組織對公部門所造成的影響　(B)重視服務的品質與績效的評估方法　(C)公共管理強調價值調和與課責　(D)以上皆是。

( )　22. 下列何種學說強調「社會公道」及「社會正義」的重要性？　(A)新公共管理　(B)新公共行政　(C)新政府運動　(D)新右派。

( )　23. 下列何者非民主行政的主要論點？　(A)民主行政在實現公共利益　(B)民主行政應只關心社會大多數利益的代表性　(C)民主行政超越黨團、派系或少數權要利益之上　(D)民主行政應嚴防專業主義的設限。

( )　24. 公共利益的功能，除了「凝聚功能」、「合法化功能」、「授權功能」以外，還包括那一項功能？　(A)代議功能　(B)結構功能　(C)經濟功能　(D)生物功能。

( )　25. 新公共服務論者認為所謂的公共利益最主要是指：　(A)政治界定並由法律表現出來　(B)對於共同價值進行對話的結果　(C)代表個人利益的整合　(D)最大多數人的最大利益。

解答與解析

1.**(D)**。 2.**(B)**。 3.**(A)**。

4.**(D)**。歐斯洞認為民主行政基本特徵為：(1)多元決策中心(2)複式的組織制度(3)自我管理(4)分權而非集權(5)行政的政治色彩。

5.**(C)**。

6.**(A)**。應是「個人主義與個人責任的強調」。

7.**(D)**。政府改造論者所謂公共哲學，即新公共管理之哲學理念基礎。

8.**(C)**。三大問題分別是：微觀管理的問題、激勵的問題、測量的問題。

9.**(A)**。 10.**(D)**。 11.**(A)**。 12.**(D)**。

13.**(D)**。其他尚包括：信賴（可靠）（Reliability）與務實（Realism）。

14.**(A)**。

15.**(B)**。公共利益必具全體性、公德性與福祉性，而能由民主程序體現。

16.**(D)**。公意政府係「顧客導向」的企業型政府體制。

17.**(D)**。

18.**(C)**。主要的變革方向，是將傳統的「人事管理」轉換為強調分權化、彈性化及具有市場競爭機制的「人力資源管理」系統。

19.**(C)**。 20.**(A)**。 21.**(D)**。 22.**(B)**。 23.**(B)**。 24.**(A)**。

25.**(B)**。傳統公共行政認為公共利益是國家意志的展現，並藉由行政加以達成。
新公共管理認為公共利益乃是個人利益的集合，而個人利益是理性、自利、追求效益的極大化。
新公共服務認為公共利益是公民與政府對共同價值所進行對話的結果。

最新試題及解析

★ 106 年高考三級

一、政府機關因為具備那些特性，導致在推動公務時有一定的限制，無法像企業有效率且彈性地執行？並請舉實例扼要說明之。

破題分析 「公私部門的比較」或「公共部門的特質」是公共管理考科重要的考古題，曾於 90、91、100 年高考出現，有關論述可參酌行政類科各行政學者的見解。

答：公共組織的「公共特質」（publicness，或稱公共性），常成為區分公部門與私部門的重要指標，公部門的基本目的主要在於實現公共利益與社會價值，而私部門則在於商業利益的考量。學者大致認為，相對於私部門，公部門具有下列獨特性質：

(一) 公部門的活動深受法律規章和規則程序之限制：公共組織的許多行動時常受到各種法律規章的限制，因而阻礙了其本身的自主性與彈性。例如，一般公共組織單位的執掌和服務對象都已明文規定，不能擅自更改或擴張。此外，公共組織的行動必須讓民眾得以預見其對本身權益的影響，因此各種行政法規和命令不能朝令夕改，徒增民眾的困惑。相對而言，私人組織雖然亦得遵守相關法律的規定，但可以視實際需要，調整內部組織的結構和人事，更改交易對象。

(二) 權威的割裂（fragmentation of authority）：許多公共組織除了要向上級行政單位負責外，同時亦得考量其服務對象、立法機關、司法單位和其他人民團體的要求。一般來說，政治愈民主的國家愈注重政治權威的分立和制衡，行政部門雖然較注重層級節制的權威，但相對地亦得接受來自於立法和司法部門以及轄區內人民或各利益團體的監督。

(三) 公部門受到高度的公共監督（public scrutiny）：主要指公共組織的公開透明性（visibility）。民主政府的工作需接受輿論或大眾的評判檢證，其所作所為好像是在金魚缸裡的活動一樣，必須公開透明。但許多私人組織雖然也愈來愈讓內部運作的情況透明化，以建立其組織良好的形象，但在程度上仍遠不如政府組織。

(四) 公部門受到政治因素的影響甚深：在民主國家中，公共組織的運作不僅要在各級政府間的網絡中折衷協調，亦得受到許多利益團體或意見領袖的政治壓力，因為公共組織高層官員大多是透過選舉或政治任命而產生的，他們對於政治的敏感度常會影響公共政策的設計和方向。此外，每次的選舉或政治官員的改組，或多或少皆會阻礙政府組織貫徹先前政策方向的努力。相對而言，私人組織雖然亦會受到政治大環境的影響，但可以不用考慮選票的後果。

(五) 公部門的組織目標大多模糊不清而不易測量：公共組織的目標就是要去創造公共利益（或公共價值），但是公共利益太過於抽象模糊，它似乎只是作為行政人員提醒自己負有公共責任，以及需要為大多數人民服務的一種象徵符號。相對而言，私人組織的市場區隔清楚，服務對象明確，它們最重要的目標就是創造企業組織的利潤。

(六) 公部門較不受市場競爭的影響：政府所提供的財貨或服務大多是屬於公共財或集體財的性質。純粹的公共財具有生產與消費的不可分割性、無排他性與無競爭性，很少會有私人會樂意去提供，因為一旦生產出來，不管有沒有付費，任何人均可享用，造成所謂「搭便車」（free-rider）的現象，類似這些財貨或服務大多由政府提供生產。例如，國防、建築公路、燈塔的設置等。此外，有些公共工程規模相當龐大，非私人組織可以負擔，只好由政府來負擔建設。像這些財貨和服務，很少有私人願意賠本去生產，由於政府幾乎是唯一的生產者，自然沒有市場競爭的問題。

(七) 公部門較具有強迫性（Coerciveness）：許多政府活動具有強迫的、獨占的和不可避免的本質，例如人民有納稅的義務，即使對於稅捐機構不滿，也無法再找其他家機構或另立新的機構互動往來。相對於此，一般人和私人企業交易往來，可以貨比三家，隨時更改交易對象。

【參考書目】 1. 吳瓊恩著，《行政學》，三民書局，2008。
2. 張潤書著，《行政學》，三民書局，2007
3. 孫本初編著，《新公共管理》，一品文化，2009。

二、電子民主參與已經成為電子治理中相當重要的一環，也是公共管理者政治管理的新途徑。請依照公民參與政策制定的深淺（政府與公民互動的程度），說明電子民主參與的三個層次？並以我國政府的實例闡述之。

破題分析 > 電子民主（teledemocracy）或線上公民參與（e-participation）是電子化政府下的新興課題，也成為國考重視的議題之一。本題較諸過去考古題最大的不同，是加入學者所發表的期刊論文內容，或許這將會是未來命題的趨勢所在。因此，讀者必須對命題委員所發表的期刊論文注意。

答：「電子民主」（electronic democracy）是隨著網際網路興起的重要概念，強調透過資訊科技的實施，達到直接民主的目的。亦即，公眾與政府的溝通可以直接透過電腦及網路的運用，創造新的互動空間，以實施民主的理念。

依據聯合國 2003 年電子化政府的評估報告，將電子化參與分為「電子化政府資訊公開」、「電子化政策諮詢」、以及「電子化決策參與」三個層次，作為衡量全球國家電子化參與的程度。這個分類也與 OECD 提出強化政府與公民接觸的三個面向，包括「資訊」、「諮商」、「積極參與」相互契合。而這些指標如果從公民參與角度來看，也恰巧符合已故美國規劃學者安絲甜（Sherry Arnstein）所提出的「公民參與階梯」（a ladder of participation）當中所隱含公民參與「深淺」的層次。

(一) 電子化政府資訊公開：政府製造與傳遞資訊給公民，包括主動提供與公民要求，是一種單向的關係。符合安絲甜「公民參與階梯」的淺層前三階參與，包括菁英操控、觀念矯正、資訊告知等。例如我國各級政府網站提供的資訊公佈。

(二) 電子化政策諮詢：公民對政府施政有提供意見以及回饋意見的管道，這是一種雙向關係。符合安絲甜「公民參與階梯」的中層三階段參與，包括公共諮詢、安撫勸慰、夥伴關係等。例如我國各級政府網站提供表格下載、公民個人資料的申報，以及特定政策先在政府網站公告，蒐集公民的相關意見等。

(三) 電子化決策參與：公民積極參與政策議程設定與政策對話，但是最終決定的責任仍在於政府，這是一種雙向的夥伴關係。符合安絲甜「公民參與階梯」的深層最後二階段參與，包括權力授予、公民控制等。

就我國而言，類似例如我國國家發展委員會所架設的公共政策網路平台，只要民眾對政府特定政策彙集一定人數成案後，即要求各相關機關研究或陳述意見等。

【參考書目】　1.陳敦源，〈民主治理與電子參與〉，《T&D飛訊第83期》，國家文官學院，2009。

　　　　　　　2.丘昌泰，《公共管理-理論與實務手冊》，元照出版社，2000。

三、請闡述策略規劃模式SWOT分析之內涵，試舉一公部門實例說明之。

破題分析 ＞ SWOT分析在策略管理過程中扮演著重要的角色，在歷屆試題中經常出現。本題實例可引述教科書內容回答，也可採最近政府推行的政策個案來說明。

答：策略規劃簡單地來說，就是指「一方面先行瞭解自己的優勢條件與弱勢條件，另一方面則注意外在環境變遷的特質，掌握機會，逃避威脅，以研擬可行創意的行動策略，就是SWOT。

(一) SWOT分析之內涵

1. 機關內部的優勢（S）與弱勢（W）分析

當我們進行策略規劃，首先必須先行瞭解自己部門的優勢與劣勢：

(1)我們的「優勢條件」在那裡？優勢條件通常是機關本身所具備執行某項特定任務的「長處」、「優點」或「籌碼」，這些長處、優點或籌碼都是與其他類似組織相互比較所產生的競爭性優勢。

(2)我們的「弱勢條件」在那裡？弱勢條件通常是指機關本身無法執行某項特定任務的「障礙」、「弱點」或「問題癥結點」，這些弱勢條件的來源與優勢條件相同，但對組織未來的發展卻是致命傷。我們必須掌握這種限制因素，並且加以改進，如此方能設計出可行的發展策略。

2. 機關外部的機會（O）與威脅（T）分析

政府機關所面對的外在環境中，可能存在著許多的「機會」，有待我們開利用；但也可能是一種「威脅」，限制了策略實現的可能性，無論是機會或威脅，當我們分析這些外在環境特性時，必須掌

握以顧客需求或以市民為中心的環境特質，換言之，主要是分析商業市場或選民市場的問題。當組織碰到「機會」時，不要得意忘形，要盡量納入策略規劃過程中，作為推動策略的「有利時機」；但當組織遇到「威脅」時，也不要灰心喪志，要將想法加以轉換。

(二) SWOT分析的實例說明—以花蓮縣發展觀光業為例

1. 優勢（S）分析：

   (1)擁有秀麗的山水、世界級的自然景觀，生態環境維護良好。

   (2)擁有自然狹長的自行車道與泛舟峽谷，具有推動環保健康運動的價值。

   (3)具有「大理石王國」的美譽，可以發展石材藝術產業。

   (4)具有豐富的原住民族文化，具多元文化觀光潛力。

   (5)擁有特色且具自然風情的民宿，對國際觀光客極具吸引力。

2. 弱勢（W）分析：

   (1)人力資源以初級產業與中老年人為主，欠缺觀光行銷的專業人才。

   (2)腹地不廣，南北地形狹長，交通聯繫不易，旅遊交通成本稍高。

   (3)失業率過高，社區民眾無法與政府機關形成正面夥伴關係。

   (4)旅遊景點以自然風景與海岸景觀為主，過於同質性，略顯單調，欠缺多元性，若無其他高品質、異質化的配套旅遊設施與行程，無法讓旅客留住太多時日。

3. 機會（O）分析：

   (1)海內外旅客的機會：花蓮縣的好山好水具有可吸引國內外旅客的條件。

   (2)旅遊季節的機會：花蓮縣一年四季如春，春夏季固然是旅遊旺季，但即使是冬天，也是海內外旅客良好的旅遊季節。

4. 威脅（T）分析：

   (1)天然災害頻繁，例如夏天的颱風、以及地震發生頻率亦不低。

   (2)觀光產業本身易受經濟景氣的影響，故在大環境不景氣的情況下，本地產業的發展容易受到限制。

【參考書目】丘昌泰，《公共管理》，智勝文化，2012。

> **四、全面品質管理**（total quality management）**乃從顧客觀點去找出最重要服務面向。一般而言，有那些方法可以了解顧客需求？再者，有效推動全面品質管理應重視那些要素？**

破題分析 全面品質管理議題經常出現在歷屆試題中，例如 90 年高考、93 年交通升資、95 年與 96 年高考、96 年交通升資、101 地特三等、103 年高考。所不同的結合顧客關係管理內容來命題，屬於混合題，需花一點時間來釐清。

答：全面品質管理（Total Quality Management, TQM）係為一種廣博的哲學觀，以及一組具有「典範完整性」的理念。這組理念發軔於 1950 年代，最早由戴明（W. Deming）所發展出來。所謂全面品質管理顧名思義，即在財貨和服務的生產上對品質從事全面性和持續性的關注。其中「全面」是指每一作業部門均應戮力追求產品品質。「品質」意指迎合甚或超越顧客的期待；「管理」則指發展和持續組織的能力去穩定地改進品質。

(一) 瞭解顧客需求的方法

全面品質管理強調顧客至上，組織成員需持續瞭解顧客的需求及滿足顧客的期望。例如透過以下的方法可以了解顧客的需求：

1. 顧客導向政府建立「服務需求調查」、「顧客服務標準作業程序」，提昇服務品質。

2. 進行顧客訪視（customer visitation）：在事前訓練顧客訪視員如何傾聽，並詢問關鍵性的事實問題。

3. Osborne & Gaebler（1992）提出若干的作法，如顧客滿意度調查、公民或社區調查、焦點團體訪談、顧客抱怨、意見信箱、小組討論、市場測試等。

(二) 推動全面品質管理的要素

1. 顧客至上：全面品質管理強調組織成員須持續地滿足顧客的需求與期望，甚至要超越顧客原先的要求，以增加其滿意度。

2. 全員投入：包含所有人員的參與，從最高階層的領導者、中層管理者、基層人員，還有顧客和供應商也包含於其中，所參與的範圍則包含和產品或服務品質產生所有的過程。

3. 高階管理人員的支持與承諾：高階管理人員必須直接且積極地投入全面品質管理的活動中，建立一種鼓勵變革及為所有顧客而持續改善的環境，鼓勵組織各單位的合作環境，並以獎勵來反應組織對全面品質管理的支持。

4. 事前預防，而非事後檢視：全面品質管理所強調的是「第一次即以正確的方法完成任務」的工作觀，以往的品管方式是生產過程後查驗產品的缺陷再加以修正，而全面品質管理著重的是在事先便找出問題、缺陷所在並立即加以處理。

5. 重視團隊合作：在推行全面品質管理的過程中，特別需要團隊合作，因在品質改善的過程中，所有相關人員的通力合作是必須的，全面品質管理的團隊中在工作程序認同與問題解決取向的共識上將管理者、部屬甚至組織外部人員均納入其中，使其成為一整體。

6. 持續性的改善：所謂改善，乃是一種顧客導向的策略，所有改善活動都是以增進顧客的滿足為唯一目標。因此改善即是要求組織成員從不間斷地追求改良與進步。

7. 教育與訓練的重視：在全面品質管理的活動中，教育與訓練是激勵組織朝向全面品質管理邁進的重要要素。「教育」的目的在於使員工不斷地成長；「訓練」則是讓員工學習運用持續改善的工具與技術。

【參考書目】　1. 丘昌泰，《公共管理》，智勝文化，2012。
　　　　　　　2. 林淑馨著，《公共管理》，巨流圖書，2012。

★ 106 年普考

甲、申論題

一、學者 R. Denhardt 與 J. Denhardt 對新公共服務(New Public Service)的主張,除了促進公共服務的尊嚴與價值之外,旨在重申民主價值、公民資格與公共利益等三者是公共行政的無上價值,面對今日充滿不確定的政治環境,公共管理者從事政治管理應具備那些認知。

破題分析 > Denhardt 與 Denhardt 在《新公共服務:服務而非領航》一書的首章指出:「政府不應該如企業般運作,而是應該以民主方式運作。這個世紀與全球政府,無論是民選或是被任命的公共服務者,都應該以民主作為行事的原則。同時亦應對於公共利益、治理過程,以及擴大民主的公民意識有相同的承諾。因此,他們必須學習新的政策發展與政策執行技能,瞭解與接受所面臨的各種挑戰。⋯於此過程中,公共服務者也必須與公民有所連結。行政人員必須『傾聽』(listening)而非『告知』(telling)公眾,必須『服務』(serving)而非『領航』(steering)。透過公共服務者的邀請,甚至是慫恿(urging),常民百姓得以在政府治理過程中變得積極參與。公民與公共服務者攜手界定與強調共同的問題,並得以互利互惠。」從前面學者 R. Denhardt 與 J. Denhardt 對新公共服務(New Public Service)首章的敘述,可知其後所帶出為體現民主價值、公民資格與公共利益等三者價值,公共管理者所必須具備 NPS 的七項核心價值與基本精神(認知),當為本題的正解與出處。

答:新公共服務學派主張的公共服務價值,就是以民主做為最核心價值,為了實踐此民主價值所衍伸的相關公共服務價值,則有與民主治理相關的概念、公共利益、強調公民積極參與政府治理過程的民主公民意識等。
　　除了以上對新公共服務以民主做為最重要公共服務價值觀之論述外,為了對新公共服務的核心價值與基本精神有更為完整的論述,Denhardt 與 Denhardt 兩位作者於 2003 年發表,於 2007 年擴大改版的《新公共服務:服務而非領航》(The New Public Service:Serving, Not Steering)一書,共計以七章分別論述新公共服務的基本精神,基本上就是為了使新公共服務的公共服務價值觀得以更具體,且足以作為公共管理者從事政治管理時應有的認知。

(一) 服務公民，而非顧客：公共利益是對於共享價值對話所得的結果，而非個別利益的集合。因此，公共服務者不應該只是回應顧客的需求，而是必須將焦點放在與公民建立一個信任與集體合作的關係。

(二) 追尋公共利益：公共行政人員必須致力於建立「公共利益至上」此一集體與共享的觀念。其目的並不是在於藉由個別公務人員或官員的選擇，尋求一個快速的解決方法。而是在於強調透過共享的利益與責任分擔，獲致共同的公共利益。

(三) 重視公民意識更勝於企業家精神：公共利益必須藉由公共服務者與公民，對社會作出有意義貢獻的承諾才能有較佳的提昇；而非藉由具企業家精神的管理者，以宛如賺取公共錢財的行動方式所能獲致的。

(四) 策略性思考，民主性行動：公共政策與方案，必須透過集體努力與集體過程，才能最有效的符合公共需求，而此種集體努力與過程，所獲致的公共利益也才是最負責任的方法。

(五) 體認課責並非易事：公共服務者不應只是關注市場，更必須同時注意法律、憲法、社群的價值、政治常規、專業標準，以及公共利益。換言之，所謂的民主課責，來源是多元的，而非僅是傳統行政機關內部因層級節制，公務人員對其長官的內部課責而已。亦即民主政府表現課責的面向，更多是源於民主政治而來，對公民、公共利益、政治社群價值等之外部課責。

(六) 服務而非領航：指公共服務者的主要角色，在於幫助公民表達與滿足他們共享的利益，而非在企圖控制與主導社會發展的方向。換言之，公共服務者的角色，應在於協助公民瞭解己身的公共利益，匯集這些公共利益，並積極在公共政策與服務過程中加以彰顯與落實。而不是扮演傳統政府公共官僚的角色，自認為是民間社會引領者定位。

(七) 重視人民，而非僅重視生產力：公共服務者與其所參與的網絡，如果透過一個基於尊重所有人的合作過程與共享領導的過程運作，則長期而言較可能會成功。換言之，政府文官於公共政策化與執行過程中，必須真正重視公民，與公民形成一個相互合作與尊重的合作機制與政策網絡，才能獲取長期的公共利益。

【參考書目】　蔡秀涓,〈台灣文官的公共服務價值觀與新公共服務精神的比較：經驗調查初探〉,《文官制度季刊第一卷第四期》,2009。

> **二、政府公關與行銷的主要目標在於動員支持、強化正當性與合產公共價值，因此公共管理者需具備辨識以及描述各種目標公眾的能力，試舉出一些常出現的關鍵目標公眾並說明其重要性。**

破題分析　目標公眾（顧客）的界定，相較於企業，就公部門而言，往往很難定義。本題主要討論政府公關與行銷的對象為何？可引用傅德瑞克（H.G. Frederrickson）的觀點來回答。

答：關於公共價值所指的目標公眾為何？傅德瑞克（H.G. Frederrickson）將之歸納為五種觀點：

(一) 將公眾視同利益團體：多元主義的政治運作基本上就是一種利益團體對政府機關遊說施壓，以及利益團體彼此競爭的過程。在此多元社會，國家政務的推動，若能經由不同的「中介性機制」，如教會、大學、利益團體等，來表達不同的意見，並透過折衷妥協的安排，則公共價值可獲得進一步的保障。

(二) 將公眾視同為理性抉擇者：源自公共選擇理論，將政治運作比喻為市場中的交易行為，於是政策的過程如同買賣雙方理性決策過程。在此公共社會就是經濟市場，公共或社會的利益就是個人利益的總和，故政府職能在提供一個安全穩定的環境，以使個人的自由選擇得以運轉。

(三) 將公眾視同為代議士代表的選民：將公眾視為是選區選民，立法機關提出和制定政策就是一種公共利益的展現。在現代民主政府中，公眾的信託者不僅指涉代議士，亦包含了民選的政務官員。而在前述兩者的規範下，公共政策運作還有賴行政人員相當的裁量，以實現法律授權的事項。

(四) 將公眾視同為消費者：認為公眾就是第一線行政人員服務或營利的對象，亦即公眾乃是接受政府提供直接服務之人。其重點在基層官僚被期待成為受惠者的倡導者，運用其學養、技能，以確保受惠者能享有最佳待遇。另外，基層官僚亦應發揮利他性的貢獻。

(五) 將公眾視同為公民：公民是指願意主動參與並熱衷於公共事務，且對於民主憲政具備一定知識者。具公民意識的公眾所追求的並非僅指個人的自利，還兼顧公共利益。行政機關應廣開大門，透過多樣的方法去發掘、教育、擴大具有能力意願的公民，以協助其積極參與公共管理。

【參考書目】 1.丘昌泰，《公共管理》，智勝文化，2012。
2. 林淑馨著，《公共管理》，巨流圖書，2012。
3. 吳定等編著，《行政學下》，國立空中大學，2007 年。

乙、測驗題

( )　1. 下列何者是新公共管理途徑所強調之公共管理者的主要課責型態？
(A) 重視以良知為核心的內控型態
(B) 重視可量化指標為標準的外控型態
(C) 重視公民參與對話的外控型態
(D) 重視憲法和法律為基準的內控型態。

( )　2. 下列何者屬於 20 世紀晚期興起的新公共管理所蘊含之意識型態？
(A) 重視計畫經濟帶動國家成長
(B) 重商主義復興強調市場機制
(C) 以社會福利實現顧客導向
(D) 新右派崛起拒斥官僚集權。

( )　3. 下列何者是新公共管理運動的主要理論基礎？　(A) 滿意決策理論
(B) 需求層次理論　(C) 權力依賴理論　(D) 公共選擇理論。

( )　4. 下列那一項政府再造計畫發生於美國？　(A) 續階計畫　(B) 國家績效評估　(C) 新操控模式　(D) 公民標誌。

( )　5. 危機管理的首要條件為何？　(A)危機意識　(B)危機評估　(C)危機處理　(D) 危機復原。

( )　6. 當代主要國家對於政府再造的趨勢，皆以何者為考量項目？　(A) 效率、責任、回應　(B) 課責、廉政、回應　(C) 廉政、透明、回應
(D) 廉政、透明、課責。

( )　7. 採用 TQM 與商議決策模式增進公共利益與公務員參與度，並希望消除傳統的科層體制，以力求扁平化的組織型態的政府形式稱為：　(A) 解制式政府　(B) 參與式政府　(C) 市場式政府　(D) 前瞻式政府。

( )　8. 危機決策時容易導致決策思維的同質性，不容許有異議，導致決策品質不佳，這是屬於下列何種現象？　(A) 本位主義　(B) 例外管理
(C) 缺乏授權　(D) 團體盲思。

( )　9. 實施參與管理，為達有效溝通，在設計溝通系統時應考慮下列那些條件？A.建立眾所皆知的溝通管道　B.溝通管道是直接而迅速的
C.作為溝通中心者必須是足以勝任的　D.重視權威領導　(A)A.B.C.
(B)A.B.D.　(C)A.C.D.　(D)B.C.D.。

( )　10. 學者彼得斯（G. Peters）認為當代政府的新治理模式有四種，下列何者不在其中？　(A)市場式政府　(B)彈性化政府　(C)管制式政府　(D)參與式政府。

( )　11. 下列有關 PDCA 模式的敘述何者錯誤？　(A)P（Plan）：計畫　(B)D（Decide）：決定　(C)C（Check）：檢查　(D) A（Act）：行動。

( )　12. 標竿學習依比較的對象可分為四種類型，若與相同產業與技術產業的非競爭者，從事學習、觀摩、比較，是屬於何種類型？　(A)競爭標竿　(B)功能標竿　(C)通用標竿　(D)策略標竿。

( )　13. 從顧客滿意經營的角度而言，一個成功的抱怨處理機制應該能夠：(A)將顧客忠誠度降到最低、顧客留住率降到最低　(B)將顧客忠誠度降到最低、顧客留住率提至最高　(C)將顧客忠誠度提至最高、顧客留住率降到最低　(D)將顧客忠誠度提至最高、顧客留住率提至最高。

( )　14. 根據危機管理專家芬可（Steven Fink）的「危機發展階段論」，危機的產生必經過以下的過程，A.後遺症期　B.潛伏期　C.解決期　D.爆發期。以上過程其正確的階段順序為何？　(A)B.A.D.C.　(B)B.D.C.A.　(C)B.D.A.C.　(D)D.B.A.C.。

( )　15. 有關結果導向型的公共管理策略之陳述，下列何者錯誤？　(A)不可為達目的不擇手段　(B)不可背離民主價值的追求　(C)不可違背經濟主導一切的原則　(D)不可忽視民意的引入。

( )　16. 投入與產出之比例或投入轉化為產出的比率，屬下列何種績效指標？　(A)經濟　(B)效率　(C)效能　(D)公平。

( )　17. 公部門推動電子化政府建設所期望提供的功能，不包含下列那一項？　(A)增進行政效率　(B)加速個人隱私資訊散播的便利　(C)促進顧客服務　(D)建立公民對政府的信任。

( )　18. 針對知識管理重要元素之描述公式：KM＝（P＋I）s，下列那一項說法錯誤？　(A)P 是指人（People），即知識載運者　(B)I 是指資訊（Information），即知識的基礎　(C)S 是指系統（System），即提

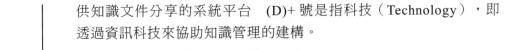

供知識文件分享的系統平台　（D)+ 號是指科技（Technology），即
透過資訊科技來協助知識管理的建構。

( )　19. 為建立知識型組織，必須設置下列何種職務？　(A) 執行長（CEO）
(B) 知識長（CKO）　(C) 財務長（CFO）　(D) 資訊長（CIO）。

( )　20. 根據聖吉（P. Senge）的說法，單位主管反思過往一言堂方式，接納
異議，是屬於下列學習型組織的那一項修練？　(A) 自我超越　(B)
改善心智模式　(C) 團隊學習　(D) 系統思維。

( )　21. 一位稱職的公共管理者最須具備何種管理技能，才能策略性地針對政
策主題內涵予以增強，以建立在民眾心中的形象？　(A) 管理政策發
展　(B) 危機處理　(C) 策略傳播　(D) 談判。

( )　22. 我國政府部門逐漸在 Facebook、Twitter 等開設官方帳號或粉絲專
頁，此現象主要是因應下列那一項網際網路發展的趨勢？　(A)Web
1.0　(B)Web 2.0　(C)CIS　(D)GIS。

( )　23. 有關「要勸導青少年不要夜遊不歸，選擇青少年聚集最多的地點—西
門町」之敘述，最符合下列那一項政策行銷的核心概念？　(A) 通路
(B) 夥伴　(C) 推銷　(D) 產品。

( )　24. 關於使用者付費的概念敘述，下列何者錯誤？　(A) 主要基於權利分
享和責任負擔的對稱關係　(B) 如免費提供服務，可能產生搭便車的
心理　(C) 圖書資訊系統的「查詢費」是使用者付費的一種　(D) 無
法成為挹注政府財政收入的主要工具。

( )　25. 根據 G. Peters and J. Pierre（1998）的觀察，關於治理與新公共管理
的相似之處，下列敘述何者錯誤？　(A) 發展新的控制工具與課責性
(B) 強調公私部門二分觀點的重要性　(C) 強調競爭　(D) 強調產出
控制而非輸入控制。

解答與解析

1.**(B)**。胡德（C. Hood）指出新公共管理途徑所強調之公共管理者的主要課責型態為重視績效的明確標準與衡量，透過訂定清楚的目標與績效標準來正視目標達成的效率實現。

2.**(D)**。1980-1990年代，新右派、管理主義及新公共管理迅速竄起，並成為各國政府行政革新或政府再造之主要基礎。1979年柴契爾夫人上任更鼓吹新右派政治理念，強調個人權利與價值選擇，鼓吹建立新自由主義政體，因而主張「小而美政府」。

3.**(D)**。新公共管理運動以市場取向的公共選擇理論為基礎，發展出一套有別於傳統行政理論的論述內涵，並希望對行政實務進行改造。歸納其論述，可以三項核心觀念涵蓋之：(1)顧客導向(2)公共組織內部市場化(3)企業型政府。

4.**(B)**。在推展動再造政府國家中，實施「企業型政府」最具代表性即成效者，首推美國總統柯林頓（B. Clinton）的「全國績效評鑑委員會」。西元1993年柯林頓總統，為解決經濟、財政、官僚及合法性危機，成立「全國績效評鑑委員會」任命高爾副總統主持，負責統籌聯邦再造工作，並提出384項改革建議，其中四項重要原則為：(1)刪減法規、簡化程序。(2)顧客至上、民眾優先。(3)授權員工、追求成果。(4)提高效能、樽節成本。

5.**(A)**。隨時要有高度的「危機意識」是危機管理中的首要條件，因為它是讓危機管理發生作用的主要關鍵。

6.**(A)**。當代主要國家對於政府再造的趨勢，策略大同小異，以效率、責任、回應為基值。

7.**(B)**。參與式政府要對抗的是傳統官僚的層級節制體系，其主要特徵：
(1)力求扁平化的組織型態。
(2)管理上採用全面品質管理和團隊建立的策略。
(3)運用諮議及協商的決策方式。
(4)其所提供的公共利益在於增進公職人員和民眾對政府施政的參與度。

8.**(D)**。團體盲思（groupthink）的現象，是指某團體因具有高度的凝聚力，強調團結一致的重要性，因此壓抑了個人獨立思考及判斷的能力，放棄批判及提出不同意見的機會，最後使團體產生錯誤或不當的決策。

9.(**A**)。實施參與管理，為達有效溝通，在設計溝通系統時應考慮之條件：(1)建立眾所皆知的溝通管道。(2)對組織內的每一位成員都訂出正式的溝通管道。(3)溝通管道是直接而迅速的。(4)作為溝通中心者必須是足以勝任的。(5)溝通是不被擾亂。

10.(**C**)。學者彼得斯（G.Peters）觀察1980年代及1990年代各國行政革新或政府再造的實況，認為當代政府的新治理典範已經浮現，並可歸納為四種明顯模式或特質：市場式政府（Market Government）、參與式政府（Participant Government）、彈性化政府（Flexible Government）、解制式政府（Deregulated Government）。

11.(**B**)。PDCA循環圈（The PDCA Cycle）又稱戴明循環圈（The Deming Wheel），係指透過計畫（Plan）、實行（Do）、檢查（Check）、行動（Action）的循環過程以有效改進過程或系統。

12.(**B**)。標竿學習依照比較的對象而言，可分為：
(1)內部標竿：指相同公司或組織，從事部門、單位、附屬公司或國家間比較。
(2)競爭標竿：指和製造相同產品或提供相同服務的最佳競爭者，直接從事績效（或結果）間的比較。
(3)功能標竿：指和具有相同的產業與技術領域的非競爭者，從事流程或功能上的比較。
(4)通用標竿：指無論任何產業，皆以本身的流程來與最佳流程從事比較。

13.(**D**)。如果對你不滿意的顧客，就應該提出顧客抱怨處理措施，以挽回顧客的信心，轉而支持你的產品或服務，將顧客忠誠度提至最高、顧客留住率提至最高。

14.(**C**)。危機管理專家Steven Fink 在「危機發展階段論」所主張，任何一項危機之產生必經過以下四個時期：
(1)潛伏期（prodromal crisis）：指危機發生前的階段，通常在此一時期會出現一些細微的徵候，對於這些將導致迫切性危機的徵兆，唯有較敏銳的人才會察覺到。
(2)爆發期（acute crisis）：此為危機發生的初始階段，在此一時期唯有迅速、即時地反應以及落實的危機管理，才能將危機的傷害減至最低，甚至化危機為轉機。
(3)後遺症期（chronic crisis）：此一階段為危機爆發後續階段，延續階段並非只限於危機的惡性延續，在這個時期，良好的危機管理將會有良性的延續期及危機的控制期，反之將會直接造成個人生涯及企業永續的災難。

(4)解決期（crisis resolution）：此一階段乃針對組織或個人恢復正常的狀態後，一直到下一個危機發生前這段時期。

15.(**C**)。 結果導向型的策略有以下禁忌，包括：(1)不可為達目的不擇手段；(2)不可不知分寸隨定績效；(3)不可背離民主價值的追求；(4)不可經濟考量主導一切；(5)不可課予員工額外負擔；(6)不可忽視民意的引入；(7)不可致讓媒體的失職；(8)不可以任意鍾情於一策；(9)不可以粗糙結構來運營；(10)不可以亂點鴛鴦之譜。

16.(**B**)。 建構績效測量應包含：經濟、效率、效能、公平等4E指標：
(1)經濟（Economy）：指政策資源（人力、預算、財產等）應用於一項公共事務活動的水準。
(2)效率（Efficiency）：以投入與產出之比例為主，關心的是手段，經常以貨幣的方式加以表達與比較。
(3)效能（Effectiveness）：指公共服務是否實現標的的程度，亦即公共服務符合政策目標的程度。
(4)公平（Equity）：接受服務的團體或個人是否受到公平與公正的待遇。

17.(**B**)。 電子化政府是公共管理的改革工具，是「應用資訊溝通科技，特別是網路科技，以達成更佳的政府」的計畫，其功能包括：(1)增進行政效率；(2)促進顧客服務；(3)有助於達成政策成果；(4)可對改革有重大貢獻；(5)可協助政府建立公民的信任。

18.(**C**)。 勤業管理顧問公司提出知識管理KPIS公式。
K=（P+I）S知識=（人員＋資訊）共享
(1) K（Knowledge）知識
(2) P（People）人員
(3) I（Information）資訊
(4) S（Share）分享。

19.(**B**)。 知識管理是一個完整、有系統且持續不間斷的過程。因此在面對外在環境日趨競爭與嚴峻的挑戰下，組織必須設置知識長（Chief Knowledge Officer, CKO），負責統籌與規劃相關知識管理之行動，以發揮知識功能，提升組織面臨外在環境的因應能力。

20.(**B**)。 Senge認為在過去層級節制、命令服從的長官部屬關係下，主管習以權威的方式一意孤行，其所見既有限又不願意察納雅言，故決策品質更形拙劣；相對地，部屬噤若寒蟬、曲意逢迎，既無從發

揮輔佐的功能，更使組織成為一言堂。因此，組織學習如何除去傳統組織僵化保守的思維模式，跳脫傳統的巢臼，避免個人的偏執及流於主觀的心態所造成的偏見，……所以，心智模式的改善可以說是心靈改革或思考型態的解放。

21.(C)。(A)著重在提高決策品質，而非在某一特定政策被接納而已，其目標在於管理一個過程，使得任何決策都能獲得高正當性、授權和實質的正確性。(B)政府公關與行銷旨在型塑政府有利的氣象，在危機處理時運用公關與行銷的策略，尤其是媒體的公關與行銷技巧，將有助於危機處理。(D)希望某一政策被接納，但在分權的體制下，除非說服別人一起合作，否則很難達成，這是談判對管理者潛在的價值。

22.(B)。Web 2.0是一種新的網際網路方式，通過網路應用，促進網路上人與人間的資訊交換和協同合作，其模式更加以用戶為中心。典型的Web 2.0站點有：網路社群、網路應用程式、社群網站、部落格、Wiki等等。

23.(A)。通路（place）：係指民眾接受政府服務的管道或地方，如選擇青少年聚集最多的地點。

24.(D)。使用者付費主要是針對某項特定公共服務所徵收之費用，故其財源應運用到提高該項公共服務品質的項目上，以符合專款專用之原則。

25.(B)。根據 G.Peters and J.Pierre（1998）的觀察，關於治理與新公共管理的相似之處為：(1)發展新的控制工具與課責性；(2)減低公、私部門二分觀點的重要性；(3)強調競爭；(4)強調產出控制而非輸入控制；(5)設計用來領航的新工具與技術。

⭐ 106 年地特三等

一、試述全球治理之意涵，並評述全球化對地方政府的影響。

破題分析 本題於 96 年普考曾出現過，只是題型稍加改變。答題除須解釋全球治理的意涵外，亦須評述其對地方政府的影響，此點可就地方治理（Local Governance）的概念加以延伸。

答：(一) 全球治理的意涵：全球治理（Global Governance）依聯合國全球治理委員會的定義，所謂全球治理是指許多個人和機構、公共和私人的集合，管理他們的共同事務。

這是一個持續的過程，而在過程中會納入衝突或各種不同的利益以及採納合作的行為。

(二) 全球化對地方政府的影響：

1. 全球化易使地方政府跨越國家而與世界接軌。

2. 全球化易致使當代的府際關係發生的中央與地方垂直分權之界限日漸模糊。

3. 全球化的浪潮，使地方區域政府權力大增，亦即分權化、彈性化的結果，讓地方政府享有愈來愈多的政策制定權力。

4. 全球化系絡下所產生對地方造成的影響，如地方政府必須負責長期居住在該地的外籍人士之管理。

【參考書目】 1. 吳定，《公共政策辭典》，五南圖書，2012。

2. 林鍾沂，《行政學》，三民書局，2005。

3. 徐良維，〈全球化趨勢下地方政府之財政自主與國家資源之合理分配〉，《城市學學刊第二卷第一期》89 － 117。

二、1980 年代新公共管理興起，激發了許多國家先後採取各種管理工具進行政府組織再造工作；試述我國政府如何運用組織流程再造（Business Process Reengineering,BPR）於政府再造？並造成那些方面的影響？

破題分析 組織流程再造（BPR）運用於政府再造最顯著的作法就是電子化政府與單一窗口或一處收件全程服務，其成效就是行政效率與服務品質的提高，本題對考生而言，應不難發揮。

答：組織流程再造（Business Process Reengineering）概念，最早是由美國的 Hammer & Champy（1994）所提出的，在九〇年代達到全盛的一種管理思想。Hammer 有鑑於當時的美國企業面臨了三 C（顧客 Customer、競爭 Competition、改變 Change）的劇烈挑戰，使企業經營面臨了生存危機，所以提出了「Reengineering」的觀念，即所謂的「企業再造」、「流程再造」或「再生工程」等意涵。Hammer & Champy（1994）對「組織流程再造」（BPR）之定義為：「根本的重新思考，徹底的翻新作業流程，以便在現今衡量表現的關鍵上，如成本、品質、服務、時效及效率等，獲得巨大的改善」。

(一) 我國政府如何運用組織流程再造（BPR）：

1. 民國87年，行政院長蕭萬長推動「政府再造」運動，成立三個工作小組：組織再造小組、人力及服務再造小組、法制再造小組。民國90年成立「政府改造委員會」，第一要務在於「行政院組織的改造」，其改造策略有四（亦稱政府再造四化策略）：去任務化、地方化、法人化、委外化。

2. 自民國87年開始擘劃電子化政府，歷經四個推動階段，順利完成網路基礎建設、資訊服務整合、深耕社會關懷。「第五階段電子化政府計畫」（106年－109年），期許透過數位政府資料治理的核心理念，打造安心、便捷數位服務，以及更有創意的臺灣。並透過資料開放與公私協力，增進國家發展動能，打造領先全球的數位政府。

3. 行政院於民國102年規劃「全面推廣政府服務流程改造」，以達到民眾不出門能辦大小事、民眾臨櫃服務一次完成、以及政府主動服務到家等目標，作為接續提升政府服務品質之策略。在其中，最重要的工作便是組成工作圈，針對民眾主要的需求，以行政院所屬部會間協調、聯繫、整合的方式，形成新的工作流程、單一的資訊與洽公介面，以更便於民眾洽公的進行與加速完成。

(二) 組織流程再造所造成的影響：

1. 政府服務流程改造係以民眾需求為出發點，為更進一步提供全方位便捷服務，以設計感動服務更有效能運用於可推廣的服務流程。

2. 政府服務流程的提供除了新思維，並配合政府組織的調整及資通訊科技的運用，相關服務流程的改造，更是我國提升國際競爭力的關鍵。

3. 服務流程簡化除了免除民眾的不便外，也達到節能減碳效果。

4. 推動跨機關服務流程改造，提供一站式整合流程服務，除可提高行政效率與服務品質外，也能提昇民眾對政府的滿意度。

【參考書目】 1. 孫本初編著，《公共管理》，智勝文化，2006。

2. 孫本初編著，《新公共管理》，一品文化，2009。

3. 項靖、林淑馨等人，〈政府服務流程改造之探討〉，NDC-DSDDSDDSD-104-010（委託研究報告），國家發展委員會委託研究，中華民國104年12月。

三、試述組織中常見的團隊類型有那些？並以「品管圈（QCC）」為例，說明此類團隊之功能。

破題分析 團隊相關題目曾於92年高考、93年退役三等、98年普考出現，100年後就比較少見，本題團隊類型可以有很多種不同的劃分方式，擇一作答即可。至於品管圈（QCC）的功能亦可採團隊功能加以回答。

答：團隊是由少數具有互補技能員工所組成，成員間相互依賴，承諾達成共同目標、績效，並運用同樣方法，彼此間互相信任。

(一) 組織中常見的團隊類型：

Mears與Voehl兩人依據品質改善的過程，將團隊分為以下六種：

1. 品管圈（Quality Control Circles）：係由一小群的人所組成，從事相類似或相關的工作，同時會定期集會去分析與解決有關產品及流程品質上的問題。品管圈（QCC）是組織促使員工涉入的方法中，最普遍的一種形式。

2. 工作團隊（Task Teams）：是團隊結構中最簡單的一種形式，也是品管圈概念的修正。工作團隊本身是一種暫時性的組合，而成員也都來自相同部門，工作團隊可以適用在任何層級，不過大部分的議題是被安排好的，反觀品管圈則較不受限。

3. 跨功能方案團隊（Cross－Functional Project Teams）：經常由來自不同部門的員工所組成，他們會被安排在重要但相關的工作上。議題將在方案團隊中討論，但他們所作的承諾必須都先經原部門的批准。

4. 功能團隊（Functional Teams）：其工作設計是跨各功能部門，其成員是由不同部門的代表所組成，同時被高層管理者賦予決策的權力，而無須獲得原來部門的同意。

5. 自我管理團隊（Self－Directed Teams）：或稱自我導向團隊或授能團隊，通常負責更廣泛與工作相關的活動，該類型的團隊通常控制他們所有工作，以期所有流程都能有效地進行，而非只是針對個別的活動。

6. 設計團隊（Design Teams）：為一特定功能團隊，通常會安排一位領導者來發展組織改善計畫。此類型團隊雖類似自主導像團隊，不過其側重於發展計劃而非執行生產安排。

(二) 團隊功能：以「品管圈（QCC）」為例：

品管圈活動是由石川馨教授所提出，其活動的基本理念為：

1. 發揮人的能力，引發無限的可能性。

2. 尊重人性，營造充滿生命意義的明亮職場。

3. 對企業的體質改善及發展，做出貢獻。國內學者鍾朝嵩認為品管圈具有以下益處或功能：

   (1)教育性的活動：品管圈活動是以教育的方式不斷讓現場工作人員吸收新知，透過開會以自我啟發、相互啟發的方式在日常工作中習得新知的活動，使現場人員的水準能隨著科技的進步而提高。

   (2)自主性的活動：品管圈活動不用命令的方式，而是將這些意念用教育、激勵、領導的方法，使現場人員的觀念改變，使現場的每個人都能自動自發去參與工作，自主性的去活動。

   (3)具挑戰性的活動：品管圈活動是在工作現場找出其重要問題點，並訂出活動目標，針對這個問題點及目標，讓大家產生要克服的意念，而對此目標進行挑戰的活動。

   (4)科學性的活動：品管圈活動是利用品管統計方法的科學方法去分析原因，根據真正原因去想出不需特別注意，但效果卻能更好的對策，是一項科學的、理性的活動。

   (5)全員參與的活動：品管圈活動是利用小組的活動，以開會的模式大家一起動腦交換意見，使觀念經常的溝通，工作現場的氣氛與工作人員的感情，日益融洽的全員參與活動。

   (6)團隊的活動：品管圈活動主要強調的是大家一起來提案，相互協助，由大家的努力與合作來產生好的成效，且由大家共同享受成果，使工作現場的士氣與意欲更加提高，發揮真正團隊精神的活動。

(7)永續性活動：品管圈活動是由同一工作現場的工作人員組成小組的永續性活動，只要是現場存在，品管圈活動就一定要長期持續要有耐心，一個問題解決，再解決一個問題，雖然活動題目可能會改變，但活動仍將永續不斷，真正的效果也才會顯出。

【參考書目】 1.孫本初編著，《公共管理》，智勝文化，2006。

2.孫本初編著，《新公共管理》，一品文化，2009。

3.鍾朝嵩編著，品管圈的本質，《現場與管理28卷1期》，2000。

四、績效管理與課責機制的設計是提升民主治理品質與效能的基礎，亦是一種透過設計與協力的公共創新類型；試從公民參與和資訊科技的運用，舉出目前已出現具有民主意涵的課責機制，並說明在此等機制下公民的角色轉換。

破題分析 從題旨－公民參與和資訊科技的運用、民主意涵的課責機制，其實就是電子民主的課責機制，本題曾於106年高考出現過。其相關議題不容忽視，仍有可能再被拿來命題。

答：「電子民主」（electronic democracy）是隨著網際網路興起的重要概念，強調透過資訊科技的實施，達到直接民主的目的。亦即，公眾與政府的溝通可以直接透過電腦及網路的運用，創造新的互動空間，以實施民主的理念。

(一) 電子民主的課責機制：目前已出現具有民主意涵的課責機制將公民參與及資訊科技相結合的概念就是「電子民主參與」，是新的民主課責機制。依據聯合國2003年電子化政府的評估報告，將電子化參與分為「電子化政府資訊公開」、「電子化政策諮詢」、以及「電子化決策參與」三個層次，作為衡量全球國家電子化參與的程度。這個分類也與OECD提出強化政府與公民接觸的三個面向，包括「資訊」、「諮商」、「積極參與」相互契合。而這些指標如果從公民參與角度來看，也恰巧符合已故美國規劃學者安絲甜（Sherry Arnstein）所提出的「公民參與階梯」中所隱含公民參與「深淺」的層次。

1. 電子化政府資訊公開：政府製造與傳遞資訊給公民，包括主動提供與公民要求，是一種單向的關係。符合安絲甜「公民參與階梯」的淺層前三階參與，包括菁英操控、觀念矯正、資訊告知等。例如我國各級政府網站提供的資訊公佈。

2. 電子化政策諮詢：公民對政府施政有提供意見以及回饋意見的管道，這是一種雙向關係。符合安絲甜「公民參與階梯」的中層三階段參與，包括公共諮詢、安撫勸慰、夥伴關係等。例如我國各級政府網站提供表格下載、公民個人資料的申報，以及特定政策先在政府網站公告，蒐集公民的相關意見等。

3. 電子化決策參與：公民積極參與政策議程設定與政策對話，但是最終決定的責任仍在於政府，這是一種雙向的夥伴關係。符合安絲甜「公民參與階梯」的深層最後二階段參與，包括權力授予、公民控制等。就我國而言，類似例如我國國家發展委員會所架設的公共政策網路平台，只要民眾對政府特定政策彙集一定人數成案後，即要求各相關機關研究或陳述意見等。

(二) 電子民主參與機制下公民角色的轉換：電子民主強調人民直接參與政治過程，在此過程中電子媒體提供人民更多資訊及教育公民的機會，也拉近了選民與政治人物之間的距離。同時可確保每個公民平等享有接近使用媒體的權利，有利於公民在議程設定上的方便，不需透過傳統的守門者，如報社編輯、電視主持人的中介，公民往往可以直接對其關心的問題表達心聲。同時，電子民主可提供管道，促使那些未曾參與政治的人有機會參與，培養公民參與政治過程的能力。

【參考書目】 1. 陳敦源，〈民主治理與電子參與〉，《T&D 飛訊第 83 期》，國家文官學院，2009。

2. 丘昌泰，《公共管理－理論與實務手冊》，元照出版社，2000。

⭐ 106 年地特四等

甲、申論題

> **一、何謂新公共管理（New Public Management）？何謂新公共服務（New Public Service）？兩者在核心理念與具體實踐的主要差別為何？試以具體實例說明之。**

[破題分析] 新公共行政、新公共管理、新公共服務三者的比較，在《行政學》、《公共管理》各學者的論述中多所著墨，歷屆考題中也經常出現，本題屬於基本題型，若有準備，應不難得分。

答：新公共管理起源 1980 年代，主要為解決 1970 年代福利國家所帶來「政府失靈」而產生的各項危機，是各國再造的實務，又稱為新右派、新治理、管理主義、企業型政府或以市場為基礎的公共行政等。

(一) 兩者意涵：

1. 新公共管理主張政府機關應扮演導航者的角色，盡量將公共服務交由市場來處理，透過市場機制的運用，自然就能產生令消費者與生產者皆滿意的產品組合。因此，新公共管理鼓吹新右派政治理念，強調個人權利與選擇的價值，期望建立「小而美、小而能的政府」。

2. 新公共服務則強調政府機關應扮演服務而非領航，主張公共服務價值，就是以民主做為最核心價值，為了實踐此民主價值所衍伸的相關公共服務價值，則有與民主治理相關的概念、公共利益、公民積極參與政府治理過程的民主公民意識等有關。

(二) 新公共管理（NPM）與新公共服務（NPS）在核心理念與具體實踐的主要差別：

1. 兩者核心理念的比較：

新公共管理融合市場理論，試圖修正官僚體制弊病，其核心觀念有下列三點：

(1)顧客導向：係指以市場取向為起點，將人民視為消費者。

(2)公共組織內部市場化：相信將市場競爭概念注入公共組織中，會更有效率。

(3)企業型政府：指政府成敗與民選官員及行政人員是否具企業家精神息息相關。

新公共服務（NPS）的核心理念：

(1)服務公民而非顧客：公職人員所要回應的是公民需求而非顧客，焦點應在於人民之信任與合作關係。

(2)公共利益的追求：公共行政者必須致力於建立集體與共享的公共利益觀念。

(3)重視公民資格更勝於企業精神：公共利益會更加提昇，因係透過公職人員與公民對作出有益社會的貢獻產生認同。

(4)策略思維、民主行動：達成公共需求，政策與方案必須透過集體努力與合作程序，有效且負責地達成。

(5)理解課責並非容易：公職人員除須注意市場外，更須同時注意憲法、法律、社群價值、政治常規、專業標準與公民利益。

(6)服務而非領航：公職人員應以共享價值為基礎的影響力，協助公民表達意見並追求共同利益，而非運用新的方式領航社會。

(7)重視公民而非重視生產力：公職人員若能基於尊重人民的合作流程與共享的領導上，組織與網絡的運作終將成功，而非僅止於生產力的提升而已。

2. 兩者具體實踐的比較

新公共服務的實踐：

(1)教育與改變公共行政人員的公共服務觀：認為公共行政人員必須扮演積極主動的角色，促進公民參與，並且應該成為促進公共對話的平台，以確保並提升公共服務的品質。

(2)提供資源鼓勵與補助公民社參與公共事務：政府應該制訂相關法律，提供資源補助鼓勵公民參與公共事務，並輔導公民社會組織的專業能力與活動能力，與政府協力合作共同創造公共利益。

(3)鼓勵社區居民參與社區公共事務提振公共意識：政府要積極推動社區營造，輔導社區居民藉由社區參與，凝聚社區意識、關心社區環境與營造社區特色，以營造民主化與公共化的生活環境。

(4)政府必須體認到公民參與相關制度的缺乏：公民應該被視為民主治理政策中的必要組成份子，因此政府必須積極健全公民參與法制，建立無障礙的公共議題之討論與空間。

(5)透過教育從小灌輸予培育人民實踐公共事務之知識與能力：教育人民從小即認識政府相關法律、制度，實際學習相關公共參與之知識與能力，如集會、對話技巧、政策規劃、執行與評估等機制，使其成為未來公民社會之中堅份子。

新公共管理的實踐：

(1)公共行政的研究的研究焦點應置於特定的結果，而非運作過程。

(2)公共行政應妥善運用各類市場競爭機制，以提供民眾更佳的產品或服務。

(3)配合市場機制運作，公共行政強調「顧客導向」，即公部門運作須回應民眾需求。

(4)政府應扮演導引者的角色，而不必要凡是自己處理，如民營化趨勢。

(5)政府應推動法規鬆綁的工作，對不合時宜法規、制度進行修正。

(6)公共部門的每位員工均應被賦權授能，以充分發揮創意並投入工作。

(7)公共組織的文化應盡可能朝向彈性的、創新的、問題解決的方向發展。

(三) 具體實例說明：在社會安全體系方面的問題，如老年照護、兒童照顧等，如就新公共管理的論點而言，將不再採用集體或公共的解決方式，而改以市場機制，如民營化、契約外包方式辦理，以限縮國家涉入的範圍。相反的，若站在新公共服務的觀點，則主張政府應提供服務，但可聯合社區、公民、非營利組織的力量，如發展以社區為基礎的小規模多機能整合型服務中心、社區老人共食、發展以原住民文化、地理為特色的族群長期照顧體系等。政府以預算要補助給私托、私幼0～5歲幼兒的「平價托育照顧」服務；鼓勵企業為員工設置幼兒園及托嬰中心。

【參考書目】 1. 孫本初編著，《新公共管理》，一品文化，2009 年。

2. 林淑馨著，《公共管理》，巨流圖書，2012 年。

3. 吳定等五人著，《行政學下》國立空中大學，2007 年。

二、何謂電子化政府（Digital/Electronic Government）？我國最新階段（2017－2020 年）的電子化政府計畫中，特別揭示資料驅動（Data Driven）的理念以創新公共服務，試以實際案例說明具備此理念的開放資料（Open Data）、巨量資料（Big Data）以及個人資料自主管理與數位服務（My Data）。

破題分析〉電子化政府已成為世界各國爭相發展的管理工具，並且成為近年熱門考題，不過本題主要考點是在我國電子化政府的第五階段（2017－2020年）計畫內容，並就開放資料（Open Data）、巨量資料（Big Data）、個人資料自主管理與數位服務（My Data）舉實例說明。

答：「電子化政府」概念的首次出現在 1993 年美國副總統辦公室在國家績效評估中，提出「運用資訊科技進行革新」（Reengineering Through Information Technology）的報告中。

(一) 電子化政府的意涵：根據聯合國的定義（2003），所謂「電子化政府」係指「政府應用資訊通訊科技提升內外部關係」，或更具體而言是「使用資訊通訊技術提昇政府與民眾、企業或其他政府機關之間的關係」，希望藉此提升政府對內行政效率與效能，強化政府對外在公民之責任，以及提升政府與民間之互動與溝通機會。

(二) 我國最新階段（2017－2020年）的電子化政府計畫－理念實例說明：第五階段電子化政府將以資料治理之資料驅動、公私協力、以民為本為政府服務的核心理念，並以巨量資料（Big Data）、開放資料（Open Data）、個人資料（My Data）為工具，透過巨量資料分析並彙集民眾需求，以開放資料做為政府透明公開之基礎，並妥善運用個人資料完備為民服務需求。同時，所有的服務也將盡可能以公私協力方式完成，以滿足民眾需求。

　　1. 開放資料（Open Data）：行政院所屬各機關藉由「資料開放民眾與企業運用」、「以免費為原則、收費為例外」、「資料大量、自動化而有系統的釋放與交換」三步驟，並配合「主動開放，民生優先」、「制定開放資料規範」、「推動共用平臺（Data.gov.tw）」、「示範宣導及服務推廣」等四大焦點策略推動政府資料開放工作，可滿足民眾知與用的權利。如民間加值：不動產實價登錄、促進了解：臺北市預算視覺化的措施。

2. 巨量資料（Big Data）：目前政府推動巨量資料分析應用，係透過政府機關與學術單位合作模式，由政府機關從社會安全、經濟發展與環境永續等三面向提出重要解決課題，如傳染病預測、毒藥品防制、物價監測、提升薪資、環境品質預測、畢業生就業情形、新住民二代潛力發展等，並由國內學術單位或跨機關間合作運用資料分析技術與方法解題，藉此強化政府施政決策品質，同時培育國內急需之資料科學人才，相關政學研究成果於發展完成後，將納入機關常態性業務，作為輔助機關施政之一環。實例如財政部：企業調薪；教育部：大專院校畢業生就業薪資；衛福部：毒品防制；內政部：新住民及其二代就業就學；勞動部：退休人力再運用；教育部：高職、高工畢業生就業就學。

3. 個人資料自主管理與數位服務（My Data）：建構以民為本的數位服務個人化（My Data）創新服務，運用資料，並達到資料自主管理與延伸服務的目標。例如衛福部提供的「健康存摺服務」，必先通過線上身分驗證機制，並符合法規的個人資料取得與運用。

【參考書目】 1. 行政院數位國家創新經濟推動小組－政府雲／開放資料
https：//www.digi.ey.gov.tw/cp.aspx?n=CC8B8F2B7D5089CE&s=1516F372003CDDF8

2. 黃代華，106年資訊新知研討會：「數位化政府：用資料掌握天下」PPT，國家發展委員會。

乙、測驗題

( )　1. 下列關於公共管理意涵的敘述，何者錯誤？
(A) 公共管理是一種策略性的領導
(B) 公共管理蘊含企業性政府的概念
(C) 公共管理涉及公共行政的藝術面向
(D) 公共管理僅著重於技術導向。

( )　2. 下列何者並非從管理主義角度思考公共管理所提出之主張？
(A) 強調政府施政的專業主義
(B) 重視公務人員的課責和紀律
(C) 運用先進科技提升機關生產力
(D) 探究公平正義的核心價值。

( )　3. 有關知名學者胡德（C.Hood）所提出的新公共管理主張中，何者錯誤？　(A) 彈性僱用與報酬　(B) 以競標方式進行公共服務的管理　(C) 強調市場與企業文化　(D) 組織結構集中化。

( )　4. 包茲曼（B.Bozeman）認為可以那三種面向來區分公私組織兩者之間的差異？　(A) 社會力量、經濟力量、政治力量　(B) 經濟力量、政治力量、公共性　(C) 公共性、社會性、統合性　(D) 經濟性、所有權、公共性。

( )　5. 下列有關公共管理「公共性」的描述，何者錯誤？
(A)「政府施政」即公共生活
(B) 公共管理除了關心政府施政外，也包含對非營利組織及公民活動等議題的關心
(C) 公共管理對公共利益的執行受憲法監督
(D) 公共管理雖然師法私部門，但有時亦可因公共利益而主導市場。

( )　6. 在新公共管理所受的批判中，下列何者不在其內？　(A) 過於多元的大眾參與　(B) 無法協助達成社會正義　(C) 公共利益遭到棄置　(D) 忽視社區意識的培植。

( )　7. 下列有關標竿學習的關鍵特色中，何者敘述錯誤？　(A) 持續改善　(B) 流程管理　(C) 顧客滿意　(D) 一次到位。

( )　8. 標竿學習的哲學基礎在於不斷改善，因此學者安德森（B.Andersen）與彼得森（P.G.Pettersen）提出什麼概念，說明標竿學習的流程？　(A) 學習圈　(B) 學習路徑圖　(C) 學習歷程　(D) 學習輪。

( )　9. 風險管理必須整合兩個功能性的活動，一個是風險評估，另一個是：　(A) 風險溝通　(B) 風險偵測　(C) 風險預防　(D) 風險應變。

( )　10. 公部門在採行「顧客導向」的管理時，下列觀念何者最正確？　(A) 公部門內部顧客的重要性，高於外部顧客　(B) 公部門的顧客，僅是指組織外的一般民眾　(C) 公部門的顧客，就是指機關內部成員　(D) 機關中人事單位所面臨的大多是內部顧客。

( )　11. 公私協力關係的發展可能面臨諸多的困境，相較而言，下列何者不屬之？　(A) 公私部門資訊流通順暢　(B) 政府行政層級比較複雜　(C) 政府行政程序比較冗長　(D) 民間機構能力參差不齊。

( )　12.「參與管理」在組織設計方面可作如何的調整？　(A) 增加管理層級　(B) 扁平結構的設計　(C) 維持傳統的科層體制結構　(D) 短期僱用關係。

( )　13. 組織學習可區分為三個層面，不包括下列何者？　(A) 個人層面　(B) 團體層面　(C) 組織層面　(D) 家庭層面。

( )　14. 比較而言，下列何者是學習型組織最核心的概念？　(A) 效率　(B) 公平　(C) 分工　(D) 改變。

( )　15. 根據海斯（N.Hayes）的說法，團隊建立有許多種途徑，下列何種途徑係整合其他途徑而成？　(A) 社會認同途徑　(B) 工作導向途徑　(C) 角色界定途徑　(D) 價值途徑。

( )　16. 有關360度績效評估模式與傳統績效評估模式的比較，下列何者最正確？　(A)360 度績效評估模式較易產生法律問題上的爭議　(B)360 度績效評估模式的考評焦點較重視過去取向　(C) 傳統績效評估模式的考評焦點較重視工作過程　(D) 傳統績效評估模式的資料來源是由上而下。

( )　17. 下列何者不是平衡計分卡的績效構面？　(A) 財務　(B) 顧客　(C) 學習與成長公平與正義。

( )　18. 為使政府部門所提供的電子化服務更為普及、令更多民眾受益，首先需要處理的問題是：　(A) 數位落差問題　(B) 土地正義問題　(C) 少子化問題　(D) 物價波動問題。

( )　19. 在公共管理中，傾聽民眾意見最直接的方法之一，即是藉由公民投票獲得民意，試問公投是否能取得其正當地位，首要的問題在於：　(A) 公投如何啟動　(B) 公投結果是否跨過門檻　(C) 如何計算沒有參與的選民　(D) 利害關係人陳述。

( )　20. 根據提瓦那（A. Tiwana）的說法，知識地圖（knowledge map）架構中包含三大元素，下列敘述何者錯誤？　(A) 知識科技　(B) 知識社群　(C) 知識專家　(D) 知識庫。

( )　21. 下列那一項不是電子化政府的同義詞？　(A) 數位化政府　(B) 線上政府　(C) 網站政府　(D) 開放政府。

(　)　22. 有關「酒後不許駕駛的守則或環境保護政策中控制污染的作業流程」之敘述，最符合下列那一項政策行銷組合的核心概念？　(A) 產品　(B) 推銷　(C) 夥伴　(D) 通路。

(　)　23. 下列那一項政策行銷原則強調應站在行銷對象的立場，以同理心進行行銷，才能夠被對象所接受？　(A) 公開原則　(B) 誠信原則　(C) 設身處地原則　(D) 主動積極原則。

(　)　24. 下列何者是非營利組織主要的人力來源？　(A) 契約受僱者　(B) 志願工作者　(C) 中高齡失業者　(D) 政府公務人員。

(　)　25. 2010 年臺北市政府舉辦國際花卉博覽會，政府所宣揚的設計理念，以下敘述何者錯誤？　(A) 表現園藝、科技與環保的技術精華　(B) 成減碳排放及 3R（減量、再利用、再循環）之環保目標　(C) 結合文化與藝術之綠色生活　(D) 體現官僚主義權威。

解答與解析

1.**(D)**。公共管理企圖跳脫傳統官僚典範陷入於層級節制的嚴密控制、狹隘的效率觀、空泛的行政執行程序和抽象的公共利益等問題，而依循後官僚典範強調預見性、策略性、結果導向、主管領導、市場取向、消費者導向及企業性等方向發展。

2.**(D)**。新公共行政探究公平正義的核心價值。因此，公平正義並非從管理主義角度思考公共管理所提出的主張。

3.**(D)**。胡德（C.Hood）指出新公共管理的要點為：(1)授權公部門的管理者逕行「臨場的」專業管理，以便進行組織主動的、透明的、裁量的控制，達成確定責任動線的課責精神；(2)重視績效的明確標準與衡量：透過訂定清楚的目標與績效標準來正視目標達成的效率實現；(3)注重產出的控制：依據績效的衡量作好資源的分配，著重成果取向，而非程序的遵守；(4)轉移公部門產品由分支單位負責：將大型組織分割成公司化的單位，俾讓各單位有獨立的預算與職責基礎，並透過組織內部和外部的特許制度來獲致競爭優勢；(5)引發公部門的更多競爭：透過雇用制度、投標程序、和其他相互競爭的制度來達成降低成本和提高服務的關鍵；(6)強調管理實務的「私有化型態」和「彈性的雇用和報酬」；(7)講究資

源使用的更多戒律和簡便：透過縮減直接成本、提高工人戒規、嚴拒工會要求、減低順從成本等方式來查核公部門的資源要求，並以較少成本提供較多服務。（林鍾沂、林文斌（2003）合譯，《公共管理新論》）

4.(B)。以經濟力量、政治力量、公共性劃分：包茲曼（B.Bozeman）主張所有組織皆有一些程度的公共性。因為所有組織皆或多或少受到政治力的影響，在某種程度上亦是外在政府控制的對象。

5.(A)。公共利益乃是公共行政「公共性」之實質意義，亦是有關公共生活及公共管理所有價值之常見統攝性用語。可作為國家、政府及各級機關所有行為的合法性理由與行為動機之所在。

6.(A)。對企業型政府的批評：

(1)未能注意公共行政的政治本質：企業型政府從管理技術面向改善政府績效，只能治標而不能治本，未能就公共行政在政治面向，所應追求的價值，如社會正義、公平作深入探討，導致行政人員成為缺乏倫理思維的技術官僚，將重新陷入傳統行政理論只重工具理性的迷思中。

(2)無助於社會正義的達成：企業型政府強調以市場機制、競爭使生產效率、生產成果更高，依此觀點，充其量只能達到平等的目標，而未能達成調處社會中各種團體的勢力的社會正義目的。

(3)使民眾無法參與決策：行政人員被期望為具有創新能力的公務部門企業家，必須具備前瞻性的遠見，才足以突破現有困境、開創新局面，而這種特質卻與民主政治鼓勵公民參與和大眾諮商的決策過程相悖離。

(4)公眾利益為遭棄置的概念：依據企業型政府管理的技術導向，行政人員並不被期望對在公眾利益的認定上扮演重要角色。因此，使得公眾利益成為被棄置的概念。

(5)限縮行政人員的思考範圍和倫理角色：企業型政府強調企業取向，乃欲使行政人員成為一有效率的生產者，如此將限縮了行政人員的思考與角色。

(6)忽略社區意識的培植：對於如何培植公民的社區意識，如何建立公民與行政人員間的相互的考量、相互對話，付之闕如。

(7)產生民主課責的問題：面對日益拮据的政府稅收問題，政府勢必賦予官僚體制更多的行政裁量權，以使其得以運用企業手段，紓解財政上的困境。這使得企業型官僚所擁有的自主性愈大，愈讓民主的課責更難以發揮制衡的力量。

7.**(D)**。標竿學習的核心價值：(1)全面品質觀：此論點源於「全面品質管理」（TQM）的啟發，(2)TQM所重視的原則為：顧客導向、持續的改善、團隊合作、流程取向。

8.**(D)**。標竿學習的哲學基礎在於不斷改善，學者安德森（B.Andersen）與彼得森（P.G.Pettersen）提出學習輪（benchmarking wheel）之概念來詮釋標竿學習流程內容之基本概念，其包含有：規劃（plan）、探尋（search）、觀察（observe）、分析（analyze）、適用（adapt）等階段。

9.**(A)**。風險管理（Risk Management）係有效管理可能發生事件並降低其不利影響，所執行之步驟與過程。風險管理必須整合兩種功能性的科學活動：
(1)風險評估：風險的認定、估計與評鑑，偏重於技術層面的分析評估。
(2)風險溝通：政府相關部門依據風險評估結果，研擬降低或避免風險的策略與行動綱領。

10.**(D)**。(A)顧客導向策略具有以下六個特質：(1)由外而內改造：傳統科層制講究政策制定與執行均由上而下來貫徹，而參與行政策則講究由下而上傳輸。但在顧客導向的改造文化上，政府的行動依據依循由外而內的路徑而行。換言之，顧客的期望決定政策設計的藍圖；顧客的需求決定財貨與服務的供給內涵；顧客的滿意度決定政策執行的成效；顧客的評價決定政策變遷的方向。(2)顧客永遠優先：顧客導向策略的第一課是「顧客永遠優先」。換言之，政府的施政應以顧客的需求為目標，顧客是行政的中心、政策與服務的標的。
(B)(C)顧客導向是指公部門所提供服務或產品，必須滿足顧客的需求。其中的顧客又可區分為：(1)內在顧客：指在整個組織的工作運作流程中，其任務是接續於本單位的工作之後，亦或其為使用本單位工作成果之流程者。(2)外在顧客：指組織直接或間接產出的受益者。

11.**(A)**。公私協力的運作困境：(1)政府機構層級複雜，私部門難以配合或貫穿；(2)協力過程監督、審議太多，削弱競爭契機；(3)公私部門對公共事務認知差距；(4)公部門資訊具壟斷性，無法流通；(5)協力機構的承接能力。（林淑馨，2012：577－578）

12.**(B)**。「參與管理」在組織設計面：
(1)扁平結構的組織設計：強調成員在組織內水平發展與較大控制幅度。
(2)溝通系統：訂定眾所皆知溝通管道，對成員訂出正式溝通管道，溝通管道是直接而迅速的。
(3)獎酬系統：應以技術、股份持有、較彈性的利益選擇、利潤分享基礎而形成。
(4)長期僱傭的關係：成功實行參與管理制度，組織對成員長期僱傭承諾是不可或缺的。
(5)團隊之建立：團隊是一種具有高度信任感的團體，成員間相互支持合作。

13.**(D)**。組織學習可區分為個人學習、團隊學習與組織學習三個層次。

14.**(D)**。瓦特金與瑪席克（Watkins & Marsick）認為「學習型組織是一種不斷在學習與轉化組織」。班尼特與布萊恩（Bennett & Obrien）亦認為「學習型組織是一種能夠將學習、適應、變革等能力深值組織文化的組織」。相較而言，學習型組織最核心的概念是改變。

15.**(A)**。建立團隊的途徑：
(1)人際途徑：強調團體成員與其他成員間的互動
(2)角色界定途徑：焦點乃在於團隊之中的角色與規範。
(3)價值途徑：強調團隊應有其明確價值觀的重要性。
(4)工作導向途徑：強調團隊工作與每個團隊成員可以完成被交付任務的特有方式。
(5)社會認同途徑：係整合其他途徑而成。

16.**(D)**。傳統評估模式與360度評估模式的比較：
(1)傳統評估模式為由上而下，360度評估模式為全方位。
(2)傳統評估模式各效標之間的區辨小，會受到各種偏誤的影響而降低效度。360度評估模式各效標之間的區辨大，效度較高。
(3)傳統評估模式由管理者完成，360度評估模式由員工參與。
(4)傳統評估模式為過去取向，重視工作成果，著重於結果或期望。360度評估模式為未來取向，重視工作過程，著重於行為、技術與能力。
(5)傳統評估模式評鑑結果會受到政治因素、個人偏好，以及友誼介入的影響。360度評估模式員工有完整被認知的機會，不會因故被忽略或誤會。

(6)傳統評估模式只能當作行政性用途。360度評估模式兼顧行政
　與發展性。（資料改編自：孫本初，2006：495）

17.(**D**)。平衡計分卡簡稱「BSC」（Balanced Score Card）於1992年由哈
　佛大學名師羅柏特・科普朗（Robert S. Kaplan）及大衛・諾頓
　（David Norton）首度提出，其最早的用意在於解決傳統的績效
　評核制度過於偏重財務構面的問題，但在實際運用後又發現平衡
　計分卡要與企業的營運策略相互結合，才能發揮企業績效衡量的
　真正效益與目的，因此平衡計分卡不僅是一個績效衡量系統，更
　是一個企業營運策略的管理工具。平衡計分卡的內容包括財務、
　客戶、內部流程、學習與成長四個方面。

18.(**A**)。數位落差又稱數位鴻溝，是指社會上不同性別、種族、經濟、居
　住環境、階級背景的人，接近使用數位產品（如電腦或是網路）
　的機會與能力上的差異。政府為弱勢地區民眾提供資訊網路服
　務，使其能就近上網取得電子政府各項便民服務及網路資訊，縮
　減偏遠地區與城市都會之間的數位落差問題。

19.(**B**)。公民投票（referendum或plebiscite），又稱複決、全民公決，係指
　公民就被提議之提案，表明贊成與否時所舉行之投票。公民投票
　是一種直接民主制的體現，公投是否能取得其正當地位，首要的
　問題在於公投結果是否跨過門檻。

20.(**A**)。知識管理中構成知識地圖的三大元素：
　(1)知識庫：是一個知識創造、整理、儲存、擴散、應用與演化的
　　平台。
　(2)知識社群：指透過網路社群的互動與分眾特色，輔以實務社群
　　的搭配運作，建立以專業技術與知識領域為主的討論區、電子
　　佈告欄、聊天室等，讓成員得以分享知識並創造知識。
　(3)知識專家：指對於一個特別的工作單元，他們總是可以憑藉著
　　豐富的知識與經驗順利達成任務的要求。

21.(**D**)。開放政府是在透明化、課責，以及促進民主政治發展等觀點引
　導，並基於創新與永續性的公共政策與實踐過程，以營造一個治
　理文化。

22.(**A**)。政策行銷四P涵蓋：產品（Product）、通路（Place）、價格（Price）、
　促銷Promotion）四方面。
　(1)產品：以公共組織而言，由於其產品可能是服務的供給或議題
　　的倡導。

(2)通路：係指民眾接受公共組織服務的管道，如愛心救助物資領取地點。

(3)價格：公共組織的價格設定，主要視組織目的所在，因而沒有參與者無法負擔的窘境。

(4)促銷：乃是組織與社會群眾所進行的一項溝通活動，藉由推廣告知社會大眾服務的可獲取性，或是宣揚組織的理念與使命。有關「酒後不許駕駛的守則或環境保護政策中控制污染的作業流程」都屬於議題的倡導。

23.(C)。政策行銷單位及人員在進行行銷活動時，應把握以下政策行銷原則，才能獲得行銷對象的信服，收到實際的效果：

(1)公開的原則：即政策制定過程應適時及適度的公開。

(2)設身處地的原則：即應站在行銷對象的立場，以同理心進行行銷，才能夠被對象所接受。

(3)誠信的原則：即所有政策內容與相關資訊,必須透明化且據實呈現。

(4)可靠的原則：即作任何政策承諾，均應設法兌現。

(5)主動積極的原則：即政策行銷單位與人，應以前瞻及宏觀的眼光，主動積極的進行必要的行銷活動。（吳定，2012：338）

24.(B)。非營利組織在組織行動與事務管理上，有某種程度是由具有志願性質的志工來參與，所以非營利組織主要的人力來源是志願工作者。

25.(D)。2010臺北花博的三大設計理念：

(1)運用「園藝」、「科技」及「環保」為設計理念。

(2)全區規劃朝達到節能減碳及3R（減量Reduce、再利用Reuse、回收Recycle）為目標。

(3)展現我國文化與藝術之內涵。

★ 107 年高考三級

> 一、面對新興議題的快速變遷，公共管理者唯有採取跨域協調合作模式，
>   方能有效因應全球化時局的變遷，請析論跨域協調的意義及如何有
>   效進行跨域協調。

破題分析 「治理」議題自 1970 年代末期，歐美國家即不斷研究、提出修正，近
年來更成為公共行政領域中流行與熱門議題，舉凡全球化治理、跨域治
理、電子治理等。

跨域治理議題曾於 103 年地特四等及 104 年普考被命題，跨域協調與跨
域治理的概念相似，可參酌其論述加以回答。

答：面對新興議題的快速變遷，公共管理者唯有採取跨域協調合作模式，方能
有效因應全球化時局的變遷，應付複雜的政策議題。

(一) 跨域協調的意義：跨域協調是兩個或兩個以上的不同部門、團體或行
政區，因彼此之間的業務、功能和疆界相接及重疊而逐漸模糊，導致
權責不明、無人管理與跨部門的問題發生時，藉由地方政府、私人企
業、社區團體以及非營利組織的結合，透過協力、社區參與、公私合
夥或行政契約等聯合方式，以解決難以處理的棘手問題。換言之，跨
域協調的範圍乃涵蓋了組織單位中的跨部門、橫跨各政策領域的專業
合作、跳脫地理空間上的跨區域，以及橫跨公私分野的夥伴關係等。

(二) 有效進行跨域協調的方式：公共管理者為中心之跨域協調模式論點者
認為，身處於區域間、組織間及部門間夾縫中的公共管理者，在編織
有效的協調網絡時，應掌握下列七項策略原則：資訊分享、參與授
權、溝通互動、提供動機、非正式關係、培養跨域管理者、領導支持
等（陳敦源、王光旭，2005）。

1. 資訊分享：進行機關間的跨域協調，應建立資訊分享平台及長期互
動模式。資訊分享平台的建立，旨在促進資訊的流動，有助於多元
行動者對跨域協調之目標及細節清楚認知，進而對彼此需求與資源
更加了解，成為相互認知的基礎，並希冀透過定期的互動，培養友
善且信任的關係，建立彼此對於合作事宜的心理期望及默契，以降
低溝通協調的成本。

2. 參與授權：跨域協調是一種參與者間的互動過程。參與者可能享有實質的自主性，但彼此間仍存在互賴關係，必須藉由彼此合作才能成就其共同願景。參與者必須去除本位主義、突破衝突對立、培養相互的瞭解，以養成互尊互信；建立共同願景、形成共同理念、塑造共同使命，以發揮統合協調的功能。另外，在參與過程中對組織內部不同層級的單位，授予主動與他人合作權力，將決策決定權下放到執行者身上，此為各單位靈活主動地與其他單位合作之重要關鍵。

3. 溝通互動：跨域協調中的每個組織存在資訊落差，是跨域協調中最明顯存在的問題。雖然各部門間利益衝突難以化解，但若有良好的協商機制，便有機會異中求同，找到合作的空間。透過發展「衝突管理」協力能力，有助於溝通互動此一策略原則的運作成功。

4. 提供動機：透過賞罰制度與績效評核制度之建立，可強化不同組織間進行跨域協調的動機。各單位間的協調合作是否能產生一加一大於二之綜效（synergy），不僅是擬定賞罰制度的先決條件，亦是推動跨域協調的意義。

5. 非正式關係：非正式關係賦予從事跨域事務協調的相關單位人員間，經由私下交往而逐漸知悉熟識，形成非正式的溝通協商管道，其主要目的在於讓組織與組織之間，在進入正式協調程序之前，透過私下關係，更早認知相互的同意區與禁忌區，以便在正式溝通當中，彼此間能趨利避害，溝通更加順暢。

6. 培養跨域管理者：當前複雜的政策環境，需要具有專業及跨域管理能力的文官。但跨域治理知識的培育與實務經驗的傳承非一蹴可幾，因此未來在文官的培訓上，應持續加強跨域協調相關知識訓練與實務經驗分享。而一位優秀的跨域管理者，更應同時具備協力領導、心智管理與創新、關係經營、衝突管理及契約管理等協力能力，來完成各項跨域協調事務。

7. 領導支持等：政策領導者對於跨域協調管理的各種策略與工具之選擇，往往具有主導地位，因此需體認政策環境的複雜度，展現對於跨域協調的支持，以及積極面對挑戰的態度，活化跨域協調管理的各種策略與工具之運用。因此，對於政策領導者而言，「領導」協力能力

及「心智管理與創新」協力能力之培育，將有助於發揮領導支持策略原則的運作成功。

【參考書目】 1. 陳敦源、王光旭（2005 年 9 月）。跨域協調：組織間政策執行的管理「眉角」【游於藝雙月刊電子報 53 期】。取自 http：//epaper. hrd.gov.tw/53/EDM53-0301.htm。

2. 國家文官學院，跨域協調與合作－薦任公務人員晉升簡任官等訓練 107 年課程教材。取自：https：//www.nacs.gov.tw/.../595414a3370dc c06d1e59de41a50794e.pdf

二、政策溝通是公共管理得以有效落實的重要環節，政府政策必須有效運用溝通、宣導與說服等行銷方法，以爭取利害關係人的理解與配合。請說明政府外部溝通可採取之策略，並請分就議會、媒體及民眾之溝通策略加以論述。

破題分析 政策溝通（行政溝通）、政策行銷、政策行銷皆是公共管理得以有效落實的重要環節，本題可結合行政類科中行政學、公共政策、公共管理相關的論述內容來加以回答。

答：政策溝通指的是利用各種管道，把與府相關資訊與政策利害關係人進行傳遞交換。溝通包括對府內部及外部的溝通。內部的溝通又可細分為機關通與跨機關的溝通。外部的溝通則有議會、媒體、相關團體（如利益團體）及社會大眾。

以下茲就議會、媒體及民眾之溝通策略加以論述：

(一) 議會溝通策略：

1. 辨識議會運作中各類關鍵人物及其角色，在平時就培養與議會中關鍵民意代表及中介者（如議員助理）的良好及互相信任的關係；在不同情況下，應用不同人脈進行政策協商。

2. 在推動政策時，必須深究民意代表在該政策議題中的利害關係及當中矛盾（如選民的反彈），嘗試替他們尋找可行的出路。

3. 在推動會損害民意代表所代表利益團體之政策時，嘗試在合理合法的情況下，在其他方面作出補償，或構思減輕損失或降低抗拒程度的配套措施，使民意代表能對其選民有所交代。

(二) 媒體溝通策略：

1. 在行銷政策時，應主動並持續提供各類資訊（包括故事及影像），製造新話題及亮點，捕捉媒體的注意力，滿足其報導需求。

2. 在提供資訊時，避免（購買媒體的）獨家報導，應對所有媒體一視同仁。不公平地對待媒體可能會激起對政策的惡意報導。

3. 對政策相關的負面新聞，應就錯誤報導馬上澄清；若有政策（執行）的失誤，馬上承認及道歉，並作出有效處理；切忌隱瞞真相，縮短媒體對該失誤的關注時間。

4. 要保持正面的危機意識。當媒體配合機關的政策行銷時，也應意識到其也同時在偵測政策的各種失誤及漏洞；對媒體所揭發的問題及質疑，應抱正面態度，視其為一種政策回饋，且保持高度的警覺性。

(三) 民眾溝通策略：

1. 政策行銷的最終對象是廣大民眾，直接訴諸民眾的支持是最為關鍵，故在推動政策上可直接向公眾發佈訊息，在向媒體發佈訊息之前或同時，爭取一般民眾的支持。除製作傳統電視廣告外，也應利用當今流行的社群媒體（所謂Web2.0）及Youtube等傳播政策訊息。

2. 注意網民意見，同時避免民粹。網民可提供快速的政策意見反應，政策管理者應多加關注。但網民意見不見得經過深思熟慮或帶有情緒性的，且反覆無常，故應慎選有意義的意見作參考，以免陷入民粹主義，自陷困境。

3. 面對面的溝通仍然是必須的，特別是將會受到政策影響的群體，直接走到標的群體中瞭解他們的真實狀況及需求將有助於避免日後發生衝突。

4. 在確定政策前，政策主辦機關也可舉辦各種審議式民主的討論會，邀請各類利害關係人參與討論，瞭解各種情況，蒐集意見，尋求共識。這將有助於政策行銷之規劃。

好的政策溝通可形塑和諧氣氛、凝聚共識，以及利於政策推動進而使府內部之間和議會、媒體、民眾形成良好的互動、彼此建立合作信任關係。

【參考書目】 1. 吳定，《公共政策》，臺北：國立空中大學，2004。

2. 國家文官學院，《政策溝通與行銷》，104 年薦任公務人員晉升簡
任官等訓練教材。www.nacs.gov.tw/NcsiWebFileDocuments/6c725c5
b076ef1425a514ed617cefb42.pdf

3. 余致力等人，NDC-DSD-103-020-003（委託研究報告）《強化政策
溝通之研究》，國家發展委員會編印，2015。

**三、網絡管理於公共管理日趨重要，請舉實例說明羅迪斯（R.A.Rhodes）
的政策網絡概念。**

破題分析 〉 政策網絡原本屬於公共政策的範疇，不過公部門在運作執行過程中，往
往牽涉範圍極廣，所以公共管理題目偶爾會有行政學、公共政策的題目
出現，準備時三者應相互為用、相輔相成。

答：政策網路指政府機關與各種不同的政策社群（policy community）對於某特
定政策議題，所形成的不同政策領域（policy domains）間的互動關係。
政府機關本身會形成政策網路，而各政策社群也會形成不同的政策網路，公
私部門結合起來又形成整體的政策網路。

(一) 政策網絡的核心概念：

政策網絡是指：「互賴行動者之間或多或少的社會關係型態，以形成
政策問題或政策計畫。」具有以下三種特質：

1. 資源互依性：政策網路中的成員彼此在資源上具有相互依賴的特性。

2. 多元性：政策網路中存在多元的行動者與目標。

3. 持久性或穩定性：政策網路成員之間互動關係具有或多或少的持久
性或穩定性。

(二) 政策網絡的類型：

羅迪斯（R.A.Rhodes，1992）根據關係的穩定程度、成員的整合程
度、資源互賴的程度三項指標，將政策網絡劃分為五種類型：

1. 政策社群：這是指中央與地方政府機關所共同執行的政策領域
中，具有高度穩定性與限制性成員的網絡，呈現出一種垂直性的
互賴關係以及水平性的意見表達受到限制；這是具有高度整合性
的政策網絡。例如，內政部中央選舉委員會到縣市選舉委員會乃
是一個高度穩定成員受限的網絡，且為垂直的互賴關係，水平意
見表達受到限制。

2. 專業網絡：這種網絡具有高度穩定性與限制性的成員，形成垂直的互賴關係，限制性的水平意見表達，主要是滿足專業的利益；但這種網絡的整合程度不如政策社群那樣具有高度凝聚力。在我國最堅強的專業網絡之一莫過於全民健保政策過程中的醫師公會與工會團體。

3. 府際網絡：這是指地方政府之間代表性的組織所構成的網絡關係，成員具有相當的限制性、垂直的互賴關係與水平的意見表達也受到限制，希望擴張水平式的影響力，因此特別強調水平的意見表達。以我國2005年臺北市與基隆市政府曾經組成「北基垃圾合作處理方案」，共同推動兩市的垃圾焚燒問題。

4. 製造者網絡：這是基於經濟利益所構成的網絡關係，網絡成員具有相當的流動性、限制性的垂直互賴關係，主要是在滿足製造者的經濟利益。

例如國營事業機構的中油公司與其分布於臺灣地區所有分公司與加油站所構成的製造者網絡。

5. 議題網絡：這是相當不穩定、低度整合性的網絡，成員雖然很多，但來來去去，無法呈現成熟而穩定的網絡組織；此外，垂直的互賴關係受到限制，水平的意見表達雖然並未受限，但意見並未整合，並未形成堅強的網絡系統。例如2002年民進黨執政時期，13萬農漁民因為反對財政部推動基層金融改革而上街頭抗議，曾經形成強大的議題網絡，並導致當時的財政部長與農委會主委下臺，但當政策宣布停止後，該議題網絡亦即消失。

【參考書目】 1. 丘昌泰（2000），《公共政策基礎篇》，巨流圖書公司。
2. 吳定（2003），《公共政策》，國立空中大學。

四、機關推動績效管理之立意，在於提高機關自主管理能力，使其能夠做到自我比較，自我要求逐年進步，並透過資訊公開，促請各機關首長對外承諾施政目標，落實施政課責。請析論績效管理的內涵與具體作為。

破題分析 績效管理現為學術界和實務界所正視的課題。「有評量，才有管理；沒有評量，就沒有績效」一直被視為管理的格言。但績效管理在政府部門

　　實施有其難度，主要原因是其所面對顧客對象很難確認。相對的，其課責制度所須滿足的行動者需求亦有所不同。

答：「績效管理」一詞乃是源自於私部門領域，是一種企業用來強化員工表現的管理技術，以及如何執行策略、達成目標的管理過程。

(一) 績效管理的內涵：

　　學者孫本初認為：「績效管理是一套如何有效執行策略，達成組織目標的過程。」不過他也指出，績效管理對於公、私部門的意義顯然不盡相同。因為對於企業部門而言，由於其經營目標相對單純，顧客對象和競爭對手都比較容易確認，所以管理者很容易界定掌握績效管理的意涵。但對於政府組織而言，績效管理意涵則顯得複雜些，主要乃是民主政治體制中，政府績效管理的意涵至少需要滿足以下四類行動者的需求：

1. 對民選的行政首長而言，藉由績效管理可以強化對文官系統的政治控制力。

2. 對民選的議會代表而言，藉由績效管理可確立民主政體的課責制度。

3. 對文官系統內從事革新工作的管理者而言，藉由績效管理可以有效控制行政流程，持續改善生產力和品質，以及提高組織的競爭力。

4. 對於一般執行政策的文官成員來說，績效管理具有引導的作用，藉由明確的績效標準和指標，能使其更清楚管理的工作要求和個人的任務重點。

(二) 績效管理的具體作為：

1. 建立願景（Vision）：所謂願景是組織成員心中共同願望景象，企圖形成令人深受感召的心靈力量，使組織成員願意為此理想而努力付出。願景建立是任何組織永續發展的關鍵，主要釐清機關未來發展願景和機關之基本任務。

2. 策略規劃（Strategic Planning）：策略規劃一般是指中、長程規劃。常採用SWOT分析，包含機關內部能力的優勢（Strength，S）與劣勢（Weakness，W）分析與機關外部環境的機會（Opportunity，O）與威脅（Threat，T）分析。

3. 目標管理（Management by Objective）：當組織設立願景與策略後，則據以訂定目標，就時間層次而言，則依序包含組織目標、單位目標、個人目標等，構成目標體系，作為管理依據。

4. 績效標竿管理（Benchmark Learning）：組織設定目標的同時，組織往往也會嘗試找出績效卓越的政府機關、私人企業或非營利組織，將之定為標竿，學習其卓越的理由，以提高機關績效。

5. 設定績效指標（Setting Performance Indicators）：包含量化績效指標與質化績效指標。量化指標通常指可以統計數據加以表示的指標，如單位成本、投入產出比等；質化指標則往往涉及價值評斷的指標，僅能用主觀感受加以表示，如抱怨分析、滿意水準、個案評鑑、例外報告等。

6. 績效評估與報告（Performance Evaluation）：績效指標訂定後，可據以評估個人、單位、組織績效，以瞭解組織是否達成既定目標，績效評估後為求績效資訊公開，需作成績效報告，以符合課責要求。

7. 獎酬制度（Reward System）：績效評估的結果除了作為課責依據外，也應與獎酬制度結合，以達激勵作用，促使績效較佳者可繼續維持，促使績效不佳者可進行改善。現行政府機關採行績效獎金制度，即是希望達成績效與獎酬結合之目標。

【參考書目】 1. 孫本初編著，《新公共管理》，一品文化，2009 年。
　　　　　　 2. 林淑馨著，《公共管理》，巨流圖書，2012 年。

⭐ 107 年普考

甲、申論題

一、請說明策略管理的意涵、特性及優點。

破題分析 ▷ 策略管理甫於 105 年地特三等、106 年高考被命題，本題屬於基本題型應不難作答。

答：策略管理是一種的思維活動，具有前瞻性、宏觀性、行動性，且需要辨識組織所處環境，加以創造競爭優勢的行動方針。因此可將其定義為：結合管理之科學方法，規劃組織的目標方向，定位創造競爭優勢，並設計一連串的行動以達到組織目標的過程。

(一) 策略管理具有下列特性：

1. 它是未來導向的：策略管理是「未來學」活動的具體化，是未雨綢繆，為組織未來發展生機的規劃藍圖，付諸實踐，並且追蹤修正策略方案的過程。

2. 策略管理是獨特的思考與行為模式：策略管理的思考模式是目標與未來導向，一旦設計出目標導向的策略，一定要採取具體行動加以實踐，並且加以檢討修正的獨立活動。

3. 策略管理是持續性與循環性的流程：策略管理無論包括三個階段或四個階段都是不斷循環，為永無止境的過程。

4. 策略管理是設定架構，指引其他管理活動的重要功能：策略管理是組織生存發展的途徑，一旦確立發展的策略，其他所有的管理活動，如計畫擬定、預算編列、資源發展、政策行銷與政策評估等活動都必須以該策略為指導綱領。

5. 策略管理並非容易實現，但是有其必要性：特別是面臨當前公、私部門競爭愈趨激烈、外在環境挑戰日益增加的狀況下，其實現固然有些困難，但仍須進行策略管理，以營造組織未來的發展生機。

(二) 策略管理的優點：

1. 提供策略性的發展方向：策略管理集中於檢視組織本身的能力與外部環境，並對於組織未來的發展願景提供策略性的前瞻思考，以及未來的發展方向。

2. 指導資源優先順序使用的排列：策略管理是在資源有限的狀況下，依據策略性議題的優先順序加以設計活動，有助於組織排列資源使用的優先順序。

3. 設定卓越標準：策略管理為組織未來設計一套願景與共同的價值信仰，可以為組織的運作設計追求卓越的標準，以供組織發展方向定位。

4. 對抗環境的不確定性與變遷性：策略管理非常重視外在環境特性的分析，並且根據該特性研擬務實的策略，這種前瞻性的務實策略有助於組織對抗外在環境不確定性與變遷性。

5. 提供控制與評估的基礎：策略管理重視策略執行、控制與評估的問題，設置策略執行的議程、行動計劃、控制機制與評估研究，以檢視策略是否實現與是否需要修正。

【參考書目】 1. 孫本初編著，《新公共管理》，一品文化，2009 年。
　　　　　　 2. 林淑馨著，《公共管理》，巨流圖書，2012 年。

二、新公共管理在公共行政思潮轉變中占有重要地位，也是各國行政革新與政府再造的重要理論基礎，請說明新公共管理的內涵？

破題分析 世界各國於 1980 年代以降，風起雲湧地加入政府再造行列之中，政府再造運運用了大量新公共管理的理論。新公共管理採取公共選擇理論，是以經濟學理論為基調，並針對傳統官僚的弊端進行修正。本題為考古題，其內涵可由其意涵、特質加以說明。

答： 自 1980 年代以來，一股盛行於各國政府的管理風潮，已使各國政府的行政管理文化產生「轉移」的現象——從公共行政轉變為公共管理，雖然這股潮流被賦予不同的稱號，如新右派、新治理、管理主義、企業型政府、以市場為基礎的公共行政等，但卻可被統稱為「新公共管理」（New Public Management，NPM），成為各國政府從事行政革新或政府再造的重要理論基礎。

(一) 新公共管理的意涵：

新公共管理係以市場為取向的公共選擇理論為基礎，發展出一套有別於傳統行政理論的論述內涵，並希望對行政實務進行改造，歸納其論述，可以三項核心觀念涵蓋之：

1. 顧客導向：新公共管理以市場取向為起點，強調將人民視為消費者，標榜以顧客導向做為政府行動的方針。

2. 公共組織內部市場化：新公共管理的支持者相信市場的運作較官僚體制更有效率，因此行政改革的正確道路應該是將市場的競爭概念注入公共組織當中，謂之「組織內部市場化」，其實務上的作為即薩瓦斯（E.S.Savas）所稱「將政府民營化」（to private government）。

3. 企業型政府：新公共管理的倡議者目睹了許多成功企業的經驗，咸認政府的成敗與民選首長、政務官和行政人員是否具有企業家精神息息相關，這意謂著大膽創新、追求變革、前瞻視野與接受挑戰等應成為公共管理者的特質，具有此種企業家精神的政府即稱為「企業型政府」（entrepreneurial government）。

(二) 新公共管理的特質：

1. 在公部門中實踐專業管理：此意謂放手讓管理者管理，由組織中層管理者享有主動、明顯的裁量權，此即所謂權責相稱的落實。

2. 明確績效標準與測量：即明確地界定目標並設定其所需的績效，包括了任務成敗所需之課責的明確陳述，以及達成目標所需的效率指標。

3. 強調產出控制：新公共管理的精神非常強調著產出的結果更甚於過程。

4. 主張分部化：將公部門內的組織結構依據產品或服務特性劃分為若干管理單位，然後根據每一單位實施統合化的管理方式，以收管理效果。

5. 強調競爭：強調市場的競爭，並以契約外包的策略進行市場測試，提供公共服務，期以競爭的精神，提供卓越的服務品質與降低成本。

6. 重視私部門的管理風格：將公部門科層化的公務倫理予以革除，在人事甄補和獎酬方面更加彈性，以及運用私部門已經證實有效的管理工具。

7. 更加重視紀律與資源運用的節制：包括樽節開支、強化人員的紀律、抗拒工會的要求、降低受制於企業所需付出的代價等。

【參考書目】 1. 孫本初編著，《新公共管理》，一品文化，2009 年。

2. 林淑馨著，《公共管理》，巨流圖書，2012 年。

乙、測驗題

( ) 1. 有關公共管理的意涵，下列何者正確？ (A)公共管理與科學管理的傳統無關，是一種應用性的社會科學 (B)公共管理的重點，是將公共行政視為一種專業 (C)公共管理重視組織內部運作程序，不重視組織與外部環境的關係 (D)公共管理的領域，不包含非營利組織（或稱為第三部門）。

( ) 2. 英國首相布萊爾（Tony Blair）所主張的公共管理改革模式，力主讓個別工會涉入政黨事務，此種主張被稱為何種主義的政經模式？ (A)團體競合主義 (B)自由放任主義 (C)利害關係人主義 (D)社會統合主義。

( ) 3. 「新公共行政」與「新公共管理」的差異在於： (A)前者回應對象特別著重公民，後者回應對象特別著重顧客 (B)前者重視提供服務流程與標準設計，後者重視公共行政倫理 (C)前者採取完全理性，後者強調政治權威 (D)前者認為政府是導航者，後者則認為政府是操槳者。

( ) 4. 一般認為，全面品質管理的重要學者，下列何者錯誤？ (A)朱朗（J.Juran） (B)克勞斯比（P.Crosby） (C)戴明（W.E.Deming） (D)聖吉（P.Senge）。

( ) 5. 下列何者不是公共管理P研究途徑的特徵？ (A)透過個案研究來發展所需之知識 (B)偏向於前瞻性與規範性的理論研究 (C)著眼於高層管理者所制定之策略的研究 (D)接受以公共行政學科為中心的政策執行研究。

( ) 6. 有關新公共管理風潮下的政府再造之敘述，下列何者錯誤？ (A)目的在建立一個成本最少、做得最好的企業型政府 (B)所謂再造強調的是對組織過程的澈底再思考 (C)重視高階管理者創造價值的全面性連接過程 (D)政府再造與組織精簡二者內容有別。

( ) 7. 對於政府服務品質不滿意的公民，會產生何種擴張效應？ (A)顧客乘數效應 (B)追隨者乘數效應 (C)顧客連鎖效應 (D)顧客忠誠效應。

( )　8. 有關全面品質管理的核心概念，下列敘述何者錯誤？　(A) 以不斷持續改進為目標　(B) 不強調人員和效率的整合　(C) 以滿足顧客潛在需求為焦點的品質概念　(D) 強調團隊工作的全員參與為管理原則。

( )　9. 在學習時，當組織因應的方法只是改變行動但未改變價值時，屬於下列何種學習類型？　(A) 雙圈回饋學習　(B) 創新性學習　(C) 單圈回饋學習　(D) 再學習。

( )　10. 下列何者是新公共管理主張政府應該引進市場機制的主要原因？　(A) 政府應該扮演划槳者的角色　(B) 可以為生產者帶來較高利潤　(C) 市場係以消費者為導向　(D) 重視生產過程的技術改造。

( )　11. 依據 B.Andersen& P.Pettersen 之見解，就比較標的區分標竿學習的種類，下列何者錯誤？　(A) 功能標竿　(B) 績效標竿　(C) 策略標竿　(D) 流程標竿。

( )　12. 顧客導向的執行方式與經營策略中，下列何種組合較為正確？　(1) 有效處理顧客抱怨　(2) 第一次服務就零缺點　(3) 找出顧客的期望與偏好　(4) 回應最有影響力的顧客　(5) 依法行政善用行政裁量　(6) 異業學習企業標竿　(A)(1)(2)(3)(6)　(B)(1)(2)(3)(5)　(C)(2)(3)(4)(6)　(D)(3)(4)(5)(6)。

( )　13. 下列何者並非 20 世紀後期新公共管理改革浪潮出現的原因？　(A) 出現於後冷戰時期新的世界局勢　(B) 新興國家民主轉型的治理需求　(C) 全球化之下國家間競爭日趨激烈　(D) 金融海嘯所需要的跨國合作機制。

( )　14. 依據管理學者布拉克（R. Blake）與莫頓（J. Mouton）所提出的管理格道理論，下列何者是「團隊式管理」所具備的特質？　(A) 對生產關切的程度低，對員工關切的程度低　(B) 對生產關切的程度高，對員工關切的程度高　(C) 對生產關切的程度低，對員工關切的程度高　(D) 對生產關切的程度高，對員工關切的程度低。

( )　15. 美國政府績效與成果法案（Government Performance and Results Act, GPRA）是在下列何者擔任總統時所推動的法案？　(A) 雷根　(B) 柯林頓　(C) 歐巴馬　(D) 老布希。

( )　16. 一項服務對於接受者所產生的衝擊或影響程度，係指下列何種績效指標？　(A) 投入指標　(B) 過程指標　(C) 回饋指標　(D) 結果指標。

( )　17. 下列何者不是非營利組織自律規範中的重要原則？　(A) 誠信募款　(B) 訂定服務目標及流程評估　(C) 財務資訊保護　(D) 利益迴避。

( )　18. 老手與新手之間的經驗傳承，其知識屬性最屬於下列何者？　(A) 內隱知識　(B) 內隱知識與外顯知識的綜合　(C) 外顯知識　(D) 有時內隱知識，有時外顯知識。

( )　19. 有關知識地圖的主要元素，不包含下列那一項？　(A) 知識社群　(B) 知識執行長　(C) 知識專家　(D) 知識庫。

( )　20. 下列何者不是電子化政府發展趨勢所面臨的困境？　(A) 過度浪費與未具效益的問題　(B) 步調不一的電子化過程　(C) 資料庫的累積與整合問題　(D) 高層管理者過度重視資訊科技知識與策略。

( )　21. 下列何者不是非營利組織的特徵？　(A) 非利益的分配　(B) 非正式組織　(C) 服務取向、行動取向　(D) 組織收入依賴募款能力，而非組織績效。

( )　22. 下列何者不是成功行銷的關鍵要素組合？　(A) 組織應採取「多做少說」的原則　(B) 組織的基本目的在於滿足顧客的需要　(C) 要滿足顧客需要，整個組織必須同心協力　(D) 組織應強調長期的掌握顧客。

( )　23. 英國政府自 1970 年代末期，發展出一套協力規劃的執行策略，下列何者並非是此執行策略的主要作法？　(A) 市場式協調規劃　(B) 聯合規劃　(C) 聯合財政　(D) 結構塑能與法律授權。

( )　24. 政府業務委託民間辦理包括四大模式，下列何者屬於「機關內部業務委外」的類型？　(A) 消防安全檢查委外　(B) 訓練業務委外　(C) 違規車輛拖吊業務委外　(D) 宜蘭傳藝中心民營。

( )　25. 某民間廠商投資 6,000 萬元，與某縣市政府簽約擴建某國小現有的游泳池設備，並增建 25 公尺室內溫水訓練池，廠商取得營運權一定期間後，再將營運權歸還政府。此民間機構參與公共建設的方式，稱為：　(A)ROT　(B)BOO　(C)OT　(D)BOT。

解答與解析

1.**(B)**。(A)當代的公共管理強力地結合科學管理的傳統。
　　(C)公共管理不僅重視組織內部運作程序的精進有效，同時也重視組織與外部環境的關係。
　　(D)對公共管理的「公共」賦予更寬廣的定義，包含非營利組織、私人企業之公共面向和混合型組織。

2.**(C)**。新工黨領袖布萊爾（Tony Blair）主張「第三條路」，用以區別舊勞工黨，其理念如下：
　　(1)主張「利害關係人主義」的政經模式，讓個別工會涉入政黨事務。
　　(2)主張自由經濟。
　　(3)支持低賦稅政策。
　　(4)主張由人民自己的力量自己解決問題。
　　(5)相信社會目標可以經由正確地管制而實現。
　　(6)主張應該加入歐盟。
　　(7)要花多少錢並不重要，重要的是如何花錢。

3.**(A)**。(B)前者重視公共行政倫理，後者重視提供服務流程與標準設計
　　(C)前者強調政治權威，後者採取完全理性
　　(D)前者認為政府是操槳者，後者則認為政府是導航者

4.**(D)**。聖吉（P.Senge）於1990年著《第五項修練：學習型組織的藝術與實務》，首倡「學習型組織」。學習型組織的內涵為：(1)系統思維；(2)自持自勵、超越自我；(3)改善心智模式；(4)建立共享願景；(5)團隊學習。

5.**(D)**。公共政策途徑下的公共管理（P途徑）：根據凱多看法有如下特徵：
　　(1)對傳統式的公共行政及政策執行研究予以拒絕。
　　(2)偏向於前瞻性與規範性的理論研究。
　　(3)著眼於高階層管理者定之策略的研究。
　　(4)透過個案研究來發展所需的知識。
　　(5)在政策學派影響下的公共管理研究，乃視公共管理與政策分析為一體。

6.**(C)**。高階管理者應用願景和策略領導，而創造價值的全面連接過程則逐級授權給下級組織人員，藉以授能成員以提升其能力。

7.**(A)**。對於政府服務品質不滿意的公民，會產生顧客乘數效應（customer multiplier effect），亦即如果有10%的顧客表示不滿意，必須乘以9至10倍的不滿意度。

8.**(B)**。 強調人員和效率的整合。

9.**(C)**。 單圈回饋學習：僅針對達成組織績效手段與方法進行改善，但未改變價值或目標，亦即工具理性學習。
雙圈回饋學習：組織成員探索與重新調整組織目標與規範。

10.**(C)**。 (A)政府應該扮領航者的角色
(B)成本效能、對顧客回應性
(D)強調著重產出的結果更甚於過程。

11.**(A)**。 依據B.Andersen& P.Pettersen之見解，標竿學習的種類：
(1)依比較標的可分為：績效標竿、流程標竿、策略標竿。
(2)依比較對象可分為：內部標竿、競爭標竿、功能標竿、通用標竿。

12.**(A)**。 顧客導向的執行方式：
(1)找出顧客的期望、品質與偏好：顧客導向要能落實，首要之道在於找出顧客真正需求。
(2)蒐集顧客及員工的意見：所謂「三個臭皮匠勝過一個諸葛亮」，任何一個單位應廣納意見提昇本身服務的發展，而組織成員及顧客則是最接近本業的一群，其意見應具可行性，平日即應蒐集與注意。
(3)異業學習的企業標竿：除了同業的學習外，異業的學習近年來亦受到重視。尤其是近年來公部門經常倣法企業的經營理念與精神以作為提昇效率的學習與參考對象。
(4)第一次服務就做到零缺點：如果在經營理念上是以顧客為導向的服務，則「以客為尊」的觀念隨時隨地印烙於員工心中，便可做到零缺點並可日益進步。
(5)有效處理顧客抱怨：研究指出，有效處理顧客抱怨的步驟有四：A.感謝顧客的抱怨；B.聆聽：即先不要反駁，只要先靜靜聆聽；C.注重天時、地利、人和；D.提出令顧客滿意的解決方案。（林淑馨，2012：182－183）

13.**(D)**。 石油危機導致全球性的經濟不景氣，面對停滯的發展、持續的通貨膨脹、能源成本提高、生產力降低、失業率的節節升高，加上政府財政收入減少及社會福利成本的持續擴張，而引發了福利國家的種種危機。

14.**(B)**。 布雷克（R.R.Black）與莫頓（J.S.Mouton）於1964年提出《管理格道論》一書，並於1978年又合寫《新管理格道》，將管理格道理論精緻化。認為管理者欲達成組織特定目的，在從事管理活動時，必須具有某種程度的關心工作產量與關心員工態度。依其所

見，管理者可能在81種不同組合之管理格道中呈現其中一種領導方式。而其所重視者係以下五種方式：
(1)權威服從式管理：此種組織最重視工作（業績），不關心人員。為了提高工作效率，必須犧牲或壓制個人的需求。
(2)鄉村俱樂部式管理：此種組織對工作漠不關心，只求對人員最大關心。領導者重視人際關係，忽略團體目標。
(3)無為式管理：此種組織對人員及工作都不關心。領導者不求有功，但求無過，對於團體目標及人員目標只作最低程度努力。
(4)組織人式管理：此種組織對人員及工作關心程度恰好適中，不偏不倚。領導者一方面體恤人員，一方面又考慮工作。
(5)團隊式管理：此種組織對人員及工作皆表現高度關心，認為組織目標與人員需求之間並不矛盾，只有在組織工作與人員需求同時獲得最大注意時，組織目標與人員需求才能實現。

15.(B)。 1993年柯林頓總統推動「國家績效評估」（National Performance Review, NPR），國會亦通過「政府績效成果法」（Government Performance and Result Act, GPRA）強調政府施政以績效與成果為導向。

16.(D)。 指標（Indicator）是指一個定義好的目標及測量工具，用來監測重要照護面的品質。可分為：
(1)績效指標：又稱監測指標，必須是定義清楚的、客觀的、可測量的。
(2)投入指標：投向某一社會過程的人力、財力、物力等資源的指標。
(3)過程指標：監控整個組織的任務及活動。
(4)結果指標：針對服務對於接受者所產生的衝擊或影響程度。

17.(C)。 非營利組織具有服務社會大眾及維護公共利益的公益使命，為發展此責信指標之目的及鼓勵非營利組織承諾及實踐組織的公信力，提升社會大眾對非營利組織的信任，發揮非營利組織之社會功能與使命，訂定自律規範。
第1條 組織的合法性
　1.1 非營利組織必須遵守相關法令規章。
　1.2 非營利組織之運作必須遵守組織（捐助）章程（財團法人稱捐助章程；社團法人稱組織章程）。
第2條 組織的使命
　2.1 章程應明確陳述具有服務公眾利益的使命及目標。
第3條 組織的非營利原則
　3.1 堅持不分配結餘給予組織運作相關人員。

第4條 組織治理與監督

4.1 組織應建立符合組織發展的決策機制及管理制度。

4.2 理（董）監事會應負責監督組織管理及財務預算，發揮治理監督功能。

第5條 募款誠信

5.1 在募款活動中所提供的相關資訊應真實、可靠、不誤導他人，應符合組織使命。

5.2 非營利組織之運作必須遵守組織（捐助）章程（財團法人稱捐助章程；社團法人稱組織章程）。

5.3 募得款項之捐款資料應辦理徵信，但捐款人個人資料須加以保密。

5.4 應公布所募得善款額度及其使用流向。

5.5 應公布善款之使用成果。

第6條 服務績效

6.1 盡力達成工作目標，展現服務績效。

6.2 必須訂定清楚的具體服務目標及方案。

6.3 每一服務方案都訂有評估流程。

6.4 定期評估組織工作是否符合組織使命與目標。

第7條 財務透明

7.1 每年公布年度收入與支出，提供真實準確和及時的財務報告，接受監督和諮詢。

7.2 應公開組織經費流向。

第8條 資訊公開

8.1 應主動將業務相關資訊以社會大眾容易取得的方式公告之。

8.2 對於社會大眾所提出對於組織運作（諸如募款行為、經費流向、服務績效）等議題的詢問，須積極且正確的回應，以尊重大眾知的權益。

第9條 利益迴避

9.1 組織運作相關人員均應主動迴避任何組織與個人之利益輸送。

第10條 組織互動倫理

10.1 和社會其他組織建立良好的夥伴關係，避免任何形式的惡性競爭。

18.**(A)**。知識的分類：

(1)內隱知識（Tacit Knowledge）：多存在於個人身上，其深植於個人的理想、價值和情感上，也蘊藏於個人的行動與經驗中，

屬於主觀性難以藉由具體形式向外傳遞的知識，必須藉由人際互動，才能成為組織共同知識。

(2)外顯知識（Explicit Knowledge）：是具體客觀存在於文件或電腦中的知識，此類知識是有規則、有系統可循。

19.(**B**)。知識管理中構成知識地圖的三大元素：

(1)知識庫：是一個知識創造、整理、儲存、擴散、應用與演化的平台。

(2)知識社群：指透過網路社群的互動與分眾特色，輔以實務社群的搭配運作，建立以專業技術與知識領域為主的討論區、電子佈告欄（BBS）、聊天室等，讓成員得以分享知識並創造知識。

(3)知識專家：指對於一個特別的工作單元，他們總是可以憑藉著豐富的知識與經驗順利達成任務的要求。

20.(**D**)。雖然電子化政府是未來必然的發展趨勢，但目前也發現許多問題值得探討：(1)過度浪費與未具效益的問題；(2)高層管理欠缺資訊科技的基本知識與發展策略；(3)腳步不一的電子化過程；(4)資料庫的累積與整合問題。（丘昌泰，2012：400－401）

21.(**B**)。非營利組織的特徵有：正式組織、民間組織、非利益分配、自己治理、志願性團體、公共利益屬性、組織收入依賴募款能力、服務取向、行動取向、扁平組織、低度手段理性、高度團結一致、利他主義。

22.(**A**)。「宣而不為」或「為而不宣」均非正確的行銷態度，應採取「做多少說多少」的原則。

23.(**A**)。英國政府自1970年代末期，發展出一套協力規劃的執行策略，包括四項主要作法：(1)中央是協調規劃（centrally coordinate planning）；(2)結構塑能與法律授權（enabling structure and legal mandate）；(3)聯合規劃（joint planning）；(4)聯合財政（joint finance）。經由這四項作法所形成的協力規劃機制，在英國地方政府與地方之間扮演重要角色，甚至成為英國治理有效互動的機制。（林水波、李長晏，《跨域治理》，五南圖書）

24.(**B**)。(A)(C)(D)皆屬於「機關外部業務委外」。

25.(**A**)。ROT（Reconstruction重建、Operation營運、Transfer移轉）：政府舊建築物，由政府委託民間機構或由民間機構向政府租賃，予以擴建、整建、重建後並營運，營運期滿，營運權歸還政府。

★107年地特三等

> 一、處理公共事務，不見得需要花大量經費。試以下列石頭湯的故事，闡述如何透過公私協力夥伴關係以促成地方治理？政府所應扮演的角色與策略為何？一個飢累交迫的和尚走進貧瘠村莊，想向村民化緣，但是害怕陌生人的村民紛紛把門關起來。和尚無奈，向村民借來大鍋煮水，水慢慢沸騰時投入石頭，好奇的村民問：「您要煮什麼湯？」和尚說要煮石頭湯止飢。村民們心想石頭湯怎麼喝，於是貢獻各自擁有的些許雜糧、蔬菜、肉與麵粉等，每人貢獻一點，湯就煮好了，大家也都分享好喝的湯。次晨，和尚向村民告別，村民對和尚說：「從今以後，我們再也不會挨餓了。我們會煮石頭湯了。」

破題分析 ▷ 本題藉由「石頭湯」故事的隱喻，來說明在今日政府面對是事實上可扮演如故事中和尚的角色，透過「石頭湯」，引申公私協力的必要性，促成地方治理。

本題解題的重點在：「如何透過公私協力夥伴關係以促成地方治理」、「政府所應扮演的角色與策略」。

答： 公私協力關係乃指公私部門互動過程中，公部門與私部門形成平等互惠、共同參與及責任分擔的關係。在此關係中，合夥的彼此在決策過程均基於平等地位，有著相同的決策權，而形成一種相互依存共生共榮的關係。

(一) 如何透過公私協力夥伴關係以促成地方治理：

1. 透過資源整合，使雙方互蒙其利：此為公私部門協力最具價值的理由。公、私部門彼此透過資源的整合與共同的投入，提高資源的使用效率，如遇到彼此間利益之衝突而無法推行工作，就透過合理的「衝突求解」而得以協力合作。

2. 強化民主決策與民主參與的效果：協力關係的建立，可集結公、私部門的專才或技術而形成協力組織或網絡，不但可以整合社會資源，也達到民主化決策與民間參與的成果；此協力關係的建立可由關係、網絡或契約來達成。

3. 改善傳統公共行政的缺失，有效解決社會問題：透過公私部門協力關係的建立，可使傳統公共行政的諸多缺失，如膨脹的組織、繁複的行政程序等作風得到改善。取而代之的是將私部門企業型的公共

管理納入行政體系，使公部門更具行政效率、市場性與企業機制，進而能有效反映和解決民眾需求。

4. 解決市場失靈的現象：透過公私部門合夥協力關係之運作，能將社會資源與國家資源予以重新配置或有效整合，以改善社會整體福利，並保障更多人的權益，而將市場失靈的可能性降到最低。

(二) 政府所應扮演的角色與策略：

1. 政府所應扮演的角色公私協力關係如欲達成兩者間的共通目標，應尊重彼此的立場而以充滿信賴，而且處於「對等」關係為前提，如「合作、合夥」的角色。

2. 公私部門協力關係之策略吳英明教授認為推動公私協力關係的策略可分述如下：

(1)增加利害關係人的參與：任何一項公共事務，都必須涉及許多利害關係。而政策利害關係人可分為三類：政策制定者、受益者與受害者，每個利害關係人都必須緊緊相扣，如有缺一，便會阻礙整個政策發展。

(2)加入中介團體來協助推動，並賦予準合法性地位：公私協力關係的推動有時需要透過公益型或專業型的中介團體來協助。這些中介團體必須針對某種議題提供實用的原則或模式來促使公私部門行動和資源的結合。

(3)透過立法規範公私部門協力的運作：在協力過程中，若雙方沒有確實遵守誠信原則，便很容易流於無秩序狀態。因此政府必須訂定相關法案或在法案中訂定相當條文來約束公私部門協力的運作。

(4)利用全民教育的推廣，使民眾具有公私協力的觀念：公私協力關係的建立必須要有民眾參與的精神，才能展現它真正的力量。

【參考書目】 林淑馨著，《公共管理》，巨流圖書，2012。

二、民國 107 年年底地方公職人員選舉完成之後，各縣（市）、直轄市政府都將面臨新局。試以某縣（市）、直轄市為例，說明擬訂四年期的中程施政計畫重點內容、規劃步驟，並從策略規劃與管理角度，分析各局（處）業務應該如何整合並強化中程施政計畫的執行力。

破題分析〉近幾年國考策略管理的議題經常出現，例如 107 年普考、106 年高考、105 年地特考試。本題結合時事，以直轄市的中程施政計畫為例，提問從策略規劃與管理角度應有何作為。除運用學理作答外也需配合個案來回答。

答：(一) 策略管理過程包括以下階段：

1. 界定組織目標

任何組織必須先確認組織目標和使命。界定目標是將組織未來需要完成的工作具體陳述出來，並且讓組織成員能夠瞭解，亦即目標可視為外來努力方向。

2. SWOT分析

(1)內部環境分析：機關組織內部環境包括優勢（Strength）與劣勢（Weakness）條件的分析，其中目標與策略的建立能夠使內部優勢更強化，並能夠克服劣勢。

(2)外部環境分析：外部環境包括機會（Opportunity）與威脅（Threat）的分析，外部分析在於確認組織所無法控制的趨勢與事件。

3. 形成策略

為了達到目標，必須提出許多可行的策略，然後加以分析與評估，最後選擇最佳策略。

4. 執行策略

策略形成之後，所選擇及制定的政策需要轉化為行動，亦即須要去執行。依組織資源及實力設計設計組織結構，協調並控制組織需求，設計出策略方案，然後再依組織結構與策略方案，交給相單位和人員執行。

5. 策略評估

策略執行之後，整個組織的活動及所產生的績效需要進行監督，須把實際績效與所期望的績效進行比較，並就計畫目標與執行情形作通盤性檢討，以瞭解其得失，作為未來修正目標或改進計畫的參考。

(二) 以台中政府秘書處108-111年中程施政計畫為例，其重點內容：

1. 願景及核心價值：以「國際門戶、效能政府」作為本處施政願景，並以「連接國際網絡」、「全面接軌國際」、「精進便民措施」、

「強化服務支援」、「陽光國際採購」5大主軸為主要核心價值推動各項業務。

2. 策略目標

(1)拓展城市外交：活絡聯外資源，搭建本市各領域國際合作橋樑；強化國際城市交流。

(2)建立國際合作夥伴：積極參與國際組織；吸引國際貴賓，行銷臺中。

(3)強化服務措施：加強維護市政大樓各項設備，落實親民友善環境理念；完備市政大樓防救災體系，提升救援能量；落實節能減碳措施，提升整體節電成效等。

(4)提升行政效能：強化通訊設備效能，提升為民服務品質；推動本府電子公文節能減紙作業，提升實施績效；控管工友人力員額，落實精簡政策等。

(5)提升整體採購品質：建立完善採購制度，提升本府採購效能；辦理多元化採購教育訓練，強化採購人員專業素養等。

3. 未來四年重要計畫

(1)持續推展城市外交，深化國際友好情誼 108-111 組團訪問友我城市，搭建本市國際合作橋樑積極出席國際會議，推動城市國際行銷。

(2)建立健全採購輔導服務及稽催機制。

(三) 從策略規劃與管理角度建議

從上述台中政府秘書處108-111年中程施政計畫，可看出在策略規劃階段，有提出願景、使命、目標、ＳＷＯＴ分析，到選擇策略，並提出未來計畫，相當完整。但接下來策略執行與評估階段，可能必須整合相關單位，例如台中空污嚴重，除了節能減碳外，可能需要整合環保局、台電、經濟部、交通局、都發局，才能有效降低空污。另外，2018臺中世界花卉博覽會，簡稱：台中花博，展覽到2019年4月，似乎不如預期，也沒有太多的國際人士參與。所以後續各項業務的成效評估也是一個重點。

【參考書目】 1. 丘昌泰著，《公共管理》，智勝文化，2012。
2. 林淑馨著，《公共管理》，巨流圖書，2012。

三、現今許多大學生需要利用暑假或寒假完成大約一個月的實習活動，才能取得畢業資格，但因時間過短、管理不當等問題也會造成組織負擔。若您負責某縣（市）、直轄市公部門寒暑假實習生業務，可否從策略性人力資源管理角度，提出實習生的招募與管理策略，以提高政府治理品質。

破題分析 > 策略人力資源管理議題，偶而出現在歷屆考題中，如95年高考與地特三等，本題透過大學生寒暑假實習實例命題，解題必須理論兼具實務回答，才能拿高分。

答：傳統的人力資源管理在組織生存發展策略上扮演消極的被動角色，必須先由策略階層設定組織任務、願景與策略目標，然後再交給人力資源管理者付諸行動。但是，策略性人力資源管理則強調：組織任務、願景與策略目標的設計，如未能將人力資源管理考量在內，則組織成功的機會將大大降低。

基於此，策略性人力資源管理關心的是五P問題（Schuler, 1992）：燁

(一) 人力資源哲學（Philosophy）

哲學的用意在於界定組織價值與文化，人力資源哲學必須表達出如何對待員工，如何表現人的價值。若以大學生寒暑假實習為例，公部門寒暑假實習生業務應建構在培養未來公務卓越人才的願景為職志。

(二) 人力資源政策（Policy）

政策的用意在於提出分享性價值的指導綱領，人力資源政策必須建立與人相關的議題與人力資源計畫的行動綱領。公部門寒暑假實習生業務應基於上述哲學理念，訂定政策綱領，例如挑選相關科系的實習生，以能適才適所、教學相長。

(三) 人力資源計畫（Program）

計畫的用意在於說明人力資源的策略，人力資源計畫必須協調所有促進與人類相關議題變遷之行動努力。公部門寒暑假實習生業務應訂定相關計畫，例如招募多少員額，提供何種的實務訓練等。

(四) 人力資源實務（Practice）

實務係指幕僚作業、績效評鑑與獎勵報酬，人力資源實務必須激勵必要的角色行為。公部門寒暑假實習生業務應給予大學生實務歷練，並予以考核、獎勵。

(五) 人力資源過程（Process）

　　過程係指其他活動的執行與形成，人力資源過程必須界定這些活動如何執行。公部門寒暑假實習生業務在大學生實習期間應指定專人或專責機關負責管理實習生得作息與工作分配等。

【參考書目】丘昌泰著，《公共管理》，智勝文化，2012。

四、民國 107 年 10 月 21 日發生台鐵普悠瑪 1021 事故，造成多人死傷。之後陸續發現，在事故前已有許多被忽略的重大警訊。不過，危機與災難很少是單一原因，試從風險預防與管理角度，說明平日組織該如何認定、評估風險並加以防範？

破題分析　本題是考古題，100 年地特考三等曾考過風險管理的議題，應不難回答。題解也可採紐納美克等人所提出的危機管理動態模式，或密卓夫的危機處理五大計劃都是正確的答案。

答：一個風險社會通常是指一個比較容易發生危機的社會，台灣是一個隨時可能發生危機的「風險社會」，為因應危機的突然來到，必須充分瞭解風險、評估並管理風險。

　　為有效管理可能發生事件並降低其不利影響，所執行之步驟與過程。風險管理必須整合兩種功能性的科學活動：

(一) 風險評估：風險的認定、估計與評鑑，偏重於技術層面的分析評估。

　　風險評估：包括風險辨識、風險分析及風險評量的過程。

　　1. 風險辨識（確認）：發掘可能發生風險的事件及其發生之原因和方式。

　　2. 風險分析：系統性運用有效資訊，以判斷特定事件發生可能性及其影響的嚴重程度。

　　3. 風險評量：用以決定風險管理先後順序之步驟，將風險與事先制定之標準比較，以決定該風險之等級。

(二) 風險溝通：政府相關部門依據風險評估結果，研擬降低或避免風險的策略與行動綱領。強調與利害關係人進行風險意識的傳播與交流，包括傳達內容、溝通方式及溝通管道。亦即提供大眾充分的風險情境與背景資訊，讓大家有能力就可能危機參與對話，甚至加入決策，以防範可能發生的危機。

【參考書目】丘昌泰著，《公共管理》，智勝文化，2012。

★ 107 年地特四等

甲、申論題

> **一、何謂組織創造力？其具體內涵有那些？組織創造力會為組織帶來那些效應？試分別論述之。**

破題分析 組織創造力與組織更新、組織變革、組織再造、組織學習等為相關議題。但組織創造力在歷屆考題中從未出現過。對一般考生而言，可能很難回答，只能依題意回答。本題出自林水波《公共管理析論》第五章 - 組織創造力：迎接挑戰的準備力。

答：二十一世紀帶動組織成長的動力來自於組織創新，創新更是人類生存的本能，在每逢人類存亡的關鍵時刻，創新都扮演了舉足輕重的角色；創新更是提昇國家競爭力的重要指標。

(一) 組織創造力的意涵：Woodman等人認為，組織創造力是指在一個複雜的社會系統下，由工作在一起的個體創造有價值的以及有用的新產品、服務想法、流程或過程。

(二) 組織創造力的具體內涵：組織創造力是組織能力的一種深受各種創造能力的影響，基爾福（Guilford，1977）認為創造力可分為五個部分，分別描述如下：

1. 敏覺力：指能夠敏於覺察事物，對問題或事物的敏感度。

2. 流暢力：指連續產生想法與觀念的多少即為流暢力的表現。

3. 變通力：是指多面向思考問題的能力，能適應各種狀況有彈性的思考力。

4. 獨創力：能想出別人所想不來的觀念，產生獨特新穎的能力。

5. 精進力：能修飾、擴展、引申原本觀念的能力，即精益求精與慎思熟慮的能力。

(三) 組織創造力的效應：組織創造力會為組織帶來以下的效應：

1. 組織創造力可激發每位成員的潛力，不斷追求精進與成長。

2. 組織創造力的強化會直接反應到組織的永續競爭力的面向。

3. 組織創造力有助於打破不合時宜的傳統，有效的解決問題，同時也可增進組織效能。

【參考書目】 1.林水波著，《公共管理析論》，五南圖書，2011。
2.九十九年特種考試地方政府公務人員考試錄取人員基礎訓練課程講義。

二、近年來在探討政府與民間關係中，政府業務委託民間辦理相當盛行，我國政府業務委託民間辦理主要有那幾種模式？每種模式民間參與程度為何？試舉例說明之。

破題分析 「政府委託民間辦理」題型曾於 95 年交通事業單位升資人員考試出現，近年則出現在選擇題中，如 105 身障等、107 普考。若有勤做歷屆考題，應可得分。

答：近年來，政府業務委託民間辦理的情形相當盛行，所謂「業務委託」是政府與民間簽訂契約，政府全部或部分提供經費或硬體設施，由民間履行契約關定之項目，提供服務，契約載明雙方權利義務及監督考核機制。

我國行政院人事行政總處於 2001 年編訂《推動政府業務委託民間辦理實例暨契約參考手冊》，目的在於藉由委託外包以改善民間資源與活力，提升公共服務效率與品質。在手冊中，以業務性質為主，民間參與程度多寡為輔，將政府委託民間辦理業務分為：「機關內部業務委外」、「行政助手」、「公共設施服務委託經營」與「行政檢查業務委外辦理」等四大模式：

(一) 機關內部業務委外：係指政府機關將內部業務或設施委託民間辦理或經營，機關支付費用，民間受託者對機關提供服務之方式，不涉及對外公權力行使。其性質可分為：1.內部事務性工作委外辦理：如機關清潔工作、訓練服務、車輛維護、警衛保全。2.內部設施或資產委託民間經營管理；如餐廳、福利社。

(二) 行政助手：係指機關為達特定行政目的，於執行職務時委託民間協助，實際負責職務執行者仍為機關本身，民間之角色乃提供專業技術、人力與設備，機關則依政府採購法等相關規定向民間購買勞務，尚未涉及公權力之委託行使。如違規車輛拖吊業務、路邊停車場收費業務、警局筆錄之錄音繕寫等。

(三) 公共設施服務委託經營：係指行政機關將本應由機關本身親自執行對人民提供服務之設施資產或業務，委託民間經營管理。主要分為兩種方式：

1. 政府將現有土地、建物、設施及設備，委託民間經營管理，受託者須自負盈虧，並負公財產保管維護責任，委託機關則不需親自提供服務並且可從中收取回饋金或權利金挹注公庫。

2. 機關不提供土地建物等設施及設備，僅以經費補助或特許方式委託民間提供服務。此模式又可因其間政府與民間對於經營權及資產設備所有權擁有程度不同而有不同的樣態；如部分公營、部分民營，公辦民營、BOT、補助民間機構提供服務等。

(四) 行政檢查業務委外辦理：係指政府為實現特定行政目的（如管制、查驗等），針對個別事件，委託民間蒐集、查察、驗證，據以認定一定事實是否符合規定所作之檢查行為。如建築物安全檢查、汽機車檢驗、商品檢驗、消防安全檢查、衛生檢查、各種產品安全試驗等。行政檢查是由民間專業機構或人員代替政府執行檢查業務，執行過程完全由民間負責，政府甚至無須負擔費用，可說是委託民間經營程度頗深的一種方式。

【參考書目】林淑馨著，《公共管理》，巨流圖書，2012。

乙、測驗題

( )　1. 行政人員為「主權受託者」觀點出自於？　(A) 新公共行政　(B) 新公共管理　(C) 公共選擇　(D) 公共政策。

( )　2. 下列有關公共管理的概念，何者正確？
(A) 公共管理已普遍成為一種意識形態或文化模式
(B) 公共管理與公共政策的形成與制定無關
(C) 公共管理與新公共行政為同義詞
(D) 公共管理與新公共管理為同義詞。

( )　3. 新公共管理主張課責機制主要應由誰來發動？　(A) 高階文官　(B) 政風人員　(C) 基層公務員　(D) 民意機構。

( )　4. 下列關於從傳統行政到新公共管理發展趨勢的敘述，何者錯誤？
(A) 從官僚主義到後官僚主義
(B) 從重視層級節制到授能彈性
(C) 從法規導向到結構導向
(D) 從控制導向到結果導向。

( )　5. 下列何者不是新公共管理引進市場機制的具體作為？
　　　(A) 開放市公車行駛路線讓民間客運公司參與營運
　　　(B) 住宅都市發展部將不動產租借和貸款的業務民營化
　　　(C) 勞動部將職業安全健康檢查委託私人醫療機構進行
　　　(D) 將自來水事業處改制為自來水公司並由政府獨資經營。

( )　6. 關於公共管理面臨的未來環境之敘述，下列何者較為正確？
　　　(A) 政府部門的規模快速成長
　　　(B) 公務員的服務內容日趨龐雜
　　　(C) 全球化之下社會日趨單一化
　　　(D) 公部門資源日趨豐富。

( )　7. B.G.Peters 曾經歸納出四種政府未來的治理模式，其中的市場模式，係取自何種概念？　(A) 人事管理　(B) 凱因斯主義　(C) 公共選擇途徑　(D) 馬基維利主義。

( )　8. 依據危機管理的建制，下列何者不是危機爆發時的管理活動？
　　　(A) 設置危機指揮中心
　　　(B) 危機情境的評估
　　　(C) 危機情境監測系統的運作
　　　(D) 危機資源管理系統的運作。

( )　9. 有關組織員額精簡策略中的「趨同變遷策略」，下列敘述何者錯誤？
　　　(A) 屬漸進的、溫和的策略
　　　(B) 組織精簡引導組織重組
　　　(C) 成功與否決斷於效率標準
　　　(D) 成功的條件強調魄力與立竿見影的措施。

( )　10. 美國聯邦危機管理局（FEMA）建立了「整合性管理系統」，下列何者不在危機管理過程的四階段當中？　(A) 回應（response）　(B) 復原（recovery）　(C) 評估（evaluation）　(D) 舒緩（mitigation）。

( )　11. 有關危機管理訓練之敘述，下列何者錯誤？
　　　(A) 增進組織成員了解既有的因應策略
　　　(B) 可以培養組織成員分析能力與知識取得的能力
　　　(C) 危機是動態或難以預測的，所以危機訓練可有可無
　　　(D) 相關組織成員可以從危機訓練培養獨立判斷的能力。

（　）　12. 組織要落實顧客導向的服務有四個推動步驟，下列順序何者正確？
　　　　1. 設定員工績效指標　2. 確認顧客需求　3. 確認顧客　4. 建立回饋
　　　　系統　(A)1324　(B)2314　(C)4321　(D)3214。

（　）　13. 下列關於學習型組織特性的敘述，何者錯誤？
　　　　(A) 組織成員寧有爭論也不會保持沉默
　　　　(B) 視策略性的改變為學習的必經之路
　　　　(C) 透過不斷的實驗來找尋最後的答案
　　　　(D) 鼓勵懷疑並發現組織行為或組織運作中的矛盾。

（　）　14. 管理學者布蘭查（K. Blanchard）認為一個高績效團隊必須具備
　　　　PERFORM 的七項特質，關於英文字母及其代表涵義，下列何者
　　　　錯誤？
　　　　(A)P：Purpose 要建立明確的目標
　　　　(B)E：Empowerment 要授權灌能組織成員
　　　　(C)O：Optimal Productivity 要有最佳生產力
　　　　(D)M：Money 要有充裕經費支援。

（　）　15. 目標管理的概念主要植基於下列對「人」的何種假定？　(A)X 理論
　　　　的人性觀　(B)Y 理論的人性觀　(C)Z 理論的人性觀　(D)C 理論的
　　　　人性觀。

（　）　16. 公共管理的意涵，就廣義而言，係指下列何者較適當？
　　　　(A) 第三部門的管理
　　　　(B) 公共事務的管理
　　　　(C) 私部門與第三部門的管理
　　　　(D) 公共資源配置的管理。

（　）　17. 有關社會企業特性的敘述，下列何者錯誤？
　　　　(A) 強調利害關係人，而非股東概念
　　　　(B) 所獲取的盈餘可分配給投資者
　　　　(C) 兼顧經濟與社會目標
　　　　(D) 強調社會企業的永續性。

（　）　18. 將某些統計數據經由系統化分析比較，並將結果應用在提升決策判斷
　　　　能力，是屬於下列那一項概念的內涵？　(A) 智慧　(B) 知識　(C)
　　　　資訊　(D) 資料。

( )　19. 至超商購物時，由超商開立電子發票給消費者，這樣的過程是屬於下列那一種電子化服務類型？　(A)B2B　(B)G2E　(C)B2C　(D)G2B。

( )　20. 臺灣兒童暨家庭扶助基金會主要扮演下列那一種非營利組織的功能？　(A) 改革與倡導　(B) 擴大社會教育　(C) 經費補助　(D) 協助推動政策。

( )　21. 知識創新理論有所謂「知識的螺旋」概念，它是由四種知識相互轉化所產生，下列何者不在其中？　(A) 理性的知識　(B) 系統的知識　(C) 操作的知識　(D) 社會化的知識。

( )　22. 有關政策行銷管理的特性，下列敘述何者錯誤？　(A) 無形性　(B) 易消逝性　(C) 異質性　(D) 可分割性。

( )　23. 有關「臺北市政府舉辦國際花博會時以打折方式促銷，預售票的賣出相當成功，奠定良好的顧客基礎」之敘述，最符合下列那一項政策行銷組合的核心概念？　(A) 政策　(B) 通路　(C) 定價　(D) 推銷。

( )　24. 有關政策行銷內涵之敘述，下列何者錯誤？　(A) 政策行銷的主體是政府部門的機關與人員　(B) 政策行銷手段應強調與傳播媒體溝通　(C) 政策行銷的目的主要在滿足政策制定者的需求　(D) 政策行銷的過程是一個持續循環的動態過程。

( )　25. 下列何者不是「公營企業」存在的主要原因？　(A) 矯正市場失靈　(B) 促進市場競爭　(C) 將資本主義轉向社會主義　(D) 促進集中式長期經濟計劃。

解答與解析

1.(A)。黑堡宣言（The Blacksburg Manifesto）由稱「制度背景的新公共行政」，就是「以集體懷抱的價值、認知、態度以及行為」著手改變個人與制度，提升行政能力，主張行政人員是「主權的信託者」也是「憲政的詮釋者」。

2.(#)。本題一律給分。

3.(D)。新公共管理試圖建立一種具彈性、回應力及學習的公共組織，並發展一種將大眾視為顧客（Clients）、消費者（Customers）

及市民（Citizens）的「公共服務的導向」（Public Service Orientation），公共服務不再由專業的供給者來支配，而是以回應人民真正的需求來提供公共服務。因此，其課責機制主要應由民意機構來發動。

4.(**C**)。結構面：從理念類型的官僚體制到競爭、師法企業。（Rosenbloom, 2002）

5.(**D**)。將自來水事業處改制為自來水公司並開放民營，才是新公共管理引進市場機制的具體作為。

6.(**B**)。綜合學者的觀點公共管理面臨的未來環境系絡特徵：(1)社會與組織將日趨複雜；(2)民營化與公、私部門間的互動將日趨頻繁；(3)持續的技術變遷；(4)公部門的資源及其成長將會受限；(5)公務員的服務內容日趨龐雜；(6)工作團隊與服務對象的多元化；(7)個人主義與自我責任的強調；(8)生活品質的重視與環保主義的抬頭；(9)持續漸進式的改進與轉換，而非激烈的變革。

7.(**C**)。Peters四個治理模式中，歸納1980年代各國政府再造的模式，大約可劃分為四種模式：市場模式、參與模式、彈性模式、鬆綁模式。其中市場模式係引進「公共選擇理論」，認為官僚是理性自利的人，強調創造公共組織的內部市場化（企業精神），運用企業管理技術改善公共服務品質，公共組織的上層需培養企業家精神。

8.(**B**)。根據那納美克等人（J.Nunamaker, 1989）危機管理之動態模式進行危機管理的體制建構：
   (1)危機發生前的管理活動：危機計畫系統、危機訓練系統、草擬危機處理劇本、危機感應系統。
   (2)危機發生時的管理活動：設置危機指揮中心、危機情境監測系統、危機資源管理系統。
   (3)危機解決後的管理活動：展開系統評估與調查工作、加速復原工作、危機管理計畫再推動。

9.(**D**)。學者Cameron及Freeman提出組織員額精簡策略的「趨同變遷策略」特性：(1)漸進的精簡與重組；(2)溫和的精簡策略；(3)重組的目標再強化原有組織任務與策略；(4)高層管理、科技與系統穩定；(5)強調較低階層、較不激進的途徑；(6)強調白領階級之變遷，依序為工作、科技與結構；(7)組織精簡引導組織重組。而其推展成功的條件：使用較不密集的溝通、須用較少象徵行動、組織間關係並不重要、強調穩定與控制、內部取向、效率標準。

10.**(C)**。美國聯邦危機管理局（FEMA）美國危機管理體系中的中央政府專責機構，負責管理全國性重大自然或人為災害的準備、疏解、應變與重建工程，並針對各類災害提供如防災教育訓練、水災保險、州與地方政府支援計劃、消防救火等指導與協助。FEMA建立了「整合性管理系統」將危機管理政策分為：舒緩、準備、回應、復原等四階段。

11.**(C)**。不論是未雨綢繆的應變或危機當前的處理都需要作計畫，危機計畫作業的良窳往往決定危機管理的成敗。危機作業規劃必須透過模擬演練來檢驗與落實，也是平時訓練增強應變能力的途徑。

12.**(D)**。Cocheu提出推動顧客導向的步驟：
(1)確認顧客：先確認目標市場的客戶是誰，凡與組織所提供的產品服務有直接相關者皆是目標顧客。
(2)確認顧客的需求：確認目標顧客後，關心顧客是否滿意所提供的產品或服務。
(3)設定員工的績效目標：主管須為員工設定以顧客為導向的目標，並制定績效評估標準。
(4)建立回饋系統：透過回饋系統的設置，使員工了解其所提供的服務是否滿足顧客需求。

13.**(D)**。從學習型組織的概念及組織學習的理論，可以歸結出學習型組織的特色，大致如下：(1)重視改進；(2)不斷的實驗，而不在尋找最後的答案；(3)尋思設計行動新方案，不是防衛傳統的做法；(4)組織成員寧有爭論，不保持沈默；(5)鼓勵懷疑並發現矛盾、而不是除去它；(6)視策略性的改變為學習必經之路。（魏惠娟〈邁向學習型組織的教育行政領導〉，1989）

14.**(D)**。學者布蘭查（K.Blanchard）等人認為，一個高績效團隊的建立必須具備「PERFORM」等七項特質，此七項特質分別為：
(1)對於組織目標與價值具有共識（Purpose and Value, P）：團隊應規劃出具體的藍圖，以達成組織的願景。
(2)授權灌能（Empowerment, E）：賦予員工活力，學習成長機會。
(3)良好的關係及溝通（Relationship and Communication, R）：開誠佈公的溝通一直是高效率團隊所欲達成的目標。
(4)保持彈性開放（Flexibility, F）：團隊成員的形式有彈性，應視情況分派不同任務，發揮不同的功能。
(5)追求最適的生產力（Optimal Productivity, O）：高標準和高品質的產品或勞動力是高績效團隊一致心願。

(6)主管肯定與讚賞（Recognition and Appreciation, R）：給予肯定以激發成員的榮譽心與責任感。

(7)高度士氣（Morale, M）：成員熱於投入團隊工作，並以此為榮。

15.**(B)**。目標管理（Management by Objective, MBO）確立組織的目標，並採取有效的參與、分權、溝通等方式，以有效地達成組織目標的管理技術。目標管理的概念主要植基於Y理論人性本善的人性觀。

16.**(B)**。公共管理的意涵，可分為下列三者：
(1)狹義說法：係指公部門的管理。
(2)廣義說法：係指包含公共事務的管理，從政治面向到行政面向，從公部門、私部門，到第三部門的事務皆包含在內。
(3)學者通說：係指涉公部門的管理，其中包括政府部門（具有公權力）及非營利組織（如慈善機構、學校、社團法人等）。

17.**(B)**。社會企業特性：(1)主要解決尚未解決的社會、經濟問題；(2)主要的焦點在社會、經濟問題的探討；(3)以創新精神予以解決；(4)在整個社會企業中以企業精神為核心理念；(5)所得盈餘不分配給股東，而是用於利害關係人；(6)強調穩定而獨立的財源基礎；(7)旨在永續經營；(8)以服務為組織目標；(9)主張市場規則的運作。

18.**(A)**。(B)將資料加上推理、應用；(C)經整理成為有系統、有組織的資料；(D)未經整理的符號或數字，如統計數據、書面文件等。

19.**(C)**。(C)B2C是企業對顧客的電子商務服務；(A)企業對企業的電子商務服務；(B)政府與其雇員間的網際服務；(D)政府對企業夥伴的電子商務服務。

20.**(A)(D)**。台灣兒童暨家庭扶助基金會，簡稱家扶基金會，是台灣民間的國際性非營利組織，秉此為弱勢兒童、青少年及其家庭的服務願景及使命。主要扮演非營利組織的改革與倡導、協助推動政策的功能。

21.**(A)**。知識的創造乃顯性知識及默會知識互動而呈現一種向上盤升的螺旋狀過程。而此一過程主要有以下列四個階段：
(1)社會化：乃是個人能將其默會知識與他人分享，是一種同感知識。
(2)外部化：外部化係指能將默會知識傳播，並將它轉化成能為他人所理解的模式，是一種概念知識。

(3)內在化：內部化係指將新創造的顯性知識內化成組織的默會知識，是一種操作的知識。

(4)合併化：合併化係指經由顯性知識的對話，而使得原本的顯性知識轉變成更複雜的一套系統性知識。（孫本初，2006：287-306）

22.**(D)**。政策行銷管理的特性：

(1)無形性：政府的公共服務大多是無形的、抽象的。

(2)易消逝性：如春節高速公路免費通行時段，因期間短，易消逝，若未事前告知民眾，易有怨言。

(3)不可分割性：政府機關在公共服務生產階段，往往與消費者的享受，同步發生，消費者在某種程度上參與公共服務的製造過程，服務提供者與服務接受者，形成不可分割的關係。

(4)異質性：由於政府業務性質、服務人員之不同，各機關服務品質很難標準化。

23.**(D)**。指在預先決定的有限時間內，利用媒體或促銷方式來刺激消費者需求與購買慾望，以提高銷售效率之活動。

24.**(C)**。政策行銷內涵有六大面向：

(1)政策行銷主體：政府部門的機關與人員。

(2)政策行銷對象：公民或利害關係人。

(3)政策行銷手段：強調與傳播媒體溝通。

(4)政策行銷的目的：滿足政府、公民或照顧對象的需求，並促成民眾對公共政策的認識與支持。

(5)政策過程：是一個持續循環的動態過程。

(6)政策內容：除既定政策行銷和服務傳送外，尚包括政策規劃與執行。

25.**(B)**。公營企業是政府公權力干預最直接的作法，也是政府管制最極端的型態。採行公營企業的理由如下（林鍾沂、林文斌譯，1999）：(1)「矯正」市場失靈的現象；(2)改變經濟體系中「報償」（pay-offs）的結構；(3)促進中央集權式的長期經濟計畫；(4)改變經濟體質，由資本主義式走向社會主義式。

✪ 108 年高考三級

> 一、「民營化」和「促進民間參與」是兩種市場導向管理方式。請問：
> 兩者相同之處為何？以臺灣為例，若從內涵、適用法規、實施方式
> 上來看，兩者之差異有那些？

破題分析 民營化相關議題，如委託民間、契約外包、BOT 模式、使用者付費等，
過去屢有題目出現。本次「促進民間參與」（PPIP），簡稱「促參」與
民營化的比較，是出自丘昌泰教授所著《公共管理》一書。促參過去曾
出現在選擇題型，如有作過該題目應不自於忽略此議題。

答：市場導向的管理策略為新公共管理學派的核心管理工具，而「民營化」和「促
進民間參與」是兩種常用市場導向管理方式。兩者相同與相異之處在於：

(一) 促參與民營化兩者相同之處：

1. 兩者都是屬於市場導向的管理策略，皆是將民間資源引進政府部門
當中，以減輕政府獨立興建公共建設的過重負荷；

2. 兩者的管理目標都是一樣的，皆期望能夠提高公共建設的使用效
率，加強為民服務品質。

(二) 促參與民營化兩者相異之處：

1. 民營化的承包業者與政府之間是一種勞務付出與報酬取得的對價關
係，適用政府採購法，公私部門悉依簽訂的合約辦事，毫無彈性與
創意發展的空間；但促參則強調公、私部門之間的合夥平等關係，
適用促參法，公私部門雖有簽約，但該契約具有相當彈性，必要時
還鼓勵參與的企業自行提出創意方案，盡量發揮民間企業的創意與
活力。

2. 促參方式中所謂的公共建設係以基礎建設為範圍；但民營化則範圍
甚廣，幾乎無所不包，原則上只要不涉及政府核心職能者，都可以
外包，事實上，勞務的外包是經常看到的型態。

3. 促參方式為鼓勵民間企業的參與，通常都會設定若干優惠條款，希
望能夠透過誘因設計，給予參與企業若干合理報酬，鼓勵其增加資
金或增加服務項目，使其發揮民間的創意與活力；但民營化的簽約
外包則不允許，完全必須精確估計報酬與勞務之間的對價關係。

【參考書目】丘昌泰著，《公共管理》，智勝文化，2012。

> **二、何謂「公共管理 3P」原則？其中，「公私協力」觀念在實務運作上常會遇到那些困境？**

破題分析 公共管理 3P 原則、公私協力相關議題，過去都曾考過，例如 98 年地特三等。本題若有準備應能從容應答。

答：(一) 公共管理的3P原則：3P是「三位一體」同一核心但分三個面向切入，而用之於實務案例時，卻可能是三P行動原則整體意涵的發揚。

1. 活化參與（Participation）：從公共行政和公共管理的發展而言，「公民參與」及公私部門的「合作生產」的觀念及作法在先進國家已被廣泛運用。私部門及公民透過民主政治所保障的機會提供知識及情感參與公共問題的「集體解決」。「公民參與」及「合作生產」的作法，不僅為公共事務的管理提供一種解決問題的方式，同時更是激勵參與者對「公民資格」的驕傲。

2. 運用民營化（Privatization）：民營化也可視為官僚規模精簡（downsizing bureaucracy），引進市場機能，把更多社會資源放在民間，民間可以在市場機制中發揮創意與活力。

3. 營造協力（Partnership）：現代的公共管理相當注重組織內部的社會建造，使公共組織更具與外部環境調適和結合的親和力。相同的，現代化私部門的經營亦必須注重與民眾和政府互動，即所謂的私部門運作的「雙重公共性」。亦即公部門和私部門共同學習到在公共服務的提供方面，經營者可能不是主要演員，高度支持的民眾和大家願意協力合作的精神和行動格外顯得重要。

(二) 公私協力在實務運作上的困境：

公部門與私部門的協力關係在運作上會遇到下列幾項困境：

1. 政府機構層級複雜，私部門難以配合或貫穿：政府機關的龐大和層級複雜，同一任務往往由許多不同單位共同負責，造成權責歸屬的模糊及不明確。私部門往往因為此種因素而無法在政府機構裡找到適合的專責機構一起共同協商，而制式的溝通方法造成政策的延遲效果，使得許多時效性的決策最後便失去了意義。

2. 協力過程監督、審議太多，削弱競爭契機：公私部門在協力過程中，要接受雙方的監督、審議。公部門議會審核合作方案的程序必須經三讀通過後，才能進入執行階段。然而，許多議案常常無法順

利地排上議程，因此在推動協力關係時，若每一方案都須經過議會的通過，就容易因為時間的延誤而降低了企業商機。

3. 公私部門對公共事務認知差距：公部門與私部門兩者對利益著眼點的不同，也會形成公私部門互動的障礙。不管是主張國家利益或人民利益優先，政府都是從大層面的環境來考量，追求全民利益是基本使命；而私部門則以本身的利益考量為重，追求利潤才能維持他們的日常運作，因此在公共事務管理的體認方面，公私部門有很大的認知不同。

4. 公部門資訊具壟斷性，無法流通：在公部門方面，資訊壟斷有公平性的考量；在私部門方面則是為了競爭的因素。為了達到公平性與競爭性的目的，公私部門的資訊往往無法以開誠布公的精神相互交流達成協力關係。因此，如何將公私部門各自壟斷的資訊變成共同分享的資訊，是推動公私協力關係時必須考量的重點。

5. 協力機構的承接能力問題：政府思考要將某種業務交由民間辦理時，需先評估民間機構是否能力提供的問題。由於部分協力或委託業務，過去多屬於由政府獨占經營或具有特殊性的事業，若民間機構沒有承接的能力，或是承接的結果比政府自己辦理還差的情形下，就暫時沒有交由民間辦理的必要性。如欲解決此問題，政府除應積極創造協力誘因外，還應培養私部門承接業務或協力經驗。

【參考書目】 1. 丘昌泰著，《公共管理》，智勝文化，2012。
　　　　　　 2. 林淑馨著，《公共管理》，巨流圖書，2012。

三、社會企業（social enterprise）和傳統的非營利組織（NPO）有什麼不同？它具有那些特色？

破題分析▷ 社會企業在歐美已行之多年，是一個極熱門的議題，但在我國尚屬萌芽階段。105年地特四等曾考過「社會企業」的理念、特色與類型，本題加入與非營利組織的比較，及社會企業的特色。

答：社會企業是一種全新的企業典範變革，由非營利組織所運作，並生產能夠實踐其使命的資本，乃基於永續性及企業精神的新典範。

(一) 社會企業和非營利組織（NPO）有何不同：

　　1. 如果說非營利組織是公共行政研究的新議題，那社會企業就是非營利組織研究的新希望。

　　2. 社會企業試圖扭轉傳統非營利組織缺發效率、服務或生產品質不佳、公共服務欠缺多元選擇及補助角色的刻板印象。

　　3. 社會企業是非營利組織的新改革運動，希望為非營利組織注入更多活力與創新能力。

(二) 社會企業的特色：

　　1.社會企業所獲取的利益是不能分配的，而應重新投資以實踐社會企業目標；2.強調利害關係人，而非股票持有人概念，故重視民主參與和企業化組織；3.堅持經濟與社會目標；4.主張經濟與社會革新；5.市場規則的觀察；6.經濟持續性；7.具有高度的獨立財源；8.強調回應未經滿足的社會需求；9.勞力密集活動。

【參考書目】 1. 丘昌泰著，《公共管理》，智勝文化，2012。

　　　　　　 2. 林淑馨，《非營利組織管理》，三民書局，2008。

四、公部門與非營利組織都非常強調社會行銷的重要性。何謂社會行銷？社會行銷必須擔負那些任務？其內容為何？各有那些例證可循？請說明之。

破題分析 社會行銷是屬於政策行銷或政府公關與行銷所討論的議題，往常在《公共政策》內容作討論，不過公共管理考科範圍為廣泛，偶而會出現行政學、管理學、公共政策、行政倫理的考題。本題答題有兩個重點，一個是社會行銷意涵，另一為社會行銷任務並舉例說明。

答：早在 70 年代末期，就有很多學者將行銷概念運用在公部門或非營利組織的「服務行銷」上，社會行銷（social marketing）就是這種概念下的產物，希望能透過行銷手段，將某些社會價值與觀念傳輸給社會民眾接受，從而加以實現。

(一) 社會行銷的意涵：

　　Philp Kotler與Gary Zaltman最早提出社會行銷的概念，並定義社會行銷是一種透過設計、執行與控制方案的過程，運用行銷的組合（產品、價格、通路、溝通）與行銷研究，使目標團體接受社會的某些觀念、理想與措施。

(二) 社會行銷的任務：

社會行銷主要行銷有益社會福祉的理念，旨在透過民眾認知與行為的改變，以獲致社會改革的目標。而社會行銷欲促成民眾的改變，大致包括認知改變、行動改變、行為改變與最終的價值改變等四種：

1. 認知改變：重點在於喚起民眾對於某項議題或價值的注意。例如政府減量塑膠製品政策的宣導。

2. 行動改變：目的在於促成人們某一特殊的、短期的行動改變。一般而言，促成人們行動的改變比單純的增進認知知覺更加困難，因為對人們而言，改變行動必須支付成本。因此其困難度較高，所受之阻力也較大，社會行銷活動就必須設計較具誘因之策略，賦予目標顧客更多的誘因，才能促使他們在特定行動上的改變。例如：鼓勵民眾自備餐具，並配合商家給予減價的優惠。

3. 行為改變：社會行銷活動之目的在促成人們改變長期以來的行為模式，顯然又比單純改變某一特定行動更加困難。例如自備購物提袋、自備餐具、少用塑膠製品等。

4. 價值改變：社會行銷試圖改變人們的價值觀，然而人們的價值觀通常牽涉甚廣，不但與個人的生長環境有關，且與學習環境有關，是一種長期的接受知識、訓練及經驗等學習過程而來，可謂根深蒂固，若試圖加以改變，可說是「社會行銷工作的最大挑戰」。例如從國小教育開始培養環保意識，愛護地球的觀念。

【參考書目】 1. 丘昌泰，《公共政策・基礎篇（第四版）》，巨流圖書，2010。

2. 翁興利，《政策規劃與行銷》，華泰文化，2004。

3. 俞玟妏譯（P. Kotler, Ned Roberto and Nancy Lee），《社會行銷》，五南圖書，2012。

✪ 108 年普考

甲、申論題

> 一、近年來由於國家力量的衰退，學者紛紛主張必須依賴非營利組織以彌補公共服務之不足。但是亦有部分學者憂慮「志願失靈」的現象。何謂志願失靈？有那些現象？請解釋並舉例說明之。

破題分析 非營利組織是公共管理命題必出的考點，有關非營利組織志願失靈的問題，也經常出現在國考中，本題應不難拿分，應酌以實例說明。

答：美國學者薩拉門（Lester M. Salamon）認為即使非營利組織得以彌補政府與市場的不足，但其自身也有失靈的時候，稱之為志願失靈（voluntary failure）。

造成志願失靈的主要現象有：

(一) 慈善的不足性（philanthropic insufficiency）：非營利組織往往無法獲得足夠充分和可依賴的資源以服務人民需求，且服務無法涵蓋所有地理範圍，使得需求或問題較嚴重的區域可能無法取得所需資源。例如，我國目前的多數志願性組織也面臨財源不足的困境。

(二) 慈善的特殊性（philanthropic particularism）：非營利組織雖以公益為使命，然而在服務或資源提供上，經常集中受惠於少數特定次級人口或團體，因而忽視社會其他次級群體，使得服務不普及。例如同性戀者、原住民、未婚媽媽、墮胎者、受虐老人等。

(三) 慈善的家長制（philanthropic paternalism）：非營利組織的資源，部分是透過外界捐助，因此，組織中掌握最多資源者對於組織運作與決策具有相當程度的影響力。例如各類的社福基金會由於受到政府的補助，其自主性就容易受到政府的控制。

(四) 慈善的業餘性（philanthropic amateurism）：非營利組織的服務多依賴沒有受過正式專業訓練的志工來參加以執行提供，當然也有可能是志願性組織資源不足，無法聘用專業人員所致。例如醫院裡面有很多的志工，但不見得具備專業的知能。

【參考書目】林淑馨著，《公共管理》，巨流圖書，2012。

二、跨域治理的概念可以包含幾個層次？以臺灣為例，各地方政府所進
行的跨區域合作事項有那些類型？並各自舉出一例加以說明

破題分析 跨域治理或公私協力關係是近年國考行政類科相當夯的議題，107年高
考曾考過跨域協調，不過跨區域合作事項類型在歷屆考題中未曾考過，
相關議題今後仍是一個重要的考點，值得關注。

答：跨域治理最簡要的意涵，係指跨越轄區、跨越機關組織藩籬的整合性治理
作為。從理論與實務的角度而論，跨域治理具有兩種層次的意涵，從微觀
到宏觀分別為：組織內部及組織間。

(一) 跨域治理的層次：

1. 微觀—組織內部的跨域治理：意指將組織內部各功能部門的僵硬界
線予以打破，採取一種整合的觀點和作為去解決組織所面對的問
題。從組織理論的文獻中，可為此一層次跨域治理找到貼切的理
論，例如Morgan 所提出的「全像圖組織設計」。

2. 宏觀—組織間跨域治理：指涉府際關係當中通力合作的概念，亦即
由不同層級或不同轄區的政府間，在處理相同或相關公共問題與政
策時，應該採取一種超越府際藩籬的觀念，將不同轄區與層級的政
府部門納入同一個組織網絡當中。

(二) 地方政府所進行的跨域合作類型：

當前地方政府間所進行的公共事務跨域合作，所面臨的協力課題：

1. 自然資源的共享：以台灣水資源為例，受限於地形地貌的天然因
素，每年夏秋之間的颱風季節，將攸關水資源的分配使用，如未能
帶來足夠的雨水，都會地區就會面臨輪流分區供水的課題。

2. 公共設施的合用：臺灣受限於行政區域，公共設施重複投資、浪費
公帑。比較符合經濟效益規模的考量，就是政府興建大型公共設
施，如大型體育館、社教中心、圖書館、博物館；甚至殯儀館、火
葬場、焚化爐等，都可以透過區域功能整合加以設計及施築。

3. 公共事業的合產：公用事業如能公營跨域化，即公用事業可由跨域
政府合辦，以減少經營的最低成本，將是節省政府支出的可行作
法。除了政府間透過採取跨域合作，甚至與非營利組織合作，或可
為公用事業經營方式的一種選擇。如垃圾清運或代為焚化、河川污
染整治、捷運的興建與營運等。

【參考書目】 林淑馨著，《公共管理》，巨流圖書，2012。

乙、測驗題

( )　1.有關傳統公共行政與新公共管理的不同處，下列敘述何者正確？ (A) 傳統公共行政較強調官僚與民主的社會價值與衝突　(B) 傳統公共行政較主張經濟、效率與效果的工具標準　(C) 新公共管理與法學與社會學保持較為密切的關係　(D) 新公共管理較堅持公私分立的兩元論主張。

( )　2.下列針對公共管理之基本概念，何者錯誤？　(A) 公共管理是一種學科專業與管理實務　(B) 公共管理不等於公共行政，而是對傳統公共行政的修正　(C) 公共管理的研究範圍包含財務管理、人力資源管理等　(D) 公共管理只是一種意識形態與政治文化的展現。

( )　3.B. Bozeman 提出的 P 途徑與 B 途徑當中，下列何者正確？　(A)P 途徑強調量化取向　(B)P 途徑偏向於前瞻性、規範性的理論研究　(C)B 途徑對公私部門之間的差異做出規範性的區隔　(D)B 途徑主要採取質化研究。

( )　4.對於公共管理相關學派之論述，下列何者錯誤？　(A) 公共管理採取個案研究途徑，強調實務與理論並重的研究觀念　(B) 新公共行政認為高階文官應主動扮演糾正分贓政治之惡的重大角色　(C) 公共選擇學派認為政府應當逐漸減少自己承擔的角色，將公共服務交給更有效率市場機制進行　(D) 公共管理起於 1887 年威爾遜先生撰寫的 The Study of Administration 一文，並藉此提出政治行政二分的概念。

( )　5.ISO 9000 最重要的理論基礎為何？　(A) 顧客導向　(B) 全面品質管理　(C) 組織再造　(D) 標竿學習。

( )　6.標竿學習的發展沿革與階段中，何者是最初的階段，且重點為產品製造技術的分析方法？　(A) 改變製程標竿學習　(B) 策略標竿學習　(C) 流程標竿學習　(D) 網絡標竿學習。

( )　7.風險的評估當中，主要是從那兩個內涵進行乘積分析？　(A) 成本 × 效益　(B) 技術 × 溝通　(C) 時間 × 成本　(D) 發生機率 × 損害。

( )　8.就追求全面品質管理的組織而言，下列何者不是由下而上所採用的團隊型態？　(A) 品管圈　(B) 品質改進團隊　(C) 跨功能團隊　(D) 產值督導團隊。

( )　　9. 有關目標管理與共同願景的關連性，下列敘述何者錯誤？　(A)目標往往流於瑣碎，無法表現出組織的整體期望，因此應建立共同願景進行整合　(B)為實施目標管理，應創造組織成員彼此一體、休戚與共的歸屬感　(C)透過共同願景，目標管理的實施更能獲得成功　(D)建立願景與目標管理無關。

( )　　10. 根據標竿學習輪的概念，下列那一階段之主要目的是為了瞭解組織本身、學習標竿與流程之間所產生的績效落差？　(A)規劃　(B)分析　(C)觀察　(D)適用。

( )　　11. 依我國災害防救體系，下列何者是災害防救組織中的最高單位？　(A)中央災害防救委員會　(B)中央災害應變中心　(C)中央災害防救會報　(D)國家災害防救科技中心。

( )　　12. 針對異質性的工作隊伍從事組織本身的變革，以建立一個將自我潛能發揮極大化的工作環境，稱之為：　(A)組織再造工程　(B)變革管理　(C)多元化管理　(D)目標管理。

( )　　13. 行政機關必須對一般社會大眾、新聞媒體、相關非營利組織，以及其他利害關係人說明爭議性的政策決定，此種課責的方式稱為：　(A)行政課責　(B)管理課責　(C)網絡課責　(D)法治課責。

( )　　14. 有關「績效管理」的敘述，下列何者錯誤？　(A)組織內首長、幕僚與基層全體參與　(B)設定績效目標　(C)績效成果的回饋　(D)重視抽象與多元的指標。

( )　　15. 有關電子化民主所帶來主要的正面功能，下列那一項為正確組合？　1.遞增的服務　2.單位成本的降低　3.網路領袖的塑造　4.促進組織創新　(A)1.2.3.　(B)1.2.4.　(C)2.3.4.　(D)1.3.4.。

( )　　16. 有關公共管理特質之敘述，下列何者錯誤？　(A)將私部門的管理手段運用於公部門　(B)將公共服務完全市場化　(C)重視與外部環境的關係　(D)與政策分析有密切關係。

( )　　17. 根據 E. M. Rogers 的說法，組織創新的過程依序可以分為五個階段，下列排列順序何者正確？　(A)配對、議題設定、清楚闡釋、重新架構、常規化　(B)常規化、重新架構、議題設定、清楚闡釋、配對　(C)清楚闡釋、議題設定、常規化、重新架構、配對　(D)議題設定、配對、重新架構、清楚闡釋、常規化。

( )　18. 根據威爾遜（J. Q. Wilson）的說法，「政策執行成本由少數廠商負擔，但利益卻由全民均霑，如環保管制與消費者保護措施」，這一段話最符合那一種政治型態？　(A) 客戶政治型態　(B) 企業政治型態　(C) 利益團體政治型態　(D) 多數決政治型態。

( )　19. 下列何種職務之設立是專責用來掌管組織所有知識管理相關工作？　(A) 總務長　(B) 財務長　(C) 知識長　(D) 人資長。

( )　20. 下列何者最不屬於公私協力興起的發展背景？　(A)公民參與的興起　(B)民營化風潮的衝擊　(C) 公共管理型態的改變　(D) 代議民主的積弊。

( )　21. 根據 6 Perri 的說法，下列何者非屬於全局治理下所欲整合的四大治理活動？　(A) 規章　(B) 授權　(C) 服務　(D) 政策。

( )　22. 今日政府重視公關與行銷的原因，主要來自於三項再造需求，下列何者錯誤？　(A) 價值再造　(B) 形象再造　(C) 網絡再造　(D) 功能再造。

( )　23. 下列何者是政府行銷管理的第一步驟？　(A) 發展最適化通路　(B) 創造與維持品牌　(C) 發展民意導向的公共計畫與服務　(D) 改善顧客服務與滿意度。

( )　24. 根據 P. G. Joyce 的觀點，績效預算具有幾項的功能，下列何者錯誤？　(A) 協助預算資源的合理配置　(B) 機關內部資源的有效管理　(C) 民選首長進行財務報告的基礎　(D) 重視預算投入及執行過程。

( )　25. 下列敘述何者不符合公共管理者為妥善處理民意代表關係所需的政治溝通原則？　(A) 迅速回應民意代表的要求與問題　(B) 對民意代表的幕僚維持被動的聯繫　(C) 與民意代表建立信任關係　(D) 提供民意代表真實的資訊。

解答與解析

1.(**A**)。(B)傳統公共管理較主張經濟、效率與效果的工具標準
(C)新公共管理與經濟學保持較為密切的關係
(D)新公共管理傾向公私融合的主張。

2.(**D**)。公共管理是在政治系絡中的行政研究；公共管理是一種應用的社會科學，反映著科技之間整合的傳統。

3.**(B)**。 公共政策途徑（P途徑）下的公共管理：
(1)對傳統式的公共行政及政策執行研究予以拒絕。
(2)偏向於前瞻性的、規範性的理論研究。
(3)著眼於高階層管理者所制定之策略的研究。
(4)透過個案研究來發展所需的知識。
(5)在政策學派影響下的公共管理研究，乃視公共管理與政策分析為一體。
企業管理途徑（B途徑）下的公共管理：
(1)偏好運用企業管理的原則。
(2)對公私部門間的差異不作嚴格的區分，並以經驗性的理論發展作為公私組織間差異的解釋基礎。
(3)除了對策略管理及組織間的管理逐漸予以重視外，並強調組織設計、人力資源、預算等方面的過程取向的研究。
(4)以量化的實驗設計作為主要的研究方法，個案研究僅是教學上的一項補充教材而已。

4.**(D)**。 公共管理起於1887年威爾遜先生撰寫的《行政的研究》（The Study of Administration）一文，Wilson倡導以「師法企業的公共行政」方法來轉換政府的職能。

5.**(B)**。 全面品質管理是ISO 9000的理論基礎，而ISO 9000更是實行全面品質管理後的品質保證，兩者的關係是一體兩面，密不可分。

6.**(A)**。 改變製程為標竿學習發展最初階段，為產品製造技術的分析方法，透過與競爭對手，比較產品之特徵、功能與效果，以改變競爭性產品的製造過程。

7.**(D)**。 風險的計算公式：發生機率×損害。

8.**(D)**。 全面品質管理所形成的團隊由下到上共有三種不同的型態：
最低層的品管圈、中間層的品質改進團隊、最高層的跨功能團隊。

9.**(D)**。 建立願景與目標管理息息相關。

10.**(B)**。 安德森（B.Andersen）與彼得森（P.Pettersen）提出標竿學習輪的階段包括：
(1)規劃（plan）：先了解自己組織，規劃未來大方針；
(2)探尋（search）：尋找適當的標竿學習夥伴；
(3)觀察（observe）：了解夥伴的流程；
(4)分析（analysis）：界定績效落差，並找出落差的根本原因；
(5)適用（adapt）：選用適合組織的「最佳實務」，並從事變革。

11.**(C)**。行政院為推動災害之防救，依災害防救法第6條，設「中央災害防救會報」，為我國災害防救組織中的最高單位。中央災害防救會報依災害防救法第7條第1款，置召集人、副召集人各一人，分別由行政院院長、副院長兼任。其主要的任務是決定災害防救之基本方針、核定災害防救基本計畫及中央災害防救業務主管機關之災害防救業務計畫等。

12.**(C)**。Cascio（1995）認為多元化管理意指建立一個異質性的工作隊伍，並且充分發揮工作隊伍的潛力，而在一個平等的工作環境裡，沒有一個成員或團體占有特別的優勢或屈居於劣勢。

13.**(C)**。網絡課責是強調不同網絡關係人，對行政部門的課責，包括一般社會大眾、政策利害關係人、非營利組織、新聞媒體等。

14.**(D)**。必須建立一致性與偏好性的量化指標。

15.**(B)**。電子化民主的出現至少有下列功能：(1)即時的結果；(2)遞增的服務；(3)單位成本的降低；(4)減少資料的流入；(5)對環境有利；(6)促進組織創新。

16.**(B)**。公共管理選擇性的運用市場機制手段，並非將公共服務完全市場化。

17.**(D)**。E.M.Rogers認為組織創新的過程依序可以分為以下五個階段：議題設定、配對、重新架構、清楚闡釋、常規化。

18.**(B)**。根據威爾遜（J.Q.Wilson）的分類，利益團體在政治環境中的型態及公共管理者的因應策略：

(1)客戶政治型態：政策執行成本由全民負擔，利益是少數人獲得，如公園之公共建設或老人年金之社會福利政策。政府受到少數利益者帶來的強大影響力，尤其是資訊的提供上，使政府的政策制定受到影響。

(2)企業政治型態：政策執行成本由少數人負擔，利益為全民享受，如消費者保護措施之菸害防治法、商品標示法等。政府部門所設定議程的內容大多是與既得利益相衝突，因此，公共管理者將會面對強大的反對力量。

(3)利益團體政治型態：政策執行的成本與利益，皆由少數人所承擔與享受，如政府的醫藥分業政策。公共管理有較大的空間游走於相互衝突的利益團體之間，找到有利於自己的位置。

(4)多數決政治型態：政策執行的成本與利益，皆由全民負擔與享用，如兵役及教育政策。公共管理者面對不確定的環境，不知道哪一方面的利益團體會有效的組合起來，來對官僚體系造成衝擊。

19.**(C)**。知識長（Chief Knowledge Officer, CKO）是知識經濟時代企業發展過程中產生的一種新型職位，由於知識已逐漸成為企業最重要的經營資源，因此如何有效取得、發展、整合、創新知識，也就是如何有效管理知識資源，成為企業經營上的一大挑戰。

20.**(D)**。大抵而言，公私協力產生的主要背景原因約可整理如下（林淑馨，2005）(1)公民參與的興起；(2)民營化風潮的衝擊；(3)公共管理型態的改變。

21.**(B)**。全局治理下所欲整合的四大治理活動，包括政策、規章、服務與監督之工作。

22.**(D)**。晚近整個官僚體系所面臨的環境巨大挑戰，使得公共管理者面臨了再造需求，這些再造需求，包括：價值再造、形象再造、網路再造。這也造成今日政府重視公關與行銷的原因。

23.**(C)**。政府行銷管理的步驟（Kolter2009）：(1)發展民意導向的公共計畫與服務；(2)制定有效價格、誘因與罰則；(3)發展最適化通路；(4)創造與維持品牌；(5)與目標對象有效溝通；(6)改善顧客服務與滿意度；(7)影響正面的公眾行為—社會行銷；(8)形成策略夥伴。

24.**(D)**。根據美國學者喬依斯（P.G.Joyce）的分析，新績效預算制度具有下列功能：

(1)協助預算資源的合理配置：對於國會議員與民選首長而言，績效測量是決定預算優先順序非常有幫助的管理工具。

(2)推動機關內部資源的有效管理：對於機關首長而言，如何有效管理內部的資源是非常具有挑戰性的任務，特別是當該機關有許多全國性的分支構，透過績效指標的建立與評比，可順利掌握其運作狀況。

(3)作為財務報告的依據：績效基礎的預算可以作為向民選首長與決策者進行財務報告的基礎。

25.**(B)**。對民意代表的幕僚維持主動的聯繫。

✪ 109 年高考三級

一、公共治理為新近崛起的研究途徑，從全球到社區可以將公共治理分為那三種層次？請論述各層次的內涵，並以「新冠肺炎（COVID-19）」疫情衝擊為例，說明如何應用此三種層次來進行防疫作戰。

破題分析〉治理是近年國考行政類科相當熱門的議題，而公共治理更是新近崛起的研究途徑，早為學界所重視，能被入題一點也不讓人意外。所不同的是本題為應用題型，除理論論述外更須結合時事回答，才能獲取高分。

答：(一) 公共治理的三種層次

公共治理途徑為當前公共行政學界應用頗為廣泛的名詞，學者認為其落實可分為三個層次：

1. 國際與國家層次的治理：全球治理

(1)從國際層次而言：所謂治理，其實就是全球治理的應用，它至少必須包括人類活動的各個層次所出現的規則系統 - 從家庭、私部門、地方政府、區域性組織到國際組織都應該是全球治理系統的一部分。

(2)從國家層次而言：治理途徑意味著針對公民社會、國家機關與市場之間的互動關係進行有系統的統理，這種新方向是因為全球化的結果，使得地方必須與全球相互連結，中央政府必須放權，讓地方政府與民間社會從事這種跨國性的互助合作模式。

2. 地方政府層次的治理：屬於地方治理，地方治理是一個值得重視的現象，它是將政府角色定位在以地方政府為核心，並與中央政府、私部門、非營利組織與社區間產生結構性的互動關係。

3. 社區或村里層次的治理：社區治理

指政府機關、社區組織、企業、居民等基於公共利益和社區認同，協調合作，解決社區需求問題，優化社區秩序的過程與機制。過去的決策機構為以政府機關為中心的「單邊化」決策模式，而社區治理則轉變為以社區為中心的「多邊化」。

(二) 以「新冠肺炎（COVID-19）」疫情衝擊為例

　　1. 國際與國家層次的治理：

　　　　面對新冠肺炎（COVID-19）威脅，我國因及早因應，在政府與人民的努力下，國內疫情得到很好的控制，受到國際的矚目和肯定。並積極加強與各國的防疫合作，在口罩、藥物及技術等三項目，對國際社會提供協助。例如我國與美國、歐盟以及捷克，共商防疫策略，分享目前的研究成果；並與澳洲以及美國，進行防疫物資的合作交換。在邦交國的部分，除了提供口罩，支援友邦醫療前線，我們也將捐贈我國產的熱像體溫顯示儀及額溫槍等。

　　　　在國家層次，為因應疫情我國在109年1月20日成立「嚴重特殊傳染性肺炎中央流行疫情指揮中心」全面整合政府資源，強化指揮中心與各縣市政府的協調。並執行下列各項因應策略：加強邊境檢疫管制、強化醫療應變、落實社區防疫、加強防疫儲備物資盤點及調度、提高不實訊息處辦效率、加強對民眾的風險溝通。並推動後續對產業的紓困方案，及觀光、農業等的振興方案。

　　2. 地方政府層次的治理：

　　　　在地方政府層級，地方政府必須配合中央政府的統籌指揮，彙報地方資訊，採取因應作為，例如：

　　　　(1)加強疑似病例通報，訂定個案處置流程，並因應疫情變化及時調整。

　　　　(2)透過衛生、民政、警政體系合作，依感染風險等級實施居家隔離或居家檢疫，並輔以智慧科技，加強追蹤關懷與管理。

　　　　(3)由地方政府成立關懷服務中心，確保居家檢疫及居家隔離等配合防疫措施民眾能獲得心理關懷、就醫協助、交通安排、生活支持及專線服務等幫助。

　　　　(4)加強校園防疫，教育部公布有停課標準，並統籌整備及配發學校防疫物資，另持續督導學校落實健康監測、環境清消及掌握師生出席與活動紀錄。

　　　　(5)呼籲大眾保持社交距離、加強人口聚集場域管理，已提供應疫情之大眾運輸、公眾集會、大型營業場所、社區管理維護等指引，並制訂企業因應嚴重特殊傳染性肺炎疫情營運持續指引，供各界參考運用。

3. 社區或村里層次的治理：

啟動加強社區監測方案，擴大對疑似病例偵測，及早防堵病毒於社區及醫療院所傳播。其手段包括區域檢疫、加強公眾集會的感染控制或取消公眾集會活動、關閉公共場所等。例如，在疫情流行期間，各營業或公共場所應視需要採行感染控制措施，包括：宣導有呼吸道症狀者及高危險群避免進入，在入口處行體溫量測，流量管制以保持社交距離或要求進場民眾配戴口罩，設置洗手設施，準備適量口罩供需要者使用等。

【參考書目】丘昌泰，《公共管理》，智勝文化，2012。

二、「公民參與」與「顧客導向」皆是近年公共治理改革背後之重要理念。試分析及比較兩者核心價值之差異，及其衍生之改革措施。

破題分析 「公民參與」與「顧客導向」都是近年熱門的考點，兩者均為公共治理改革背後的重要理念，本題並無標準答案。可就兩者價值觀的差異比較。

答：(一) 兩者意涵

1. 公民參與（citizen participation）指民眾個人或團體基於自利或公益，自動自發或被組織起來，透過個別或集體的抗議或非抗議行動，來表達偏好並要求政府回應其偏好，以爭取訴求實現的行動。

2. 顧客導向（customer orientation）：新公共管理係以市場取向為起點，強調應將人民視為消費者，標榜以「顧客導向」做為政府行動的方針。

(二) 兩者核心價值的差異

江岷欽教授曾比較公民參與和顧客導向兩種服務模式，如下表：

比較層面	公民參與	顧客導向
個人權來源	法定權	購買權
受惠資格類型	全體成員	特定對象
責任類型	公民的政治責任	無特定責任
社會身分基礎	集體身分	個別身分
國家與個人關係	概括涵蓋	排除豁免

比較層面	公民參與	顧客導向
國家與個人溝通	言語上意見主張	行動的退出遷移
策略目標	社會福利	個人授能
公共行政管理目標	法律之保障與效率	顧客滿意、市場資源分配

(三) 兩者衍生的改革措施

1. 公民參與衍生的改革措施

(1)公民實際獲得權力參與在決策過程中，才可算是具有意義的、實質性的公民參與。

(2)在公民參與模式中，居民作為社區主體，有權利提出自己想要什麼，但也有義務要進一步的提出具體方案來實現。

(3)公民參與的條件是人民對政府的行動及政策能掌握充分的資訊，且社會上應存在健全的參與管道。

2. 顧客導向衍生的改革措施

(1)從制度面著手，真正落實「顧客導向的服務理念」

(2)確保民眾對於所需服務具有選擇權，並就由競爭機制來提升服務品質。

(3)建立顧客申訴迅速處理機制，並進行民意調查了解服務需求。

(4)提供更人性化的使用平台與公開資訊，使顧客更有能力向公部門提出統整性的服務需求。

【參考書目】林淑馨著，《公共管理》，巨流圖書，2012年。

三、公部門改革常導入不同程度的「績效管理」措施；提升「公共課責性」（public accountability）是另一個常在公共治理改革提及之概念。試討論兩者之間的相互關係。

破題分析 106地特三等第4題與107年高考第4題均有討論到績效管理與課責機制的設計，另一個會考概念的是「公共利益」，畢竟績效管理對於公、私部門的意義顯然不盡相同。

答：為提升公共服務品質，政府機關進行績效管理（performance management）已是重要手段，至於績效管理能否奏效，是否具備適當的公共課責機制（Public accountability mechanism）應是關鍵。

(一) 兩者定義
1. 績效管理：學者孫本初認為：「績效管理是一套如何有效執行策略，達成組織目標的過程。」
2. 公共課責：指稱一個對於公眾擁有責任感者，有必要回應民眾對於他職務上的期待。

(二) 兩者之間相互關係
績效管理與公共課責機制可以說是一體兩面，最佳的狀況此二者應該要能構成一個緊密相連的系統，成為公共利益達成與公共價值實現的主要手段。進入數位時代，新的公共管理模式興起，如民營化、委託外包、公私合夥、協力治理、網絡治理成為經常模式，私部門參與公共治理之面向日漸廣泛、程度日益深入時，績效管理和公共課責機制的複雜性更高，而且課責在維繫民主政治所需扮演的角色便更顯重要（Drewry，Greve & Tanquerel）。

【參考書目】 1. 孫本初編著，《新公共管理》，一品文化，2009。
2. 林淑馨著，《公共管理》，巨流圖書，2012。

四、政府行銷管理是當代政府必須重視的新課題。請舉例並說明政府行銷管理的作用與原則。

破題分析 政府公關與行銷議題是近年來熱門的考點，如 97 年地特三等、98 年地特四等、102 年高考三級、103 年普考、104 年地特均有相關題型出現。本題屬基本題型如有準備應不難作答。

答：政府行銷是逐漸發展而來的世界潮流，政府行銷管理也是當代政府所必須重視的新課題。

(一) 政府行銷管理的作用一般而言，政府行銷管理的作用有以下六點：
1. 博取民眾更多的好感
現代不少民主政府是靠選舉來執政的，故執政黨政府非常重視民眾滿意度，如果民眾對於政府施政感覺不滿，要重新取得執政權就很困難。因此，政策行銷可以博取民眾更多的好感。
2. 澄清不必要的誤會
民主政治是言論自由的社會，傳播媒體成為批評政府的公器，但傳播媒體亦經常成為散佈謠言的溫床。為了澄清誤會，必須透過政策行銷，以澄清群眾的疑惑。

3. 獲得社會更多的支持

　政府凡百施政，基本目的都為了造福人民；對人民有利的公共服務，如發放消費券，民眾自然願意支持；但若要民眾分攤義務的公共政策，如提高健保費率、開徵奢侈稅等，則民眾可能會覺得不便和麻煩而不願意配合，無論如何，都必須透過政策行銷，才有機會獲得社會更多的支持。

4. 贏取媒體更大的認同

　在民主國家中，傳播媒體的影響力不容忽視，號稱是「第四權」。有人說：臺灣社會的民主化表現於傳播媒體的多元性與活躍性。政策行銷必須要透過傳播媒體，贏取媒體更大的支持，才能得到民眾的認同。

5. 建立雙向溝通的管道

　過去的政令宣導是權威式的宣傳方式，只要政府公布資訊，就假設民眾一定要瞭解並且接納，沒有妥協餘地；但如今政策行銷則強調行銷是民眾與政府的雙向溝通行為，政府要將明確訊息傳遞給民眾，民眾則需將感受告訴政府，以作為改進參考，雙向溝通才是政策行銷的目的。

6. 構築彼此回饋的橋樑

　民眾對於政府的「回饋」是政府服務不斷改進的重要來源，不回饋代表民眾的冷漠，一旦表現在選票上，則執政權也就失去了。因此，政策行銷的目的之一是企圖建構民眾意見回饋的橋樑，政府機關希望其所提供的公共服務，能夠滿足人民的需要，若未能滿足，顯然尚有必須改進空間就必須加以改進。

(二) 政府行銷管理的原則

賴建都（2007）認為政府行銷管理必須掌握五項基本原則：

1. 要影響閱聽人的行為

　政府行銷不只是要影響閱聽人的認知或態度，更要藉著傳播的努力讓消費者有所回應，採取正面的行動。

2. 從閱聽人的角度看事情

　政府行銷應盡量避免過去宣傳活動採inside-out（由公共組織告知或宣傳外部的閱讀人）的模式，而要採取outside-in（傾聽閱聽人的心

聲，請到公共組織接受我們的請益）的模式，先瞭解閱聽大眾心理想什麼，然後再制定宣傳方法，進行服務或產品的訴求。

3. 運用各種管道接觸閱聽人進行宣傳

由於媒體愈趨多元化，近來傳播新科技也帶來不少新興媒體，為了避免單一選擇固定媒體，多元媒體的運用是非常重要的，如網路行銷、部落格行銷、Facebook、Twitter等。

4. 達到訊息一致性

無論是電視廣告、平面媒體廣告、公關報導或各式行銷活動，都必須要求訊息一致性，說出同一種聲音，如此閱聽人才能累積片斷的訊息，並將訊息深植腦海。

5. 與閱聽人建立關係

在政府行銷活動中，公共組織為了長期行銷服務，必須刻意與消費者建立密切的互動關係，以獲取長期支持。

【參考書目】丘昌泰，《公共管理》，智勝文化，2012。

✪ 109 年普考

甲、申論題

> 一、請申論民營化的意涵及民營化實施成功之要件。

破題分析 民營化議題在《行政學》及《公共管理》教科書中，有很多討論。本題
概念屬民營化的基礎題型，如有詳讀應不難拿分。

答：「民營化」一詞最早出現在 1969 年杜拉克（Peter Drucker）所撰《斷續的
年代》一書，《韋氏英文辭典》第九版，將民營化定義為：公共部門私有
化的動作，係指公營事業之所有權或控制權，由政府部門移轉到私人部門
的一種過程。

(一) 民營化的意涵

1. 廣義的民營化：係指政府部門降低其對國民經營干預的所有活動，包
括政府將國營事業的經營權或所有權，部分或全部的轉移給民間，透
過市場機能以改善經營體質、提高產質，使企業發揮其最高的效率。

2. 狹義的民營化：係指「公營型態的解除」，將公營事業的部分股權
或資產出售給民間，政府將收入回繳國庫或另行運用，使國營事業
的所有權得以順利移轉。

(二) 民營化成功的要件：

1. 健全的市場環境：政府必須確保市場環境的健全，關於公共服務的
特性、合約商之信譽及其過去的績效、提供服務的方式以及有關成
本等市場訊息應相當的「靈通」，以免受制於廠商。

2. 公平的遊戲規則：政府的招標與決標程序應具備公開、公平、公正
的競爭原則，讓真正更誠意、更績效、信譽好的廠商能夠進入公共
服務體系；因此，必須設定公平的遊戲規則。

3. 持續的監督組織：政府官員必須建立功能性的監督組織，俾持續地
監督私部門的活動，而且必須援引及發展一套客觀的評估標準及回
饋系統，以隨時改善私部門不當或越軌的服務。

4. 精確的成本效益：在決定公共服務民營化時，政府官員必須考慮那
一種方式較符合成本效益；因此，對於成本與效益的預估一定要準
確，為達成此一目標，不妨平時就應該蒐集相關資料，以作為計算
民營化成本效益的參考。

5. 高度的服務品質：從民間的立場而論，他們最關心的是服務品質有沒有提高，如果政府能夠督促民間提高服務品質，民眾支持該項公共服務的可能性就大為增加。

6. 評估相關影響：政府官員必須考慮一項服務之提供是否會對其它服務產生不利之影響，如果有產生影響，應如何克服？例如，民營化是否會造成原有員工的失業？應設法予以協助。

7. 研擬應變措施：政府官員必須要求廠商研擬緊急應變措施，以免發生意外事件時，民間無法解決，反而成為政府的責任。

【參考書目】　1. 孫本初編著，《新公共管理》，一品文化，2009。
　　　　　　　2. 丘昌泰，《公共管理》，智勝文化，2012。

二、對政府機關而言，什麼是危機事件？其特質與類型為何？面對危機的公共關係處理原則為何？

破題分析　臺灣是一個隨時可能發生危機的「風險社會」，為因應危機的突然到來，必須了解風險與風險管理、危機與危機管理的控管。本題屬綜合題型，危機＋公共關係，可應用政府公共關係原則予以說明。

答：俗語云：「天有不測風雲，人有旦夕禍福」。當前面對變動性高而可預測性低的動盪環境時，任何意外、偶而的事件都可能對組織造成莫大影響。

(一) 危機事件

對政府機關而言，危機事件是一種會對組織及其成員造成嚴重威脅與損失的特殊其況，具有時間壓力、做決定急迫性與高度風險性，故不得不予以重視。

(二) 危機特質與類型

1. 危機特質

(1)階段性：危機的形成可區分為潛伏期、爆發期、處理與善後四階段，必須辨識危機的產生與存在，才能快速而有效回應。

(2)不確定性：何時會爆發產生危害，難以預估掌握。危機發生的不確定性可能會有：情況不確定、影響不確定、反應不確定。

(3)突發性：通常是突發的緊急事件，是不在決策者的預期之中，容易令人措手不及。

(4)時間有限性：決策者對威脅情境的處理，在決策上只有有限的反應時間，因事出突然。

(5)威脅性：危機的發生會威脅到組織的基本價值或目標，若未有效處理，會使組織發展受挫。

(6)雙面效果性：危機就是「危險」，但也有轉機或契機，亦即危機就是轉機。

(7)反覆性：危機有持續、動態的發展過程，而非個別發生立即結束，經常相互影響、擴大，容易形成連鎖性的災害。

(8)多樣性：當某一危機需由兩個以上的部門共同行動解決問題時，即符合多樣化。

2. 危機類型

(1)依危機的成因區分

　A. 自然危機：指危機係經由不可抗力之自然因素而發生，如地震、颱風、洪水或乾旱等災害所引起的危機即屬之。

　B. 人為危機：指危機係受到人為之故意或過失因素而產生，如駕駛人疏忽而發生的重大車禍、民眾的街頭暴力抗爭等。

(2)依危機的來源區分

　A. 物質造成的危機：包含天然災害造成人類生命、財產的威脅；世界人口的激增以及對自然資源的大量需求，所導致的環境問題；科技發展與應用所造成的人類危機。

　B. 人類趨勢演進形成的危機：人與人之間的對立與惡意，也是危機的主要來源，地球的資源有限，人類的慾望無窮，以致各種激烈的大規模競爭不斷發生。

　C. 管理疏失造成的危機：上述各種衝突與對立對管理階層造成莫大壓力，發生管理疏失的機率也相對增加。管理階層也可能因為不斷推陳出新的市場需求及金融壓力而作出令人質疑的決定，就像新聞報導中具有爭議性的事件或醜聞，例如非法海外匯款或政治獻金、詐欺、貪污以及其他不道德行為。

(3)依危機的特性區分：

相對於從成因來區分危機類型，另一種在文獻上常見的分類方式係依據危機的特性或屬性（trait）來進行分類。從危機特性進行分類可以有多種分類方式，最簡單的像是只有一種特性，如將危機區分成國內的或國際的危機、不連貫的或連續的危機以及企業的與公共的危機等。

(三) 面對危機的公共關係處理原則

政府面對危機公共關係的原則如下表：

工作原則	內容說明
內部做起	前提是先求本身的建全，亦即充實內涵。
雙向溝通	組織內的「上情下達；下情上達」及組織與環境的「內外交流」。
誠信為本	公眾關係的基礎建立在「信譽」及「互信」之上。
公開透明	若欲怯除公眾疑慮，增進好感，事事透明化是一項重要原則。
平時發展	應避免「平時不燒香，臨時抱佛腳」，宜「未雨綢繆」才是正途。
不斷創新	「周雖舊邦，其命維新」要在觀念、政策、措施、方法不斷創新設計。
社會責任	不僅是消極方面不損害公眾，同時更要積極的造福社會大眾福祉。
服務大眾	政府的施政，必須以「民意為依歸」，「以民眾福祉為考慮」。
全體動員	公眾關係執行須仰賴各部門支援配合，故人人有責，係全體動員的協力工作。
方略靈活	不論在策略、方法、技巧或媒介，均應視公眾特性、環境情事、公眾關係主體目的及條件不同斟酌制宜，不可一成不變。

【參考書目】 1. 丘昌泰，《公共管理》，智勝文化，2012。

2. 林淑馨著，《公共管理》，巨流圖書，2012 年。

3. 吳定等編著，《行政學下》，國立空中大學，2007 年。

乙、測驗題

( ) 1. 平衡計分卡（Balanced Scorecard）的四大衡量構面為： (A)生產力、顧客、效用、學習及成長 (B)財務、人力、內部流程、學習及成長 (C)生產力、人力、內部流程、效用 (D)財務、顧客、內部流程、學習及成長。

( ) 2. 以公共政策為取向的公共管理研究途徑，下列敘述何者錯誤？ (A)透過管理者的親身經歷或個案研究來發展所需之知識 (B)偏向前瞻性、規範性的理論研究 (C)拒絕傳統的公共行政研究成果 (D)將基層人員的執行成果視為政府的績效關鍵。

( ) 3. 有關治理的敘述，下列何者正確？ (A)科層與權威即將被完全取代 (B)完全排除非營利組織的涉入 (C)網絡治理是治理機制的一種樣貌 (D)治理機制的轉變僅需要民眾參與。

( ) 4. 關於公部門與私部門管理的比較，下列敘述何者正確？ (A)公私部門管理者所需要的管理知識、技能及工具是完全不同的 (B)公私部門的權利與責任分配不同，公部門是分散的，私部門是集中的 (C)公私部門管理者皆須同樣面對急迫性問題及受到各方利益的干擾 (D)公私部門的管理都必須攤在陽光下，同受公眾監督。

( ) 5. 下列敘述何者不是為推動行政革新，所建構之企業型政府的特質？ (A)為解決國家債務危機及政府預算赤字，應重視成本效益關係 (B)為使政府產出極大化、資源利用最適化，應重視績效結果評估 (C)為保證行政人員達成工作目標，應制定一套清晰的績效標準，並加強控制 (D)為滿足民眾對公共服務的需求，應提供民眾多元選擇機會，並強調競爭的手段。

( ) 6. 強調理想性、價值面的公民精神，符合下列何種理論？ (A)傳統公共行政 (B)交易成本理論 (C)新公共服務 (D)策略管理。

( ) 7. 有關行政院組織改造方案所涉及之法律，規範行政院機關組織數量，係屬下列何者？ (A)中央行政機關組織基準法 (B)行政院功能業務與組織調整暫行條例 (C)行政法人法 (D)中央政府機關總員額法。

( )　8. 下列敘述何者是公部門採行全面品質管理的限制？　(A) 提升員工士氣　(B) 提高工作品質及降低生產成本　(C) 提高顧客滿意度　(D) 強調依法行政。

( )　9. 標竿學習著重由他人經驗中看清自己，其目的最符合下列何者？　(A) 瞭解自己，避免陷入盲目地模仿　(B) 熟悉對方，可以加快經驗複製　(C) 瞭解自己，避免針鋒相對　(D) 熟悉對方，伺機超越。

( )　10. 有關顧客導向的特質，下列敘述何者錯誤？　(A) 由外而內改造　(B) 顧客永遠優先　(C) 雙重課責要求　(D) 法令規章至上。

( )　11. 府際管理乃期待透過非層級節制的網絡行政，以協商談判與化解衝突來達成特定政策目標。下列敘述何者錯誤？　(A) 問題焦點與行動導向　(B) 體制變遷與工具導向　(C) 發展網絡與溝通導向　(D) 官僚機制與管制導向。

( )　12. 下列敘述何者不是危機的「時間有限性」？　(A) 危機突然發生，無法依照標準作業程序處理　(B) 具有時間壓力與資訊不足的情況　(C) 重視組織層級參與決策　(D) 決策者必須立即對於情境做出適當反應。

( )　13. 下列敘述何者不屬於公部門人力資源管理之特色？　(A) 深受法律規章和規則程序限制　(B) 行政績效容易衡量　(C) 受到政治因素的影響甚深　(D) 行政目標追求大且廣泛的公共利益。

( )　14. 關於 360 度績效評估的敘述，下列何者正確？　(A) 資料來源方式為由上而下　(B) 各效標之間的區辨大　(C) 過去取向且重視成果　(D) 由管理者單獨完成。

( )　15. 下列敘述何者可用質化途徑衡量政府的績效？　(A) 生產的單位成本　(B) 設備的使用率　(C) 服務對象的滿意態度　(D) 公文辦理天數。

( )　16. 政府與非營利組織分享共同的價值目標，以及達成目標的手段，係屬下列那一種互動模式？　(A) 合作模式　(B) 競逐模式　(C) 臣屬模式　(D) 衝突模式。

( )　17. 就公部門培育知識管理人才而言，下列敘述何者最不適當？　(A) 堅守標準作業程序　(B) 培養跨組織協調溝通能力　(C) 強調資訊系統的運用技巧　(D) 容忍犯錯的學習環境。

( )　18. 關於 BOT（Build-Operate-Transfer）和 PFI（Private Finance Initiative）的敘述，下列敘述何者正確？　(A)BOT 的收入來源來自政府給付服務的對價　(B) 在 PFI 模式中，政府無法直接監控民間業者的服務收益　(C)BOT 的服務定價由私部門全權決定　(D) 在 PFI 模式中，政府可以直接監控民間業者的服務品質。

( )　19. 下列敘述何者較屬於形塑具備企業精神的行政環境所應採行的措施？(A) 重視績效而低度容忍錯誤　(B) 設計新組織結構以加強控制　(C) 高階管理者願意承擔較多風險　(D) 賦予執行者更多課責及較少裁量權。

( )　20. 資訊科技進入公共管理領域最初是以電子化政府（e-government）的概念出現，後續演變成電子治理（e-governance）概念主要是因為加入那一個元素？　(A) 電子參與　(B) 客製化服務　(C) 大數據分析(D) 政府開放資料。

( )　21. 有關民意特性，下列敘述何者錯誤？　(A) 複雜性　(B) 多變性　(C) 不一致性　(D) 絕對性。

( )　22. 政府為減少因「鄰避情結」（NIMBY）而引發自力救濟活動，下列敘述何者錯誤？　(A) 讓標的人口適當參與政策運作過程　(B) 讓政策運作過程參與者適切互動　(C) 政策以達成政府目標為主要考量(D) 慎選政策方案，使其內容周延可行。

( )　23. 「不同層次或轄區的政府間，在處理相同公共問題時，應採取超越府際藩籬的觀念，納入同一組織網絡當中」之主張，是指跨域治理的何種特質？　(A) 系統層次的意涵　(B) 微觀層次的意涵　(C) 宏觀層次的意涵　(D) 參與者具相依性。

( )　24. 下列敘述何者不是行政機關進行政策溝通時，促使標的團體政策順服的策略？　(A) 教育與說服　(B) 設立獎懲機制　(C) 政策宣傳與督導　(D) 選擇單一媒體管道。

( )　25. 參與式預算是一種民主審議與決策過程，給予公民有關公共資金將如何使用的實質決策權力，下列敘述何者不是其成功的要素？　(A) 政府首長的大力支持　(B) 標準作業流程的設計　(C) 與基層社區資源結合　(D) 所有政府支出預算均採用。

解答與解析

1.**(D)**。平衡計分卡（Balanced Scorecard, BSC）於1992年由哈佛大學名師羅科普朗（Robert S. Kaplan）及諾頓（David Norton）首度提出，其最早的用意在於解決傳統的績效評核制度過於偏重財務構面的問題，但在實際運用後又發現平衡計分卡要與企業的營運策略相互結合，才能發揮企業績效衡量的真正效益與目的，因此平衡計分卡不僅是一個績效衡量系統，更是一個企業營運策略的管理工具。平衡計分卡的內容包括財務、顧客、內部流程、學習及成長四個方面。

2.**(D)**。公共政策取向的公共管理研究途徑，根據凱多看法有如下特徵：
(1)對傳統式的公共行政及政策執行研究予以拒絕。
(2)偏向於前瞻性與規範性的理論研究。
(3)著眼於高階層管理者定之策略的研究。
(4)透過個案研究來發展所需的知識。
(5)在政策學派影響下的公共管理研究，乃視公共管理與政策分析為一體。

3.**(C)**。(A)科層與權威無法被完全取代。
(B)不能完全排除非營利組織的涉入。
(D)治理機制的轉變需要政府、民眾、參與。

4.**(B)**。(A)兩者皆使用系統的科學方法，以處理「人」、「財」、「事」、「物」，期能減少浪費並提高效率。
(C)公部門會受到各方利益的干擾，政治考量極為重要；私部門經營比較不須考慮政治因素。
(D)公部門的管理都必須攤在陽光下，受公眾監督；私部門則不用。

5.**(C)**。為確保行政人員達成工作目標，應將決策權下授以增加人員的自主權，同時於適當的監督下充分分權。

6.**(C)**。新公共服務所謂的服務，與新公共管理所說的服務不同，前者強調的是理想性、價值面的公民精神服務，後者則是強調務實的，感受性的服務流程與服務態度，在實質內容上差異很大。

7.**(A)**。中央行政機關組織基準法立法目的為建立中央行政機關組織共同規範，提升施政效能。

8.**(D)**。公部門組織應用全面品質管理的限制或缺點有：
(1)法規的限制：公部門必須依法行政，不論是對外服務，或是對內的人員管理皆須循相關的法令規章，無法完全配合全面品質管理的要求。
(2)不確定因素：現代的民主政府必須面對政權更迭、立法機關監督等因素，及社會環境快速變遷，亦使行政機關很難掌握民眾需求。
(3)產品與服務性質：政府機關所提供的是無形的服務，服務品質往往因人而異，比較不容易控管。
(4)顧客界定困難：公共事務繁多，行政機關所涉及業務繁雜，在標的顧客界定上比較模糊。
(5)官僚體制文化：行政機關無法像私人企業在組織設計上擁有比較彈性的調整空間。

9.**(A)**。「從他人經驗中看清自己」說明透過標竿學習的教育方式，我們可以從別人的經驗中獲得借鏡，而對自己的工作有更深入的了解與認識。透過和仿效對象，吸取他們的經驗，並避免陷入盲目地模仿，從而與自己經驗進行比較與修正，從而獲得新知識。

10.**(D)**。顧客導向策略的特質：(1)由外而內改造；(2)顧客永遠優先；(3)雙重課責要求；(4)政府顧客對話；(5)小眾市場區隔；(6)多重顧客角色。

11.**(D)**。府際管理：1930年代提出的府際關係概念，到了1970年代轉而改稱府際管理（Intergovernmental Management, IGM），這似乎反映出府際互動關係已發展成為當代公共管理重要課題之一。有別於聯邦主義強調憲政法制治，也不同於府際關係重視決策者的角色，府際管理特別關注政策執行面的問題解決取向。府際管理乃期待透過非層級節制的網路行政，以協商談判與化解衝突來達成特定政策目標。要之，府際管理具有下列三項特質：問題焦點與行動導向、體制變遷與工具導向、發展網絡與溝通導向。
（資料參考自：https://research.ncnu.edu.tw/proj5/名詞解釋與議題分享）

12.**(C)**。危機的「時間的有限性」：決策者對於威脅情境的處理，在決策上只有有限的反應時間，迫使決策者必須以有限的資訊或資源為基礎作出決策。

13.**(B)**。行政績效不容易衡量。

14.**(B)**。(A)傳統評估模式資料來源方式為由上而下，360度績效評估模式則是全方位的。
(C)未來取向，重視工作過程，著重於行為、技術與能力。
(D)由員工參與，與管理者及專家共同完成。

15.**(C)**。質化途徑不同於量化途徑，不需要經由數據或統計分析來呈現結果，而是由衡量者主觀、仔細與有深度來選擇研究主題。生產的單位成本、設備的使用率、公文辦理天數均可數量化，屬於量化指標。

16.**(A)**。政府與非營利組織的互動模式，學者Gamwell依據「組織偏好的價值目標」與「達成目標偏好的手段」兩大構面，區分成以下四大模式：
(1)合作模式：指政府與非營利組織分享共同的價值目標以及達成目標的手段。
(2)衝突模式：指政府與非營利組織彼此間有著不同的價值目標以及達成目標的手段。
(3)互補模式：指當政府與非營利組織有著共同的目標，而透過不同的手段來各取所需。如：政府提供法規；非營利組織提供多樣化的服務。
(4)競逐模式：係指政府與非營利組織間雖看似擁有共同的手段，但卻在所欲達成的目標上迥然相異。

17.**(A)**。公部門培育知識管理人才：知識管理人才的培育除了強調組織人員資訊系統的運用技術外，還需著重跨組織的協調溝通能力，並建立員工不怕犯錯的學習環境，以及活用知識資料庫的習慣。

18.**(D)**。(A)BOT的收入是來自使用公共建設的民眾。
(B)PFI模式，政府得直接監控民間業者的服務收益及品質。
(C)BOT的服務定價非由私部門全權決定。

19.**(C)**。(A)重視績效而高度容忍錯誤。

(B)設計新組織結構以減少控制。

(D)賦予執行者更多課責及更高的裁量權。

20.**(A)**。電子化政府（e-government）的概念出現，主要是因為加入電子參與元素，後續演變成電子治理（e-governance）。

21.**(D)**。一般而言，民意亦具有以下幾項特性：

特性	說明
複雜性	同一個問題可能有不同的意見發生，有人贊成，有人反對亦有人中立，且所表示的強度又各有不同。
多變性	民意會隨著時間及空間變化，而改變其支持的方向及強度。
不普及性	在任何社會中，並非人人均關心政治及及瞭解問題，故許多人無法表示意見。反之，有許多人卻對不知道的事表示知道，並提出意見。
不一致性	在社會上有許多人對於相關問題或類似問題所表示的意見前後並不一致。
不可靠性	有許多人對某些問題的意見並不可靠，因常出現言行不一致的情形。
潛在性	社會中存在某些平時並不表現的潛在民意，只有在某種事件發生後或政府採取某種政策後才表現出來。
容忍性	眞正的民意是多元的，亦即可以包容不同意見的表達。

22.**(C)**。應經常與當地民眾進行不同形態的政策溝通，以瞭解彼此的想法。

23.**(C)**。跨域治理兼具宏觀與微觀兩種層次的意涵：

(1)組織內部的跨域治理：指將組織內部各功能部門的疆界予以打破，採取一種整合的觀點和作為去解決組織所面對的問題。

(2)組織間的跨域治理：指涉府際關係當中協力合作的概念，亦即由不同層級或不同轄區的政府間，在處理相同或相關公共問題

與政策時，應該採取一種超越府際藩籬的觀念，而將不同轄區與層級的政府部門納入同一組織網絡當中。

24.(**D**)。在政策執行階段如何提高標的人口對政策的順服度：

(1)採取教育與說服的策略：執行機關藉廣泛的教育與說服活動告訴標的人口有關政策方案的意義及時代背景；說明推行政策的合理性、合法性、必要性及效益性，希望標的人口能夠對政策產生自動的順服行為。

(2)採取宣導的策略：政策執行機關可應用各種方法說明政策方案與標的人口盛行之價值觀念的一致性。

(3)執行機關展現貫徹政策的決心與信心：執行機關如果展現將以公權力貫徹政策執行到底的決心與信心，將會影響標的人口的順服性，可以減少標的人口對政策執行的抗拒程度。

(4)採取積極的激勵措施：如果標的人口對政策採取一定的順服行為，即給予適當的物質與精神上的獎勵誘因，當可強化該標的人口的順服行為。

(5)採取消極的懲罰措施：對於不順服政策者，執行機關可採取正式的懲罰措施，給予適當的制裁，以改正其不順服的行為。

25.(**D**)。並非所有政府支出預算均能採用參與式預算，如租稅、預算等。

★ 109 年地特三等

> 一、公共管理成為一門學科與學派，請界定之並說明其特徵為何？自
> 1970 年迄今，公共管理的發展趨勢為何？

破題分析 本題為考古題，屬於基本理論題型，如有準備應不難作答。

答：Bozeman 認為公共管理之所以成為新的研究領域，可追溯至 1970 年代後期
及 1980 年代初期之間，係由企業管理及公共政策兩學派所發展出來。

(一) 公共管理的特徵

　　丘昌泰教授歸納出公共管理的幾個特質：

1. 公共管理是將企業管理手段運用於公部門上，並未改變公部門的主
體性。

2. 公共管理選擇性運用市場機制手段，並非將公共服務完全市場化。

3. 公共管理既非公共行政，亦非政策執行，惟並未排斥兩者的內涵，
只是主張予以吸收修正。

4. 公共管理重視與外部環境的關係，強調最高管理者的策略設計。

5. 公共管理不完全等於「政府管理」，它是與私部門、非營利部門、
公民社會或個人進行「公私夥伴」的合作模式。

6. 公共管理與政策分析具有密切關係，不可分離。

(二) 公共管理的發展趨勢

1. 持續充實公共管理的概念內涵：公共管理此一學科領域的主要工
作是為研究政府部門的革新（Reform）、變革（Change）、再造
（Reinventing）及創新（Innovation）等。正如學者L. Metcalfe與
S.Richards 所說：「政府的改革若欲持久不歇，公共管理的概念內
涵務必持續充實。」

2. 公共管理所採取的研究途徑是兼具實務性與規範性：公共管理的發
展趨勢是為建構一個新而成熟的學科領域，因此其所採取的研究途
徑必須兼具實務性與規範性，亦即在發展具有實際效用的治理工具
的同時，也不忘建立其核心的價值規範。

3. 公共管理並不排斥私部門所使用的方法：公共管理學者認為，在實
際選擇使用時是講究效用主義的，兩者間的關係是互補而非完全替
代，亦即無論使用任何方法，凡能達到目的者皆為好的管理方法。

4. 重視虛擬網絡組織對公共部門所造成的影響：近年來，由於資訊及通訊科技的發達，電腦網際網路的出現及普及化，造成許多虛擬網路組織的形成，此一現象勢必對公部門的工作環境造成莫大的衝擊。因此公部門應及早規劃適當的管理方法，例如：電子公文認證、資訊管理或管制及電子化政府的監督規範等問題。

5. 公共管理強調創新與系統思考：依靠過去的慣例或私部門所使用的方法，其變革效用極其有限。公部門的管理者唯有具備創新與系統思考能力，才能多提出正確的變革方向，同時兼具整合者的技術能力，才能夠設計出新的治理系統，以利創新的政策產生實際功效。

6. 公共管理重視人力資源管理：自 1980 年代以來，先進工業化國家為因應全球市場化的競爭壓力及愈來愈嚴格的服務品質要求，紛紛採取策略性的人力資源管理，試圖藉由提昇公共部門的人力素質與工作力來提振國家競爭優勢。

7. 重視服務的品質與績效的評估方法：在「顧客至上」的年代，政府施政必須講求服務品質的持續改善和不斷的超越，而績效是民眾在接受政府所提供的服務時，首先須考慮的重要面向。因此，公共部門管理者必須主動發展客觀且有效的績效評估方法，以利藉由顧客滿意度來檢測政府的績效。

8. 重視政府再造的方法與過程：政府再造（Reinventing Government）已成為一種「時代精神」，但實行的方法或策略並無定律，重點在於必須配合公共部門的特有生態環境，並在過程中必須實事求是。

9. 公共管理強調價值調和與課責：公共管理強調價值的調和，不僅重視效率與效能，同時未來也將重視公平、正義和民主。而且，公共管理在主張行政自主化和彈性化的同時，也須強調課責的重要性。

10.公共管理重視運用組織發展的干預策略：根據Robert T. Golembiewski、Hal G. Rainey等學者的觀察，公共管理將會日漸倚重組織發展的干預策略，包括：人際過程、技術結構、人力資源管理、策略面等四大層次。

【參考書目】 1. 孫本初編著，《公共管理》，智勝文化，2006 年。
　　　　　　 2. 丘昌泰編著，《公共管理》，智勝文化，2012 年。

二、何謂風險與風險管理？風險與危機的關係為何？公部門風險管理的策略有那些？

破題分析 近年來自然與人為災害頻傳，例如嚴重特殊傳染性肺炎（COVID-19）肆虐全球、恐攻事件的發生，都造成嚴重的生命財產損失。因此，「危機與風險管理」議題仍受到高度的關注。本題 100 年曾出過，此次只是該議題的延伸，公部門風險管理的策略也可用密卓夫（Mitroff）的危機管理五大計畫、美國聯邦危機管理局（FEMA）危機管理過程或 Nunamaker 的危機管理建構來回答。

答： 我國是一個隨時可能發生危機的「風險社會」，為因應危機的突然到來，必須瞭解風險與風險管理、風險與危機的關係，才能妥適當地做好危機的預防與準備措施，來降低自然或人為災害對生命與財產的威脅。

(一) 風險與風險管理

1. 風險係指潛在影響組織目標之事件，及其發生之可能性與嚴重程度。換言之，風險成立的要件必須說明下列兩種內涵：發生機率與影響範圍。基此，所謂風險就是發生機率與影響範圍兩者的乘積。

2. 風險管理是整合「風險評估」與「風險溝通」兩種功能性的活動。「風險評估」是指風險的認定、估計與評鑑；風險溝通則指政府相關部門依據風險評估結果，研擬降低或避免風險的策略與行動綱領。

(二) 風險與危機的關係

「危機」是指對於組織、人員與社會造成生命或財產、生理或心理威脅與損害的特殊緊急情況；「風險」是指測量負面影響的機率與嚴重程度。簡言之，還沒有發生的危險就是風險，一旦發生了的風險就變成危機。若將前述的概念轉變為危機概念，則危機是一個發生機率甚低，甚至低到足以鬆懈大家的危機預防意識，一旦發生則其所造成的後果相當嚴重，難以估計。例如，美國的九一一恐怖攻擊事件。

(三) 公部門風險管理的策略

1. 建立風險管理執行背景體系，其重點在於建立環境外部要素、建立組織內部要素、建立風險管理架構、發展風險評量標準與定義風險分析對象。

2. 進行風險辨識，此步驟的目的是找出需要管理的風險，使用有系統的步驟來進行廣泛的搜尋，在這個階段沒有被發現的風險將被排除

在分析的步驟之外，主要考慮的問題有三：(1)會發生什麼；(2)如何、為何、何處與何時發生；(3)工具和技術。

3. 進行風險分析，此步驟的目的在於確認既有的控制機制、找出發生的機率及事件的影響與分析風險的等級。

4. 進行風險評量，將風險分析中所決定的風險等級與先前訂定的風險標準相比較，如果評量的結果，顯示風險的危險性低或為可接受的程度，則這些風險將接受程度最小的風險處理。

5. 進行風險處理，此階段可再分為四階段：(1)找出處理風險的可能方法；(2)評估這些方法；(3)準備風險對策計畫；(4)以及執行這些風險對策。

6. 進行監督與檢討，監督風險是為了瞭解周圍不斷改變的環境，是否影響了風險處理的優先順序，因為鮮有風險係靜止不動的。為此，組織必須要監督風險、風險對策的有效性與用來控制執行工作的策略和管理系統。

7. 進行溝通和協商，溝通和協商在風險管理步驟中非常重要，必須把握一個重點，那就是溝通和協商應該是利害關係者之間的雙向對話，所強調的是雙方面的溝通，而非決策者單方面地將訊息傳送給利害關係者。

【參考書目】丘昌泰著，《公共管理》，智勝文化，2012 年。

三、規劃為組織管理中最重要之一環，而公共管理的規劃可分為操作規劃、方案規劃與策略規劃三種，請就此三種規劃的內容與特性析論之。

破題分析 本題應屬《公共管理》中的「策略規劃與的與管理」範圍，不過命題以規劃的類型方式提問，所以答題可用策略的層次或規劃類型回答都可以。

答：美國公共管理學者 Bozeman & Straussman（1990）曾清楚地指出，要達到成功的公共管理，現代公共組織的行政主管不可避免地必須對於「策略」有更深入的體悟。以組織管理理論的相關發展而言，正式的組織規劃可分為操作規劃（operation planning）、方案規劃（program planning）以及策略規劃（strategic planning）（Denning,1971）。

(一) 操作規劃

乃是以組織現有的環境與資源為前提，針對已確知之外在的需求，對組織現有的作業程序作細部的規劃。多數組織雖然處於多變的環境中，但對多數行政機構而言，組織未來三至五年的工作規劃必然包含大多數現行的經常性業務與活動，因此組織便需要對現存之操作方法與各部門之作業程序作妥適安排與計畫。操作規劃屬於執行層，是較短期性的規畫，比較詳細具體。

(二) 方案規劃

指針對組織決定的重大政策，發展專案執行計畫的過程。主要是行政官僚體系內的產物，不太考慮外在環境的影響，但十分重視組織內部的因素，強調以專業技術研擬政策方案。方案規劃屬於管理層，是中期性規畫，會影響到各部門。

(三) 策略規劃

M.Bryson認為策略規劃係指「一種足以產生公共組織基本決策與行動的紀律性努力，在法定權責規範下，以形成與指引該組織活動的方向與性質」。策略規劃具有下列機種特色：1.涉及組織未來發展方向與特質定位的基本議題；2.它是決策者與管理者對於組織未來發展的重要課題進行合作討論過程；3.它是組織法定權責範圍內，對於組織方向與性質提出創意性的決策。操作規劃與方案規劃皆缺乏對組織整體之長遠未來的思考，策略管理學者因此主張組織應定期地進行策略規劃來「決定組織的本質，並結合可用資源，以達成組織的目標」（Bracker,1980）。只有參與是不夠的，組織的領導階層必須能夠結合在一起，共同承諾、投入組織所定的策略。這種承諾與投入感的結合（unity of commitment）才是策略能否成功執行的保證因素。

【參考書目】1. 丘昌泰編著，《公共管理》，智勝文化，2012 年。

2. 行政院研究發展考核委員會委託研究，《提升行政院各部會策略規劃能力之研究》，中華民國 98 年 6 月。

四、公民參與和社區充能一直是我國公共政策關注的焦點之一，請從此觀點說明：何謂參與式預算？其核心理念為何？試舉一例說明其辦理的原則。

破題分析 > 參與式預算（PB）由巴西愉港於 1989 年首先試行，目前全世界已有多
個城市、社區和機構採行，我國學界與地方政府均相當關注，當然也是
國考熱門的議題。

答：近年來，參與式民主（participatory democracy）的概念受到重視，希望藉
由擴大公民參與和討論，共同解決民主社會中的公共問題，參與式預算即
是此潮流下的產物。

(一) 意涵

　　參與式預算（participatory budgeting；簡稱PB）是一種透過公民審議及
溝通協調方式，以進行公共資源分配的決策過程（Wampler,2007）。它
允許公民在政府預算決策過程中扮演直接的角色，有機會參與並決定公
共資源應如何配置。

(二) 核心理念

　　公民透過參與式預算的決策過程，針對公共資源的分配進行審議和協
商，其主要理念（Sintomer et al .2012,2013），包括：

1. 必須處理財政和預算問題。

2. 至少必須包括市鎮或區的層面（其中有由人民選舉出的機構，並擁
有某種程度的行政權）。

3. 必須是重複的、例行化的過程（不能只是一兩次的投票或會議）。

4. 必須包含會議或論壇形式的公共審議。

5. 必須對結果有某種程度的問責。

(三) 辦理原則

　　2015年台中市政府在台中市中區舉辦參與式預算，促進中區活化再
生。其辦理過程，是在財經專家及政府有關單位協助下，由當地民眾
提案，經過討論、整合與公開宣導後，讓全體居民選出最終提案，而
後將預算投入該項目，以形成政府年度預算支出的分配標準，而此一
依據，不僅能調整財政資源的分配，將預算用在民眾真正需要的地
方，更可落實公開透明的財政體制，同時，地方居民也可透過參與式
預算的過程，學習審議式民主，凝聚共識與社區認同感。根據美國學
者溫普勒（Brian Wampler）的歸納，參與式預算理想的制度設計應該
包含以下四大原則：

1. 發聲原則（Voice）：參與式預算的宗旨是為弱者發聲，希望藉由制
度設計讓在傳統政治制度之下弱勢、被邊緣化的聲音能夠有機會透

過審議過程的積極聆聽而有被同等重視的機會，進而激發更有活力的公民參與。實例：是在鄰里社區舉辦住民大會，開放給所有想來的人參加，大家腦力激盪，對於地方需求和建設方案，一起討論，提出想法。

2. 投票原則（Vote）：結合發聲原則，透過比傳統代議政治更寬鬆的投票規定來涵納更多人的聲音。再者，投票也是直接民主的展現，因此也希望藉此達成增加公民權力的關鍵影響。

3. 監督原則（Oversight）：相對於傳統的預算流程，參與式預算將公民帶入預算審議的流程中，使得政府必須更加開放、揭示更多資訊供大眾檢視與監督。

4. 社會正義原則（Social Justice）：公共資源的分配應該以社會正義原則為依歸。從著名的巴西愉港案例來看，經過審議的過程，公民們的確了解也願意把稅收花在最需要的地方，使公共資源有機會重分配，更符合社會正義。

綜觀世界各都市實施參與式預算制度之發展條件為市長的大力支持、公民社會能力、立法部門的包容、財政資源的彈性、預算的透明度、傳播媒體的功能及實施範圍的慎選。

【參考書目】 1. 徐仁輝著，《公共財務管理》，智勝文化，2006 年。

2. 國立臺灣大學政治學系蘇彩足等人，〈政府實施參與式預算之可行性評估〉，《國家發展委員會委託研究報告》，民國 104 年 7 月。

3. https：//2015cepb.com/ 關於參與式預算 / 認識參與式預算 /

⭐ 109 年地特四等

甲、申論題

> 一、公共關係在組織體系可以發揮何種功能？政府推動公共關係又應遵循那些原則？試以我國政府對新冠肺炎（COVID-19）疫情的防疫政策為例，分析論述之。

破題分析 > 政府公關與行銷議題從 97 年地特三等，就陸續有相關題型出現，如 98 年地特四等、102 年高考三級、103 年普考、106 年普考。本題屬時事應用題，基本理論加上應用，這也是近年來命題的趨勢。

答：公共關係是個人或組織為強調內外關係溝通之管理功能，藉以承擔社會責任，走入公眾之間，並建立善意關係。

(一) 公共關係發揮的功能：

公共關係在組織究竟可以發揮何種功能，根據學者的研究包括：

1. 訊息的功能：公共關係首先要發揮蒐集訊息，監測環境的作用，即作為組織的預警系統，透過各種調查研究方法，蒐集訊息、監視環境、回饋輿論、預測趨勢、評估效果，以幫助組織在複雜、多變的公眾環境中保持高敏感性與警覺性，以對組織社會環境的不同動態保持平衡。

2. 監測的功能：公共關係希望透過訊息的蒐集、處理和回饋，以達成監測的作用，而得以掌握組織內部和外部的各種變化，合理地制定或調整組織本身的目標。

3. 宣傳的功能：宣傳的功能乃在為組織樹立良好的形象，透過傳播媒體將訊息即時、準確、有效地傳播出去，大力宣傳組織做出的成績，從而影響或引導公眾輿論，使之有利於組織本身。

4. 決策的功能：公眾是否會接受組織所提出的決策，是當今社會組織決策時應考慮的重要因素，公共關係部門必須就有關組織的環境問題、公眾關係問題向組織決策機構提供諮詢，參與組織決策的整個過程，只有當公共關係成為最高管理層進行決策的一部分時，公共關係才能最有效率。

(二) 公共關係的運作原則

公關原則係指在公關活動中處理關係、進行傳播活動時所依循的根本法則和價值標準取向，以下將分述公共關係的原則：

1. 信任：相互信任是良好公共關係的基礎，要他人相信自己，就先要相信他人。在現實社會中，儘管「害人之心不可有，防人之心不可無」，比較正確的做法是先肯定他人，而非先否定他人的一切。例如我國政府對新冠肺炎（COVID-19）疫情的防疫政策，為防止於境內擴散，在於疫情訊息的高度透明化，建立了民眾對於政府防疫政策的信任，而且願意遵守防疫措施，從而降低疫情進一步擴大的可能性。

2. 誠實：公共關係忌諱的是，組織為了爭取公眾的好感或產品的銷路，竟不惜以虛假偽造的訊息欺瞞公眾，這種欺騙的行為不但會使組織形象毀於一旦，也無法再取信於大眾。誠實原則並不意味著「知無不言或言無不盡」，當真有難言之隱或基於某些原因無法說明情境時，組織應該說明理由，相對的，組織也不應一昧的以業務機密為由，不願對外透漏任何有關訊息。例如新冠肺炎疫情期間，衛福部防疫小組每日下午主動召開記者說明會，向民眾告知確診人數、防疫措施新規定，並接受媒體詢問，提高不實訊息處理效率，誠實公開訊息，以增進民眾對政府的信任。

3. 言行一致：組織的任何作為都看在大眾眼裡，代表一種訊息，因此組織發出的訊息必須前後連貫並保持一致性，才不會讓公眾的認知混淆、無所適從。舉例而言，許多組織想要透過公益活動來加強其本身的社會形象，以大筆經費贊助公益活動，但在服務和對待顧客的態度卻沒有相對應的改善，所以公益活動除了必須與組織的形象產生聯繫外，並應在產品和服務上做相應的配合，如此才能發揮預期的功效。例如新冠肺炎（COVID-19）疫情的防疫在社區防治方面，為避免疫情擴大，只要與確診個案有接觸史者、有中港澳旅遊史（含轉機）入境者，即應進行居家隔離或居家檢疫，後續由所在地地方政府衛生局落實社區防疫追蹤，對於失聯、擅離指定住所者，一律從重處罰，政府言出必行絕無寬貸，以防止疫情擴散。

4. 溝通：縮短人際間的距離就是溝通，溝通也是促進互相瞭解的手段，藉著交換意見而更瞭解對方；在溝通的同時，公關人員應牢記

對等的理念，因為對等的目的是要獲得大眾的瞭解與接納，唯有讓大眾接納組織，組織才能夠營造出最有利的環境，也才能夠順利完成公關目標。例如疫情指揮中心視疫情發展，逐步升高各項防疫措施，並隨時因應調整，同時徵用相關頻道，持續於96家電視及170家電臺播放防疫、謠言澄清及居家隔離（檢疫）相關宣導資訊，也透過記者會及各種可能宣傳管道，每一天都以最即時的方式，向國人報告最新疫情發展與因應措施，以安定民心。

【參考書目】 1. 林淑馨，《公共管理》，巨流圖書，2012 年。
　　　　　　 2. 吳定等編著，《行政學下》，國立空中大學，2007 年。

二、委託人－代理人理論（principal-agent theory）是公共管理的重要基礎理論之一，試說明其理論要點，並請舉一實例說明其在公共部門之應用。

破題分析 新古典經濟學三大理論包括：「公共選擇理論」（Public Choice Theory）、「代理人理論」（Principal-Agent Theory）與「交易成本理論」（Transaction Cost Theory），也是構成公共管理的重要經濟理論基礎。歷屆考題中，除 95 年普考、100 高考有考公共選擇理論議題外，很少出現，但仍應注意。

答：「委託人與代理人理論」又稱為「代理理論」（Agent theory），係由詹森與麥克林（Jensen & Mecklin）所提出，用以解釋代理問題，另外在資訊不對稱狀況下，容易導致事前的「逆選擇」（adverse selection）或事後的「道德危險」（moral hazard）問題。

(一) 委託人與代理人理論的意涵

代理就是一種契約的關係，由一個或多個主理人與委託人，去雇用代理人，根據主理人的理念授予代理人制定決策的職權，使其依照委託者的意念從事指定的服務，並增進委託者的最大利益。

(二) 委託人與代理人理論的重點

1. 主理人與代理人都是其自我利益的極大化者。
2. 主理人與代理人之間的資訊不均衡。
3. 主理人知悉最喜歡採取何種行動，其面臨問題是如何誘導該項行動。
4. 主理人的契約本身是自我執行的，不需任何強制力量。
5. 契約都有參與上的限制，避免主理人不履行契約內容。

該理論認為要達成效率的目標，必須去除不確定性因素，擴大追蹤與控制交易成本的能力，使買賣雙方的交易成本能夠降低。

(三) 代理理論公共部門之應用實例

「委託人與代理人」之關係在公共部門的應用，大體可將其分為：人民為委託人，政府為代理人；政府為委託人，行政人員為代理人；政府為委託人，特定人民或業者為代理人等三種「權力分享」型態。而此三者在運作上，仍會有以下的問題產生：

1. 政治學者嘗試以代理理論來探討官僚機構與國會之間的代理關係。不過，在應用上仍會產生許多的困難，因為究竟誰是委託人，誰是代理人，此種關係很難認定。再者，縱使人民是委託人，亦很難設計適當的誘因系統，以控制代議士的自利行為。

2. 委託人與代理人的契約可分為行為與結果取向的契約兩種形式，與組織 中的誘因系統及資訊監督系統有關。從績效管理的觀點而言，官僚制度被認為是一個過程導向，過分重視法令、規章及強調組織的運作，但忽略了政策結果及績效評估的重要價值，於是形成「目標錯置」的缺失。某種程度上，層級節制的官僚治理模式將產生不可避免的成本代價問題，進而造成「官僚失靈」的現象。

3. 在公共行政的角度，政府將業務以契約外包的形式分享給民間社會時，就會逐漸建立代理人關係，對政府再造及治理可能產生契約關係的加強、業務的委外、釐清責任歸屬問題、重視信任關係的培養等影響。

【參考書目】吳瓊恩著，《行政學》，三民書局，2008 年。

乙、測驗題

( )　1. 關於公共管理的敘述，下列何者正確？　(A) 公共管理是行政系絡中的「政治研究」　(B) 公共管理研究應完全排除政策分析方法的應用　(C) 公共管理完全跳脫關於科學管理面向的討論　(D) 公共管理探討公共行政學中理性及技術性的層面。

( )　2. 1980 年代以來新公共管理所引領的政府再造風潮，是緣自於福利國家所面臨的種種危機，下列何者不是其危機之一？　(A) 因公共財過度供給所引起的官僚危機　(B) 因政黨輪替過於頻繁所引起的政治危

機　(C)因石油能源短缺所引起的經濟危機　(D)因經濟蕭條、國家收支不均衡所引起的財政危機。

( )　3.造成政府失靈的原因，下列何者最不適當？　(A)投票困境　(B)官僚尋租　(C)本位主義　(D)自然獨占。

( )　4.為避免公共組織的結構惰性，形塑具有企業精神的行政環境，下列何者不是其方法之一？　(A)為控制財務成本，應力求避免錯誤　(B)為加強彈性，採用扁平式的組織結構設計　(C)為創新公共服務，建立外在多元的擁護者　(D)藉由媒體，塑造政府受歡迎的正面公共形象。

( )　5.下列何者不是新公共管理強調的重點？　(A)效率導向　(B)顧客導向　(C)組織精簡　(D)公平正義。

( )　6.「解除管制」指政府機關不再負有執行部分業務的任務，以節約公共資源，是下列那一項策略？　(A)地方化　(B)去任務化　(C)法人化　(D)委外化。

( )　7.有關全面品質管理的特性，下列何者錯誤？　(A)全員投入　(B)高階管理人員的支持與承諾　(C)持續性的改善　(D)強調事後的檢視。

( )　8.下列何者敘述最符合標竿學習的特點？　(A)動態性與權變性　(B)確認並引進最佳典範　(C)促進公部門間競爭與合作　(D)改善公部門營運績效。

( )　9.關於影響政府提供顧客導向服務之因素，下列何者錯誤？　(A)領導者態度　(B)組織文化　(C)行銷觀念　(D)公民精神。

( )　10.下列關於團隊的敘述，何者錯誤？　(A)團隊具有共同的目標為成員導航　(B)團隊成員能夠將個人目標與團隊目標相結合　(C)僅是一群人的組合，群體等於個體之和　(D)團隊成員具有專業知識外，並具備信任與合作能力。

( )　11.在危機管理三階段論中的危機預防階段出現「見樹不見林」情形時，係指下列那一種問題？　(A)主觀化　(B)局部化　(C)操作化　(D)邊緣化。

( )　12. 關於公部門人力資源管理之特色，下列何者錯誤？　(A) 決策程序較冗長　(B) 受到政治因素影響較深　(C) 全盤移植企業的作法　(D) 深受法律規章和規則程序限制。

( )　13. 關於策略規劃 SWOT 分析的敘述，下列何者錯誤？　(A) 組織成員的動機是機關可能的優勢來源　(B) 組織文化是機關可能的外在威脅　(C) 經濟環境是機關可能的機會　(D) 公務人力資源是機關可能的弱勢條件。

( )　14. 對於平衡計分卡的敘述，下列何者最正確？　(A) 是一套人力管考系統，例如透過打卡制度盤點人員缺勤　(B) 是一套物流檢核制度，例如透過流程稽核平衡責任歸屬　(C) 是一套績效管理制度，例如透過策略連結建置績效體系　(D) 是一套知識管理系統，例如透過數據分析提供決策參考。

( )　15.「主管可以發現員工所遭遇的瓶頸，進而相互研擬改善之道」。此說法最符合績效管理的那一種功能？　(A) 回應負責對象　(B) 評估績效程度　(C) 進行員工導航　(D) 作為升遷依據。

( )　16. 非營利組織透過大眾媒體與學者對公共政策表示反對，或是透過有影響力的民意代表，在議案審查的各階段，對法案提出修正意見，藉此從事討價還價的行動，係屬下列那一種策略？　(A) 選區壓力策略　(B) 困窘策略　(C) 遲滯策略　(D) 聯盟策略。

( )　17. 下列那一種策略特徵不屬於創新性學習？　(A) 強調相同性　(B) 系統化　(C) 變革　(D) 轉化。

( )　18. 公共關係的功能不包括下列何項功能？　(A) 司法功能　(B) 管理功能　(C) 溝通功能　(D) 行銷功能。

( )　19. 我國於 2017-2020 年時，在執行何種電子化政府計畫？　(A) 第五階段—數位政府計畫　(B) 第四階段—優質網路政府計畫　(C) 第三階段—數位臺灣計畫　(D) 第二階段—e 化政府計畫。

( )　20. 透過公私協力進行公共服務品質提升與促進產業發展，係屬下列那一項政府數位治理的工作？　(A)G2G 服務　(B) 政府開放資料　(C) 數位身分認證立法　(D) 戶役政系統的建置。

( )　21.下列何者為民眾向政府機關直接表達意見的管道？　(A)公聽會　(B)政黨　(C)利益團體　(D)民間社團

( )　22.下列何者不是實踐跨域管理的方式？　(A)由政府指定單一部門全權處理　(B)委託民間團體或個人　(C)合營事業　(D)成立跨域治理事務推動委員會。

( )　23.下列何項政策議題不具有跨域治理的特質？　(A)興建縣立國民小學　(B)淡水河流域管理　(C)臺三線交通流量管理　(D)查緝十大槍擊要犯。

( )　24.有關政策行銷的主要工作，下列何者錯誤？　(A)政策資源整合　(B)政策專業化　(C)政策推銷　(D)政策宣傳。

( )　25.下列何者不是積極負責的公民意識？　(A)自主性（autonomy）　(B)利他精神（altruism）　(C)去人性化（dehumanization）　(D)判斷能力（judgement）。

解答與解析

1.**(D)**。公共管理繼承科學管理的傳統，作為一種應用性的社會科學，它反映出科技整合的取向，雖向公共政策與企業管理之知識領域獲取養分，但卻未自限於政策執行的技術性質以及企業管理追求營利之偏狹目標。

2.**(B)**。合法性危機：當一個國家出現了經濟危機，財政負荷過重，以及人民的需求不斷增加，若政府無法有效因應，不但不能表現施政的效能感，也喪失民眾的信賴感，如此政府體制勢必喪失其合法正當性。

3.**(D)**。造成政府失靈的原因：
　(1)直接民主問題：公民參與的直接民主，係以投票方式決定政策，選舉結果可以為特定政策提供明確方向，但是多數決的制度，面臨功能性問題，因為沒有一種投票制度可達到公平又能意見一致，也容易因此而產生「多數暴政」（投票困境）。
　(2)代議政府的問題：民選公職人員，主要任務是制定與執行公共政策，然而民選首長及民意代表，可能受到本身利益、時間、財務限制的影響，產生競租行為，會制定不合理不必要的政策。

(3)機關提供財貨問題：政府提供公共財的預算，受到民意機關控制，預算支用效率不彰，機關本身也無成本觀念，導致無效率。

(4)分權政府問題：分權與制衡是民主政治的基本信念，於是政府不同部門間、中央政府與地方政府間，均有分權設計，此一設計是為了防弊，因而導致固守法規，造成政府無效率。（本位主義）市場

失靈的原因：公共財（搭便車"free rider"現象）、外部性（市場經濟與不經濟）、自然獨占（壟斷）、資訊不對稱。

4.**(A)**。李文（Lewin）和辛格（Sang）形塑具備企業精神的行政環境所應採行的措施：(1)容忍錯誤；(2)高層管理者有創造才能與對承擔風險的支持；(3)賦予執行者自由裁量權與達成績效的責任；(4)重視分析與評估；(5)藉由新的組織結構來加強彈性；(6)獎酬制度能彈性運用；(7)為創新公共服務，建立外在多元的擁護者；(8)藉由媒體，塑造政府受歡迎的正面公共形象。

5.**(D)**。公平正義與倫理是新公共行政所強調的重點。

6.**(B)**。我國推動政府再造的「四化運動」包括：

(1)去任務化：指的是解除管制，透過法律修正使政府不再負有特定業務，以節省資源。

(2)法人化：政府將部分業務交由公共法人，亦即行政法人去辦理。

(3)地方化：將中央業務交給地方辦理。

(4)委外化：即開放民間經營，也就是民營化。

7.**(D)**。全面品質管理（TQM）是「一種由組織所有的管理者和成員，使用量化方法和員工參與，藉不斷地改進組織的過程、產品、與服務，以迎合顧客需求與期待的全面性與整合性的組織途徑。」TQM強調顧客至上、全員投入、持續改善、高階管理人員的支持與承諾、強調事前的預防、團隊合作、持續改善等特性。

8.**(B)**。標竿學習為了進行組織改善，而針對一些被認定為最佳作業典範的組織，以持續的與系統化流程，評估其產品、服務與工作流程。

9.**(D)**。影響政府提供顧客導向服務的因素：組織文化、領導者態度、行銷觀念、資訊科技的應用。

10.(**C**)。團隊（team）應包含以下關鍵組成要素：
　　(1)成員在兩人以上，來自不同部門。
　　(2)團隊成員彼信任，並在團隊運作過程中相互協調與合作。
　　(3)團隊的主要任務是完成共同的目標。
　　(4)團隊成員共同負擔團隊的成敗責任。

11.(**B**)。組織在執行危機預防時要避免危機預防的兩大障礙「主觀」及「局部化」，因「主觀」會造成人的自滿，而喪失危機意識；「局部化」意指「見樹不見林」，危機管理者會往熟悉的狀況去思考，不熟悉的事務幾乎視而不見。

12.(**C**)。公部門人力資源管理，係將人力資源管理的各種技術與方法，運用於政府部門中，對政府機關的選才、用才、育才與留才，作有效的管理，以增進政府服務的效能與效率，實現國家建設目標。具有以下特色：(1)受到政治因素的影響甚深；(2)深受法律規章和規則程序限制；(3)行政目標追求大且廣泛的公共利益；(4)行政績效難以衡量；(5)決策程序冗長；(6)較不受市場競爭的影響；(7)預算有限且常受制；(8)公務人員身分保障。

13.(**B**)。組織文化是機關可能的內部優勢或弱勢。

14.(**C**)。平衡計分卡（balanced scorecard，簡稱BSC）係由卡普朗（R. Kaplan）與諾頓（D. Norton）於1992年所共同發展出來的策略性績效管理工具。是以財務、顧客、內部流程、學習與成長四個構面，平衡地評估組織的績效，並連結目的、評量、目標及行動的系統，轉化成可行方案的一種策略管理的工具。

15.(**C**)。進行員工導航：組織主管為了確保部屬在推動指派或安排的任務與使命時，是否作了正確的決定，並按照一定的時程加以完成，於是應用績效問責的機制，藉機與部屬進行雙向的溝通，認定是否要再對部屬進行授權灌能的作為，使其擁有足夠的權力面對使命的完成；發現員工在踐履工作之際是否遭遇瓶頸有待突破的問題。

16.(**C**)。非營利組織對政策制定的影響策略大致可分為六種：
　　(1)聯盟策略：所謂聯盟（Coalitions）是團體間為達成某一公共政策的目標，而存在的明顯工作關係。

(2)資訊策略：基於對政府決策資訊認識的不足，或對於決策者專業能力的憂心，公益團體主動提供有效的資訊，協助政府做出更趨理性的可行政策，是為資訊策略。

(3)困窘策略：所謂困窘策略，是指揭露政府不良的決策，引發社會輿論的聲討，以刺激政府部門的改革，或利用政府官員對某議題的強烈反應，使原有未受關注的議題擴散開來，再利用說服的技巧，使社會大眾依照非營利組織所希望的方向來型塑民意，以形成政策壓力。

(4)遲滯策略：係指非營利組織透過大眾傳播媒體與學者對政策表示反對，或透過具有影響力的民意代表在議案審查的各階段對法案提出修正的意見，藉此從事討價還價行動。

(5)訴訟策略：司法政策執行中的一個環節，透過訴訟的提出與裁決，除了能使被主張的公平與正義獲得實現外，法官在釋法過程中往往也因對政策價值給予不同的解釋，而實際影響了公共政策的執行。所以，此方法亦是影響政策之有利途徑之一。

(6)選區壓力策略：非營利組織在從事壓力策略時，大多會採取下列幾種方式：

①刊登廣告，以大篇幅的廣告來吸引大眾的興趣，喚起公益團體的支持者。

②利用發行刊物來表明所支持或反對的候選人，或公開其在議會的發言紀錄。

③選擇會員中較具有影響力的人士，動員其寫信或打電話給其選區中的議員。

④要求團體中的會員寫信或打電信來表達立場。（孫本初，2005：293-294）

17.(A)。創新性學習的策略特徵包括：強調多元性、變革、組織為系統化、主動的轉化管理環境等。

18.(A)。唐恩（Dunn）指出公共關係具備三項功能：

(1)管理功能：公共關係具有一種特別的管理功能，為促使組織和公眾之間建立和維持相互的溝通、瞭解、接受及合作等關係。

(2)溝通功能：公共關係活動主要目的，就是將組織的觀點或概念傳達給特定的公眾，以達告知或說服效果。

(3)行銷功能：公共關係在行銷活動中，所能達成的目標包括：
　　① 藉由新聞發佈，使廣告及促銷更有效。
　　② 敬告消費者有關產品設計及價格的變動。
　　③ 輔助行銷管理部門，解消費者對市場情況變動的反應。
　　④ 使廠商、政府官員、民意代表、股東及消費者代表保持聯繫。

19.**(A)**。委國執行電子化政府的計畫：
第一階段電子化政府計畫（87～89年度）：致力建設政府骨幹網路、發展網路便民及行政應用、加速政府資訊流通、建立電子認證及網路安全機制等子計畫。第二階段電子化政府計畫（90～93年度）及數位臺灣e化政府計畫（92～96年度）：持續深化及擴大政府網路應用，目標為建立暢通及安全可信賴的資訊環境、促進政府機關和公務員全面上網、全面實施公文電子交換、推動1,500項政府申辦服務上網、推動政府資訊交換流通及書證謄本全面減量作業。第三階段電子化政府計畫（97～100年度）：達成「增進公共服務價值，建立社會的信賴與聯結」願景，落實「發展主動服務，創造優質生活」、「普及資訊服務，增進社會關懷」、「強化網路互動，擴大公民參與」三大目標，實現主動、分眾、持續及紮根之服務。第四階段電子化政府計畫（101～105年度）：重點將建構政府服務的DNA核心理念。第五階段電子化政府計畫—數位政府（106年～109年）：其重點內容：以資料驅動、公私協力、以民為本之核心理念，透過巨量資料（Big Data）分析彙集民眾需求，藉由開放資料（Open Data）促進政府透明公開，並善用個人資料（My Data）完備為民服務需求。第六階段服務型智慧政府2.0推動計畫（110年～114年）：賡續支持政府推動數位轉型為主要任務，扣合「智慧政府行動方案」推動目標持續深化智慧政府各項作為，以擁抱數位、以民為本為願景，展現未來我國推動智慧政府之決心。

20.**(B)**。數位時代，資料具有高度的戰略價值，智慧政府資料治理以推動政府開放資料（Open Data）與個人資料自主運用（My Data）為兩大主軸，建立公私協力治理模式，完備資料經濟生態系，是加速國家數位轉型、推動智慧政府的重要工作。

21.(**A**)。民意表達的方式可分為：

(1)直接表達：透過特殊議題投票、選舉、民調、參加公聽會、向有關機關投書、請願、抗議、示威、遊行、靜坐等方式所做的意見表示。

(2)間接表達：將本身看法或訴求向大傳媒體、民意代表、政黨、利益團體、候選人等表示，請求其在適當時機場合向社會及政府機關提出。

22.(**A**)。跨域管理（boundary-spanning management）主要強調組織與外部環境間之互動，同時關注組織管理者對系統邊界的認知與突破，並且強調應該藉由各種行政策略運作，從外部環境汲取或交換組織所需的各項資源。

基本上，跨域管理乃是府際管理概念擴大，其運作主體不再侷限於各級政府，分析單位更縮小至公部門每一個公共組織與公務人員。

23.(**A**)。跨域治理指針對兩個或兩個以上的不同部門、團體或行政區，因彼此之間業務、功能和疆界相接及重疊而逐漸模糊，導致權責不明、無人管理，藉由地方政府、私人企業、社區團體以及非營利組織的結合，透過協力、社區參與、公私合夥或行政契約等聯合方式，以解決棘手難以處理的問題。

24.(**B**)。政策行銷的助力包括：應用資訊蒐集、資源整合、推銷、宣傳與評估。

25.(**C**)。具備社群意識公民特質涵蓋：自主性（autonomy）、利他精神（altruism）、判斷能力（judgement）。

☆110 年高考三級

> 一、現今社會問題日益複雜、新穎與多樣化，使得政府難以即時有效處理，而必須依靠公、私與非營利部門集思廣益與協力合作，才能創造可行的作法與措施。因此，許多社會創新（social innovation）的政策與措施便應運而生。試析論社會創新崛起的背景與概念，並以實務案例說明社會創新的發展與運作模式。

破題分析 > 行政院為有效解決我國社會及環境相關問題，綜整了跨部會能量，107 年提出「社會創新行動方案」。因此，《公共管理》考科除了傳統非營利組織為重要考點外，近年來「社會創新」與「社會企業」同樣得到關注，不容忽視。

答：社會創新（Social Innovation）這個名詞近來十分熱門，在公共政策、社會工作、非營利組織、及企業管理界中都可見到新的研究與論文不斷地引用。

(一) 崛起的背景與概念

現今社會的多樣性與快速變遷，致使社會需求與問題繁多，政府很難即時有效處理，在財政撙節推行後，政府對於公民及社會組織參與公共服務的態度，也從協助執行政府既有服務職能的社會授能，轉向鼓勵社會團體培植自身能力以解決自身問題的社會創新。社會創新受到國際社會重視，如聯合國開發計畫署、教科文組織、拉丁美洲與加勒比海經濟委員會，歐盟的歐洲委員會，都推出相關研究與施行措施。社會創業的概念逐漸普及化，社會創新是「一個解決社會問題的新方案，它比現有的解決方法更有效果、效率及永續性。這個方案不為個人利益，而是為了整體社會創造價值。」

(二) 社會創新的發展與運作模式

1. 社會創新的發展過程，可以分為六個階段，從小至大、從想法到事業、從個人到社會（Murray et al., 2010: 12-13）：(1)促成、啟發與診斷（prompts, inspirations and diagnoses）：促成社會創新的發動因素甚多，例如生存危機、刪減公共預算、行政績效低落等，促發人們思考問題的由來與如何創新方法解決之，診斷問題與指出成因，討論正確與可行的解決方法。(2)提案與理念（proposals and ideas）：這個階段是理念的產生與集結，藉由創造力激盪與設計等方法，擴大可行選項的清單。(3)原型與先驅（prototyping

and pilots）：理念成形之後需要實踐與驗證，包括形式性的先驅實驗、原型或隨機的組合等，藉由不斷試做、試錯、修正與調整，逐步趨近可行的樣貌，形成一個基礎原型。(4)持續（sustaining）：當原型能流暢與持久運行，需要有公司或社會企業資源的持續投入，公部門則是確保預算來源與立法程序的完備性。(5)擴大與擴散（scaling and diffusion）：這是創新朝向成長與擴散的階段，藉由開拓市場等方式，讓組織擴張與成長，除了大規模生產，還有know-how知識的擴大，產生更大的影響效果。(6)系統性改變（systemic change）：社會創新的最終目標是要改變社會，影響的方式有社會運動、商業模式、法律、管制、基礎建設、新的思考與行動。

2. 實務案例說明：消費者保護基金會在1980年成立，目的是為了爭取多起因購買不良商品（多氯聯苯污染的米糠油與含甲醇的假酒）而受害的消費者的權益。當時個別的受害消費者非常弱勢，面對財大勢大的廠商無法受到合理的賠償與照顧，而政府又因無適當的法令與行政機構介入管轄，更無從懲罰與求償。於是，一群熱心的社會人士（青商會成員、律師、教授等）在當年的母親節時發起成立消費者保護基金會，用實際行動回應社會的需求。這是一件具體的社會創新事件，在當時得到社會中普遍的迴響。當時消基會的記者會受到各方矚目，消基會的報導全民聆聽，使得消費者保護運動在臺灣如火如荼展開。1982年提出民間消費者保護法草案，政府有感於各方壓力，行政院遂於1987年1月公佈「消費者保護方案」。但此方案並未具有嚴格的法律效果，內政部於同年11月再度提出「消費者保護法草案」，1994年1月由立法院三讀通過「消費者保護法」，以保護消費者權益、健全消費者損害救濟制度、提升國民消費生活品質。

【參考書目】 1. 林淑馨著，《非營利組織管理》，三民書局，2008。
2. 王秉鈞，〈社會創新的起源－以臺灣經驗重新溯源社會責任與使命〉，《社區發展季刊152》，2015。
3. 行政院，社會創新行動方案（107-111年），行政院全球資訊網。

二、「公共服務動機」係近年來在公共管理學理及實務上均備受矚目的主題，也成為提升公共服務品質與產出的重要手段。請申論公共服務動機之意涵、特徵及如何影響組織成員的行為。

破題分析 「公共服務動機」僅見於黃朝盟、黃東益、郭昱瑩教授合著《行政學》中，至於《公共管理》教科書就很少涉略。不過目前行政類科的內容，都可相互為用；近年來的考試趨勢亦復如此，亦即公共管理會考行政學、公共政策的內容，而行政學也會考公共管理、公共政策的內容，必須融會貫通。

答：公共服務動機（public service motivation, PSM）一詞起源於 1970 年代美國社會對公共服務倫理的討論，主張公務人員具有自利以外之利他性或親社會性的動機，而此一動機對其工作態度、行為及公共組織皆有重大影響。

(一) 意涵

裴利（James Perry）等人將公共服務動機定義為「是一種個人傾向或動機，主要在回應一些嚴重或特別的公共制度及組織管理的問題」，強調這種個人行動的誘因，只有公共事務才能滿足。」

(二) 特徵

1. 公共服務動機深受文化和制度的影響，因為動機是在個人社會化的過程中逐漸形成的。

2. 公共服務動機是個人從事公共服務的動機，它是一內建於心中的服務取向，因此一個人並非只有進入公共部門才能從事公共服務。

3. 公共服務動機是一種內在的誘因或激勵感，此動機較高的人追求的是內在報酬而非外在的利益誘因。

(三) 如何影響組織成員的行為針對公共服務動機對組織成員的影響，學者培利（J. Perry）歸納如下：

1. 參與公共政策制定的吸引力熱衷參與政治活動，關注公共政策的制定與政治人物的活動。

2. 對公共利益及公民責任的承諾積極投入社區服務，無私地為社會奉獻並提公共服務，履行公民資料，並認為縱使可能損害個人利益，但仍樂見政府執行對社會有益之政策。

3. 同情心關心弱勢群體及支持社會福利方案，並試圖改善弱勢者困境。

4. 自我犧牲將工作職責至於個人利益之前，將為民服務視為快樂知識，並認為個人應犧牲自身利益來幫助他人。

【參考書目】黃朝盟、黃東益、郭昱瑩著，《行政學》，東華書局，2018。

三、臺鐵3年之內連續發生普悠瑪號出軌，以及太魯閣號撞車兩件重大傷亡事故，各界紛紛要求臺鐵進行改革，民營化、公司化的議題再度被提起。請問民營化與公司化有何差異？請分析造成臺灣民營化政策延宕的原因。

破題分析　民營化相關議題，是近年來公共管理考科的熱門考點，而在大清水隧道發生太魯閣號撞上工程車的意外發生後，「臺鐵民營化」的議題很快又被拿出來討論。本題如平時有關心時事評論，搭配學理應不難作答。

答：太魯閣出軌事故發生後，雖然此次意外主要是因臺鐵委外工程車滑落邊坡造成悲劇，但臺鐵內部組織又遭檢討，以公司化、民營化方式來改革的可行性再度引起討論。

(一) 民營化與公司化的差異

1. 民營化：根據《韋式英文辭典》的定義：「公共部門私有化動作，係將公營事業之所有權或控制權，由政府部門移轉至私人部門之一種過程。」廣義而言，其涵蓋私人與私人部門提供公共服務，參與公共事務，以及擔負公共責任；狹義而言，則僅指公營事業移轉民營。

2. 公司化：係指將政府機構轉移為國營事業型式或法人團體以發揮功能。公營事業民營化首先會將組織改為股份有限公司，就是完成公司化；接著釋出部分股份，若政府擁有的股份高於50%，則仍為國營公司；但若低於50%則完成民營化。

一般來說，「企業化」是指組織的管理導入企業思維；「公司化」是由政府事業機構改制為公司；「民營化」乃公司化之後釋股給民間。

(二) 臺灣民營化政策延宕的原因

1. 政策性限制障礙：公營事業移轉民營，首先須修改並制定相關法制。以臺鐵為例，如欲民營化須待鐵路法修訂通過後始得進行。但修正案何時能通過，仍在未定之天，以致影響臺鐵民營化的推動。

2. 以制度內改革進行技術性拖延：公營事業本身有其制度上的限制，經營容易受到外界的干預，若僅停留於組織內的改革，公營事業所易產生的弊病（如經營缺乏效率、易受政治力的干預等）則難以解決。惟有克服行政組織制度所產生的限制，才能澈底解決問題。若以臺鐵為例，其在面對民營化議題時，多企圖以多角化經營來增加營收，或是透過轉包業務來提昇效率等制度內的改革方式，來減緩因績效不彰所帶來的民營化壓力，殊不知卻可能因此造成這些非核心業務的虧損，更增添民營化的困難。

3. 欠缺周延的配套措施：雖然民營化政策似乎已成為世界各國的風潮，但若為因應此「風潮」與為減輕政府財政負擔，而急欲將影響國民生計的事業予以民營，而未事先審慎評估，研擬相關配套措施，如債務的清償、安全的監督、服務品質的確保等，則日後恐怕仍會產生問題。若以臺鐵為例，如欲徹底改革，當務之急需先廢除早已不符時宜的鐵路法，制訂新的相關法規，以解除對於鐵路事業經投資過多的限制，並進行多角化經營。。

4. 不確定的改革方向：我國雖然訂有民營化的時程，但若對照推動結果不難發現，多數改革是延後，甚至一延再延，最後不了了之。若以臺鐵為例，自從1995年決定採民營化改革方式後，改革方案與時程一再變更與拖延，至今歷經二十多年，仍未見任何改革啟動。雖然民營化政策的推動牽涉內容相當複雜，但無論理由為何，如此結果都充分顯示我國政策的不確定性。研擬規劃多年的改革方案都可以臨時更改，又如何能確保新提案的適用性和可行性？當然也無法顯示出政府推動改革的決心，造成改革一再受挫。

5. 過於重視績效而輕忽公共性：我國在推動民營化的過程中，因過於強調藉由事業移轉民營可提昇營運績效，並期待藉由釋股來紓解國家財政困境，減輕政府財政負擔，反而忽略事業原本的公用特質可能因移轉民營而改變成消失，甚至造成不便等公共性問題。以臺鐵為例，其為大眾運輸工具，具其公共性，即使民營，政府仍有責任藉由補貼、特許或其他方式，來促使國民行的便利與安全不因民營化而受影響。

【參考書目】　林淑馨著，《公共管理》，巨流圖書，2012。

> 四、去年爆發新冠肺炎（COVID-19）疫情，臺灣因為實施口罩實名制的管制政策，成功避免搶購的混亂。以行政介入目的來看，管制行為可分為經濟管制與社會管制。請分別敘述這兩種管制的意義與目的，並各舉一例說明之。

破題分析 「管制性政策」屬於《公共政策》範疇，往常命題比較少出現在公共管理考科，不過在林淑馨教授所著《公共管理》的 17 章「民營化與解除管制」第四節管制與解除管制中有提到。況且行政類科的內容是互有關聯的，也可相互為用。

答：管制（regulation）是指行政單位在執行管制政策時，經過法定程序之授權，針對特定或一般性對象的事物或活動，制定出一套具有約束性效果的規則，管制機關在其權責範圍內，依據該項規則來控制被管制者有關的活動進行。如以行政介入目的來區分，管制可以分為經濟管制與社會管制。

(一) 經濟管制

　　1. 意義：對於國民全體或產業全體所消費的公共財貨服務，因具有很強的自然獨占性或資訊不對稱，恐會影響資源分配的效率，阻礙全體國民的經濟發展，而予以事前防範。通常是政府對於產品價格、生產數量、競爭關係與市場進出等經濟決策之規範。

　　2. 目的：為了維護國家基本經濟秩序之形成，國家透過法律與適當的手段，對產業生產活動所做的控制與限制。在經濟管制下，價格、產品等皆透過行政程序，而非自由市場力量。

　　3. 實例：例如美國的聯邦貿易委員會或我國的公平交易委員會的業務職掌，都是在經濟管制的範圍。

(二) 社會管制

　　1. 意義：政府對於民眾健康、安全與環境所做的干預，屬於保障特定社會價值或權利所採取管制行為，相較於經濟管制是以事業內容作為管制對象。

　　2. 目的：基於民眾或國家社會公共安全等社會正義的考量，為防止外部性、公共財、資訊不對稱等資源分配效率不均，影響社會秩序的維持和社會經濟安全。

3. 實例：例如我國環境保護部管制污染行為、衛生福利部管制食品與
藥物的安全、勞動部管制職業災害等。

【參考書目】 1. 林淑馨著，《公共管理》，巨流圖書，2012。
2. 羅清俊著，《公共政策：現象觀察與實務操作》，揚智出版，
2015。

★ 110 年普考

甲、申論題

> 一、基本的組織設計圍繞著兩種組織型式：一為機械式組織（mechanistic organization 或稱官僚組織），另一為有機式組織（organic organization）。請解釋兩種組織型式的差異，並闡釋影響組織結構選擇的權變因素。

破題分析 ﹥本題在公共管理領域甚少討論，是屬於行政學範疇，也是基本題型，只要對行政學的內容掌握得宜，應不難作答。

答：基本的組織設計圍繞著兩種組織型式：一為機械式組織（mechanistic organization），另一為有機式組織（organic organization）。機械的與有機的組織結構型態代表著一種連續體的兩個極點，前者偏向固定、嚴密與制度化的固定靜態式的組織結構；後者則強調動態，且職位與角色有較大變動性，以適應變遷環境需要的變動彈性化組織結構。

(一) 機械式組織與有機式組織的差異

　　1. 機械的組織結構具高度複雜化、正式化與集權化、僵化的特性，強調規定、管制及例行性工作，重視標準化流程，境適用於穩定環境。

　　2. 有機的組織結構一種低度專業化、正式化與高度分權的組織，較為鬆散且有彈性的調適型組織。具有彈性能應付變遷環境、高度適應力、集權程度低、知識權力基礎高的特性。

　　茲將兩者在特徵上的差異比較如下：

有機的組織結構與機械組織結構特徵對照表

組織特徵	組織結構的類別	
	有機的	機械的
控制幅度	寬	狹
權力層級	少	多
管理人員與生產人員比率	高	低

決策制定的集權程度	低	高
不同單位人員之互動比例間	高	低
正式法令規章之數量	低	高
工作目標的明確性	低	高
必要活動的明確性	低	高
意見溝通的內容	忠告及消息	指令及決定
報酬的差距範圍	狹	寬
技術層面之範圍	狹	寬
知識權力基礎	高	低
地位權力基礎	低	高

資料來源：Kast and Rosenzweig,1974：241.

(二) 影響組織結構選擇的權變因素

1. 策略因素學者錢德勒（Chandler）主張「結構追隨策略」；而明茲伯格（Mintzberg）則主張「策略追隨結構」，可見策略與組織結構關係匪淺。任何策略的改變，均將影響組織架構設計及作業流程調整。

2. 內部因素：(1)組織規模：組織規模愈大，愈應採行官僚化的正式組織結構。(2)作業的多樣化：組織所提供產品或服務愈少，則其結構將會趨於簡單。反之，則其結構將趨於複雜。(3)員工特質：員工經驗、教育程度、能力均會影響組織結構。

3. 外部因素：(1)環境的穩定性：外在環境較穩定，可採機械式結構；而外在環境若較動盪，應採有機性結構。(2)科技：組織結構會隨技術而調整，因技術與組織是否搭配，關係到組織績效。(3)外部壓力：面對外部壓力組織應設法調適，而非規避，這些壓力可能來自政府法規及管制、組織資源的供應者、重要顧客、社區、大傳媒體、競爭者等。

【參考書目】 張潤書，《行政學》，三民書局，2007 年。

> 二、請問分別說明「統治」（government）、「治理」（governance）、「跨域治理」（across boundary governance）三者在概念上有何不同？並舉一公共事務為例，說明跨域治理可能面臨的困難。

破題分析 治理議題近年始終是公共管理相當熱門的議題，本題為考古題於103年地特四等考過，本次唯一不同的是加入「統治、「治理」、「跨域治理」三者概念的比較。

答：治理（governance）一詞，簡單來說就是探討與說明政府與民間社會的互動關係與現象。但治理是一個容易讓人混淆的名詞，有必要對其相關概念加以釐清。

(一) 統治、治理、跨域治理三者在概念上的差異

1. 統治（government）：政府統治的權力運行是由上而下的，它運用政府的政治權威，通過發號施令、制定政策和實施政策，對社會公共事務實行單一向度的管理。統治強調命令的貫徹與服從以及大有為政府的角色。

2. 治理（governance）：治理為許多公共或私人的個人和機構，在處理他們共同事務諸多方式的總和。它使相互衝突或不同利益得以被調和並採取聯合行動的持續過程。

3. 跨域治理（across boundary governance）：指跨越轄區、跨越機關組織藩籬的整合性治理作為。更廣義的意涵是指針對兩個或兩個以上的不同部門、團體或行政區，因彼此之間業務、功能和疆界相接及重疊而逐漸模糊，導致權責不明、無人管理，藉由地方政府、私人企業、社區團體以及非營利組織的結合，透過協力、社區參與、公私合夥或行政契約等聯合方式，以解決棘手、難以處理的問題。

(二) 我國在推動跨域治理事務時，所遭遇的困難

1. 地方主義與本位主義地方自治團體在推行政務時，太重視個別地域的政經利益，而忽略整體區域的政經利益。以地方自治而言，各地政府往往以個別行政區域為施政轄區，以致於在業務的推動上常受限於轄區割裂而未能以區域或都會發展為基礎，造成諸多的對立與錯亂現象。

2. 政黨屬性不同造成黨同伐異之爭歷經多次的中央與地方選舉，形成不同政黨執政的分治政府現象，分屬不同政黨的中央、地方政府或

地方政府間，基於政黨屬性或意識型態的不同，常無法有效合作，甚至迭生齟齬。

3. 法治不備進而影響區域之合作

由於起草地方制度時，似聚焦於如何落實地方自治為前提，以致地方自治法制化後，卻無法由該法治為依循推動跨域合作。簡言之，縱使地方自治團體有心辦理跨域合作事務，卻也受限於目前相關法律的配套措施不夠完備詳盡，而導致實際執行時的困難。

4. 參與對象眾多進而增加協商的成本

在跨域治理的網絡中，參與者除了政府部門之外，還包括私人企業、利益團體、壓力團體、專業性團體、第三部門的非營利組織以及廣大的公民。

當時所面對的問題相當複雜，且牽涉眾多的行動者時，往往需要花費相當的時間進行協商與溝通，加上大量資訊的產生，致使協商成本不斷增加甚至不堪負荷，終將導致治理協商的失敗。

(三) 以921大地震救災及重建為例

民國88年9月21日凌晨1時47分，臺灣發生芮氏規模7點3的強烈地震，根據行政院九二一震災災後重建推動委員會統計，此次地震共造成2,455人死亡、50人失蹤，11,305人受傷；房屋全倒38,935戶、半倒45,320戶；經濟損失3,600億元，為臺灣有史以來地震災情最嚴重的一次。

1. 地方主義與本位主義：原先設定的危機防救體系，救災應由地方擔任指揮官，政府高層基於協助支援的立場到場提供所需救災資源。但921地震發生後，災害處理中心立即指派高級主管於災區成立前進指揮所，負責調度救災資源及協助救災處理工作，造成權責混淆以及資訊傳遞等多頭馬車的現象。

2. 政黨屬性不同造成黨同伐異之爭：921大地震當時執政的國民黨，與災區的民進黨執政地方政府之間就出現不一致的救災與重建步調。甚至隔年即發生政黨輪替，有關國土復育條例隨著政黨輪替無疾而終，而國土計畫法，也一拖再拖，國土保護失據。

3. 法治不備進而影響區域之合作：我國災難管理機制在法制配套層面之現況而言，中央與地方目前未確實落實災防法相關規定，且災防法以及各項防救業務或執行計畫，並未有詳細作業流程及實施。

4. 參與對象眾多進而增加協商的成本：921震災災後重建參與者除中央及地方政府部門外，尚包括私人企業、壓力團體、專業性團體、非營利組織、社區民眾以及廣大公民。面對這麼多的參與對象，處理事務又相當複雜，曠日廢時的折騰以及大量產生資訊，使協商成本不斷增加，導致管理協商的功能不彰。

【參考書目】1. 林淑馨著，《公共管理》，巨流圖書，2012年。

2. 詹中原，〈公共危機管理之知識網路分析：以臺灣九二一地震為例〉，《國政研究報告》，2007年。

乙、測驗題

( )　1. 下列何者不是公共管理的非營利特性？　(A) 排除專家意見而做決策 (B) 具有服務性組織的特質　(C) 欠缺衡量利潤的機制 (D) 有目標設定及策略選擇的限制。

( )　2. 美國政府的政府績效與成果法，係以何種標準為基礎的績效評估制度？　(A) 職權導向　(B) 投入導向　(C) 信任導向　(D) 結果導向。

( )　3. 若接受公共服務者的身分是委託者與選民，最符合下列何種理論的主張？　(A) 新公共行政　(B) 傳統公共服務　(C) 新公共服務　(D) 傳統公共行政。

( )　4. 下列何者最不屬於新公共管理發展的原因？　(A)新右派的出現　(B) 新古典經濟理論的崛起　(C) 社會貧富差距的影響　(D) 全球化的挑戰。

( )　5. 下列何者不屬於政府再造的核心特質？　(A) 生產力　(B) 市場化 (C) 社會化　(D) 分權化。

( )　6. 有關新公共管理的哲學基礎，下列敘述何者錯誤？　(A) 基於人類的自利動機，追求個人利益極大化的理性選擇理論　(B) 基於契約過程中人類完全理性的交易成本理論　(C) 基於社會分工及契約關係的代理人理論　(D) 基於造成官僚體系及政府組織規模極大化現象的公共選擇理論。

( )　7. 在全面品質管理（Total Quality Management）的管理哲學下，下列何者最符合員工教育訓練的意涵？　(A) 價值與投資　(B) 成本與財產　(C) 代價與機會　(D) 利潤與回饋。

( ) 8. 關於政府策略管理的特性，下列何者錯誤？ (A) 未來導向 (B) 全方位的思考 (C) 強調市場性 (D) 持續性與循環性的流程。

( ) 9. 透過比較、分析、瞭解本機關與其他機關在績效、服務品質、運作程序和策略上之差異，藉以獲取新的觀念，主要目的在於提升本組織績效，最符合下列何者？ (A) 顧客學習 (B) 標竿學習 (C) 品質學習 (D) 組織學習。

( ) 10. 管理者本身必須參與比他自己高一層級的部門目標之發展，係屬下列何者？ (A) 目標設定 (B) 目標管理 (C) 目標預測 (D) 目標追蹤。

( ) 11. 關於危機之敘述，下列何者正確？ (A) 人類對於危機具有精準的預測能力 (B) 危機僅會個別發生 (C) 妥善的復原工作可以降低危機的損害程度 (D) 組織文化並不會影響危機的發生。

( ) 12. 邀請專家或民眾依其專業知識來判斷風險，係屬下列何者？ (A) 客觀風險 (B) 主觀風險 (C) 社會風險 (D) 自然風險。

( ) 13. 下列何者先於策略資源盤點，並可作為策略排序的依據？ (A) 流程管理 (B) 人流管理 (C) 策略管理 (D) 物流管理。

( ) 14. 下列何者對效率型指標的敘述最適當？ (A) 投入與產出的比例 (B) 結果與外溢效果程度 (C) 不同投入資源的比較 (D) 達到公平的最佳方法。

( ) 15. 政府推動績效管理的目的，下列敘述何者錯誤？ (A) 對於民選首長而言，可以強化對文官系統的政治控制力 (B) 對於民代而言，可以確立民主體制的課責機制 (C) 對於文官而言，可以強化指揮命令系統 (D) 對於民眾而言，可以瞭解政府的施政規劃與成效。

( ) 16. 「非營利且不得分配盈餘」是構成「非營利組織」的特點之一，下列敘述何者最正確？ (A) 非營利組織不能獲取任何利益 (B) 非營利組織可以獲取利益，但必須運用在組織宗旨限定的任務 (C) 非營利組織可以獲取利益，但不能作為員工獎金 (D) 非營利組織可以獲取利益，但必須全數捐出做公益。

( ) 17. 關於組織推動知識管理的目的，下列敘述何者最正確？ (A) 讓資深員工的外顯知識內化成為組織的默會知識 (B) 拉長員工學習曲線，以利深度學習產生效益 (C) 增加員工重複犯錯機率，俾使「創新」得以發生 (D) 提升組織成員潛能與創意，改善績效及競爭力。

( )　18. 組織學習的基本單位為何？　(A)個人學習　(B)團隊學習　(C)冥想獨處　(D)個人內心修練。

( )　19. 民間車廠協助政府代驗汽車，係屬下列何種公私協力模式？　(A)機關內部業務委外　(B)公共設施服務委託經營　(C)補助民間機構提供服務　(D)行政檢查業務委外辦理。

( )　20. 電子化政府作為公共管理的改革工具，下列敘述何者錯誤？　(A)資訊透明化，便於個人資料流通與應用　(B)簡化工作流程，促進行政效率　(C)民眾直接參與政策過程　(D)增進民眾與政府的互動。

( )　21. 有關公民參與，下列敘述何者錯誤？　(A)新公共服務（New Public Service）強調民眾回應性以及公民參與的過程　(B)公民社會是由一群具有社群意識、情感與共同意見的公民所組成　(C)新公共管理（New Public Management）強調公民精神勝於企業家精神　(D)參與式預算是一種公民參與的途徑。

( )　22. 政府推動審議式民主，與下列何者最為無關？　(A)強調利害關係人間彼此對話　(B)強調個人觀點價值中立　(C)重視不同利害關係人觀點間的詮釋與協調　(D)重視分配正義。

( )　23. 下列何者是實施目標管理的首要步驟？　(A)執行計畫之擬定　(B)定期評鑑　(C)自我控制　(D)目標設定。

( )　24. 有關政府行銷管理，下列敘述何者錯誤？　(A)政府行銷管理的作用，消極面可以澄清誤會，積極面可以爭取民眾認同　(B)政府行銷是將明確的訊息傳遞給民眾，僅是一種單向的溝通行為　(C)政府行銷的價格有金錢性誘因與金錢性懲罰兩種類型　(D)政府行銷的目的是希望改變民眾的價值觀與態度。

( )　25. 公共建設的設計、興建、營運與資金調度權均委由民間機構完成，同時在建設與營運期間屆滿後，並不將所有權移交給政府。此種公私協力的做法稱為：　(A)民間融資提案（Private Finance Initiative,PFI）　(B)興建-移轉-營運模式（Build-Transfer-Operate,BTO）　(C)興建-營運-移轉模式（Build-Operate-Transfer,BOT）　(D)興建-擁有-營運模式（Build-Own-Operate,BOO）。

解答與解析

1.**(A)**。非營利特性不排除專家意見來做決策,但並非公共管理的非營利特性。

2.**(D)**。1993年柯林頓總統推動「國家績效評估」(National Performance Review, NPR),國會亦通過「政府績效成果法」(Government Performance and Result Act,GPRA)強調政府施政以績效與結果為導向。

3.**(D)**。新公共服務(NPS)主張超越此一較狹隘的公民資格傳統公共行政理論,應更重視並補強公共精神的實現,公共利益要高於自我利益或至少協和兼籌;政府視民眾為公民,而非僅是選民或顧客,故而建立信任合作的基礎,並分享決策權力。

4.**(C)**。應是指:行政效能上,資訊化的衝擊。

5.**(C)**。政府再造運動,學者認為大多環繞在下列六項核心特質(Kettl,2000):生產力、市場化、服務取向、分權化、政策能力、結果責任。

6.**(B)**。交易成本理論的人性假定為「有限理性」,因此並非每個人都能清楚辨識交易環境,而可能有投機主義等不適當選擇的出現。

7.**(A)**。教育與訓練的重視:在全面品質管理的活動中,教育與訓練是激勵組織朝向全面品質管理邁進的重要要素。「教育」的目的在於使員工不斷的成長;「訓練」則是讓員工學習運用持續改善的工具與技術。

8.**(C)**。策略管理具有下列特性
  (1)它是未來導向的:策略管理是「未來學」活動的具體化,是未雨綢繆,為組織未來發展生機的規劃藍圖,付諸實踐,並且追蹤修正策略方案的過程。
  (2)策略管理是獨特的思考與行為模式:策略管理的思考模式是目標與未來導向,一旦設計出目標導向的策略,一定要採取具體行動加以實踐,並且加以檢討修正的獨立活動。
  (3)策略管理是持續性與循環性的流程:策略管理無論包括三個階段或四個階段都是不斷循環,為永無止境的過程。
  (4)策略管理是設定架構,指引其他管理活動的重要功能:策略管理是組織生存發展的途徑,一旦確立發展的策略,其他所有的

管理活動，如計畫擬定、預算編列、資源發展、政策行銷與政策評估等活動都必須以該策略為指導綱領。

(5)策略管理並非容易實現，但是有其必要性：特別是面臨當前公、私部門競爭愈趨激烈、外在環境挑戰日益增加的狀況下，其實現固然有些困難，但仍須進行策略管理，以營造組織未來的發展生機。

9.**(B)**。標竿學習是一種過程，一種尋求改善的心態及其改善的流程。藉由一家公司不斷地測量與比較另一家公司的流程，以使組織從比較中獲取認同，並得到協助執行改善方案的資訊。

10.**(B)**。目標管理為一種強調「參與管理」的管理哲學，事由機關上下級人員經由會談方式，共同訂定組織目標與各部門目標，而人員於執行目標過程中，需作自我控制，於目標執行完後，尚須作自我考核。

11.**(C)**。(A)危機通常是突發的緊急事件，是不在決策者的預期之中。
(B)危機有持續、動態的發展過程，而非個別發生立即結束，經常是相互影響，容易形成連鎖性的災害。
(D)組織文化會影響危機的發生。

12.**(B)**。(A)可以客觀衡量之風險。
(B)不可客觀衡量之風險，僅能以個人主觀意見評斷，但主觀風險在經過長時間的觀察下，可予以量化為客觀風險。
(C)個人或團體在社會上的行為導致的風險。
(D)自然因素和物力現象所造成的風險。

13.**(C)**。組織必須要先有資源，再在資源上談策略，策略是達成目標的方法。而策略管理先於策略資源盤點，則可作為策略排序的依據。

14.**(A)**。建構績效測量指標應包含：經濟、效率、效能、公平等4E指標：
(1)經濟（Economy）：指政策資源（人力、預算、財產等）應用於一項公共事務活動的水準。
(2)效率（Efficiency）：以投入與產出之比例為主，關心的是手段，經常以貨幣的方式加以表達與比較。
(3)效能（Effectiveness）：指公共服務是否實現標的的程度，亦即公共服務符合政策目標的程度。
(4)公平（Equity）：接受服務的團體或個人是否受到公平與公正的待遇。

15.(**C**)。對行政人員而言：具引導的作用，可更清楚管理的工作要求和個人任務。對公共管理者而言：可有控制行政流程，持續改善生產力和品質。

16.(**B**)。「盈餘限制分配原則」是構成「非營利組織」的主要特點，亦即非營利組織並非為組織擁有者獲取利益而存在，非營利組織雖可以獲取利益，但必須將所獲取之利益運用在組織宗旨限定的任務上，而非分配給組織成員，此乃是非營利組織與企業最大不同之處。

17.(**D**)。(A)讓資深員工的默會知識成為組織的外顯知識。
(B)縮短員工學習曲線，以利深度學習產生效益。
(C)減少員工重複犯錯機率，俾使「創新」得以發生。

18.(**B**)。在現代組織中，學習的基本單位是團隊而非個人。團隊的學習方能促進組織的學習。當團隊真正在學習時，不僅團隊整體顯現出色的成果，個體成長的速度亦遠較其他的學習方式為快。

19.(**D**)。指政府為實現特定行政目的，針對個別事件，委託民間蒐集、查察、驗證，據以認定一定事實是否符合規定所作之檢查行為。例如，建築物安全檢查、民間車廠協助政府代驗汽車等。

20.(**A**)。擴大政府資訊透明公開，以民眾需求角度，提供其所需之資訊。並且建立公民網路意見多元參與管道，結合網路與實體公民意見，促進政府與全民共同治理。

21.(**C**)。新公共服務（New Public Service）強調公民精神勝於企業家精神。
新公共管理（New Public Management）強調顧客導向，以市場取向為起點，強調將人民視為消費者。

22.(**B**)。審議式民主（deliberative democracy）係指所有參與者皆有公正、平等的參與機會，定期或不定期於特定的公共場域，在掌握必要的資訊後，於一定規範的進行程序下，以公共利益為考量基礎，理性的以各自觀點及立場公開論理並相互對話，審慎思辯公共事務相關議題，尋求意見的整合，作為政治體系決策的重要參考方案，進而增進公民知能。

23.**(D)**。目標管理的實施步驟：目標設定、部屬參與、執行、成果評估及回饋。

24.**(B)**。政府行銷則強調行銷是政府與民眾的雙向溝通行為，政府亦將明確訊息傳遞給民眾，民眾則將感受告訴政府，以作為改進的參考。

25.**(D)**。(A)指政府與民間以長期契約方式約定，由民間投資興建公共設施，營運期間政府再向民間購買符合約定品質公共服務，並給付相對費用。在PFI模式，政府得直接監控民間業者所提供服務收益及品質。

(B)由民間機構投資新建完成後，政府取得所有權（無償或有償），並由該民間機構營運；營運期間屆滿後，營運權歸還政府。

(C)由政府提供土地，由民間機構投資興建並營運，營運期滿，再將該建設所有權移轉給政府。

(D)配合政府政策，由民間機構自行備具私有土地投資新建，擁有所有權，並自為營運或委託第三人營運。

高普│地方│各類特考
共同科目

名師精編・題題精采・上榜高分必備寶典

編號	書名	作者	定價
1A011111	法學知識－法學緒論勝經	敦弘、羅格思、章庠	650元
1A021101	國文--多元型式作文攻略(高普版)	廖筱雯	360元
1A031111	法學緒論頻出題庫	穆儀、羅格思、章庠	近期出版
1A041101	最新國文多元型式作文勝經	楊仁志	490元
1A961101	最新國文－測驗勝經	楊仁志	630元
1A971081	國文－作文完勝秘笈18招	黃淑真、陳麗玲	390元
1A851111	超級犯規！國文測驗高分關鍵的七堂課	李宜藍	近期出版
1A551071	最新國文--橫式公文勝經	楊仁志	450元
1A911111	國文—公文寫作捷徑攻略	張良、方華	490元
1A421111	法學知識與英文 (含中華民國憲法、法學緒論、英文)	龍宜辰、劉似蓉等	650元
1A831101	搶救高普考國文特訓	徐弘縉	590元
1A681111	法學知識－中華民國憲法(含概要)	林志忠	550元
1A801101	中華民國憲法頻出題庫	羅格思	470元
1A811111	超好用大法官釋字工具書+精選題庫	林俐	近期出版
1A051111	捷徑公職英文：沒有基礎也能快速奪高分	德芬	近期出版
1A711101	英文頻出題庫	凱旋	430元

以上定價，以正式出版書籍封底之標價為準

千華數位文化股份有限公司

■新北市中和區中山路三段136巷10弄17號　■千華公職資訊網 http://www.chienhua.com.tw
■TEL: 02-22289070　FAX: 02-22289076　■服務專線：(02)2392-3558・2392-3559

高普｜地方｜原民
各類特考

1F191091	行政法輕鬆上手	林志忠	600元
1F141111	國考大師教你看圖學會行政學	楊銘	近期出版
1F171111	公共政策精析	陳俊文	近期出版
1F271071	圖解式民法（含概要）焦點速成＋嚴選題庫	程馨	550元
1F281111	國考大師教您輕鬆讀懂民法總則	任穎	490元
1F291111	國考大師教您看圖學會刑法總則	任穎	近期出版
1F331081	人力資源管理（含概要）	陳月娥 周毓敏	490元
1F351101	榜首不傳的政治學秘笈	賴小節	570元
1F591091	政治學（含概要）關鍵口訣＋精選題庫	蔡先容	620元
1F831111	地方政府與政治（含地方自治概要）	朱華聆	630元
1F241101	移民政策與法規	張瀚騰	590元
1E251101	行政法 -- 獨家高分秘方版測驗題攻略	林志忠	590元
1E191091	行政學 -- 獨家高分秘方版測驗題攻略	林志忠	570元
1E291101	原住民族行政及法規（含大意）	盧金德	600元
1E301091	臺灣原住民族史及臺灣原住民族文化（含概要、大意）	邱燁	590元
1E571111	公共管理（含概要）精讀筆記書	陳俊文	610元
1F321111	現行考銓制度（含人事行政學）	林志忠	560元
1N021111	心理學概要（包括諮商與輔導）嚴選題庫	李振濤	近期出版

以上定價，以正式出版書籍封底之標價為準

千華數位文化股份有限公司

■新北市中和區中山路三段136巷10弄17號　■千華公職資訊網 http://www.chienhua.com.tw
■TEL: 02-22289070　FAX: 02-22289076　■服務專線：(02)2392-3558・2392-3559

國家圖書館出版品預行編目(CIP)資料

[高普考]公共管理(含概要)頻出題庫/楊銘編著. -- 第十
版.-- 新北市：千華數位文化股份有限公司, 2021.12
　　面；　公分
ISBN 978-986-520-782-3 (平裝)

1.公共行政　2.行政管理

572.9　　　　　　　　　　110019981

[高普考]　　公共管理(含概要)頻出題庫

編 著 者：楊 銘

發 行 人：廖 雪 鳳
登 記 證：行政院新聞局局版台業字第 3388 號
出 版 者：千華數位文化股份有限公司
　　　　　地址／新北市中和區中山路三段 136 巷 10 弄 17 號
　　　　　電話／ (02)2228-9070　　傳真／ (02)2228-9076
　　　　　郵撥／第 19924628 號　千華數位文化公司帳戶
　　　　　千華公職資訊網：http://www.chienhua.com.tw
　　　　　千華網路書店：http://www.chienhua.com.tw/bookstore
　　　　　網路客服信箱：chienhua@chienhua.com.tw

法律顧問：永然聯合法律事務所
編輯經理：甯開遠
主　　編：甯開遠
執行編輯：尤家瑋
校　　對：千華資深編輯群
排版主任：陳春花
排　　版：陳沛絃

出版日期：2021 年 12 月 20 日　　　第十版／第一刷

本書如有勘誤或其他補充資料，
將刊於千華公職資訊網　http://www.chienhua.com.tw
歡迎上網下載。